LV.Buch

Das Beste aus der *zauberhaften* **PAPIER** WERKSTATT

Wahre Klassiker und viele neue filigrane
Bastelideen aus Papier und Draht

Isabelle Guiot-Hullot

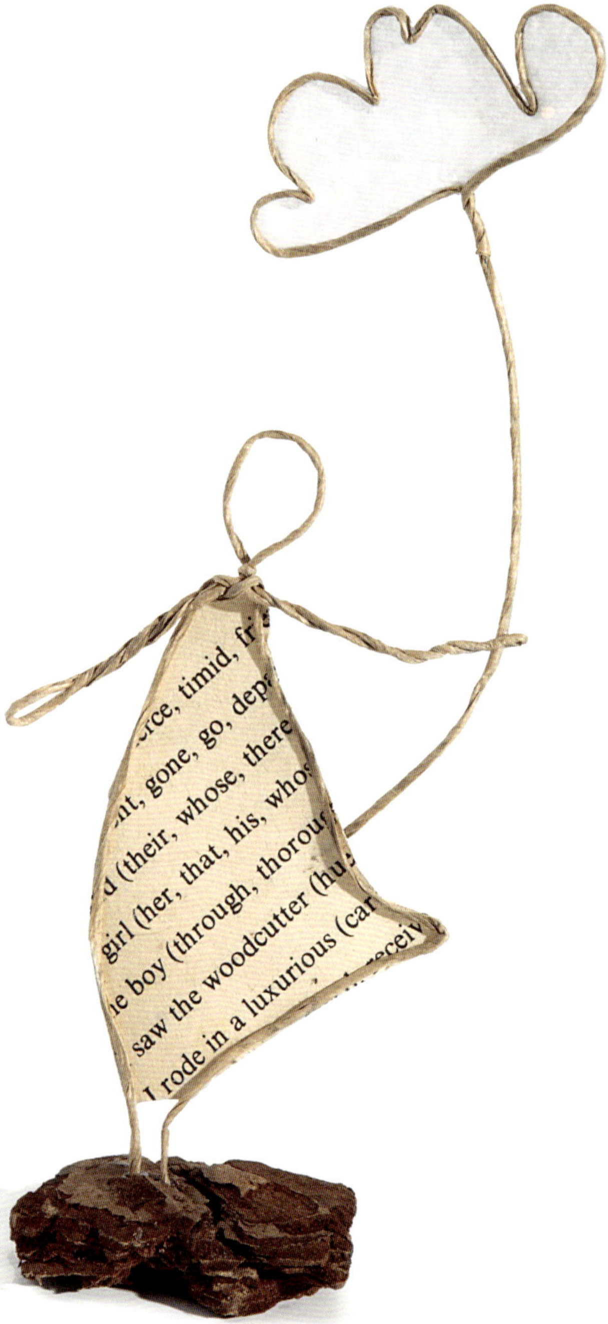
timid,
gone, go,
(their, whose, there
girl (her, that, his,
boy (through,
saw the woodcutter
rode in a luxurious

Einleitung

Ich hatte schon immer eine Schwäche für schönes Papier. Es bietet so viele Möglichkeiten! Bereits als kleines Mädchen schnitt ich Häuser und Figuren aus Papier aus oder faltete Papier. Später habe ich Origami, Pop-ups und Collagen ausprobiert …
Da ich gerne in hübsche Hefte und Notizbücher schrieb und zeichnete, fertigte ich diese selbst an. Dann habe ich die Papierskulpturen einiger Künstler für mich entdeckt.

Vor ein paar Jahren kaufte ich eine Rolle papierumwickelten Draht und dachte mir, dass sich der sicher irgendwie verwenden ließe. Nachdem die Rolle ein paar Monate in der Schublade lag, hatte ich die Idee, den Papierdraht mit Seidenpapier zu kombinieren und somit die Transparenz des Materials zu unterstreichen. Zunächst gestaltete ich Zweige aus Papier, aber mit der Zeit wurde meine Arbeit facettenreicher.

Einige Skulpturen sind etwas schwieriger als andere. Vor allem bei den Vögeln sind die Proportionen wichtig: Wenn der Hals zu dick oder der Kopf zu klein gerät, sieht das nicht hübsch aus. Ein Haus kann zum Beispiel mit einem großen oder einem kleinen Dach gefertigt werden, da es oft die Fenster und die Türen sind, die das Erscheinungsbild ausmachen.

Ich hoffe, dass ich mit diesem Buch Ihr Interesse und Ihre Freude an Papierskulpturen wecken kann. Ich möchte Ihnen die entsprechende Technik vermitteln und Sie beim Nacharbeiten der Modelle anleiten, bis Sie schließlich auf eigenen Papierflügeln davonfliegen.

Ändern Sie die Modelle nach Belieben und probieren Sie Neues aus.
Entdecken Sie die Schönheit im Alltäglichen, getragen von Ihren Ideen und der Poesie.

Isabelle Guiot-Hullot

Inhalt

AM

Meer

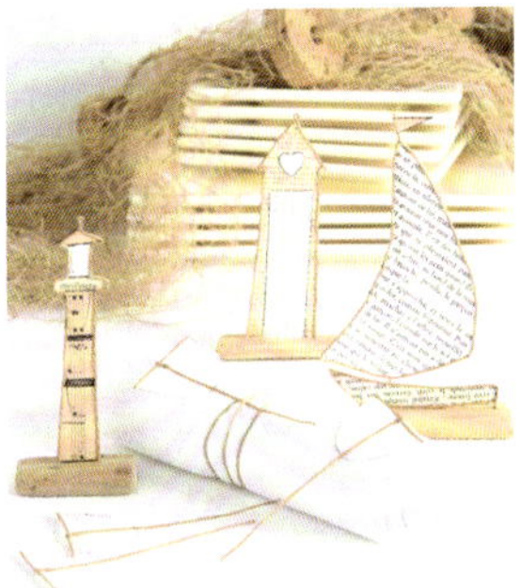

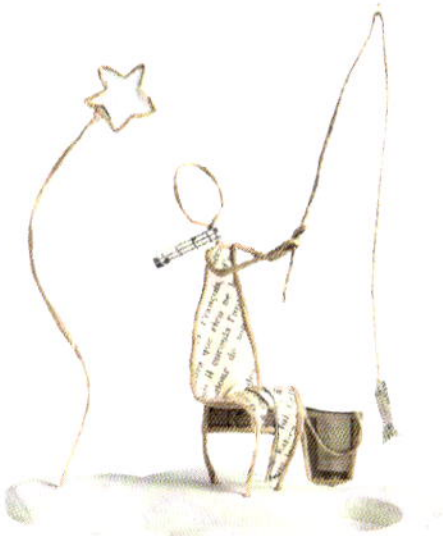

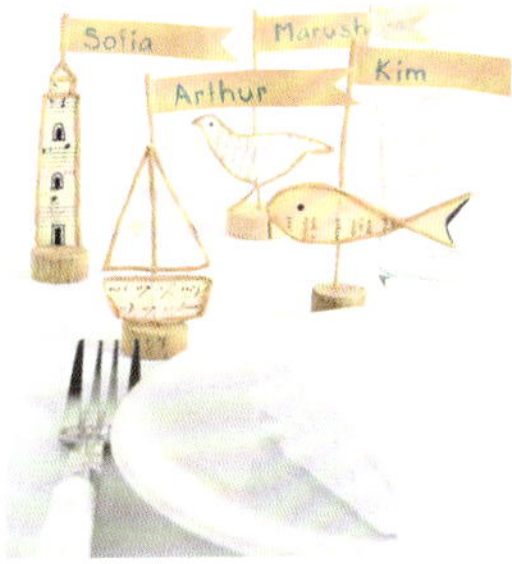

IM

Schnee

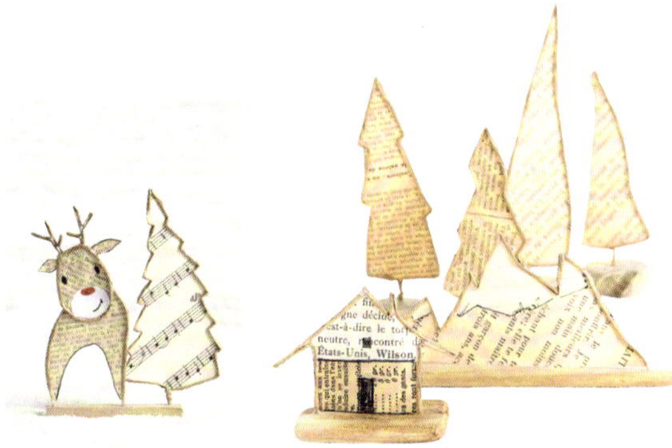

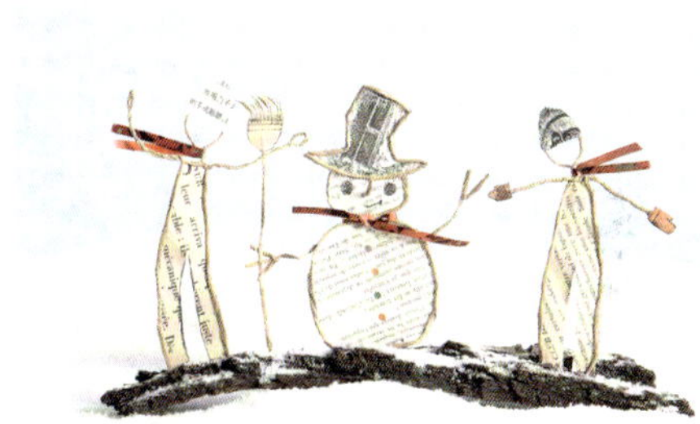

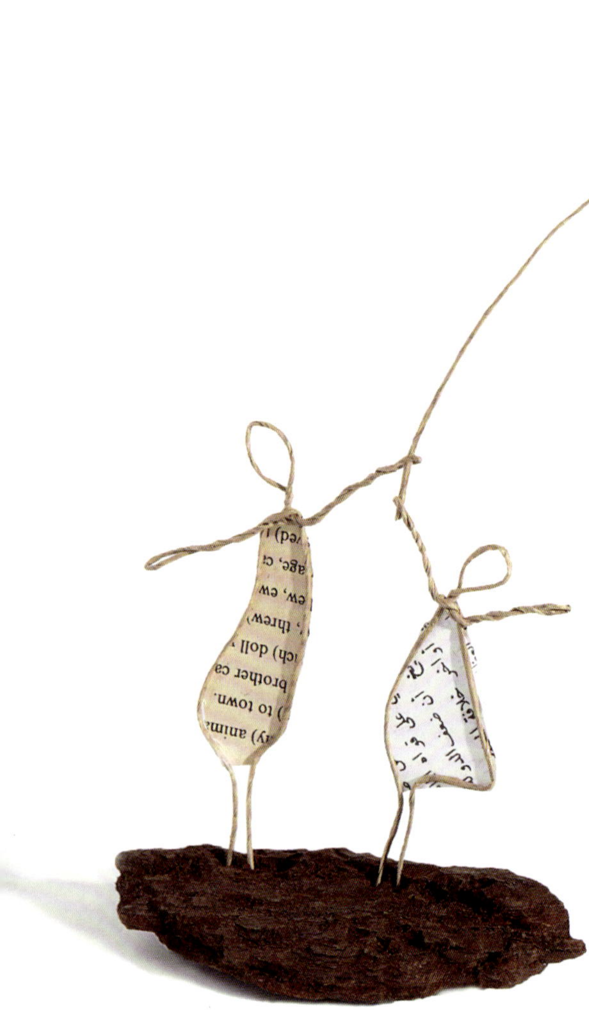

IN DER
Natur

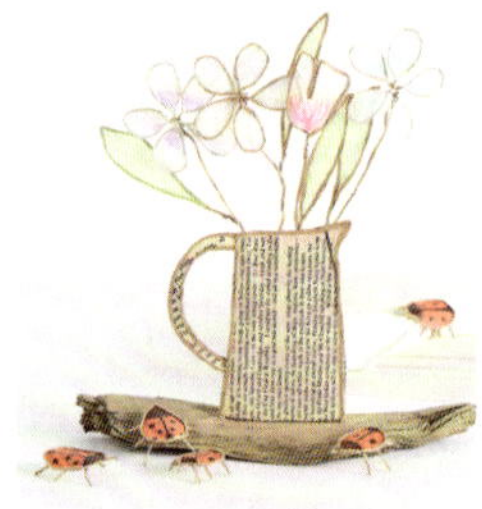

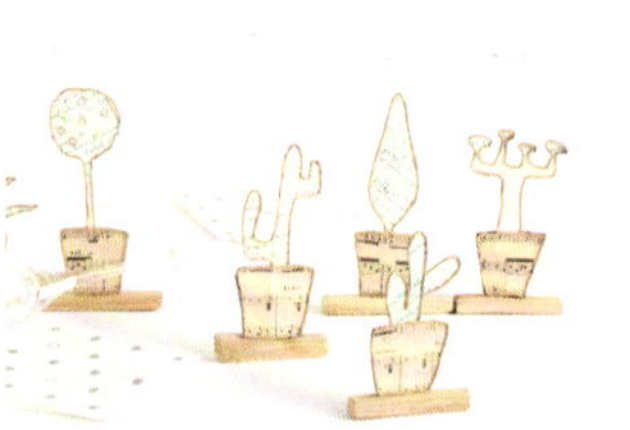

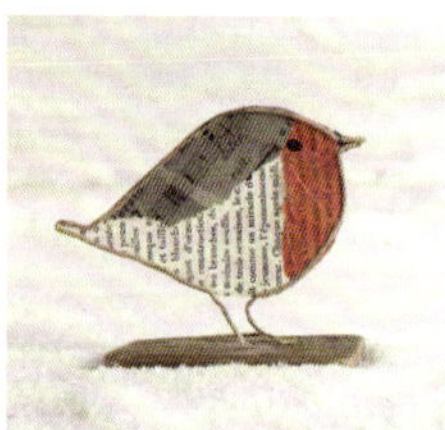

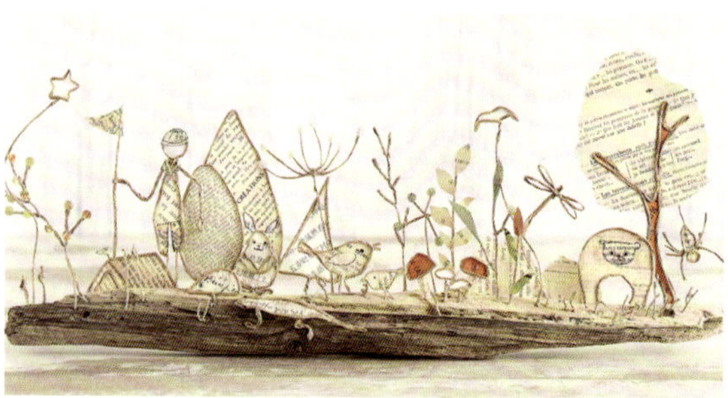

IM
Liebesglück

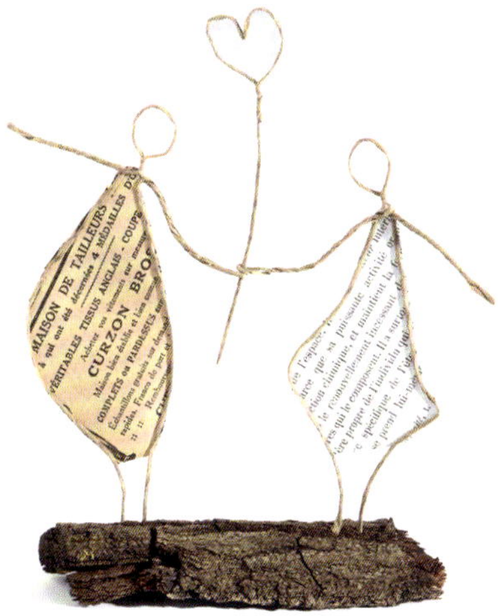

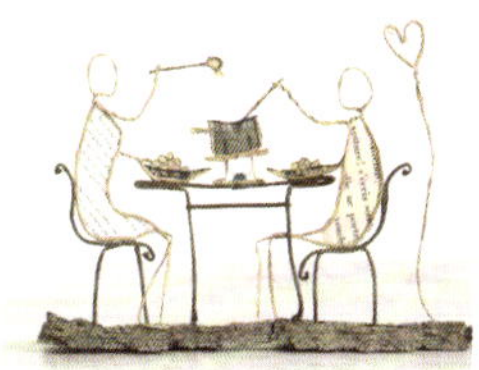

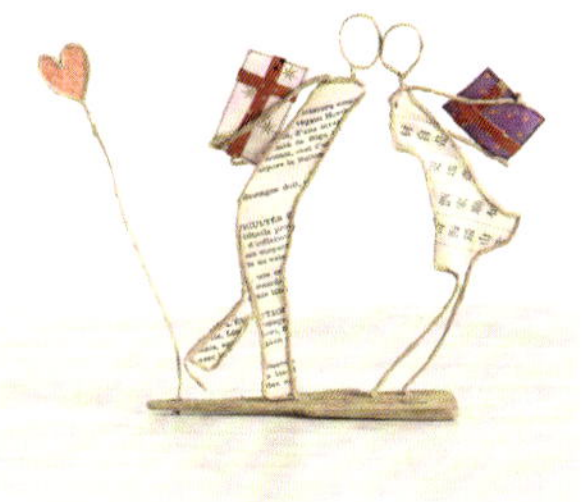

FESTE
Feiern

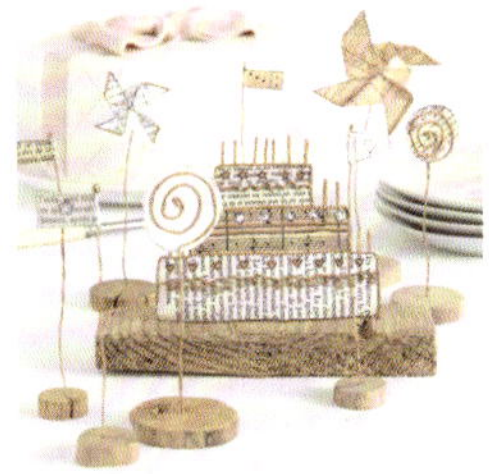

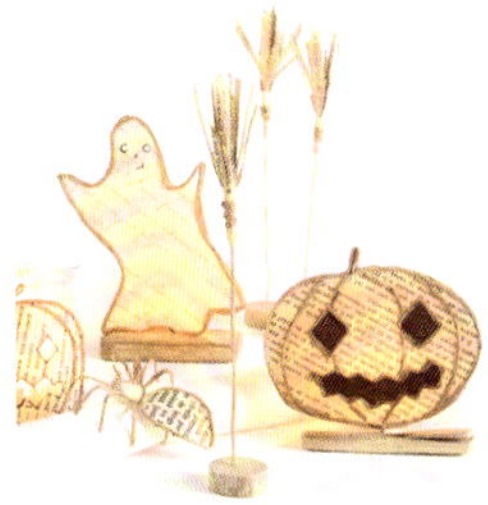

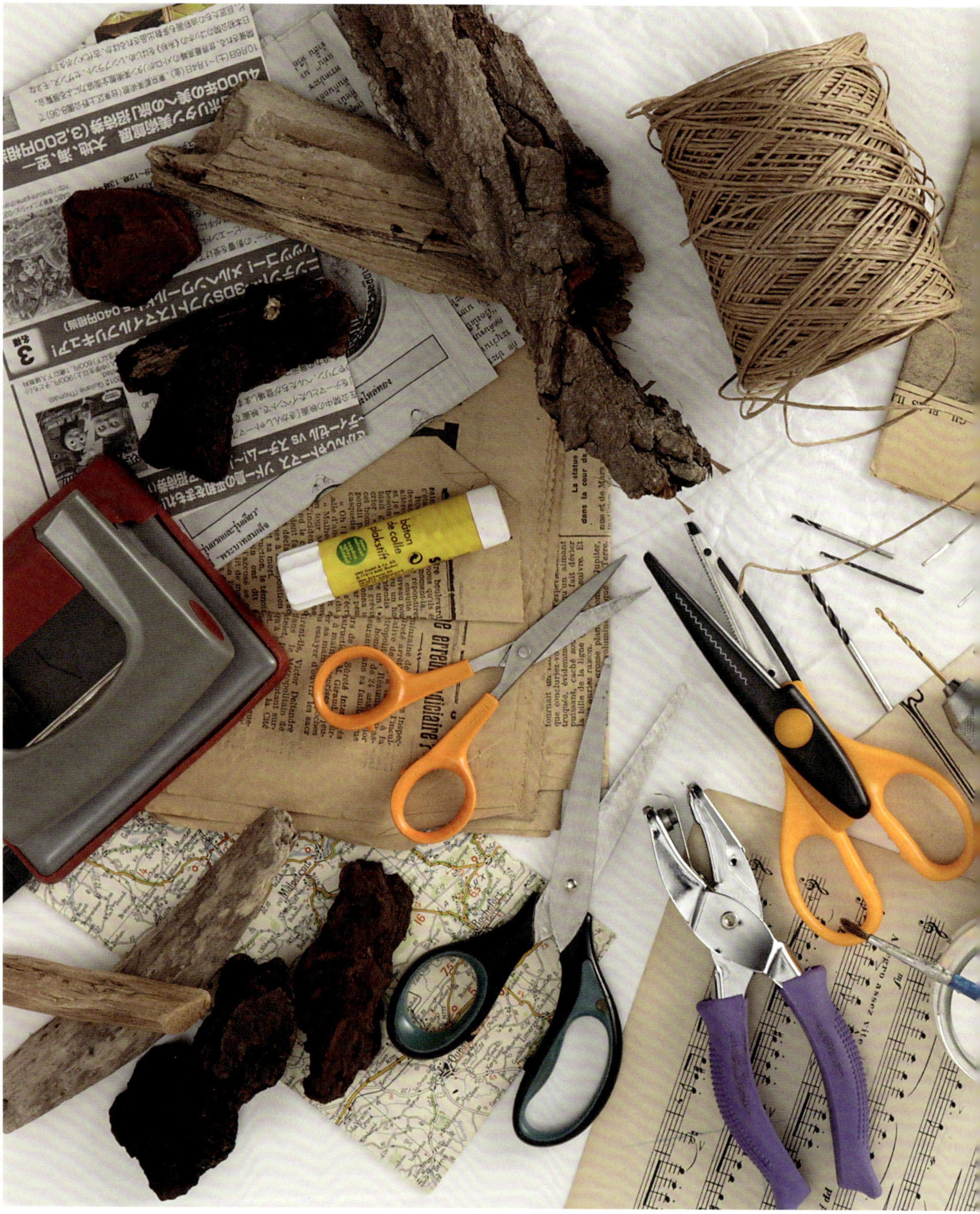
bâton
de colle
plakstift

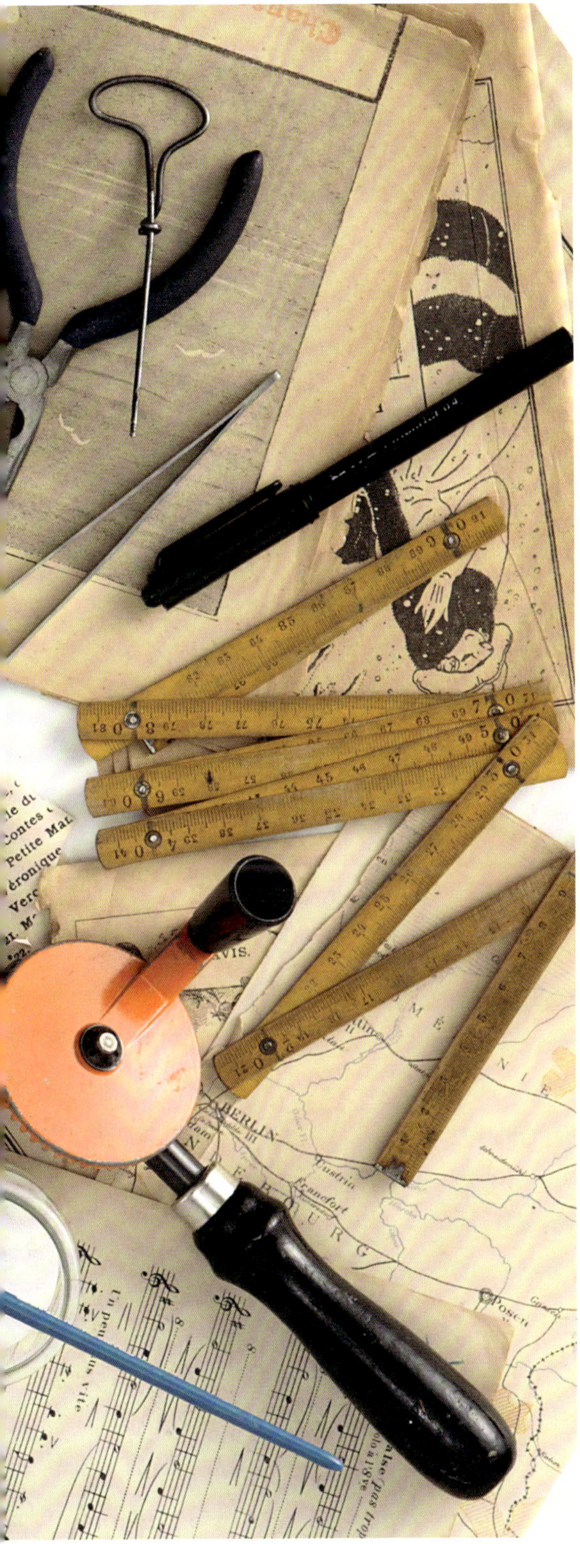

Material

Werkzeug

- spitze Flachzange
- Schere
- kleine, spitze Schere
- Zickzackschere
- feiner Pinsel
- Handbohrer mit feinem Bohrer (Nr. 3)
- kleiner Vorbohrer
- feiner schwarzer Filzstift
- Kreisstanzer
- Motivstanzer „Herz"
- Motivstanzer „Stern"

Der Papierdraht

Sie finden Papierdraht auf der Rolle im Floristikfachhandel oder im Online-Versandhandel. Er ist in verschiedenen Stärken erhältlich. Wählen Sie die feinere Variante.

Das Papier

Verwenden Sie verschiedenartiges Papier, vermeiden Sie jedoch Glanzpapier. Auf Flohmärkten können Sie für wenig Geld unterschiedlichste Strukturen, Nuancen, Schriften und Zeichnungen finden.

Der Kleber

Falls nicht anders angegeben, verwenden Sie flüssigen, schnelltrocknenden Holzleim. Er wird mit einem dünnen Pinsel aufgetragen und ist leicht mit heißem Wasser zu entfernen.

Die Sockel

Sockel aus gut getrockneter Tannenrinde sind am einfachsten zu verarbeiten. Für kleine Teile sind sie jedoch weniger geeignet. Suchen Sie Baumrinde im Wald. Mit einer Bürste reinigen und gut trocknen lassen. Auch mit Treibholz können sehr schöne Effekte erzielt werden. Achten Sie darauf, dass der Sockel standfest ist, da er durch das Gewicht der Skulptur leicht ins Wanken geraten kann.

Arbeitstechniken

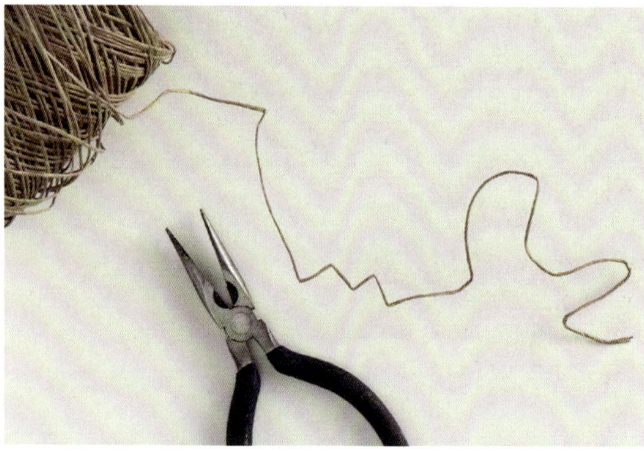

1. BIEGEN DES PAPIERDRAHTS

Der Papierdraht ist sehr biegsam. Er ist leicht zu formen und behält die Form bei. Biegen Sie die Kurven und Rundungen mit den Fingern und verwenden Sie die Flachzange, um den Papierdraht zu ziehen oder zu knicken.

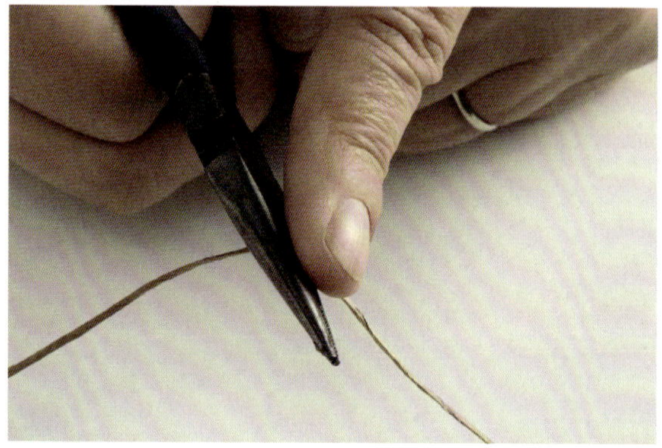

2. DIE ECKEN

Manche Ecken müssen besonders markant sein. Nehmen Sie den Papierdraht mit der Flachzange, drücken Sie ihn mit dem Finger gegen die Seite der Zange und knicken so den Papierdraht. Anschließend können Sie den Winkel nach Bedarf öffnen.

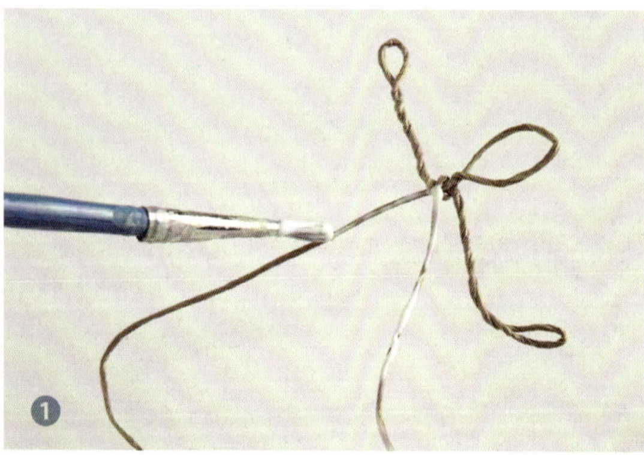

3. DEN PAPIERDRAHT AUFKLEBEN

Tipp: Flachen Sie den Papierdraht mit einer Teigrolle oder einem stabilen Glas ab. Wenn sich der Papierdraht einrollt, bearbeiten Sie ihn einfach von der anderen Seite.

❶ Halten Sie den Papierdraht an der Seite fest, die in den Sockel gesteckt wird, und tragen Sie mit dem Pinsel gleichmäßig eine dünne Leimschicht auf den Papierdraht auf.

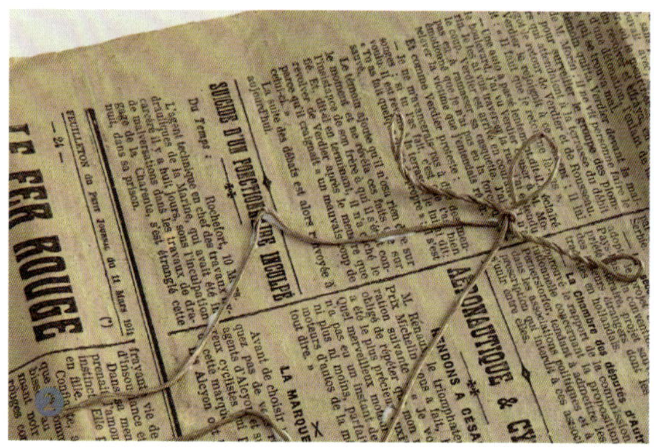

❷ Legen Sie den Papierdraht aufs Papier und drücken ihn mit den Fingern einige Sekunden an. Lassen Sie den Leim 5 bis 10 Minuten trocknen.

Tipp: Lassen Sie den Leim 30 Sekunden bis eine Minute antrocknen, bevor Sie den Papierdraht auf das Papier legen. So klebt er schneller fest und Sie müssen ihn nicht mit den Fingern andrücken. Allerdings können Sie so die Lage des Papierdrahts auf dem Papier nachträglich nicht mehr korrigieren.

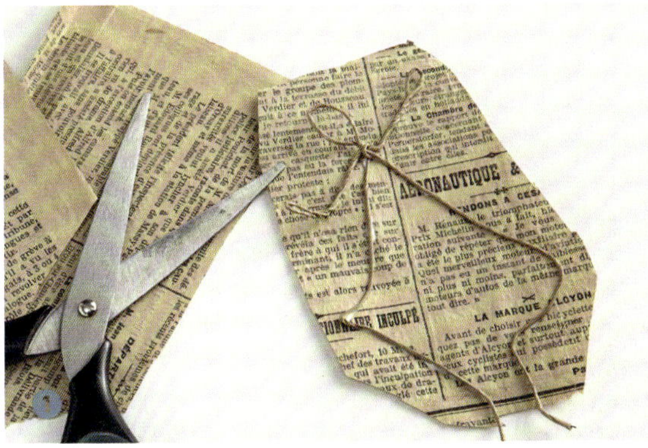

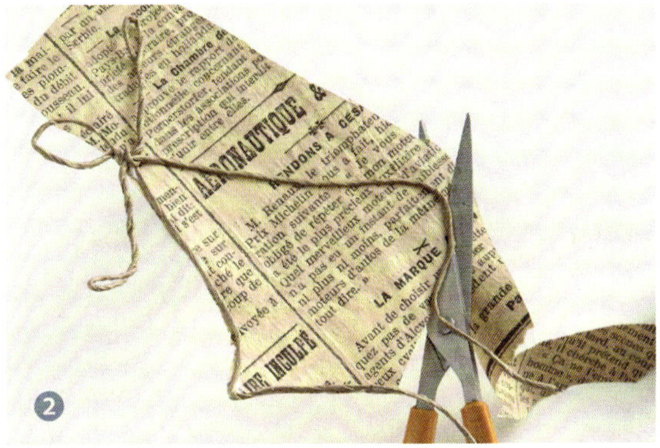

4. DAS PAPIER AUSSCHNEIDEN

❶ Verwenden Sie ein großes Blatt Papier, schneiden Sie das Motiv zunächst grob aus.

❷ Bearbeiten Sie das Papier mit dem Papierdraht nach oben zeigend. Verwenden Sie eine kleine, spitze Schere und schneiden Sie nahe am Papierdraht entlang, ohne diesen zu beschädigen.

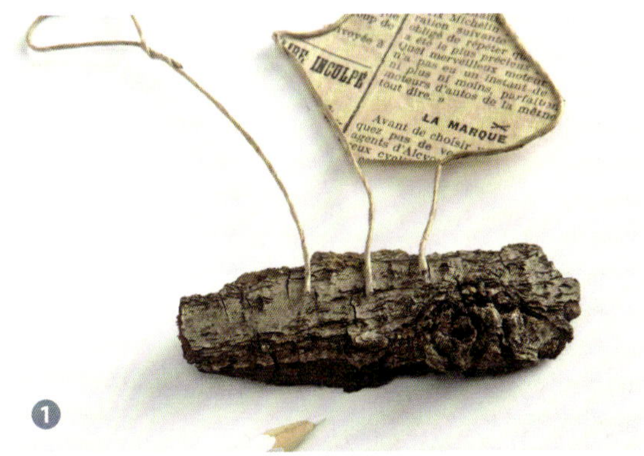

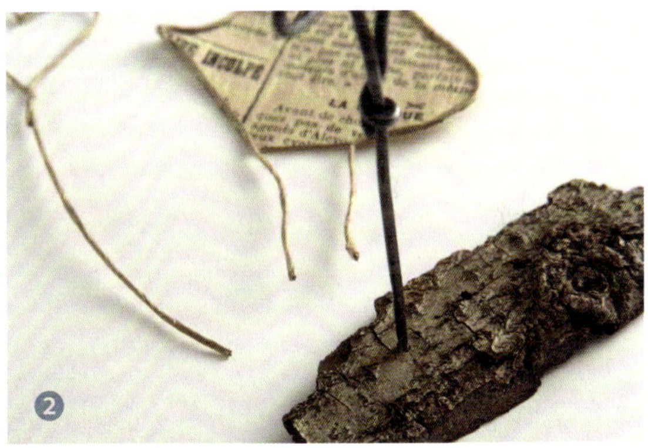

5. AUF DEM SOCKEL BEFESTIGEN

❶ Kürzen Sie die Papierdrahtenden bis auf einen zusätzlichen Zentimeter, der in den Sockel gesteckt wird. Lassen Sie beim Ausschneiden des Papiers diese Papierdrahtenden überstehen. Legen Sie die Figuren zum Zusammenfügen auf den Tisch und platzieren Sie den Sockel davor.

❷ Kennzeichnen Sie die Stellen für die Papierdrahtenden. Bohren Sie mit dem Vorbohrer oder dem Handbohrer Löcher an die entsprechenden Stellen des Sockels.

❸ Geben Sie auf die Papierdrahtenden etwas Leim und stecken Sie die Enden in die Löcher. Die Figuren müssen nicht unbedingt senkrecht stehen. 15 Minuten trocknen lassen. Wenn der Leim gut getrocknet ist, können die Figuren durch vorsichtiges Biegen der Drähte vertikal ausgerichtet werden.

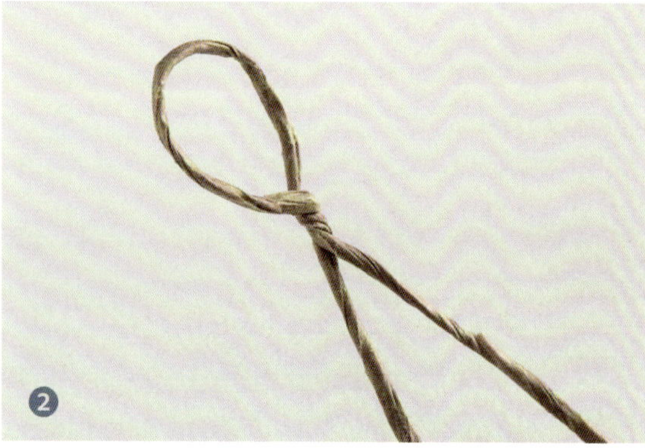

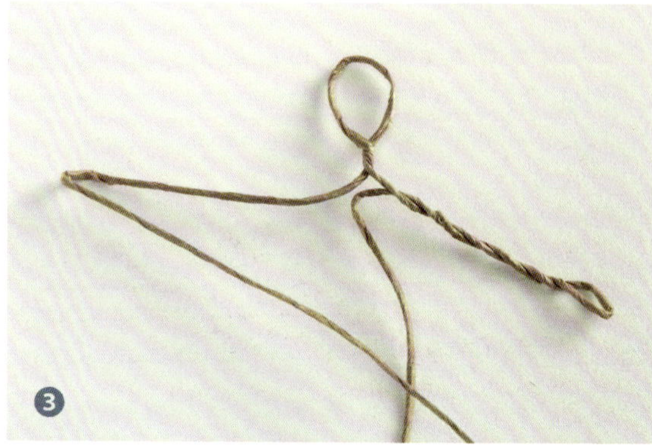

6. DIE FIGUREN

❶ Den Papierdraht zuschneiden: Die in der Materialliste angegebenen Längen entsprechen dem fertiggestellten Objekt. Es ist ratsam, einen längeren Papierdraht zu verwenden und den überstehenden Rest nach Beenden der Arbeit abzuschneiden.

❷ Kopf und Hals: Formen Sie 2 cm von der Mitte des Papierdrahts eine Schleife, verdrehen Sie diese zweimal.

❸ Die Arme: Knicken Sie eine der Seiten des Papierdrahts entsprechend der angegebenen Länge ab. Verdrehen Sie ihn auf der ganzen Länge, lassen Sie die Hand dabei etwas geöffnet. Verfahren Sie mit der anderen Seite ebenso.

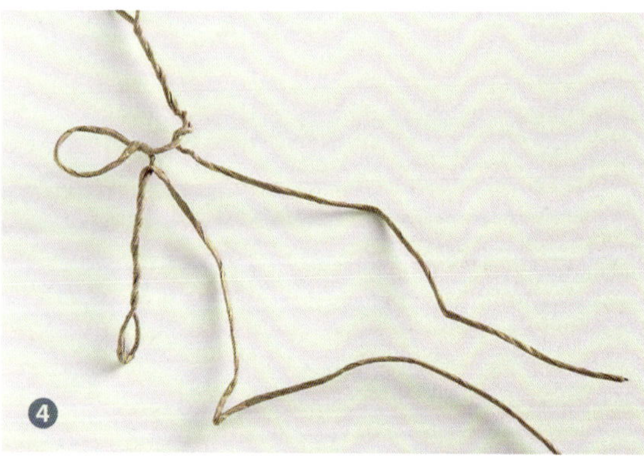

❹ Beine und Kleidung: Formen Sie die Kleidung für den Mann mit zwei unterschiedlichen Seiten (die beiden Enden müssen sich auf unterschiedlicher Höhe befinden). Modellieren Sie das Kleid der Frau auf einer Seite etwas üppiger, dann biegen Sie den Papierdraht für die Beine (beide Beine müssen gleich lang sein).

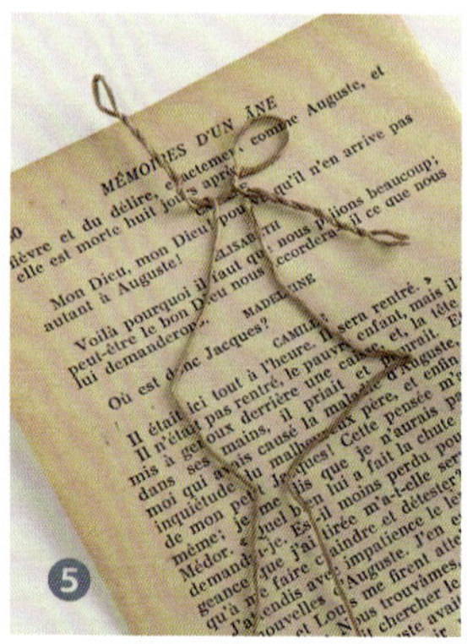

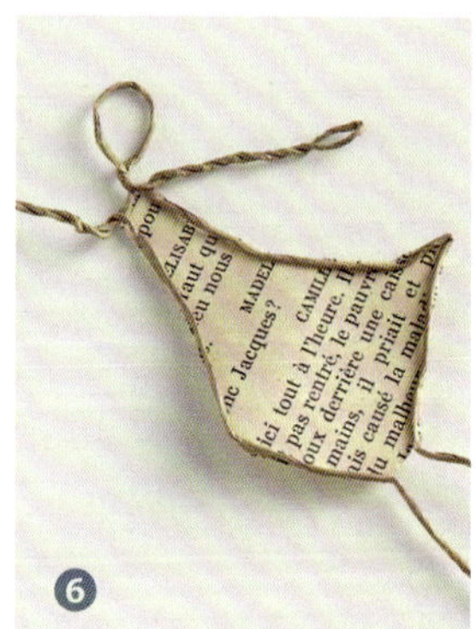

❺ Kleben Sie die Figur auf ein Papier Ihrer Wahl (siehe Punkt 3).

❻ Gut trocknen lassen und ausschneiden (siehe Punkt 4).

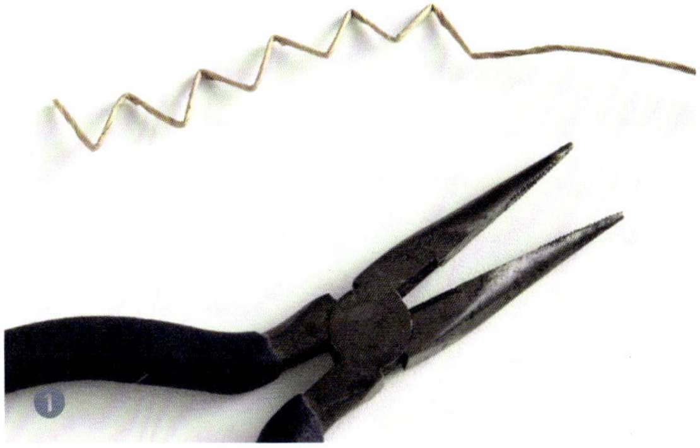

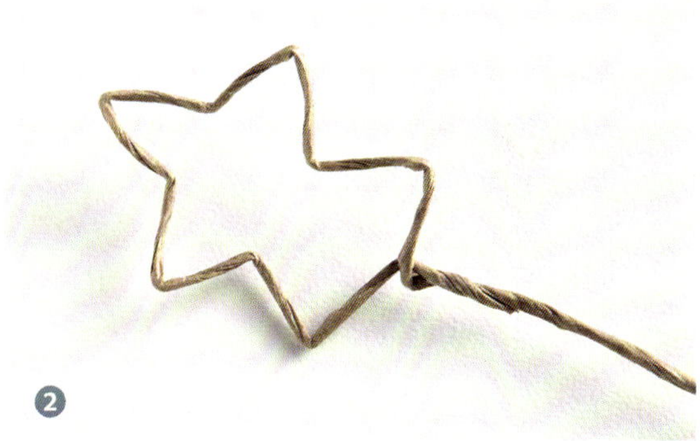

7. DIE STERNE

❶ Biegen Sie den Papierdraht mit der Flachzange 1 cm vom Ende um. Knicken Sie den Papierdraht zehnmal im Zickzack (siehe Punkt 1). Arbeiten Sie gleichmäßig.

❷ Schließen Sie den Stern, indem Sie das freie Ende um den Stiel wickeln.

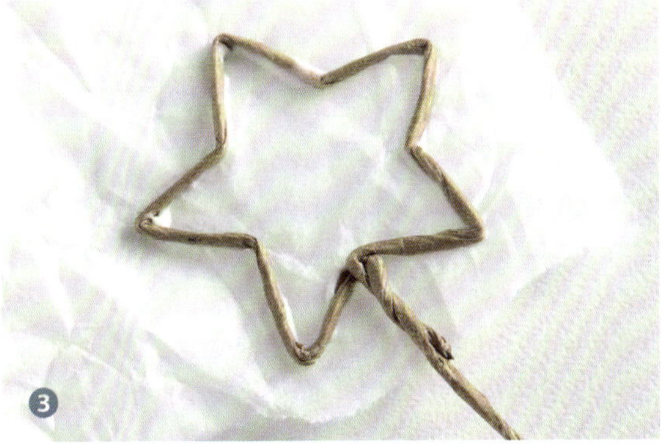

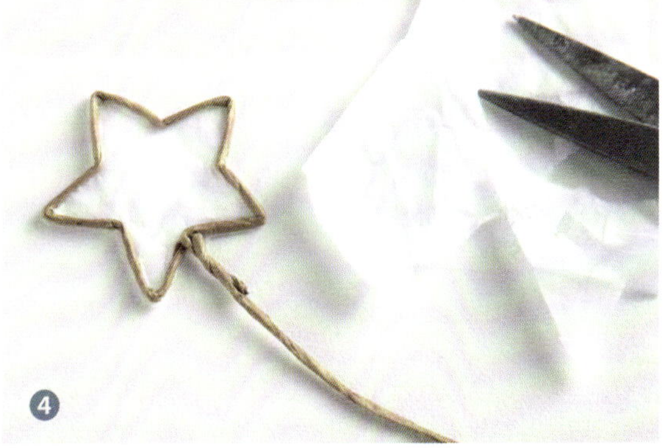

❸ Drücken Sie die innen liegenden Zacken nach innen, um dem Stern seine Form zu geben. Kleben Sie den Stern auf weißes Seidenpapier (siehe Bild 3).

❹ Gut trocknen lassen und ausschneiden (s. Bild 4). Kürzen Sie den Stiel auf die gewünschte Länge.

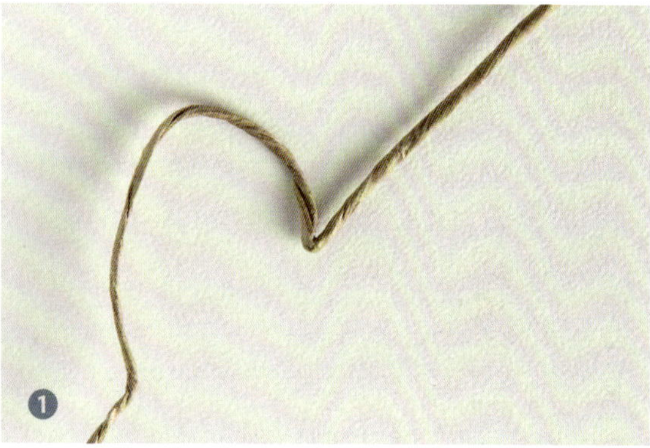

8. DIE HERZEN

❶ Biegen Sie den Papierdraht mit der Flachzange 1 cm vorm Ende um. Formen Sie die erste Hälfte des Herzens, biegen Sie den Papierdraht dann nach oben.

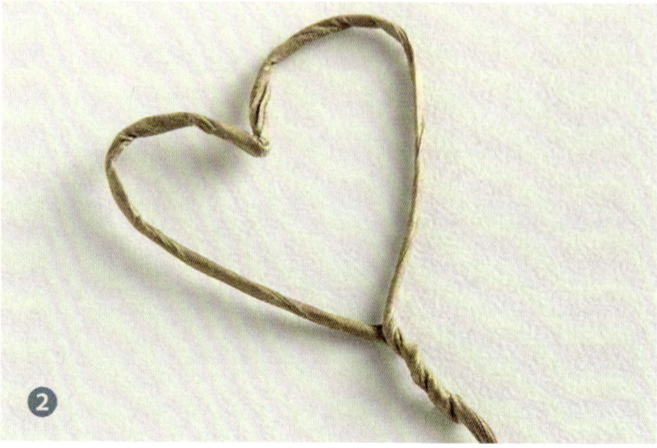

❷ Drücken Sie die Einkerbung des Herzens mit der Zange zusammen. Formen Sie die zweite Hälfte. Schließen Sie das Herz, indem Sie das Papierdrahtende um den Stiel drehen.

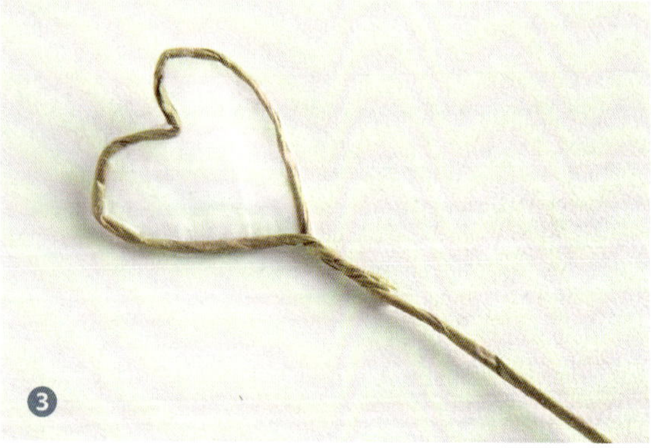

❸ Kleben Sie das Herz auf weißes Seidenpapier. Gut trocknen lassen und ausschneiden (siehe Bild 3). Kürzen Sie den Stiel auf die gewünschte Länge.

WEITERE NÜTZLICHE TIPPS

- Falls Sie keinen dicken Papierdraht haben, können Sie einen dünnen Draht doppelt legen.
- Wickeln Sie den Draht fest um einen Bleistift, einen Klebestift oder einen Gewürzstreuer, um perfekte Kreise zu formen.
- Wenn Sie ein kleines Stück buntes Papier benötigen, malen Sie das Papier mit einem dicken Filzstift an. Trocknen lassen.
- Anstatt Draht auf die Rückseite der Figuren zu kleben, können Sie die Rückseite mit einem dicken Filzstift umranden.
- Wenn sich das Papier beim Verdrehen vom Draht löst, drehen Sie in die andere Richtung.
- Falls sich das Papier vom Draht löst, wenn Sie den Stiel in den Sockel schieben, wickeln Sie das Papier mit den Fingern und etwas Leim um den Draht. Trocknen lassen, bevor Sie den Draht in den Sockel schieben. Nach dem Trocknen den Draht erneut mit Leim bestreichen und in den Sockel stecken.

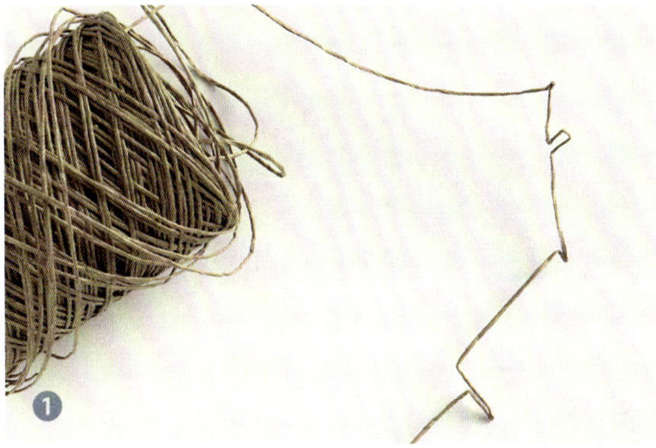

9. DIE HÄUSER

❶ Legen Sie die Umrisse, ohne den Papierdraht von der Rolle abzuschneiden. So können Sie die Form im Laufe der Arbeit noch verändern.

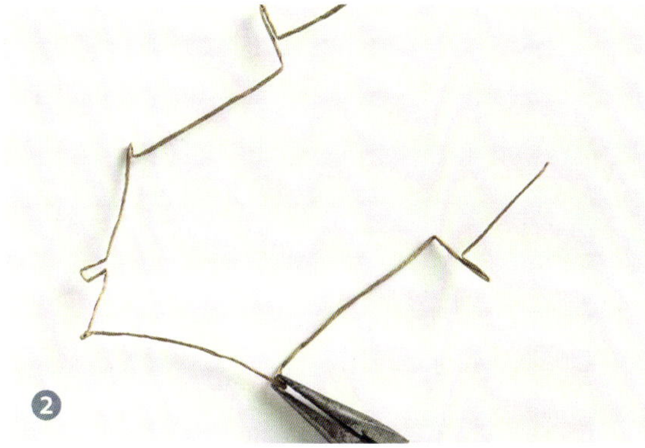

❷ Knicken Sie die Ecken (siehe Bild 2). Drücken Sie den First und die Enden des Daches mit der Flachzange zusammen.

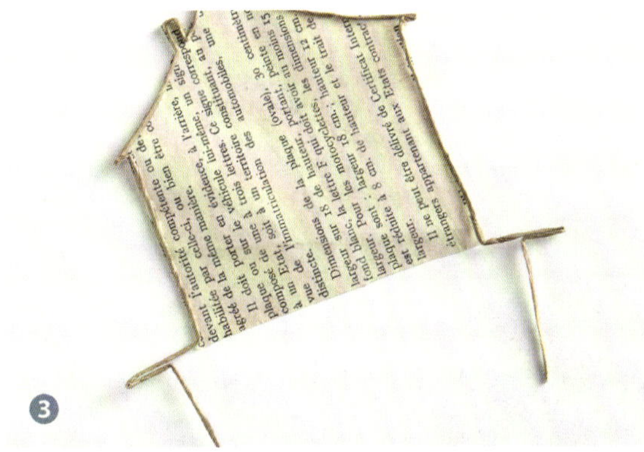

❸ Kleben Sie das Haus auf ein Papier Ihrer Wahl (siehe Bild 3). Gut trocknen lassen und ausschneiden (siehe Punkt 4).

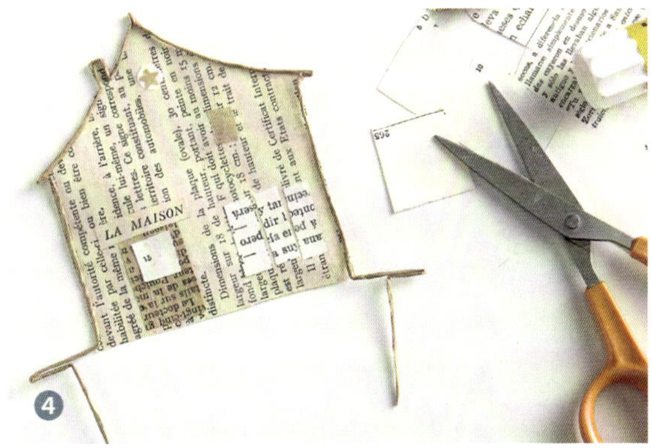

❹ Schneiden Sie Türen, Fenster und Dekoration aus unterschiedlichem Papier aus und legen Sie alles vor dem Aufkleben auf das Haus. Die Teile, falls nötig, noch ausrichten, damit Sie ein harmonisches Gesamtbild erhalten. Mit einem Klebestift aufkleben und trocknen lassen (siehe Bild 4).

❺ Zeichnen Sie die Umrisse der Türen und Fenster mit einem schwarzen Filzstift nach.

AM
Meer

1

MATERIAL:

- Papierdraht (Länge je nach Figur)
- Papier nach Wahl
- Klebestift
- feiner schwarzer Filzstift

SCHABLONEN AUF SEITE 108

AM Meer

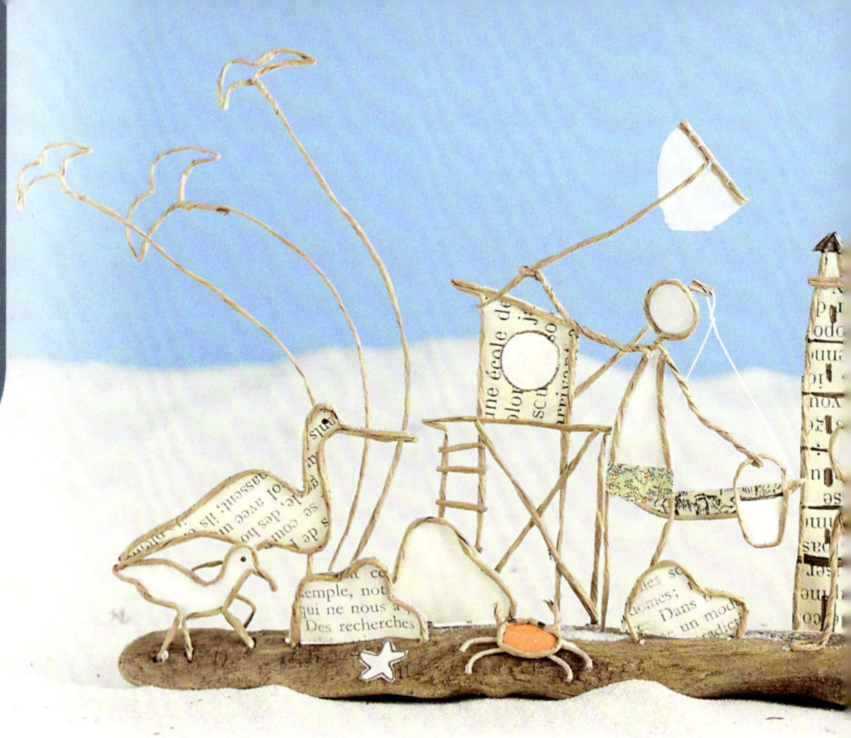

ANLEITUNG

Formen Sie alle Figuren nach den jeweiligen Schablonen. Kleben Sie die Formen auf Papier Ihrer Wahl. Gut trocknen lassen, dann ausschneiden.

Die Figuren
Für diese Skulptur benötigen Sie sieben Figuren: drei Erwachsene, drei Kinder und ein Kleinkind.

Verwenden Sie für die Eis essende Figur die Schablone auf S. 109.

Kleben Sie Körper und Köpfe der Figuren auf weißes Papier. Gut trocknen lassen, dann ausschneiden.

Die Kleidung aus unterschiedlichem Papier ausschneiden und auf die Figuren kleben.

Schlagen Sie überstehendes Papier nach hinten um und kleben Sie es fest.

Geben Sie etwas Leim in die Hände der Figuren und kleben Sie die Accessoires wie das Fangnetz, die Eimer, das Eis oder die Schaufel fest.

Kleben Sie die Henkel der Eimer von hinten an die Hände.

Kleben Sie den Rettungsring auf den Bauch des Kindes. Biegen Sie die Arme in die gewünschten Positionen.

Die Vögel
Biegen Sie die Vögel wie zuvor die Figuren. Drücken Sie die Schnäbel mit einer Flachzange zusammen, damit diese schön spitz werden.

Der Krebs
Schneiden Sie den Panzer aus und kleben Sie die Füße darunter. Dann den Panzer mit den angeklebten Füßen festhalten, um die Füße zurechtzubiegen.

Zeichnen Sie die Augen mit dem schwarzen Filzstift ein.

Der Seestern
Den Seestern auf ein einfarbiges Papier zeichnen, ausschneiden und mit dem schwarzen Filzstift umranden. Nicht mit Papierdraht verstärken, da er sonst zu schwer wird.

Die fliegenden Vögel
Biegen Sie die Stiele entsprechend der Bewegung der Vögel.

Die Fischerhütte
Formen Sie die Fischerhütte. Ziehen Sie den Draht am Dach gut an.

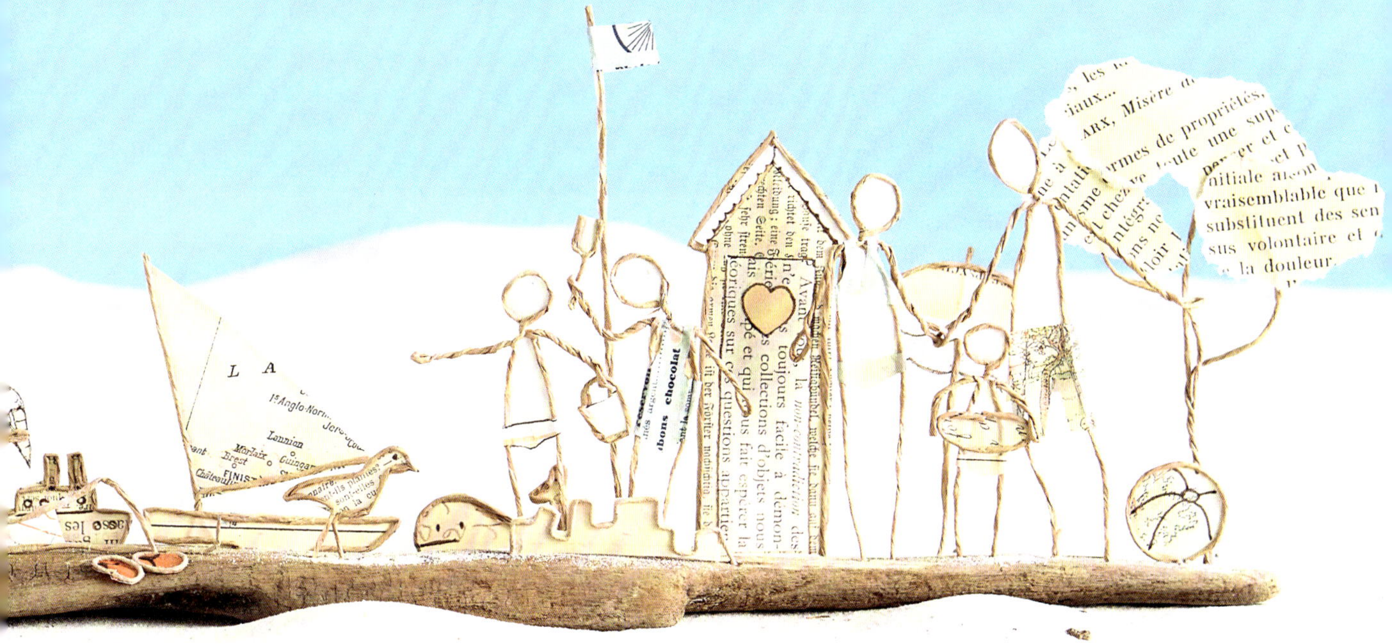

Kleben Sie die Hütte auf Papier. Gut trocknen lassen, dann ausschneiden. Schneiden Sie eine Scheibe vom Rand eines Papiers aus. Kleben Sie die Scheibe als Fenster auf die Hütte und umranden Sie es mit dem schwarzen Filzstift.

Schneiden Sie die Stützen für die Hütte zurecht und fügen Sie diese mit Leim zusammen. Gut trocknen lassen.

Schneiden Sie die Sprossen der Leiter zurecht. Fügen Sie pro Sprosse 1 cm hinzu. Geben Sie Leim auf die Seitenteile und setzen Sie die Sprossen mit einer Pinzette in regelmäßigem Abstand auf der rechten Seite bündig darauf. Auf der linken Seite überstehen lassen. Mit einem Lineal flach drücken und gut trocknen lassen. Dann mit einem Seitenschneider den überstehenden Draht abschneiden.

Schneiden Sie etwas Papierdraht als Griff der Reuse ab und formen Sie eine Schlinge an einem Ende. Formen Sie die Reuse und kleben Sie diese auf Papier. Gut trocknen lassen, dann ausschneiden. Schneiden Sie einen 12 cm langen Faden ab. In der Mitte einen Knoten mit einer Schlaufe machen. Die beiden Enden von hinten beidseitig an die Reuse kleben. Gut trocknen lassen. Befestigen Sie mit etwas Leim die Reuse an der Schlaufe der Halterung. Gut trocknen lassen.

Das Fangnetz
Sie können etwas Seidenpapier oder ein Papiertaschentuch als Netz verwenden. Einfarbiges Papier ist ebenfalls möglich. Kleben Sie nur den oberen Teil des Fangnetzes auf die Rückseite des gebogenen Drahts.

Der Leuchtturm
Formen Sie den Leuchtturm.

Geben Sie Leim an die Spitze des Turms, an der die Laterne festgeklebt werden soll, und kleben Sie weißes Papier darauf. Gut trocknen lassen, dann ausschneiden.

Kleben Sie den Leuchtturm auf einen anderen Papierbogen. Gut trocknen lassen, dann ausschneiden.

Schneiden Sie aus einem dunklen Papierrest das Dach des Leuchtturms aus und kleben Sie es auf den Turm.

Zeichnen Sie mit dem schwarzen Filzstift die horizontalen Linien, die Tür und die Fenster ein.

Kleben Sie zwei Stück Draht zwischen den Leuchtturm und den unteren Teil der Laterne. Kürzen Sie diese mit der Zange auf die gleiche Länge.

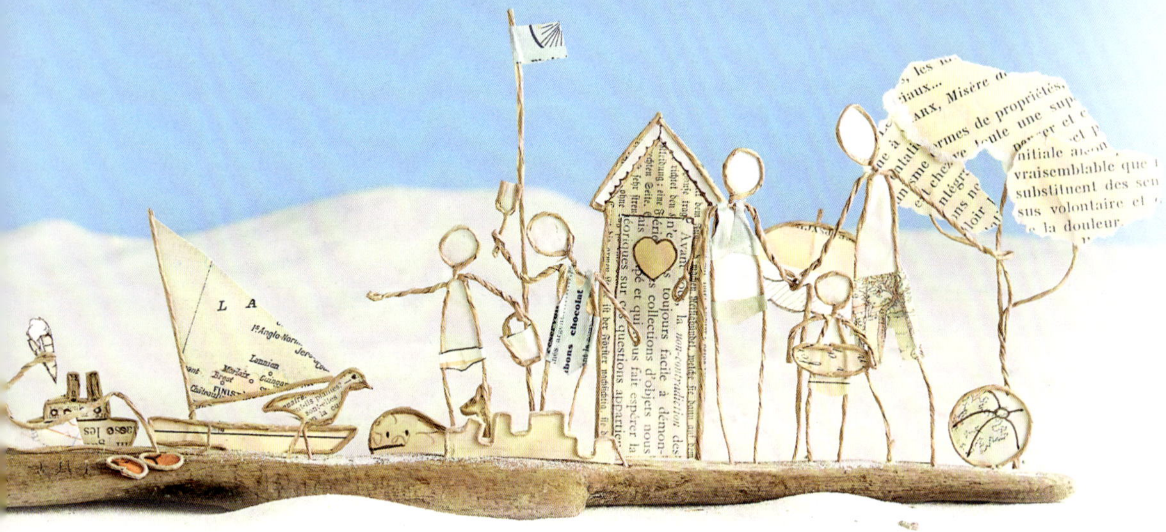

Der Dampfer
Nachdem Sie den Dampfer geformt haben, auf Papier kleben und ausschneiden. Zeichnen Sie die Bullaugen ein und betonen Sie den Rumpf und den oberen Teil des Dampfers.

Kleben Sie die Schornsteine von hinten an den Dampfer.

Die Flip-Flops
Nachdem Sie die Flip-Flops gefertigt und auf Papier geklebt haben, ausschneiden und die Riemen mit schwarzem Filzstift einzeichnen.

Das Segelboot
Formen Sie den Mast und den Baum des Segelboots und kleben Sie beides auf Papier. Gut trocknen lassen. Das Segel ausschneiden.

Wenn Sie den Rumpf geformt und auf Papier geklebt haben, kleben Sie den Mast von hinten an den Rumpf.

Der Wal
Zeichnen Sie die Augen und das Maul mit einem schwarzen Filzstift.

Die Fahne
Schneiden Sie einen 15 cm langen Papierdraht ab. Legen Sie einen 3 cm langen und 1 cm breiten Streifen grünes Papier oben an die Fahnenstange. Zur Hälfte falten und zusammenkleben.

Die Strandkabine
Schneiden Sie die Verzierung des Dachs, die Tür und das Herz aus unterschiedlichem Papier aus und kleben Sie es auf die Kabine. Mit schwarzem Filzstift umranden.

Der Sonnenschirm
Fertigen Sie das Stoffteil, indem Sie den Papierdraht so aufkleben, dass der Rand des Papiers sichtbar wird, dann zeichnen Sie das Gestänge und die Innenseite des Sonnenschirms durch schraffierte Linien.

Fertigen Sie den Stock in zwei Teilen: Den unteren Teil kleben Sie vor den Schirm und den oberen Teil kleben Sie von hinten an den Schirm.

Wenn Sie den Sonnenschirm in den Sockel gesteckt und festgeklebt haben, können Sie ihn biegen.

Kleben Sie einen kleinen Papierstreifen unter den Sonnenschirm, der ein Badehandtuch darstellen soll.

Der Wasserball
Zeichnen Sie die Streifen und den oberen Teil des Balls mit schwarzem Filzstift.

Die See-Kiefer
Nachdem Sie den Stamm und die Zweige mit drei Drähten, die miteinander verdreht werden, geformt haben, reißen Sie die Blätter aus. Das lässt das Blattwerk natürlicher aussehen, als wenn Sie es ausschneiden. Das Blattwerk vor die Zweige kleben.

Auf dem Sockel befestigen
Alle Teile erst nach dem vollständigen Trocknen auf den Sockel setzen. Beginnen Sie mit der linken Seite, wenn Sie Rechtshänder sind und mit der rechten Seite, wenn Sie Linkshänder sind. Warten Sie, bis der Leim gut getrocknet ist, bevor Sie die Elemente zurechtbiegen.

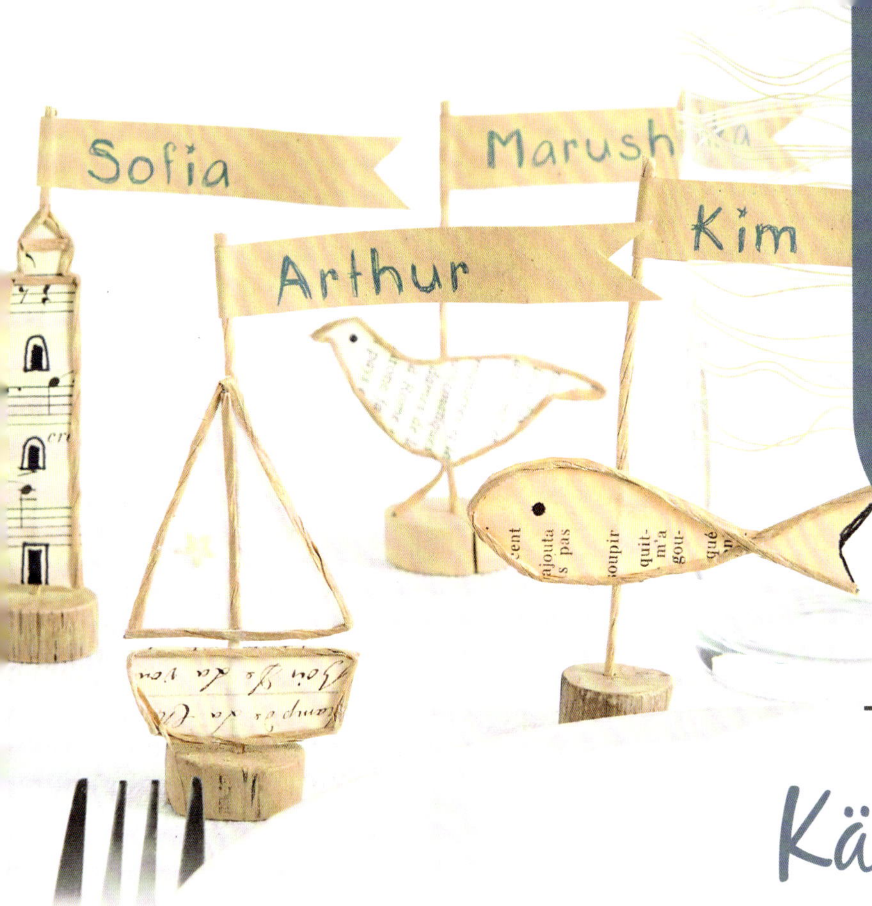

2

MATERIAL:

- Papierdraht
- Papier
  - verschiedene Papierreste
  - 1 einfarbiger Papierbogen für die Namensschilder
- feiner schwarzer Filzstift
- Sockel (Holzscheiben)

SCHABLONEN AUF SEITE 109

TISCH-Kärtchen

ANLEITUNG

Formen Sie den Vogel, den Fisch, den Bootsrumpf, die Außenseite des Segels und den Leuchtturm. Drücken Sie die Ecken des Segelboots und des Leuchtturms mit einer Zange zusammen. Kleben Sie den Draht für das Segel und für den Bootsrumpf auf unterschiedliche Papierreste.

Gut trocknen lassen. Am Papierdraht entlang ausschneiden. Schneiden Sie etwas Draht ab und kleben Sie ihn in die Mitte des Segels.

Schneiden Sie zwei kleine Drähte zu und kleben Sie sie links und rechts von der Laterne des Leuchtturms.

Zeichnen Sie das Auge des Fischs und des Vogels. Biegen Sie das Ende des Fischschwanzes.

Zeichnen Sie die Türe und die Fenster des Leuchtturms. Schneiden Sie vier 10 cm lange Stücke dicken Papierdraht ab.

Kleben Sie den Draht von hinten an die geformten Teile. Orientieren Sie sich an den Schablonen.

Schneiden Sie die Fahnen aus, auf die Sie die Namen der Gäste geschrieben haben.

Falten Sie die linke Seite 1 cm nach hinten um. Kleben Sie die Fahne gleichmäßig um den Stiel.

Schieben Sie die Stiele in die Sockel.

Basteln mit Kindern
Bitten Sie Ihre Kinder, die Namen der Gäste auf die Papierstreifen zu schreiben, die Sie für die Fahnen vorbereitet haben. Die Kinder können auch Papierboote in unterschiedlichen Größen falten, die auf dem Tisch verteilt werden.

ANGLER AUF *dem Eis*

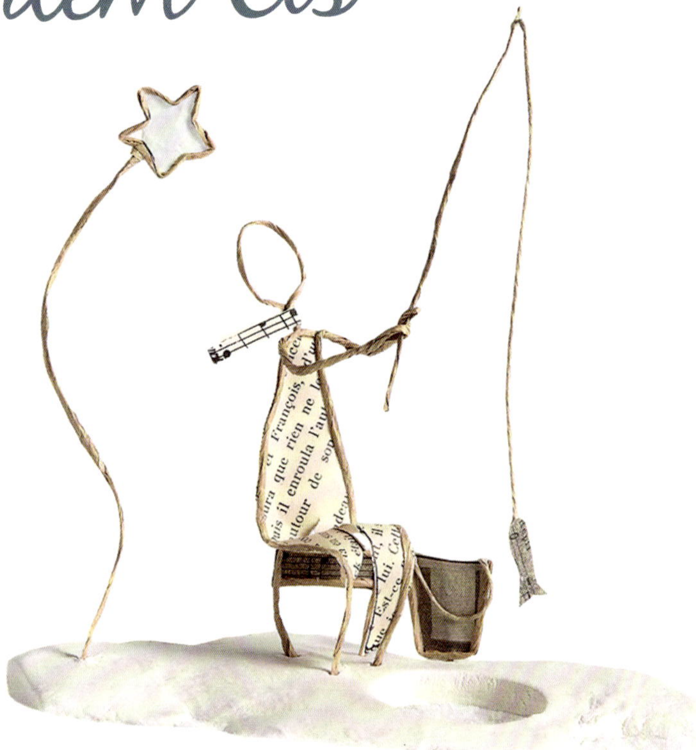

3

MATERIAL:

Papierdraht
- 50 cm für die Figur
- 9 + 3 cm für den Hocker
- 7 + 3 cm für den Eimer
- 10 cm für die Angel
- 25 cm für den Stein

Papier
- 1 Bogen für die Figur
- Reste für den Hocker, den Eimer und den Fisch
  - Seidenpapierrest

17 cm feines Garn

Sockel

weiße selbstaushärtende Masse

Teigrolle

Ausstecher ø 4 cm

SCHABLONEN AUF SEITE 110

ANLEITUNG

Die Figur nach der Schablone (siehe Seite 106) formen und auf das Papier kleben. Trocknen lassen, dann ausschneiden.

Formen Sie den Stern (siehe Seite 13) und kleben ihn auf das weiße Seidenpapier. Gut trocken lassen, dann ausschneiden.

Formen Sie den Eimer und kleben Sie ihn auf einen Papierrest. Trocknen lassen, dann ausschneiden.

Kleben Sie 3 cm Papierdraht von hinten an den Eimer. Lassen Sie zur Befestigung im Sockel 1 cm unten überstehen.

Kleben Sie eine dünne Schnur als Henkel an den Eimer.

Formen Sie den Hocker. Kleben Sie einen 3 cm langen Draht für die Unterseite der Sitzfläche fest. Schneiden Sie den überstehenden Draht ab.

Die Sitzfläche auf einen Papierrest kleben. Trocknen lassen, dann ausschneiden.

Kleben Sie die übrige Schnur an das Ende der Angel. Kürzen Sie die Schnur auf die entsprechende Länge.

Schneiden Sie zwei kleine Fische aus den Papierresten aus. Kleben Sie die beiden Fische, mit dem Ende der Angelschnur dazwischen, zusammen.

Für den Sockel: Eine Kugel formen und mit der Teigrolle auf ca. 2 cm flach ausrollen.

Schneiden Sie die Ränder mit einem Messer ab und stechen Sie mit einer Ausstechform oder einem kleinen Glas ein Loch aus.

Biegen Sie die Beine des Anglers und schieben Sie die Füße in den Sockel neben dem Loch.

Stecken Sie den Hocker und den Stern in den Sockel. Gut trocknen lassen.

4

MATERIAL:

Papierdraht
- 43 cm für das Haus
- 25 cm für den Stein

Papier
- 1 Papierbogen
- verschiedene Papierreste
- weißes Seidenpapier

schwarzer Filzstift

Klebestift

10 cm langer Sockel

SCHABLONEN AUF SEITE 110

MEIN Traumhaus

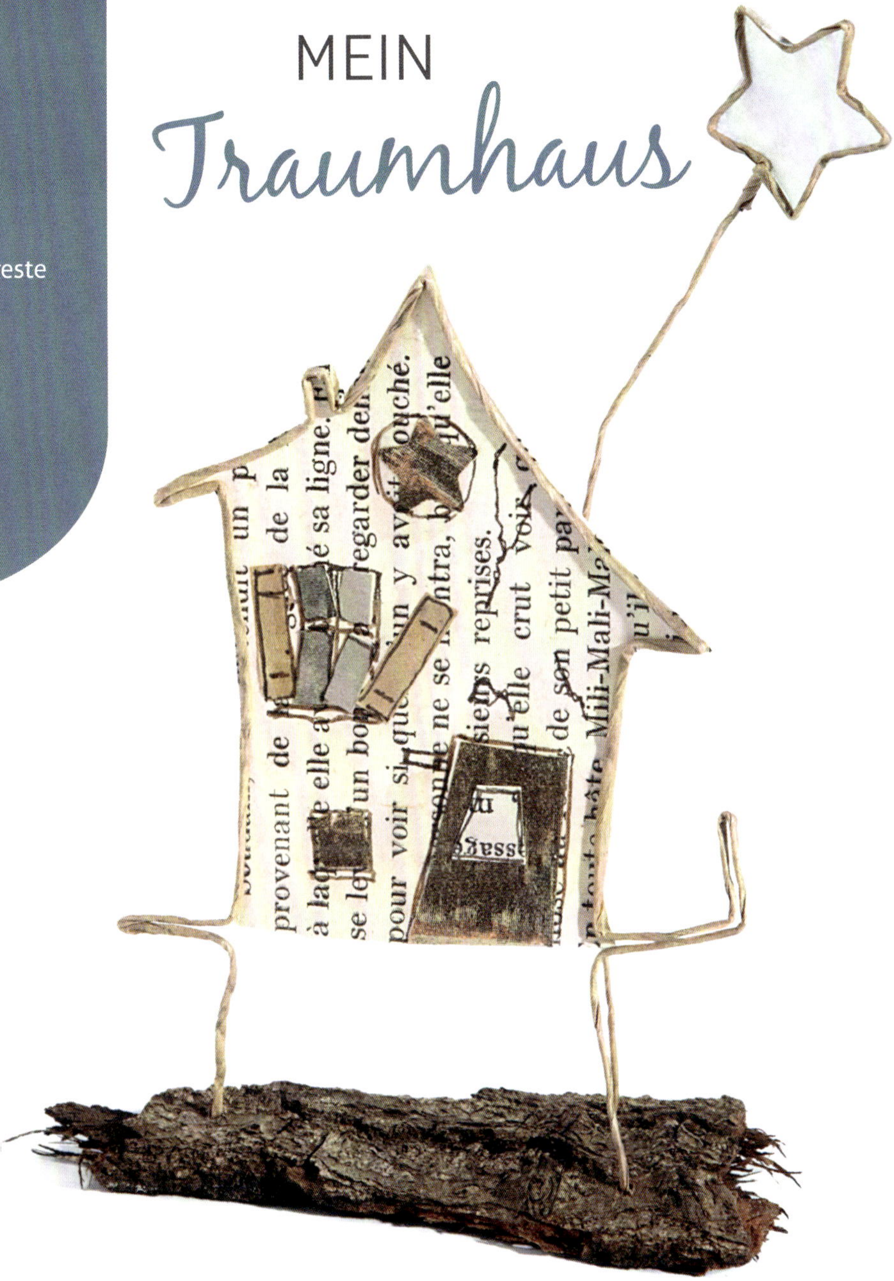

ANLEITUNG

Formen Sie das Haus nach der Schablone. Knicken Sie die Ecken. Kleben Sie das Haus auf den Papierbogen.

Trocknen lassen und ausschneiden. Schneiden Sie aus unterschiedlichen Papierresten Tür und Fenster aus. Mit dem Klebestift aufkleben und gut trocknen lassen. Mit einem schwarzen Filzstift umranden.

Formen Sie den Stern nach der Schablone und lassen Sie einen 10 cm langen Stiel überstehen. Auf Seidenpapier kleben. Gut trocknen lassen und ausschneiden. Befestigen Sie das Haus auf dem Sockel.

TISCHDEKO *Segeltörn*

5

MATERIAL:

dicker und feiner Papierdraht

Papier
- Unterschiedliche Papier bögen, ein Bogen sollte hell sein
- Papierreste
- weißes Seidenpapier

feiner schwarzer Filzstift

schwarzer oder brauner Filzstift

Motivstanzer „Herz"

Sockel
- Treibholz

SCHABLONEN AUF SEITE 110

ANLEITUNG

Das Segelboot
Formen Sie das Segel und den Rumpf. Das Segel auf das helle Papier kleben, den Rumpf auf das dunklere. Gut trocknen lassen, dann ausschneiden.

Verwenden Sie den Rumpf als Schablone, übertragen Sie einen zweiten Rumpf auf das gleiche Papier. Schneiden Sie ein 16 cm langes Stück dicken Papierdrahts für den Mast des Bootes ab.

Kleben Sie den Mast von hinten an den Rumpf und von hinten an das Segel, lassen Sie ihn dabei oben und unten 1 cm überstehen. Schneiden Sie aus einem Papierrest eine kleine Fahne aus.

An der gestrichelten Linie falten und oben an den Mast kleben. Umranden Sie die Fahne mit dem feinen Filzstift. Kleben sie den zweiten Rumpf, den Sie ausgeschnitten haben, hinter den ersten. Umranden Sie den zweiten Rumpf und die Rückseite des Segels mit dem brauen oder schwarzen Filzstift. Setzen Sie das Boot auf den Sockel.

Die Strandkabine
Formen Sie die Kabine. Prägen Sie die Ecken deutlich mit einer Flachzange. Legen Sie für den kleinen Kreis oben eine Schlaufe, die Sie einmal verdrehen. Mit einer Zange flach drücken.

Kleben Sie die Kabine auf dunkles Papier. Gut trocknen lassen, dann ausschneiden. Schneiden Sie die Tür aus hellem Papier aus und stanzen Sie das kleine Fenster mit einem Locher aus demselben Papier aus.

Beides auf die Kabine kleben und mit einem feinen Filzstift umranden. Wenden Sie die Kabine und umranden Sie sie mit dem brauen oder schwarzen Filzstift. Setzen Sie die Kabine auf den Sockel.

Das Leuchtfeuer
Formen Sie das Leuchtfeuer. Prägen Sie die Knicke mit der Flachzange. Formen Sie für den kleinen Kreis an der Spitze eine Schlaufe und verdrehen Sie sie.

Kleben Sie das Leuchtfeuer auf Papier. Wählen Sie für die drei oberen Abschnitte unterschiedliches Papier. Gut trocknen lassen, dann ausschneiden. Kennzeichnen Sie unterschiedlichen Partien mit dem feinen schwarzen Filzstift.

Drehen Sie das Leuchtfeuer um und umranden Sie es mit dem brauen oder schwarzen Filzstift. Kennzeichnen Sie die Trennung zwischen den einzelnen Teilen. Setzen Sie das Leuchtfeuer auf den Sockel.

Der Krabbenkescher
Schneiden Sie einen 11 cm langen Papierdraht und einen weiteren mit 4,5 cm zu.

Knicken Sie das obere Ende des 11 cm langen Drahts, setzen Sie den kurzen Papierdraht horizontal in den Knick, winden Sie den geknickten Teil um den Stiel, um den kleinen Papierdraht zu befestigen. Mit der Flachzange zusammendrücken.

Zeichnen Sie das Netz auf Seidenpapier und schneiden Sie es aus. Kleben Sie es auf den horizontalen Draht.
Umranden Sie das Papier mit dem feinen Filzstift.

Legen Sie einen Kescher auf jede Serviette.

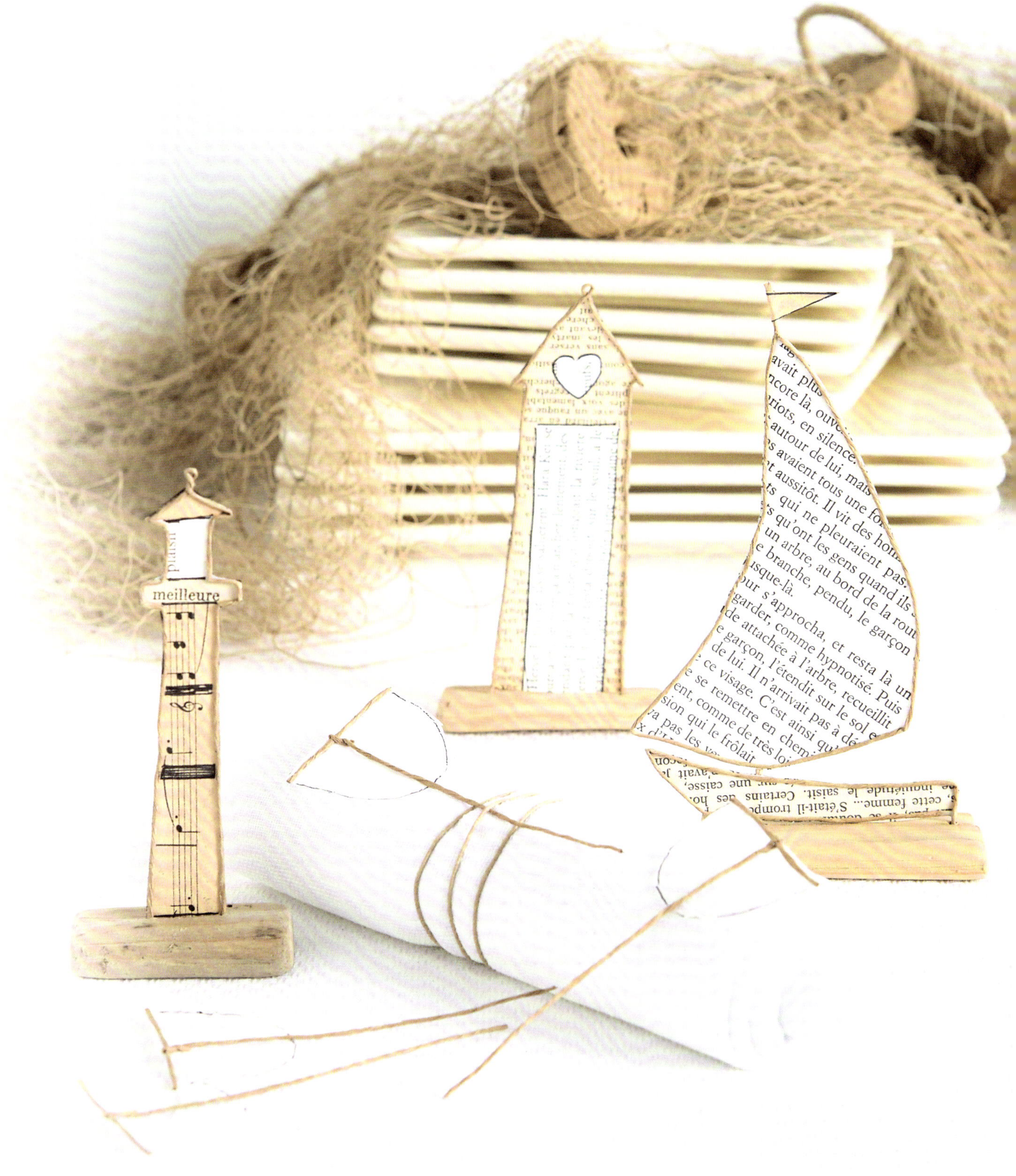
meilleure

6

PSST! Schaut!

MATERIAL:

Papierdraht
– 30 cm für den großen Vogel
– 22 cm für den kleinen Vogel

2 Papierbögen mit unterschiedlichen Motiven

12 cm langer Sockel

kleiner Kreisstanzer

feiner schwarzer Filzstift

SCHABLONEN AUF SEITE 111

ANLEITUNG

Formen Sie die Vögel nach der Schablone.

Knicken Sie die Spitze des Schwanzes und drücken Sie den Schnabel mit der Zange zusammen.

Kleben Sie beide Vögel auf Papier, trocknen lassen und ausschneiden.

Stanzen Sie die Augen aus.

Befestigen Sie die Vögel auf dem Sockel.

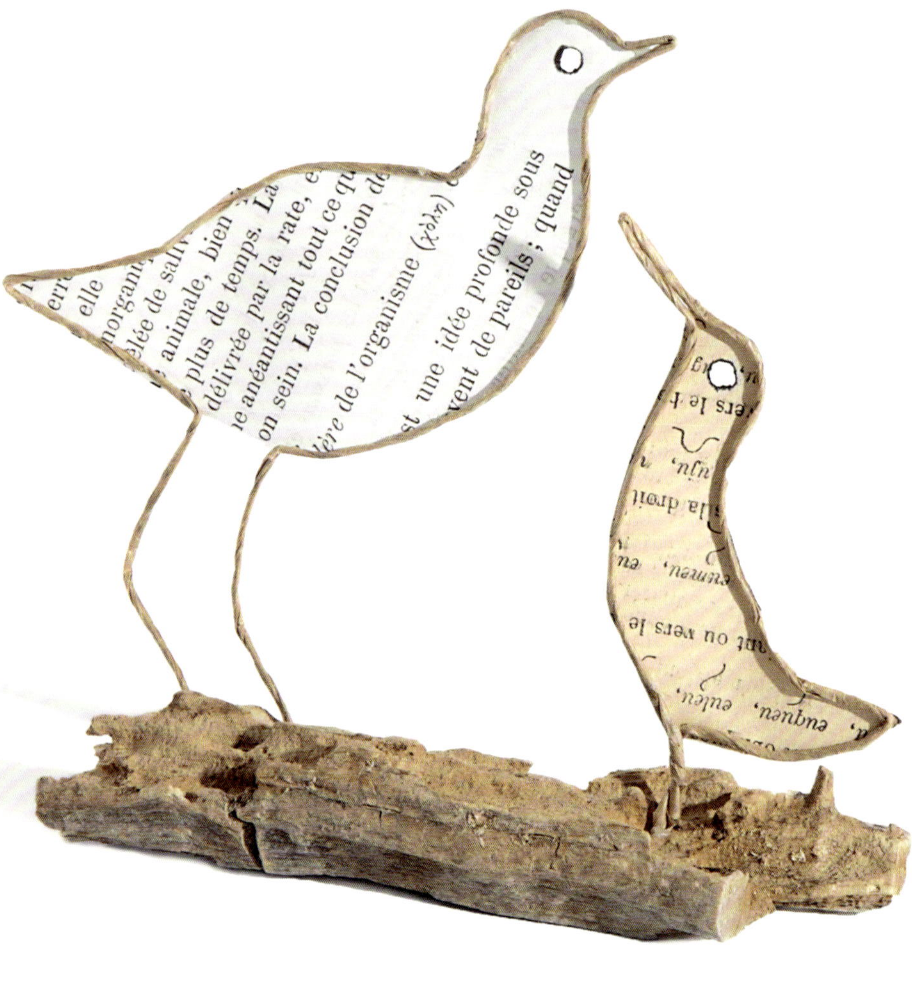

AHOI, KLEINES Segelschiff

7

MATERIAL:

Papierdraht
- 36 cm für das Segelboot
- 5 cm für den Baum
- 21 cm für den Stern

Papier
- 3 Bögen mit unterschiedlichen Motiven
- Seidenpapier
- Papierreste

Kreisstanzer
Klebestift
feiner schwarzer Filzstift
10 cm langer Sockel

SCHABLONEN AUF SEITE 112

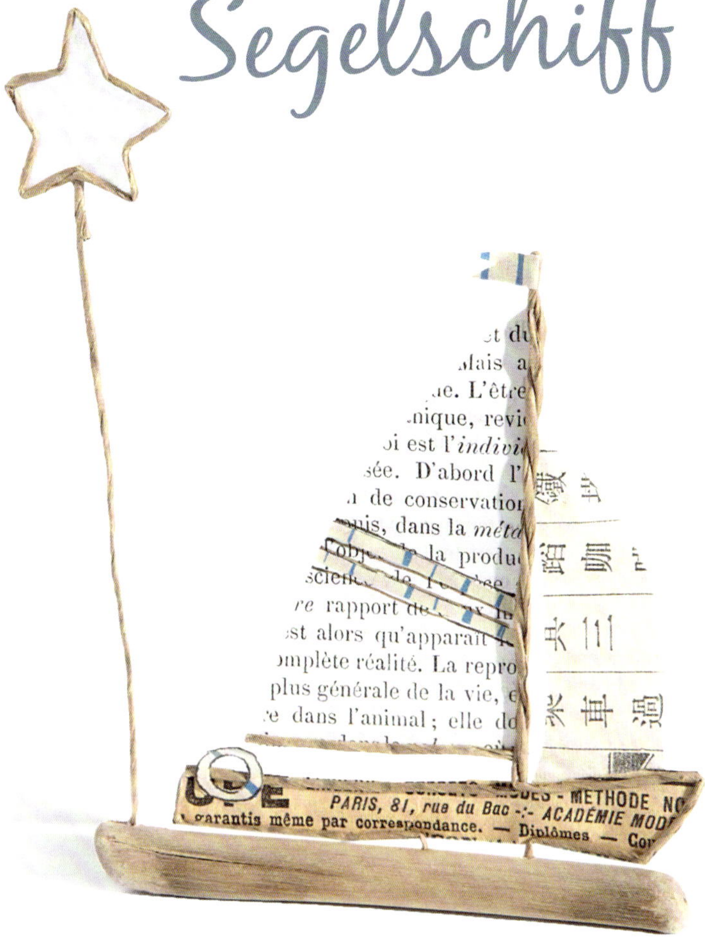

ANLEITUNG

Formen Sie den Rumpf und den Mast des Segelboots nach der Schablone. Knicken Sie die Ecken. Den oberen Teil des Masts zusammendrücken und verdrehen.

Kleben Sie den Rumpf auf ein Papier. Trocknen lassen, dann ausschneiden.

Schneiden Sie das Großsegel nach der Schablone aus. Schneiden Sie zwei identische Bänder aus Papierresten aus. Kleben Sie diese parallel mit Klebestift auf das Großsegel. Schneiden Sie den Überstand ab. Mit einem schwarzen Filzstift umranden. Geben Sie Leim hinter den Mast und kleben Sie das Großsegel darauf. Kleben Sie den Baum unter das Großsegel an den Mast.

Schneiden Sie aus einem anderen Papier das zweite Segel nach der Schablone aus. Geben Sie etwas Leim oben und unten auf das Segel und kleben Sie es hinter den Mast. Schneiden Sie die Fahne aus und kleben Sie diese oben an den Mast.

Stanzen Sie aus einem Papierrest das Innere des Rettungsrings aus und schneiden Sie ihn ca. 5 mm vom inneren Rand aus. Umranden Sie ihn mit dem schwarzen Filzstift. Kleben Sie den Ring oben an den Rumpf.

Formen Sie einen Stern mit einem 10 cm langen Stiel.

Befestigen Sie das Boot auf dem Sockel.

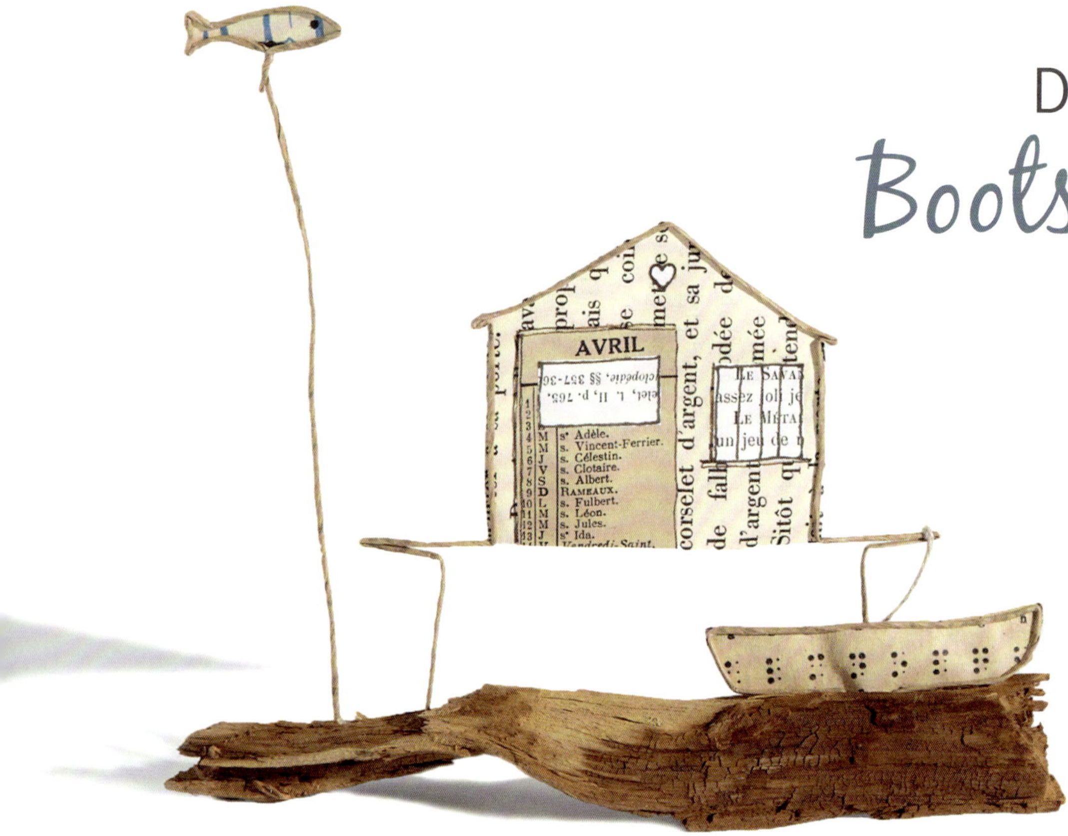

DAS Bootshaus

ANLEITUNG

Formen Sie das Bootshaus nach der Schablone.

Knicken Sie die Ecken. Kleben Sie es auf Papier, sodass der Text vertikal ausgerichtet ist. Trocknen lassen und ausschneiden.

Schneiden Sie aus Papierresten die Tür und zwei Fenster aus, dann stanzen Sie ein Herz aus. Kleben Sie mit dem Klebestift ein Fenster auf die Tür. Gut trocknen lassen, dann das Herz und das zweite Fenster auf die Fassade kleben.

Umranden Sie die Tür, die Fenster und das Herz mit dem schwarzen Filzstift.

Formen Sie das Boot nach der Schablone. Knicken Sie die Ecken. Kleben Sie es auf einen Papierbogen mit anderem Motiv. Trocknen lassen und ausschneiden.

Formen Sie den Fisch und lassen Sie einen 12 cm langen Stiel überstehen. Kleben Sie ihn auf einen Papierrest. Trocknen lassen und ausschneiden.

Befestigen Sie die Kreation auf dem Sockel. Leinen Sie das Boot mit der Schnur an.

8

MATERIAL:

- Papierdraht
  - 36 cm für das Bootshaus
  - 15 cm für das Boot
  - 21 cm für den Fisch
- 5 cm Baumwollschnur
- Papier
  - 1 Bogen Textpapier
  - 1 Bogen mit anderem Motiv
  - Papierreste in verschiedenen Farben
- Motivstanzer „Herz"
- schwarzer Filzstift
- Klebestift
- 16 cm langer Sockel

SCHABLONEN AUF SEITE 112

RÜCKKEHR VOM *Fischfang*

9

MATERIAL:

Papierdraht
- 30 cm für das Boot
- 4 cm, 5 cm und 6 cm für die Angelruten
  - 26 cm für das Leuchtfeuer
  - 3 x 28 cm für die Möwen

3 Baumwollschnüre, 5 cm lang

Papier
- 2 Papierbögen
- weißes Seidenpapier
- Papierreste in unterschiedlichen Farben

Kreisstanzer

Klebestift

schwarzer Filzstift

20 cm langer Sockel

SCHABLONEN AUF SEITE 113

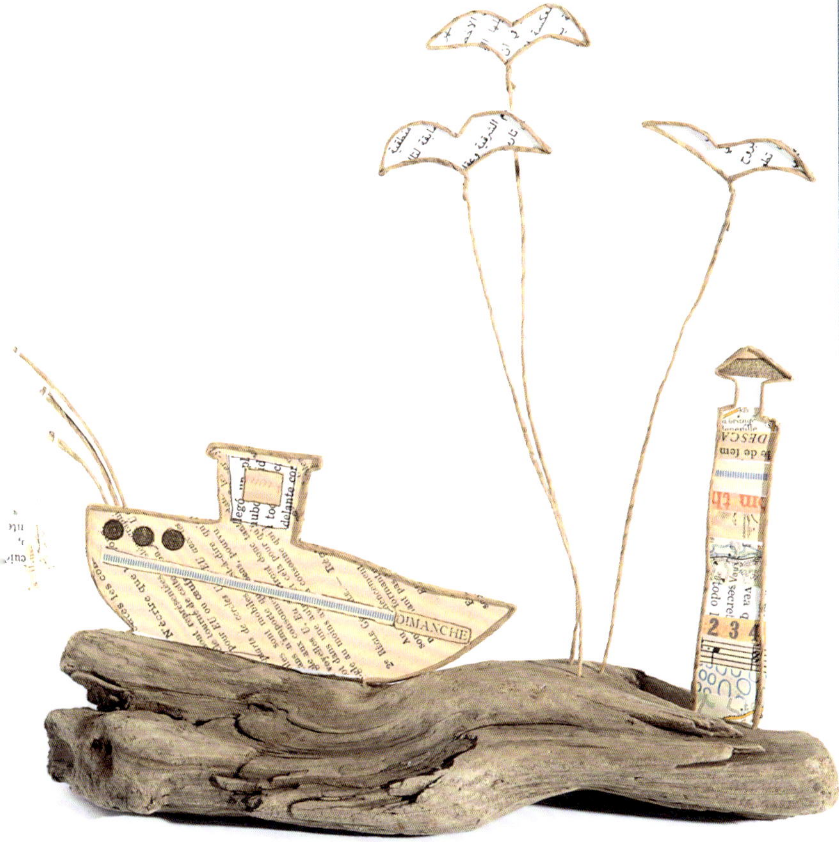

ANLEITUNG

Formen Sie das Boot nach der Schablone. Knicken Sie die Ecken. Kleben Sie es auf Papier. Trocknen lassen, dann ausschneiden.

Schneiden Sie die Tür und das Fenster der Kabine aus, dann ein gerades Band ausschneiden und drei Kreise ausstanzen. Mit dem Klebestift auf das Boot kleben. Mit einem schwarzen Filzstift umranden.

Biegen Sie die Angeln leicht über den Bootsrand. Geben Sie an jede Angel etwas Flüssigkleber und befestigen Sie ein Stück Baumwollschnur. Schneiden Sie drei kleine Fische aus Papierresten aus und kleben Sie sie an diese die Baumwollschnüre.

Kleben Sie die Angeln hinter das Boot.

Formen Sie das Leuchtfeuer nach der Schablone. Knicken Sie die Ecken. Schneiden Sie aus unterschiedlichen Papierresten Streifen und kleben Sie diese nebeneinander auf einen Papierbogen. Kleben Sie den Draht auf das Papier. Gut trocknen lassen und ausschneiden.

Formen Sie die Möwen nach der Schablone.

Knicken Sie die Ecken und lassen Sie den Stiel 15 cm überstehen. Auf Seidenpapier kleben. Gut trocknen lassen, dann ausschneiden.

Befestigen Sie die Kreation auf dem Sockel.

IM
Schnee

10

MATERIAL:

- Papierdraht (Länge je nach Figur)
- Papier nach Wahl
- Klebestift
- feiner schwarzer Filzstift

SCHABLONEN AUF SEITE 114

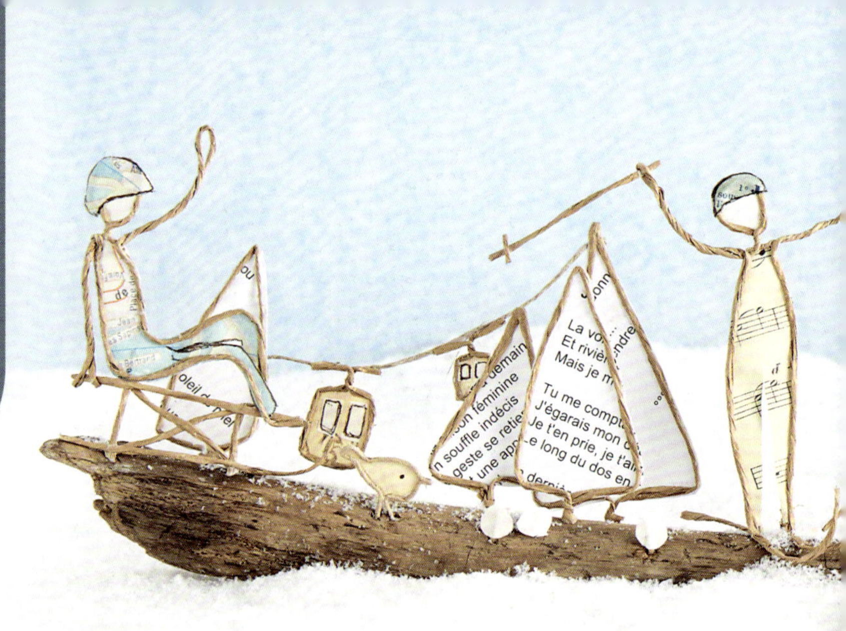

ANLEITUNG

Formen Sie alle Figuren nach den Schablonen. Kleben Sie die Formen auf das Papier Ihrer Wahl. Gut trocknen lassen, dann ausschneiden.

Die Figuren
Alle Schablonen für diese Figuren finden Sie auf den Schablonenseiten.

Kleben Sie die Köpfe der Figuren auf weißes Papier. Gut trocknen lassen, dann ausschneiden.

Geben Sie etwas Leim in die Hände der Figuren und kleben Sie die Accessoires wie Skistöcke, den Schneeball oder die Schneeschippe fest.

Der Schlitten
Schneiden Sie sechs Stück Papierdraht für den Schlitten zu und setzen Sie diese mit etwas Leim gemäß der Skizze zusammen. Einige Sekunden mit einem Lineal andrücken, dann gut trocknen lassen.

Schneiden Sie den Helm aus Papier aus, umranden Sie ihn mit dem schwarzen Filzstift und kleben Sie ihn an den Kopf der Figur.

Befestigen Sie die Figur auf dem Schlitten und kleben Sie die Figur vor den oberen Teil des Drahts Nr. 1, kleben Sie die Füße auf beide Seiten des Schlittens auf den Draht Nr. 2.

Achten Sie darauf, das Papier nicht zu zerreißen. Die hintere Hand der Figur um das Ende von Draht Nr. 2 legen und mit etwas Leim fixieren.

Die Tannen und die Seilbahn
Verwenden Sie unterschiedliches Papier für die Tannen und ändern Sie die Schriftrichtung.

Schneiden Sie die Fenster der Kabinen aus weißem Papier aus. Auf die Kabinen kleben und mit einem schwarzen Filzstift umranden.

Kleben Sie die Kabinen an eine ca. 15 cm lange Schnur, lassen Sie einen Abstand von 1 bis 3 cm. Positionieren Sie die kleinste ganz rechts. Gut trocknen lassen.

Kleben Sie die Schnur von hinten an die beiden größten Tannen und schneiden Sie die überstehende Schnur ab. Gut trocknen lassen.

Der Vogel
Zeichnen Sie das Auge mit einem schwarzen Filzstift und drücken Sie den Schnabel mit einer Flachzange fest zusammen. Sie können die Position des Vogels verändern.

Die Schneebälle auf dem Boden
Stanzen Sie mit dem Locher Schneebälle aus. Falls Sie die Größe verändern wollen, müssen Sie die Schneebälle von Hand ausschneiden.

Der stehende Skifahrer
Die Mütze aus Papier ausschneiden, mit dem schwarzen Filzstift umranden und vor den Kopf der Figur kleben.

Biegen Sie die Füße nach vorne und kleben Sie sie auf die Skier. Gut trocknen lassen. Die Skier werden direkt auf den Sockel geklebt.

IM Schnee

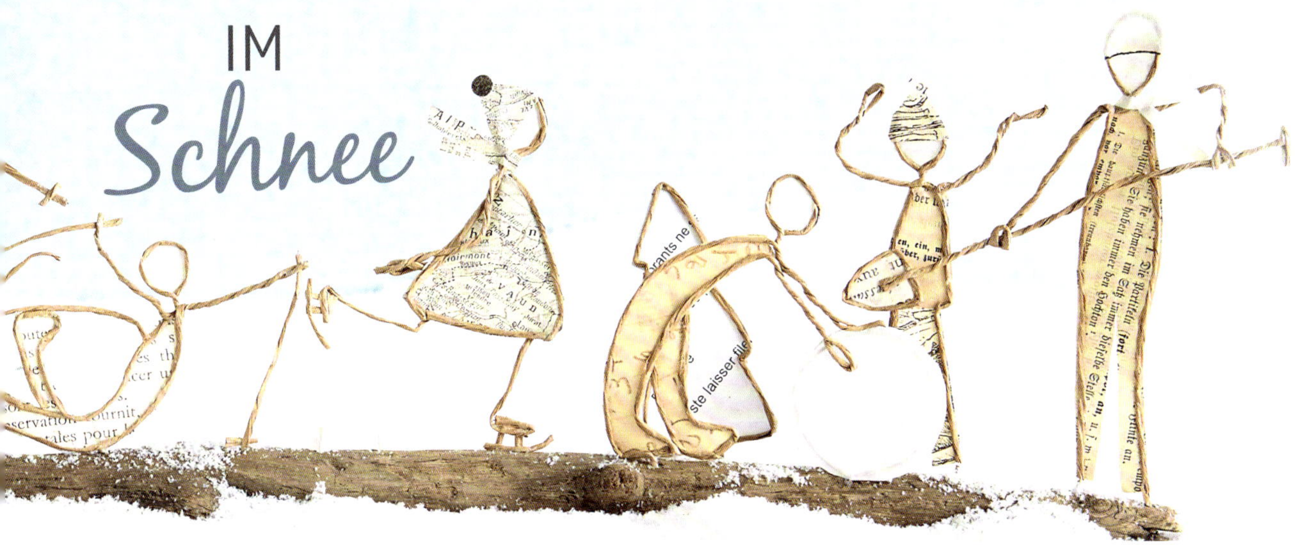

Fertigen Sie die Stöcke und kleben Sie etwas Schnur ans obere Ende des Stocks. Gut trocknen lassen und dann in die Hände des Skifahrers schieben. Mit etwas Leim fixieren.

Der fallende Skifahrer
Kleben Sie die Skier fest. Geben Sie Leim auf die Papierlaschen und auf den Papierdraht an den Füßen. Gut trocknen lassen. Schneiden Sie die Papierlaschen zu, falls sie überstehen. Schieben Sie die Stöcke in die Hände und fixieren Sie sie mit etwas Leim.

Die Eisläuferin
Schneiden Sie die Mütze aus Papier aus. Mit dem schwarzen Filzstift umranden. Fertigen Sie den Pompon mit dem Locher, dann kleben Sie die Mütze auf den Kopf der Figur.
Wickeln Sie den Schal um den Hals und fixieren Sie ihn mit etwas Leim.

Kleben Sie die unterschiedlichen Teile der Schlittschuhe fest. Vorsicht, der Schlittschuh, der auf dem Sockel platziert wird, hat vertikale Stiele, die unter der Kufe hindurchgehen. Kleben Sie die Schlittschuhe von hinten an die Füße.

Formen Sie die Arme und biegen diese hinter den Rücken. Legen Sie eine Hand in die andere, damit sie zusammenbleiben.

Das Kind, das einen Schneemann baut
Kleben Sie das vordere Bein hinter das hintere, wie auf der Skizze angegeben.

Kleben Sie den Papierdraht für die Schneekugel hinter das weiße Papier.

Kleben Sie die rechte Hand auf eine Seite der Kugel und die linke Hand oben auf die Kugel etwas weiter nach hinten.

Das Kind, das den Schneeball wirft
Schneiden Sie die Mütze aus einem Papierrest aus und umranden diese mit dem schwarzen Filzstift. Fertigen Sie den Pompon mit dem Locher, dann kleben Sie die Mütze auf den Kopf der Figur.

Kleben Sie den Schneeball mit etwas Leim in die linke Handfläche. Mit einer Flachzange die Hand zusammendrücken.

Der Mann mit der Schneeschippe
Schneiden Sie die Mütze aus einem Papierrest aus. Mit dem schwarzen Filzstift umranden. Kleben Sie die Mütze auf den Kopf der Figur. Wickeln Sie den Schal um den Hals und fixieren Sie ihn mit etwas Leim. Kleben Sie den Stiel an die Schippe. Gut trocknen lassen.

Biegen Sie leicht die Hände der Figur: Die linke nach hinten, die rechte nach vorne. In jede Hand etwas Leim geben. Die Schneeschippe in die Hände schieben und mit einer Flachzange zusammendrücken.

Auf dem Sockel befestigen
Die Figuren erst auf den Sockel setzen, wenn sie trocken sind. Beginnen Sie mit der linken Seite, wenn Sie Rechtshänder sind und mit der rechten Seite, wenn Sie Linkshänder sind. Lassen Sie den Leim gut trocknen, bevor Sie die Figuren in die richtige Position biegen.

11

MATERIAL:

- dicker und dünner Papierdraht
- verschiedenes Papier
- feiner schwarzer Filzstift
- schwarzer oder brauner Filzstift
- Sockel aus Holz und kleine Holzscheiben

SCHABLONEN AUF SEITE 116

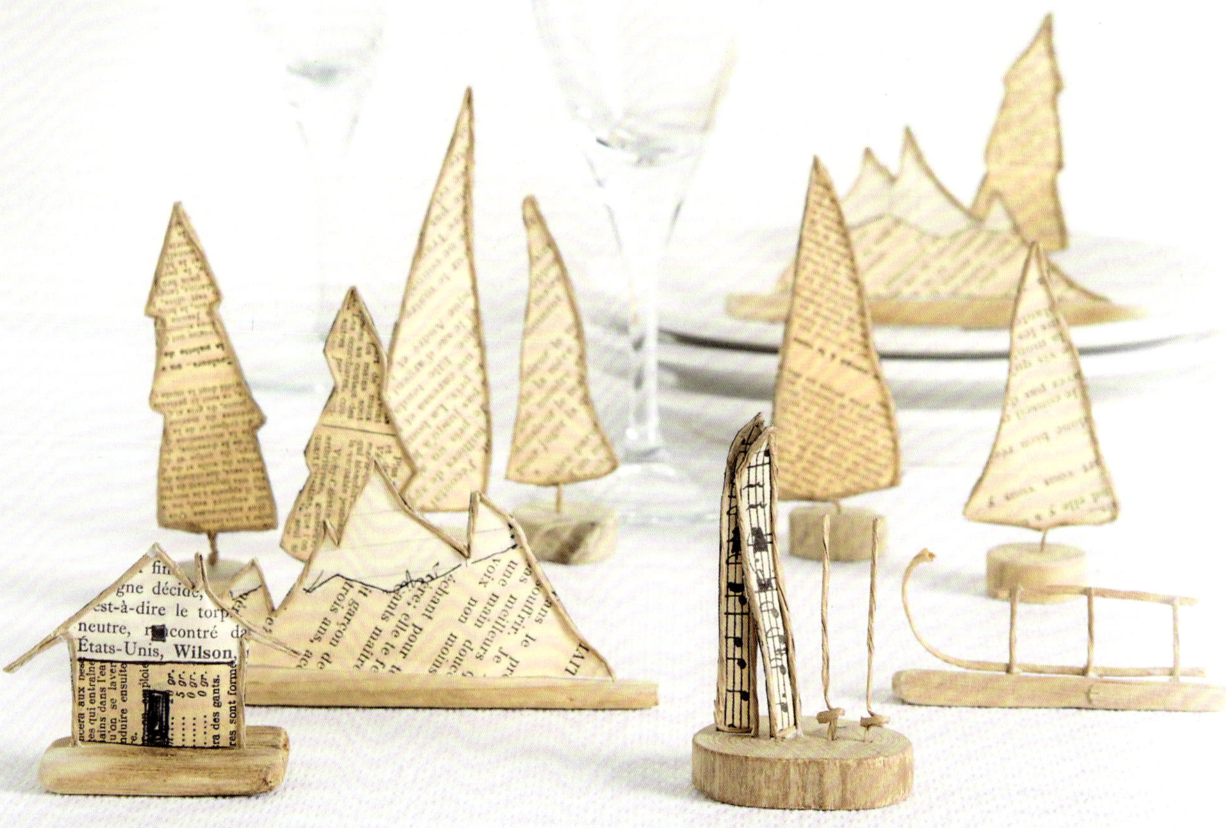

TISCHDEKO
Skiurlaub

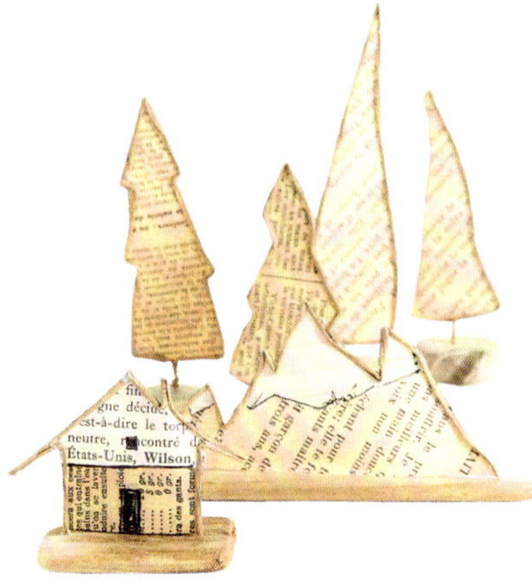

ANLEITUNG

Die Berge
Verwenden Sie zwei Papierbögen, wovon einer hell sein sollte. Schneiden Sie den Rand jedes Bogens mit der Zickzackschere aus und kleben sie aufeinander.

Formen Sie die Berge nach der Schablone und kleben Sie sie auf die Bögen. Das helle Papier auf den oberen Teil der Berge. Gut trocknen lassen, dann ausschneiden.

Ziehen Sie die Grenze zwischen Schnee und Erde mit dem feinen schwarzen Filzstift nach.

Drehen Sie die Skulptur um. Mit dem Filzstift umranden und einen Papierdraht dahinterkleben.

Die Berge auf die Sockel setzen.

Die Hütte
Verwenden Sie zwei Papierbögen, wovon einer hell sein sollte. Schneiden Sie den Rand gerade aus und kleben Sie ihn auf den anderen.

Formen Sie die Hütte nach der Schablone und kleben Sie sie auf die Bögen. Das hellere Papier auf den oberen Teil der Hütte. Gut trocknen lassen, dann ausschneiden.

Kennzeichnen Sie die Grenze der beiden Partien mit dem feinen Filzstift und zeichnen Sie die Tür und das Fenster auf.

Die Hütte umdrehen und mit dem schwarzen Filzstift umranden oder kleben Sie Papierdraht wie auf der Vorderseite auf.

Setzen Sie die Hütte auf den Sockel.

Der Schlitten
Schneiden Sie den Sitz und die Kufen aus dem dicken Papierdraht aus und die Verbindungsteile aus dem dünnen Papierdraht.

Kleben Sie die unterschiedlichen Teile zusammen und fixieren Sie diese mit Metallklammern. Gut trocknen lassen.

Setzen Sie den Schlitten auf den Sockel.

Die Skier
Formen Sie zwei Skier und kleben Sie sie auf einen Bogen Papier. Gut trocknen lassen, dann ausschneiden.

Zeichnen Sie die Bindung mit dem schwarzen Filzstift ein.

Drehen Sie die Skulptur um. Mit einem schwarzen Filzstift umranden.

Formen Sie die Stöcke nach der Schablone.

Setzen Sie die Skier auf den Sockel.

Die Tannen
Formen Sie die Tannen nach der Schablone oder lassen Sie sich davon inspirieren.

Anschließend auf Papier kleben. Gut trocknen lassen, dann ausschneiden.

Drehen Sie die Skulptur um. Mit einem schwarzen Filzstift umranden.

Setzen Sie jeweils eine Tanne auf einen runden Sockel.

Weitere Ideen
Fertigen Sie weiße Platzkärtchen. Bohren Sie ein Loch mit einem einfachen Locher in einer Ecke. Schieben Sie einen kleinen Tannenzweig in das Loch. Setzen Sie die Karten auf die Servietten.

Basteln mit Kindern
Lassen Sie die Kinder die Tannenbäume in allen Größen anfertigen. Je mehr Sie aufstellen, desto schöner wird Ihre Tischdekoration.

HAUS IM Schnee

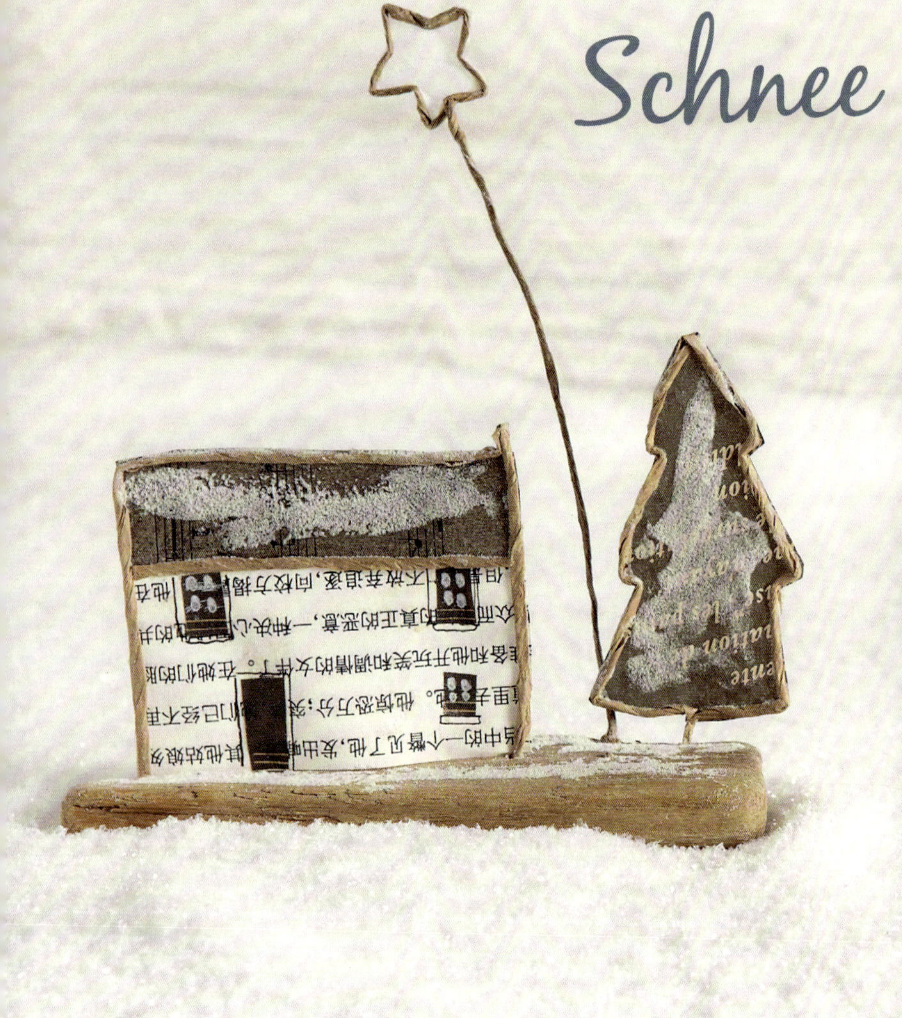

12

MATERIAL:

Papierdraht
- 6,5 und 22 cm für das Haus
- 30 cm für die Tanne
- 25 cm für den Stern

Papier
- einen hellen Bogen für die Wand des Hauses
- 2 dunkle* Bögen für das Dach und die Tanne
- dunkle Papierreste für die Tür und die Fenster
- Seidenpapierreste

12 cm langer Holzsockel

Mehl oder weiße Kreide

feiner schwarzer Filzstift

Haarsieb

SCHABLONEN AUF SEITE 117

ANLEITUNG

Formen Sie das Haus und die Tanne nach der Schablone.

Kleben Sie die Tanne auf dunkles Papier. Trocknen lassen, dann ausschneiden. Schneiden Sie genau am Rand des dunklen Papiers entlang und kleben Sie es auf helles Papier. Trocknen lassen. Kleben Sie das Haus auf das zusammengesetzte Papier und setzen Sie das Dach darauf.

Die Tür und die Fenster aus dunklen Papierresten ausschneiden und aufkleben. Gut trocknen lassen, dann mit schwarzem Filzstift umranden.

Formen Sie den Stern (siehe Seite 13) und kleben Sie ihn auf weißes Seidenpapier. Trocknen lassen und ausschneiden.

Den Sockel anbohren. Auf die unteren Enden der Stiele etwas Leim geben und diese in die gebohrten Löcher schieben. Gut trocknen lassen. Tragen Sie mit dem Pinsel leicht verdünnten Leim auf den Sockel, die Tanne und das Hausdach auf.

Verstäuben Sie Mehl oder Kreidepulver durch ein Haarsieb. Die Kreide wird auf dem Leim unsichtbar und nach dem Trocknen wieder sichtbar sein.

13

MATERIAL:

Papierdraht
- 50 cm für das Renntier
- 40 cm für die Tanne

Papier
- 4 Bögen, einer davon Notenpapier
- weißer Papierrest

10 cm langer Holzsockel

feiner schwarzer Filzstift

roter Filzstift

SCHABLONEN AUF SEITE 117

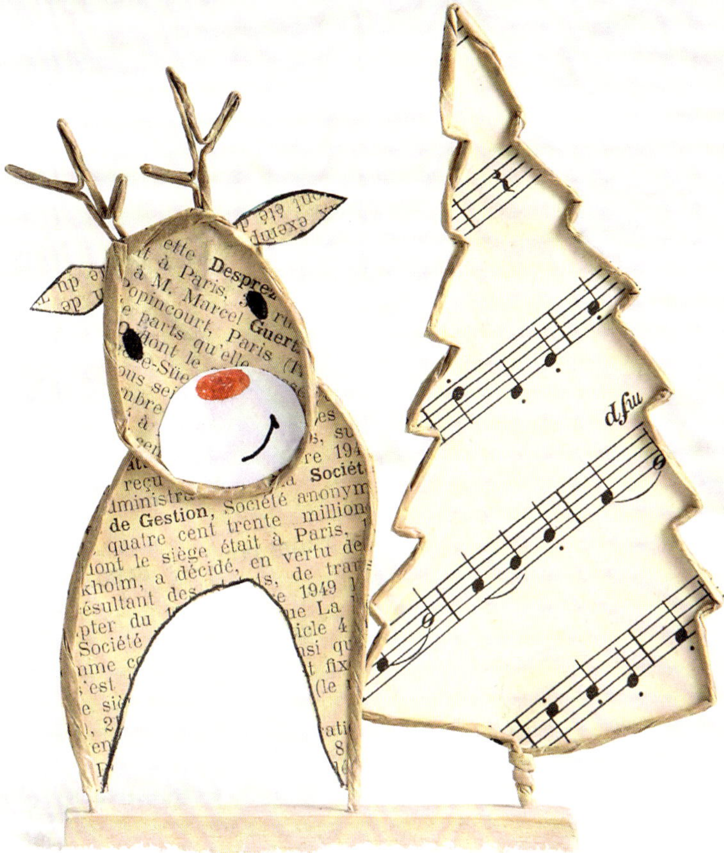

RUDOLF MIT DER *roten Nase*

ANLEITUNG

Das Rentier
Formen Sie das Rentier nach der Schablone und kleben Sie es auf Papier. Trocknen lassen, dann das Papier entlang des Drahts nach der Schablone ausschneiden.

Den Kopf nach der Schablone ausschneiden und auf dasselbe Blatt kleben. Trocknen lassen und ausschneiden.

Die Ohren: Zeichnen Sie die Ohren auf einen Papierrest, ausschneiden und von hinten an den Kopf kleben.

Formen Sie das Geweih nach der Schablone. Drücken Sie den Papierdraht mit der Flachzange fest zusammen. Kleben Sie das Geweih von hinten an den Kopf. Zeichnen Sie die Schnauze nach der Schablone auf weißes Papier, malen Sie die Nase rot und das Maul schwarz an.

Die Schnauze ausschneiden und auf den Kopf des Rentiers kleben. Die Augen mit schwarzem Filzstift zeichnen, dann den Kopf an den Körper kleben. Gut trocknen lassen.

Die Tanne
Die Tanne formen: Knicken Sie 1 cm zum Verschließen am Ende des Papierdrahts um.

Knicken Sie den Draht als Akkordeon und markieren Sie die Ecken mit der Zange. Achten Sie darauf, bei jedem Zweig abwechselnd einen kleinen und dann einen großen Abschnitt zu biegen (siehe Schablone).

Winden Sie zum Schließen der Tanne das überstehende Ende um den Stiel. Biegen Sie die Tanne in die richtige Form. Auf das Notenpapier kleben, trocknen lassen und ausschneiden.

Den Sockel anbohren. Auf die unteren Enden der Stiele etwas Leim geben und diese in die gebohrten Löcher schieben. Gut trocknen lassen.

Schneemann

ANLEITUNG

Formen Sie die Figuren nach den Schablonen (siehe Seite 118) und kleben Sie sie auf Papier. Trocknen lassen und ausschneiden.

Die Mützen und die Handschuhe nach den Schablonen aus den Papierresten ausschneiden und auf die Figuren kleben. Während der Trockenzeit mit Klammern fixieren.

Formen Sie den Schneemann nach der Schablone und kleben Sie ihn auf helles Papier. Trocknen lassen und ausschneiden. Wiederholen Sie den Vorgang für den Hut, dann kleben Sie ihn auf den Kopf des Schneemanns.

Stanzen Sie zwei Kreise für die Augen und vier bunte Konfetti für die Knöpfe aus. Auf den Schneemann kleben. Zeichnen Sie den Mund mit schwarzem Filzstift.

Formen Sie die Arme: Schneiden Sie jeweils 2 cm am Ende der für die Arme vorgesehenen Drähte ab. Die beiden Abschnitte zur Hälfte knicken und ans Ende der Arme kleben. Während der Trockenzeit andrücken. Zeichnen Sie den Besen mit dem schwarzen Filzstift auf einen Papierrest, ausschneiden und an den Stiel kleben. Kleben Sie den Besen in eine Hand des Schneemanns. Während der Trockenzeit andrücken. Kleben Sie die Arme von hinten an den Schneemann.

Bohren Sie mit dem Holzspieß das Papier auf Höhe der Nase durch. Biegen Sie den 4 cm langen Papierdraht zur Hälfte und verdrehen ihn. Am Knick gut zusammendrücken. Knicken Sie die beiden Enden im rechten Winkel.

Schieben Sie die Nasenspitze von hinten durch den Kopf. Gehen Sie vorsichtig vor, damit das Papier nicht reißt. Geben Sie etwas Leim auf die Enden, umbiegen und mit den Fingern andrücken.

Fertigen Sie die roten Schals und kleben Sie diese um den Hals der Figuren und des Schneemanns. Während der Trockenzeit andrücken. Den Sockel anbohren. Auf die unteren Enden der Stiele etwas Leim geben und diese in die gebohrten Löcher schieben. Gut trocknen lassen.

Tragen Sie mit dem Pinsel Leim auf den Sockel auf. Verstäuben Sie Mehl oder Kreidestaub durch ein Haarsieb. Gut trocknen lassen.

14

MATERIAL:

Papierdraht
- 2 x 40 cm für die Figuren
- 42 cm für den Schneemann
- 22 cm für seinen Hut
- 2 x 12 cm für die Arme
- 12 cm für den Besen
- 4 cm für die Nase

Papier
- 2 Bögen für die Figur
- 1 heller Bogen für den Schneemann
- 1 dunkler Bogen für den Hut
- Reste für den Besen, Mützen, Handschuhe, die Augen und die Knöpfe

30 cm roten Faden (Baumwolle, Wolle oder Geschenkband) für die Schals

25 cm langer Holzsockel

1 Holzspieß

Lochstanzer ø 0,6 cm

Lochstanzer ø 0,2 cm

feiner schwarzer Filzstift

Mehl oder weiße Kreide

Haarsieb

SCHABLONEN AUF SEITE 118

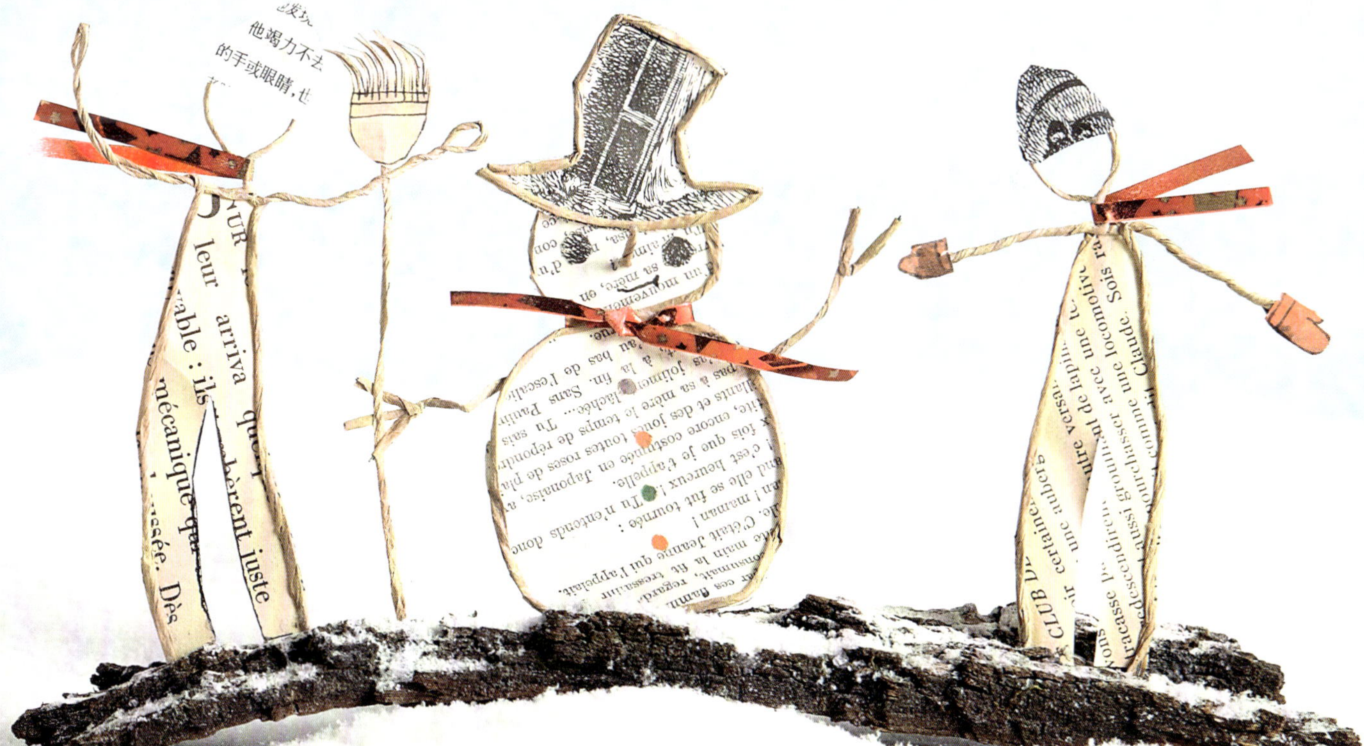

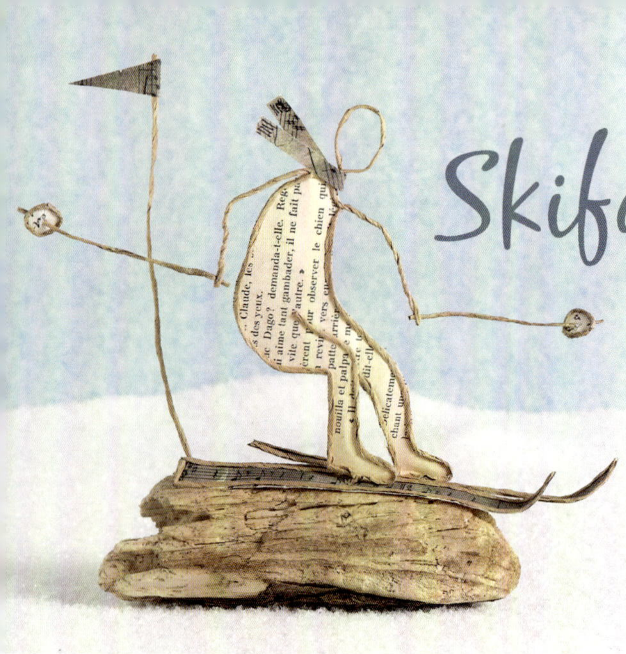

Skifahrer

15

MATERIAL:

Papierdraht
- 60 + 9 + 5 cm für die Figur
- 2 x 30 cm für die Skier
- 2 x 11 cm + 2 x 7 cm für die Stöcke
- 15 cm für die Fahne

Papier
- 1 Bogen für die Figur
- 1 Bogen dunkles Notenpapier für die Skier
- Reste für die Fahne, die Stöcke und den Schal*

Aquarellfarbe oder schwarze Tinte

1 Holzspieß

dicker Holzsockel, ca. 15 cm lang

SCHABLONEN AUF SEITE 119

ANLEITUNG

** Färben Sie die hellen Blätter mit schwarzer verdünnter Tinte oder schwarzer Aquarellfarbe, um ein dunkles Papier zu erhalten. Vor dem Weiterverarbeiten gut trocknen lassen.*

Formen Sie die Figur nach der Schablone und kleben Sie sie auf Papier.

Formen Sie den 9 cm langen Draht für das rechte Bein und den 5 cm langen für das linke nach der Schablone. Kleben Sie die Drähte auf die Figur. Beginnen Sie mit dem längsten. Trocknen lassen und ausschneiden.

Schneiden Sie aus einem Papierrest einen 0,5 x 8 cm langen Streifen für den Schal aus. Falten Sie ihn asymmetrisch zur Hälfte, geben Sie auf 1 cm beidseitig des Falzes Leim, dann um den Hals legen. Kurz andrücken und trocknen lassen.

Formen Sie die beiden Skier und kleben Sie diese auf das Notenpapier. Trocknen lassen und ausschneiden. Biegen Sie die Spitzen der Skier nach oben.

Formen Sie die Stöcke: Biegen Sie den Papierdraht 1 cm vom Ende mit der Flachzange im rechten Winkel, dann in einem kleinen Bogen und wieder im rechten Winkel in Richtung des Stocks. Die so entstandene Ausbuchtung dient zum Befestigen des Kreises (siehe Schablone).

Wickeln Sie die 7 cm langen Drähte zweimal um einen Bleistift. Schneiden Sie die beiden Kreise mit dem Seitenschneider aus, ohne den Draht überstehen zu lassen. Anschließend auf Papierreste kleben. Trocknen lassen und ausschneiden.

Bohren Sie mit dem Holzspieß vorsichtig ein Loch in die Mitte jeder Scheibe. Schieben Sie den Stock vorsichtig in die Scheibe. Sie wird auf die mit Leim eingepinselte Ausbuchtung gesetzt. Kurz andrücken und trocknen lassen. Geben Sie Leim in die Hände des Skifahrers und schieben Sie die Stöcke hinein. Die Hände mit der Flachzange zusammendrücken und trocknen lassen.

Schneiden Sie aus einem Rest den Wimpel der Fahne und kleben Sie ihn oben an die Stange.

Markieren Sie die Stelle für die Füße auf den Skiern, dann bohren Sie mit dem Holzspieß ein Loch. Bohren Sie an der gewünschten Stelle für den Skifahrer und für die Fahne Löcher in den Sockel. Schieben Sie die Stiele der Füße in die Skier. Geben Sie Leim auf die Stiele und die Unterseite der Skier. Dann den Skifahrer auf den Sockel stellen. Die Skier einige Sekunden in der richtigen Position andrücken.

Leim auf das Ende der Fahnenstange geben und in den Sockel schieben. Wenn die Figur gut durchgetrocknet ist, richten Sie die Position der Arme und der Stöcke aus.

16

MATERIAL:

Papierdraht

- 65 cm für den Bären
- 22, 25 und 32 cm die Tannen
- 25 cm für den Stern

Papier

- 4 Bögen
- Papierreste

etwas Bäcker-Garn, rot-weiß (Schal)

Häkelnadel

breiter, flacher Holzsockel, 20 cm lang

Motivstanzer „Stern"

feiner schwarzer Filzstift

Lackmarker weiß oder weißer Korrekturstift

SCHABLONEN AUF SEITE 118-119

Eislaufbär

ANLEITUNG

Formen Sie den Bären. Beginnen Sie mit dem linken Arm, dann formen Sie das angehobene Bein nach der Schablone. Kleben Sie alle Teile auf Papier. Trocknen lassen, dann ausschneiden. Kleben Sie das angehobene Bein von hinten an den Bären. Zeichnen Sie die Augen und die Schnauze mit dem schwarzen Filzstift.

Die Tannen nach der Schablone formen und auf unterschiedliches Papier kleben. Trocknen lassen und ausschneiden. Stanzen Sie einen kleinen Stern aus einem Papierrest aus und kleben Sie ihn auf die große Tanne. Mit schwarzem Filzstift umranden. Formen Sie den Stern (siehe Seite 158) und kleben Sie ihn auf einen Papierrest. Gut trocken lassen und ausschneiden.

Schneiden Sie folgende Papierdrahtabschnitte für den auf dem Boden stehenden Schlittschuh zu: 2 x 2 cm und 1 x 3 cm. Kleben Sie die 2 cm langen Drähte im Abstand von 0,5 cm von hinten an den Fuß.

Biegen Sie den 3 cm langen Draht für die Kufe des Schlitt-schuhs und kleben Sie ihn im Abstand von 0,5 cm vom Fuß auf. Die beiden überstehenden Enden werden in den Sockel gesteckt. Schneiden Sie für den Schlittschuh am angehobenen Bein 2 x 1 cm und 1 x 3 cm Papierdraht ab.

Kleben Sie die 1 cm langen Drähte im Abstand von 0,5 cm von hinten an den Fuß. Biegen Sie den 3 cm langen Papierdraht wie oben angegeben und kleben Sie ihn unter die beiden bereits festgeklebten. Häkeln Sie eine 10 cm lange Luftmaschenkette mit Bäcker-Garn für den Schal. Kleben Sie ihn um den Hals des Bären.

Den Sockel anbohren. Auf die unteren Enden der Stiele etwas Leim geben und diese in die gebohrten Löcher schieben. Gut trocknen lassen. Zeichnen Sie mit dem weißen Stift Kringel auf den Sockel, welche die Spuren der Schlittschuhe darstellen.

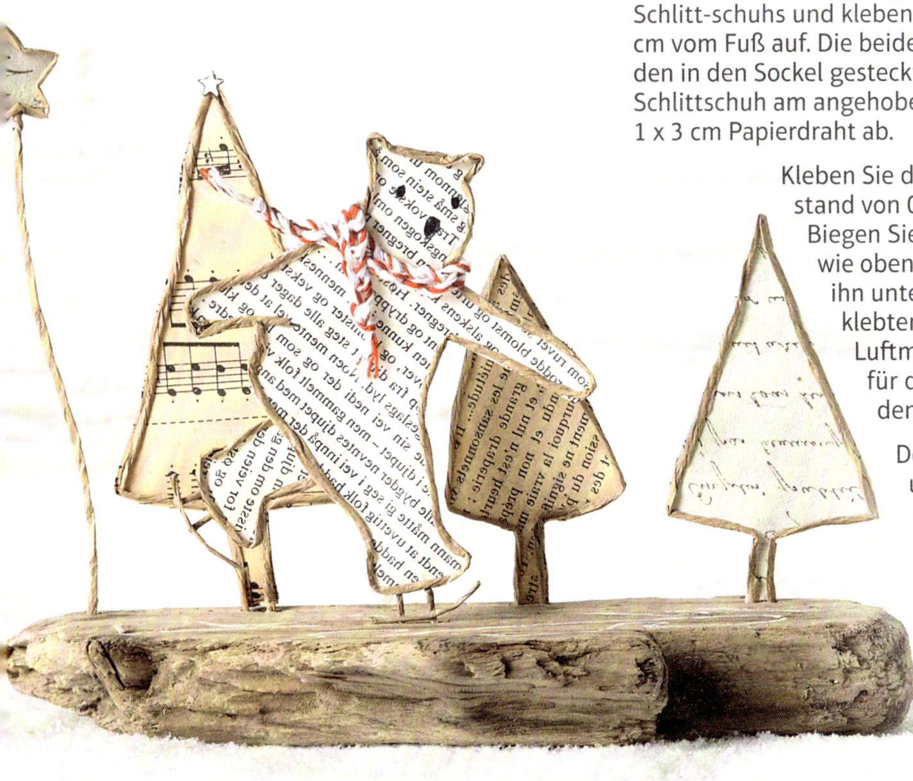

Schlittenfahrt

17

MATERIAL:

Papierdraht

- 2 x 60 cm für die Figuren
- 35 cm dicken Papierdraht für den Schlitten
- 25 cm für den Stern

Papier

- 2 Bögen für die Figuren
- Papierrest für den Stern

15 cm rotes Geschenkband

15 cm Band aus rotem Papier

30 cm langer Holzsockel

SCHABLONEN AUF SEITE 120

ANLEITUNG

Formen Sie die Figuren nach den Schablonen. Die Arme sind nach vorne gebogen, um das Aufkleben zu erleichtern.

Kleben Sie die Figuren auf das Papier. Schneiden und formen Sie den Papierdraht, der mit A, B, C und D bezeichnet ist (siehe Schablone) für die Umrandung der Hosen und aufkleben. Trocknen lassen und ausschneiden.

Die erhobenen Arme umbiegen, damit die sitzende Figur den Schlitten mit einer Hand und die schiebende ihn mit beiden Händen festhält. Orientieren Sie sich am Foto. Kleben Sie die roten Bänder um den Hals der Figuren und fixieren Sie diese zum Trocknen mit Klammern.

Formen Sie den Stern (siehe Seite 13) und kleben Sie ihn auf einen Papierrest. Trocknen lassen und ausschneiden.

Schneiden Sie von dem dicken Papierdraht insgesamt vier Abschnitte ab: 2 x 4 cm für die Vertikalverbindungen des Schlittens, 11 cm für die Sitzfläche, 14 cm für die Kufe. Die Spitze der Kufe nach oben biegen.

Kleben Sie die Sitzfläche 1 cm von oben auf die beiden vertikalen Verbindungen. Trocknen lassen und den überstehenden Zentimeter abschneiden. Kleben Sie die Kufe 1 cm von unten an die vertikalen Verbindungen. Trocknen lassen. Geben Sie etwas Leim in die Hände der schiebenden Figur und kleben Sie diese an den Schlitten.

Während der Trockenzeit mit Klammern fixieren. Geben Sie etwas Leim in die rechte Hand der Figur, die nur auf 1 cm des Schlittens sitzt. Setzen Sie die Figur darauf und kleben Sie die Hand und den Körper fest. Während der Trockenzeit mit Klammern fixieren. Den Sockel anbohren. Auf die unteren Enden der Stiele etwas Leim geben und diese in die gebohrten Löcher schieben. Gut trocknen lassen.

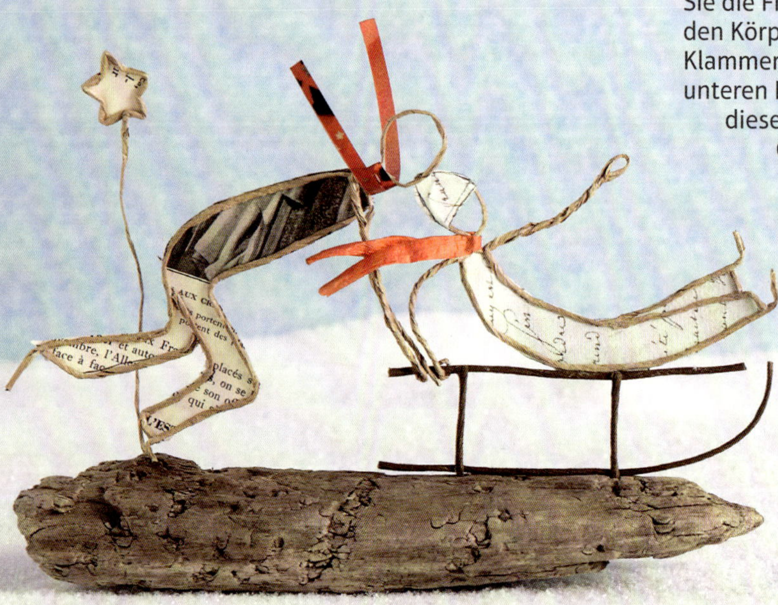

18

MATERIAL:

Papierdraht
- 3 x 50 cm für die Figuren

Papier
- 4 Bögen für die Figuren
- verschiedene Papierreste für Mützen und Schals
- weißer Papierrest für die Schneebälle

25 cm langer Holzsockel

feiner schwarzer Filzstift

Lochstanzer

Mehl oder weiße Kreide

Haarsieb

SCHABLONEN AUF SEITE 121

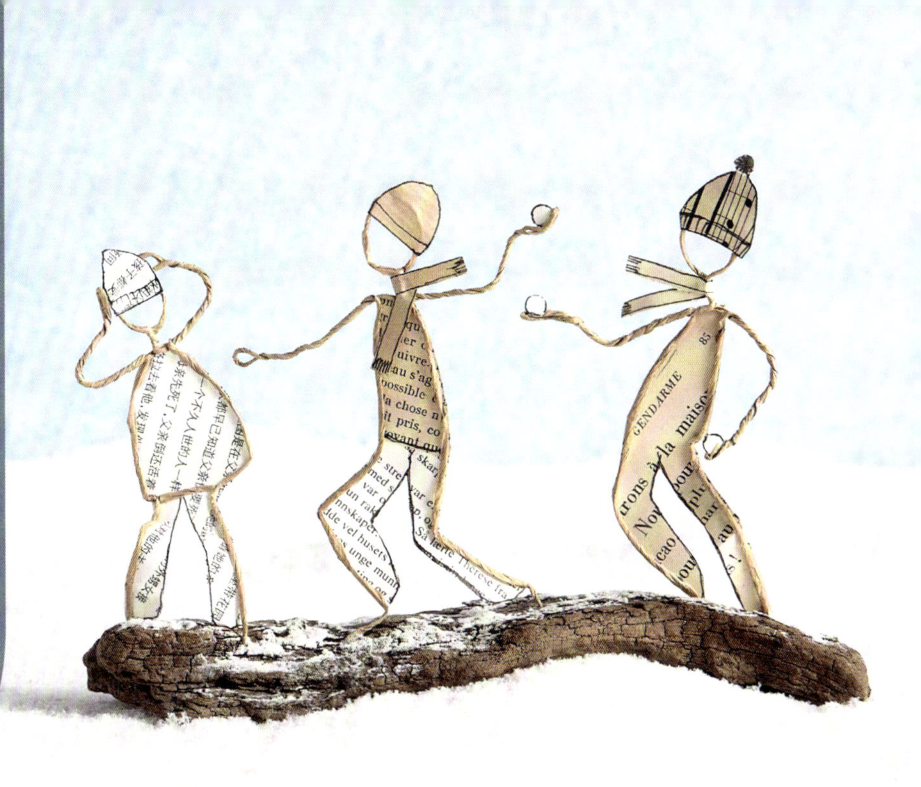

Schneeballschlacht

ANLEITUNG

Formen Sie die Figuren nach den Schablonen. Die Arme sind nach oben gebogen, um das Aufkleben zu erleichtern.

Kleben Sie zwei Bögen auf Stoß, damit sich Pullover und Hose gut voneinander absetzen.

Kleben Sie die Figuren auf die Bögen und richten Sie die Figur mit unterschiedlichem Pullover und Hose aus, wie auf der Vorlage. Trocknen lassen und nach der Schablone ausschneiden.
Die Hosen mit schwarzem Filzstift umranden.

Schneiden Sie die Mützen aus. Mit einem schwarzen Filzstift umranden, die Umschläge einzeichnen und den Pompon anmalen.

Auf die Köpfe kleben. Die Schals ausschneiden. Das Papier beidseitig umranden und um den Hals kleben.

Mit dem Locher weiße Konfetti ausstanzen und mit schwarzem Filzstift umranden.

Geben Sie etwas Leim in die Handflächen, welche die Schnellbälle halten. Geben Sie die Schneebälle in die Hände und drücken Sie diese mit einer Flachzange zusammen. Falls nötig, während der Trockenzeit mit Klammern fixieren.

Die Figuren ausrichten: Biegen Sie zunächst die Arme. Nehmen Sie das Foto als Anregung. Biegen Sie dann die Körper: Die Figur auf der linken Seite hat die Beine und den Oberkörper leicht nach vorne gebeugt. Die mittlere Figur hat das rechte vordere Bein leicht gebeugt.

Den Sockel anbohren. Auf die unteren Enden der Stiele etwas Leim geben und diese in die Löcher schieben. Gut trocknen lassen.

Tragen Sie mit dem Pinsel Leim auf den Sockel auf. Verstäuben Sie Mehl oder Kreidestaub durch ein Haarsieb. Gut trocknen lassen.

IN DER *Natur*

19

MATERIAL:

Papierdraht (Menge je nach Figur)

Papier nach Wahl

Klebestift

feiner schwarzer Filzstift

SCHABLONEN AUF SEITE 122

IN DER Natur

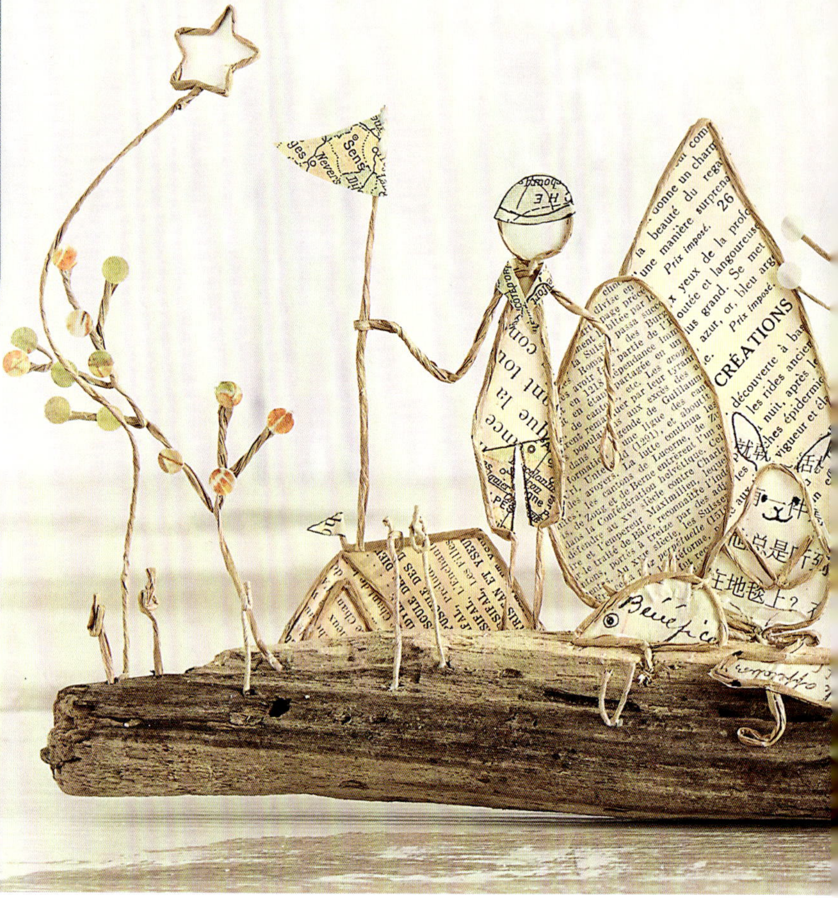

ANLEITUNG

Formen Sie alle Figuren nach der Schablone. Kleben Sie die Figuren auf das Papier Ihrer Wahl. Gut trocknen lassen, dann ausschneiden.

Der Pfadfinder
Verwenden Sie für das Hemd und die Shorts unterschiedliches Papier.
Kleben Sie den Kopf auf weißes Papier. Gut trocknen lassen, dann ausschneiden.
Zeichnen Sie die Schirmmütze und schneiden Sie diese aus. Zeichnen Sie die Streifen und das Visier mit schwarzem Filzstift. Kleben Sie die Mütze auf den Kopf.
Legen Sie das Tuch mit den Enden über Kreuz um die Schultern des Pfadfinders und fixieren Sie es mit etwas Leim.
Wickeln Sie die Fahne um die Fahnenstange und kleben Sie die Lasche auf die Rückseite. Die Stange in die Hand des Pfadfinders schieben und mit etwas Leim fixieren. Mit einer Flachzange die Hand zusammendrücken.

Das Zelt
Es besteht aus vier Drähten, die alle auf dasselbe Papier geklebt werden. Auf der Skizze sind die Teile nummeriert.
Wickeln Sie die kleine Fahne um die Fahnenstange und kleben Sie die Lasche auf die Rückseite. Kleben Sie die Fahne von hinten an das Zelt.

Der Igel
Kleben Sie die Stacheln von hinten an den Körper des Igels. Zeichnen Sie das Auge mit dem schwarzen Filzstift.

Der Hase
Die Ohren zeichnen und ausschneiden, ohne sie mit Papierdraht zu verstärken. Kleben Sie den Papierdraht für die Pfoten vor den Körper.

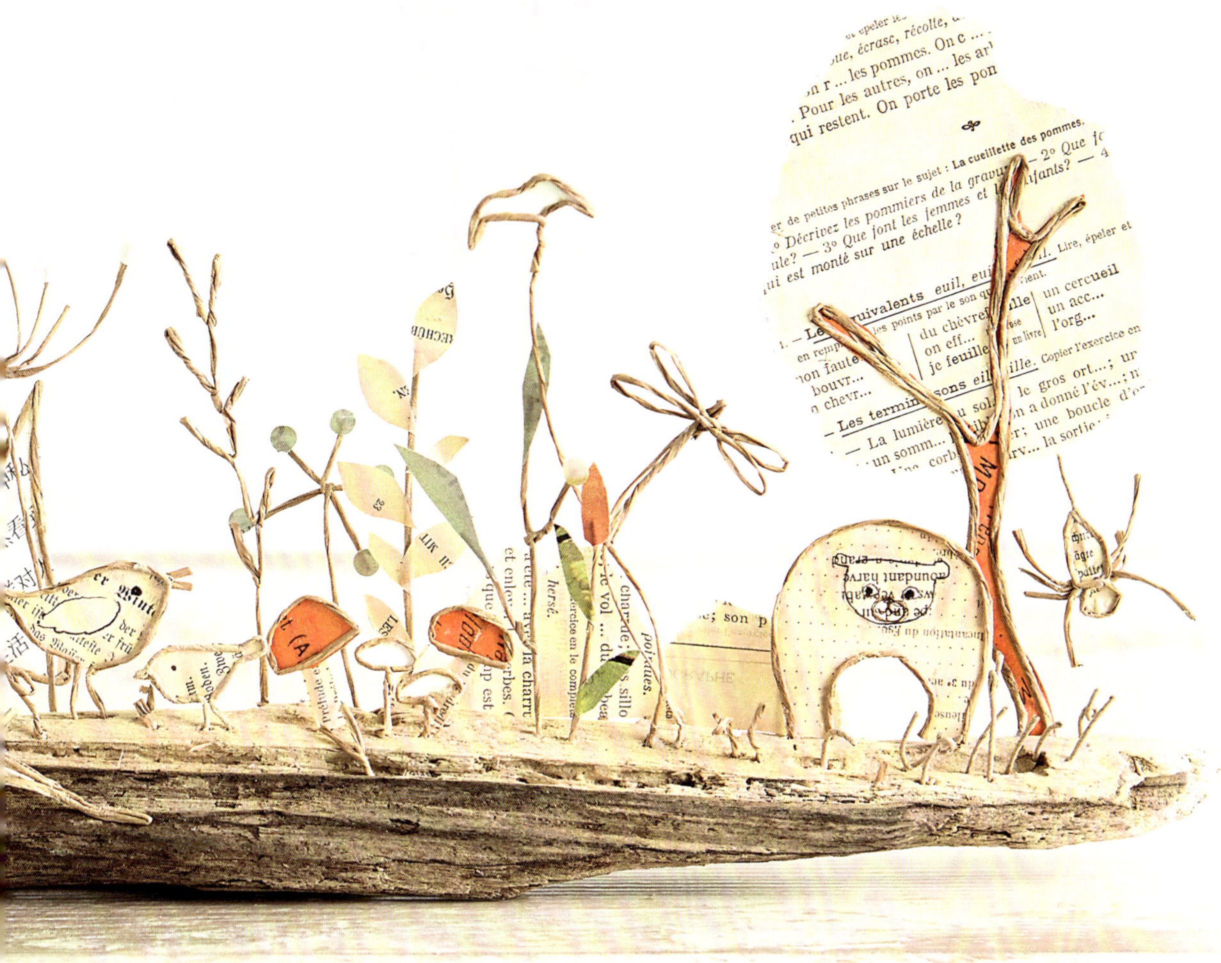

Zeichnen Sie die Augen und die Schnauze mit dem schwarzen Filzstift.

Die Eidechse
Drücken Sie einen Teil des Schwanzes mit einer Flachzange zusammen. Kleben Sie die Füße unter den Körper und lassen Sie diese gut trocken, bevor Sie den Körper nach oben biegen. Die Eidechse wird mit etwas Leim unter den Füßen und dem Schwanz auf den Sockel geklebt.

Die Vögel
Zeichnen Sie Körper und Flügel des größten Vogels auf unterschiedliches Papier. Ausschneiden und mit dem schwarzen Filzstift umranden. Kleben Sie den Flügel auf den Körper des Vogels. Kleben Sie den Schnabel von hinten an den Kopf. Zeichnen Sie mit dem schwarzen Filzstift ein Auge.

Verwenden Sie die Schablone des kleinen Vogels von der Skulptur „Im Schnee", aber kleben Sie ihn umgekehrt auf das Papier.

Die Pilze
Kleben Sie zunächst das Papier, das den Fuß darstellt, auf den Stiel, dann erst den Hut. Lassen Sie den Stiel an der Basis überstehen, sodass man ihn in den Sockel stecken kann.

Die Hecke
Reißen Sie das Papier aus, anstatt es zu schneiden und kleben Sie die beiden Stiele aus Papierdraht von hinten an. Stecken Sie die Hecke in den Sockel.

Die Libelle
Formen Sie die Flügel mit einem Stück Papierdraht. Das längere Stück bildet den Stiel. Formen Sie den Körper durch Verdrehen des Drahts. Knicken Sie ihn zum Stiel, um die Flügel zu halten. Geben Sie etwas Leim auf die Flügel und drücken Sie diese mit der Flachzange zusammen.
Gut trocken lassen, bevor Sie die Elemente zurechtbiegen.

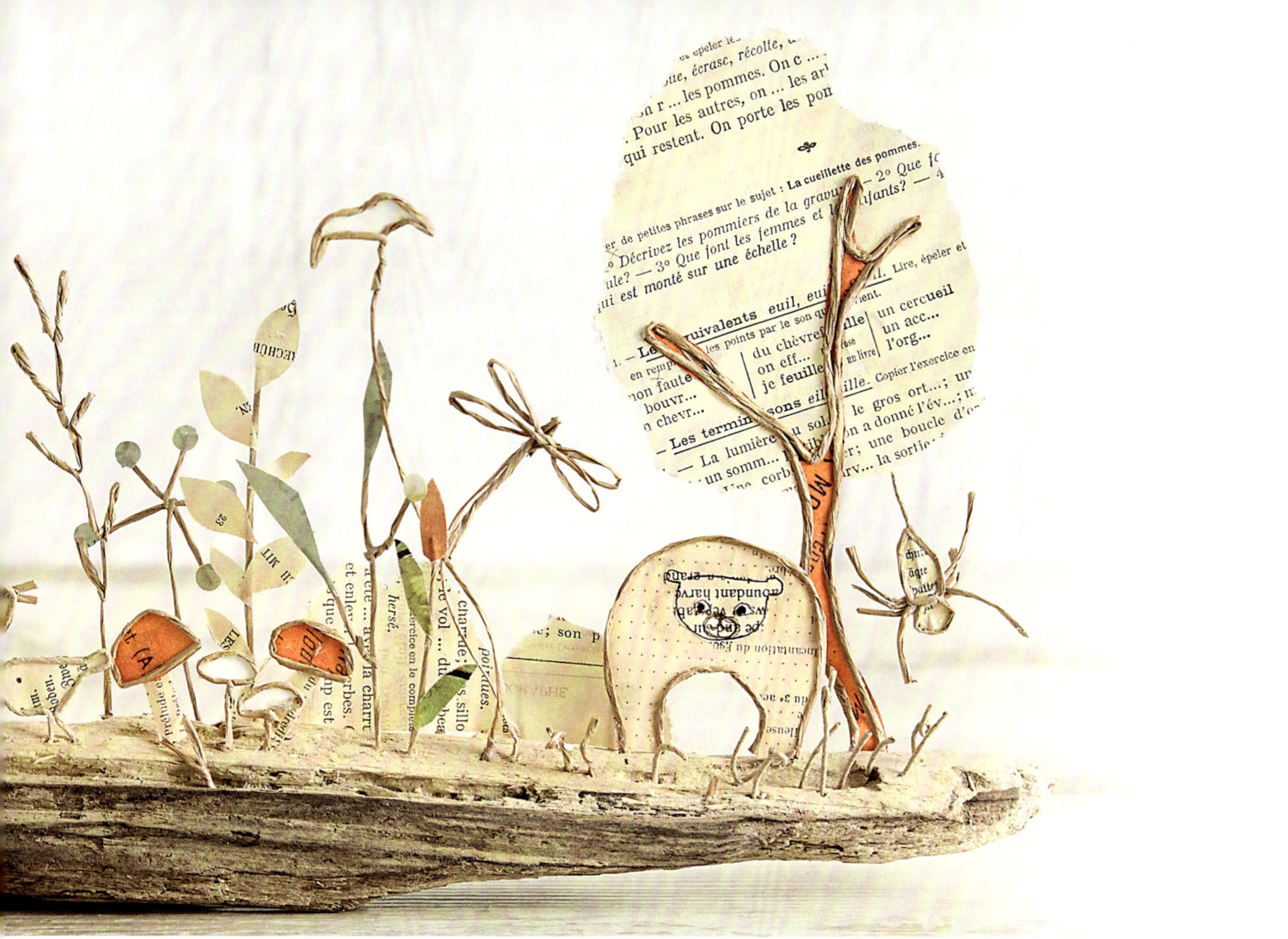

Der Bär

Zeichnen Sie Körper und Kopf des Bären auf unterschiedliches Papier und schneiden Sie beides aus. Umranden Sie ihn und zeichnen Sie die Schnauze und die Augen mit einem schwarzen Filzstift. Kleben Sie den Kopf auf den Körper.

Der Baum

Reißen Sie die Blätter aus, anstatt sie auszuschneiden und kleben Sie diese hinter den Stamm.

Die Spinne

Formen Sie den Körper aus einem einzigen Papierdraht. Schneiden Sie die Füße aus und ziehen Sie diese zunächst lang. Kleben Sie die Füße von hinten am Rand von Kopf und Körper an. Gut trocknen lassen, bevor Sie die Füße zurechtbiegen oder, falls nötig, kürzen. Kleben Sie die Spinne auf ein Stück Papierdraht und dann hinter den Baum.

Die großen Pflanzen

Formen Sie die Pflanzen nach den Skizzen. Befestigen Sie die Drähte mit etwas Leim. Kleben Sie die Blätter und die Beeren an die Stiele.

Auf dem Sockel befestigen

Alle Figuren erst auf den Sockel setzen, wenn sie getrocknet sind. Beginnen Sie mit der linken Seite, wenn Sie Rechtshänder sind und mit der rechten Seite, wenn Sie Linkshänder sind. Lassen Sie den Leim gut trocknen, bevor Sie die Figuren in die richtige Position biegen.

Fügen Sie Gräser und Pflanzen sowie einen fliegenden Vogel hinzu. Die entsprechenden Schablonen finden Sie im Kapitel „Am Meer".

Sonntagsausflug

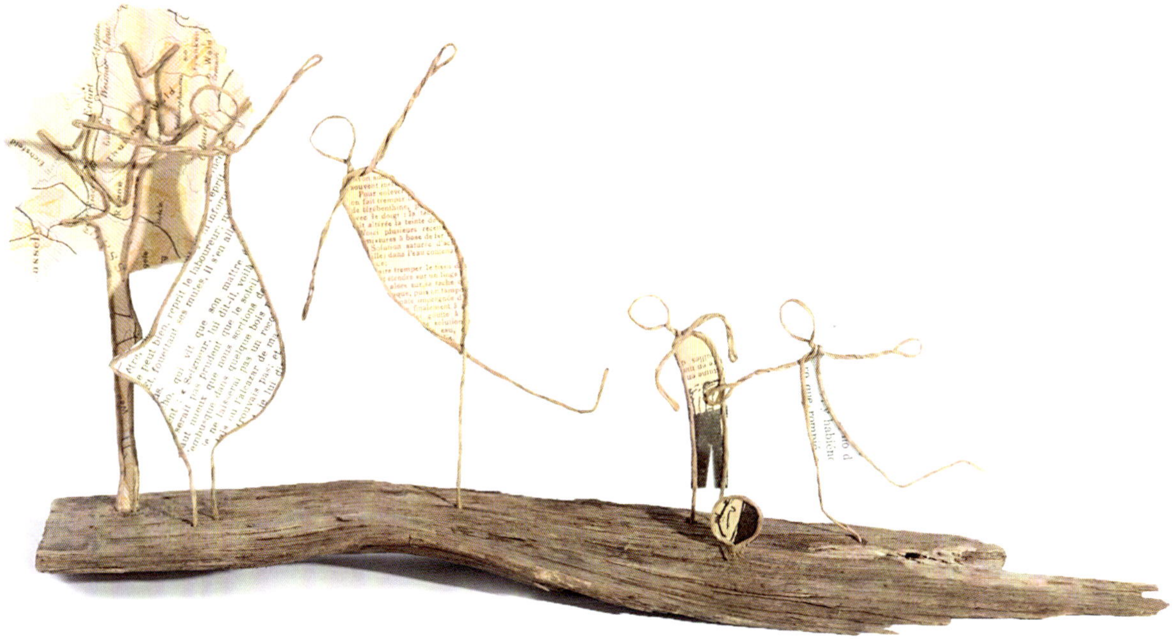

20

MATERIAL:

Papierdraht
- 50 cm für den Baum
- 2 x 50 cm für die Eltern
- 30 cm und 35 cm für die Kinder
- 8 cm für den Ball

Papier
- 4 Bögen mit unterschiedlichen Motiven
- 1 alte Straßenkarte
- Papierreste

30 cm langer Sockel

schwarzer Filzstift

SCHABLONEN AUF SEITE 125

ANLEITUNG

Formen Sie die Figuren nach den Schablonen.

Wählen Sie unterschiedliches Papier für die Figuren. Kleben Sie die Figuren auf das Papier, trocknen lassen und ausschneiden. Malen Sie die Hose des Jungen schwarz an.

Formen Sie den Stamm und die Zweige des Baums nach der Schablone. Drücken Sie die Enden der Zweige mit der Zange spitz zusammen. Kleben Sie den Baum auf einen Papierbogen, lassen Sie dabei 1 cm ohne Leim unten am Stamm überstehen. 10 Minuten trocknen lassen.

Zeichnen Sie die Blätter nach der Schablone auf die Straßenkarte. Schneiden Sie den Stamm an einem Stück aus der Straßenkarte und reißen Sie die Blätter wie auf der Zeichnung aus.

Formen Sie einen Ball mit 2 cm Durchmesser und einem 1 cm langen Stiel. Kleben Sie ihn auf einen Papierrest. Trocknen lassen und ausschneiden.

Befestigen Sie die Gruppe auf dem Sockel. Biegen Sie die Figuren in Position, sobald der Leim getrocknet ist.

21

MATERIAL:

Papierdraht
- 30 cm für die Hütte
- 65 cm für die Tanne
- 25 cm für den Stern

Papier
- 2 Bögen mit unterschiedlichen Motiven
- Seidenpapier
- Papierreste

Klebestift

schwarzer Filzstift

Motivstanzer „Herz"

20 cm langer Sockel

SCHABLONEN AUF SEITE 126

ANLEITUNG

Formen Sie die Berghütte und die Tanne nach den Schablonen. Markieren Sie die Ecken durch Zusammendrücken.

Kleben Sie beides auf Papier. Trocknen lassen und ausschneiden. Lassen Sie die Papierdrahtenden überstehen, damit sie in den Sockel gesteckt werden können.

Schneiden Sie Tür, Fenster und Balkone aus. Legen Sie diese auf die Hütte, um zu prüfen, ob das Papier einen schönen Kontrast bildet (falls nicht, verwenden Sie anderes Papier). Mit dem Klebestift festkleben und trocknen lassen.

Umranden Sie die Tür, die Balkone und die Fenster mit einem schwarzen Filzstift. Stanzen Sie fünf Herzen aus und kleben Sie diese mit Klebestift fest. Gut trocknen lassen und mit dem schwarzen Filzstift umranden.

Formen Sie einen Stern mit einem 14 cm langen Stiel. Kleben Sie ihn auf das Seidenpapier, gut trocknen lassen und ausschneiden.

Befestigen Sie die Skulptur auf dem Sockel.

IN DEN Bergen

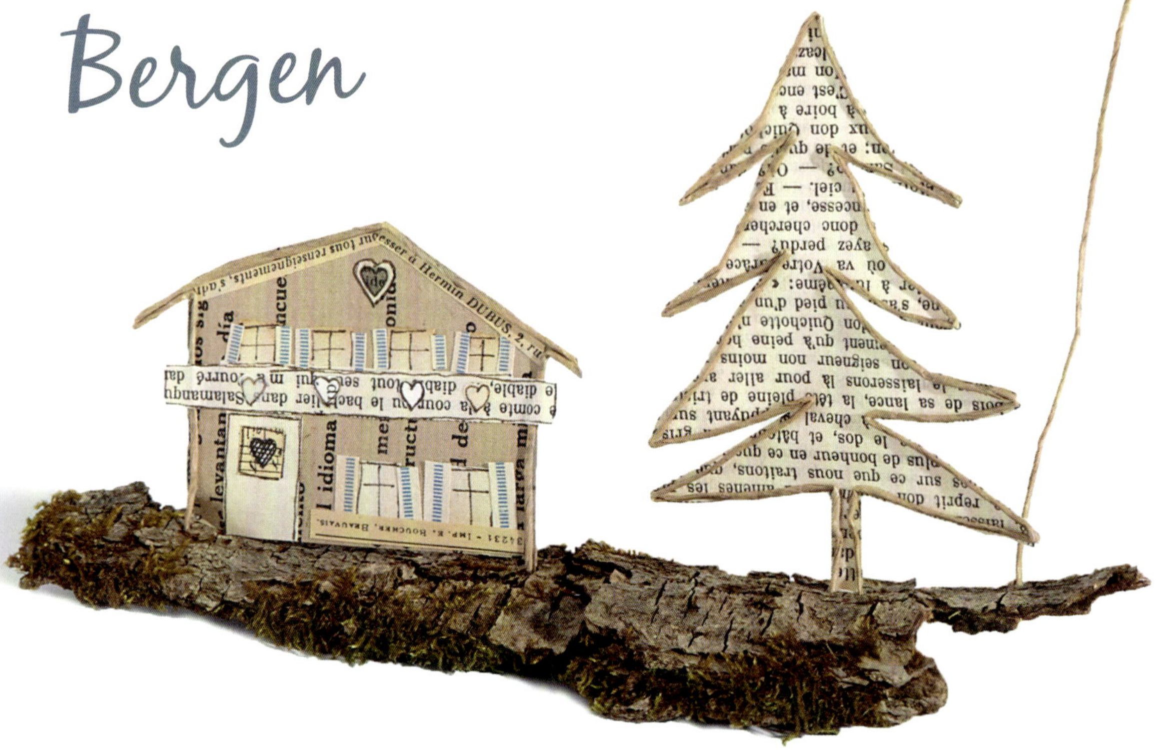

Rotkehlchen

22

MATERIAL:

Papierdraht
– 45 cm

Papier
– 1 Buchseite
– Reste Notenpapier
– rote Seidenpapierreste

Aquarellfarbe oder schwarze Tinte

10 cm langer Holzsockel

goldene Farbe

SCHABLONEN AUF SEITE 126

ANLEITUNG

Färben Sie das Notenpapier mit schwarzer Tinte oder mit Aquarellfarbe und lassen Sie es trocknen.

Reißen Sie es nach der Schablone aus und kleben Sie es auf die Buchseite.

Reißen Sie das rote Seidenpapier nach der Schablone aus und kleben Sie es auf die Buchseite. Formen Sie den Vogel und schneiden Sie den überstehenden Papierdraht ab. Kleben Sie ihn auf die Buchseite. Achten Sie darauf, ihn gut auszurichten. Trocknen lassen und ausschneiden.

Streichen Sie den Sockel mit goldener Farbe (nach Belieben). Biegen Sie eine Kralle des Rotkehlchens.

Den Sockel anbohren. Geben Sie etwas Leim unter die eine Kralle und schieben Sie diese in das Loch, dann die gebogene Kralle festkleben. Gut trocknen lassen.

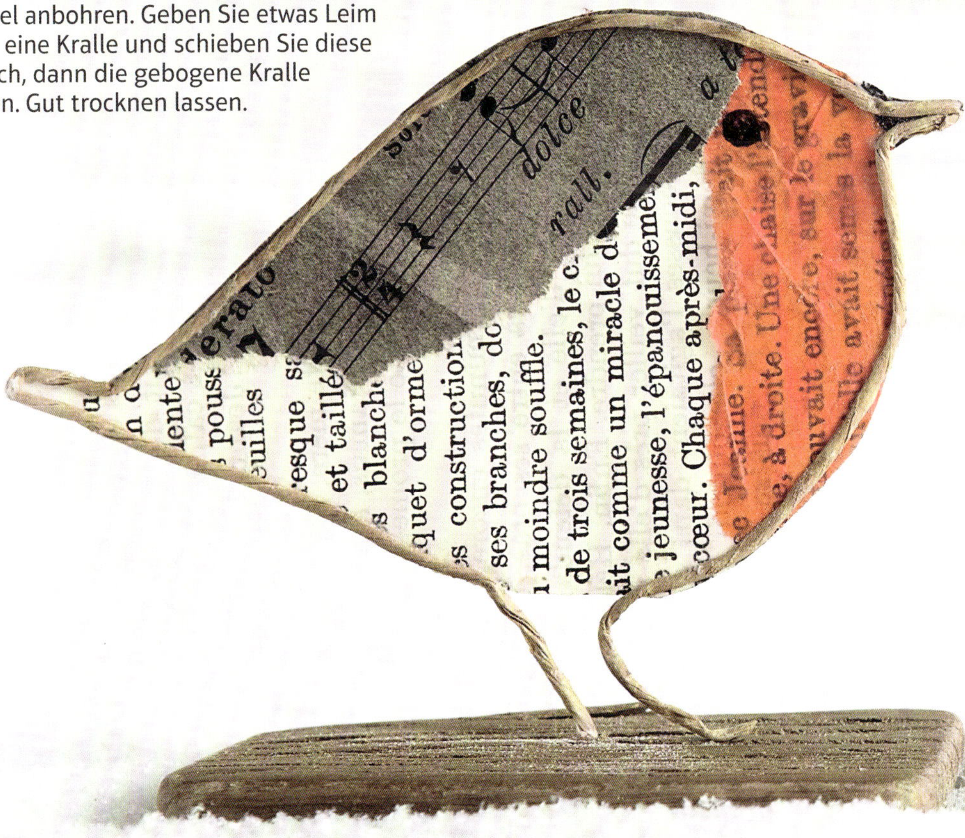

DIE Tauben

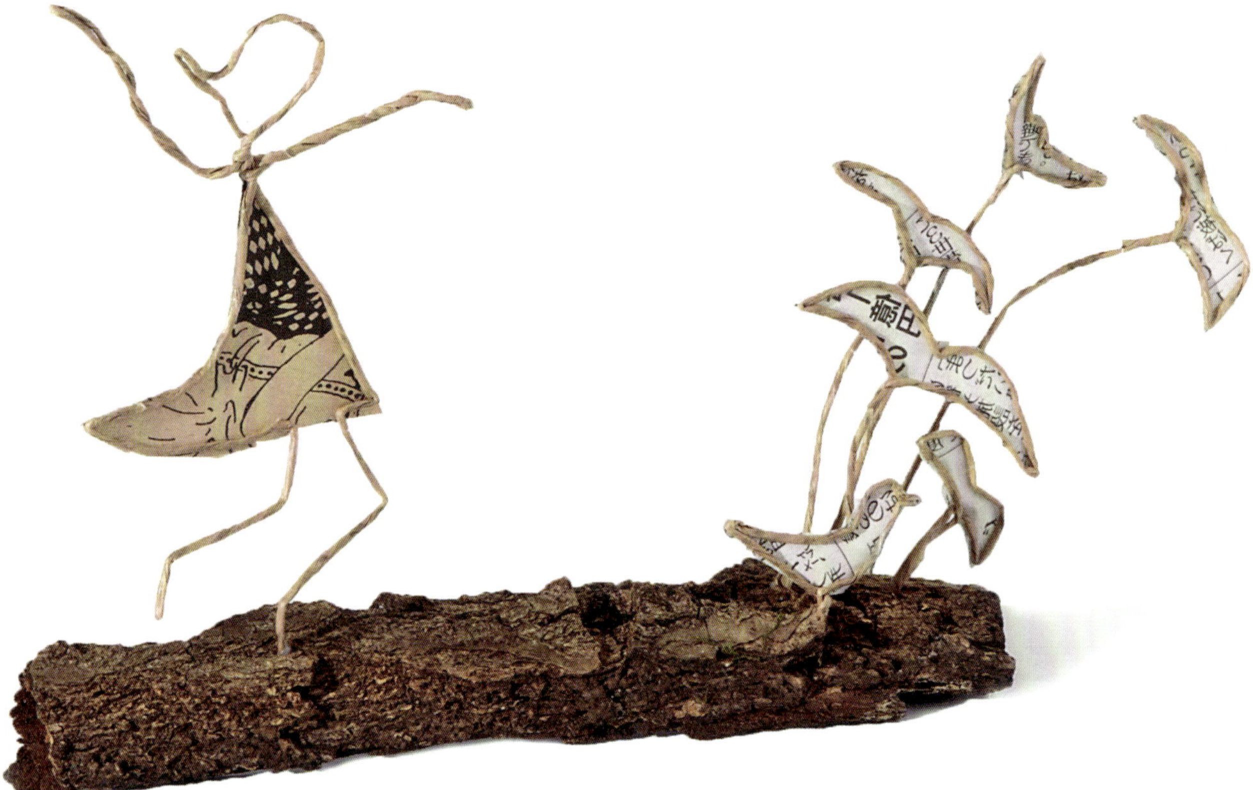

23

MATERIAL:

Papierdraht

- 50 cm für das Kind
- 10 cm, 12 cm, 16 cm, 19 cm, 20 cm und 22 cm für die Vögel

Papier

- 1 Bogen Zeitungspapier
- 1 Bogen mit anderem Motiv

15 cm langer Sockel

SCHABLONEN AUF SEITE 127

ANLEITUNG

Formen Sie das Kind nach der Schablone.

Kleben Sie es auf ein Blatt Papier, trocknen lassen und ausschneiden.

Formen Sie die Vögel nach den Schablonen. Die Stiele sollten verschiedene Längen haben (falls nötig, kürzen). Kleben Sie die Vögel auf Zeitungspapier. Trocknen lassen und ausschneiden.

Befestigen Sie die Figuren auf dem Sockel. Gut trocknen lassen.

Biegen Sie die Stiele der Vögel, damit es aussieht, als ob sie davonflögen.

24

MATERIAL:

Papierdraht
- 50 cm für das Vogelhäuschen
- 25 cm für den Vogel
- 25 cm für den Stern

Papier
- 2 unterschiedliche Reste für den Vogel und das Vogelhäuschen
- Reste für den Flügel des Vogels und die Öffnung des Vogelhäuschens
- weiße Seidenpapierreste

Mehl oder weiße Kreide

Haarsieb

schwarzer Filzsift

15 cm langer Holzsockel

SCHABLONEN AUF SEITE 127

VOGEL MIT Vogelhäuschen

ANLEITUNG

Formen Sie das Vogelhäuschen nach der Schablone und kleben Sie es auf einen der Papierbögen. Trocknen lassen und ausschneiden.

Die Öffnung aus einem Papierrest ausschneiden und auf das Vogelhäuschen kleben. Mit einem schwarzen Filzstift umranden. Reißen Sie das Seidenpapier, das den Schnee darstellt, nach der Schablone aus, dann kleben Sie es von hinten an das Vogelhäuschen. Gut trocknen lassen. Formen Sie den Vogel nach der Schablone.

Schneiden Sie den Flügel nach der Schablone aus einem Papierrest aus und kleben Sie ihn auf das Papier für den Körper des Vogels. Kleben Sie den Vogel auf das Papier und richten Sie ihn nach der Position des Flügels aus. Trocknen lassen und ausschneiden. Zeichnen Sie das Auge mit schwarzem Filzstift ein.

Formen Sie den Stern (siehe Seite 13) und kleben Sie ihn auf das weiße Seidenpapier. Gut trocknen lassen und ausschneiden.

Den Sockel anbohren. Auf die unteren Enden der Stiele etwas Leim geben und diese in die gebohrten Löcher schieben. Gut trocknen lassen. Tragen Sie mit dem Pinsel Leim auf den Sockel auf.

Verstäuben Sie Mehl oder Kreidestaub durch ein Haarsieb. Gut trocknen lassen.

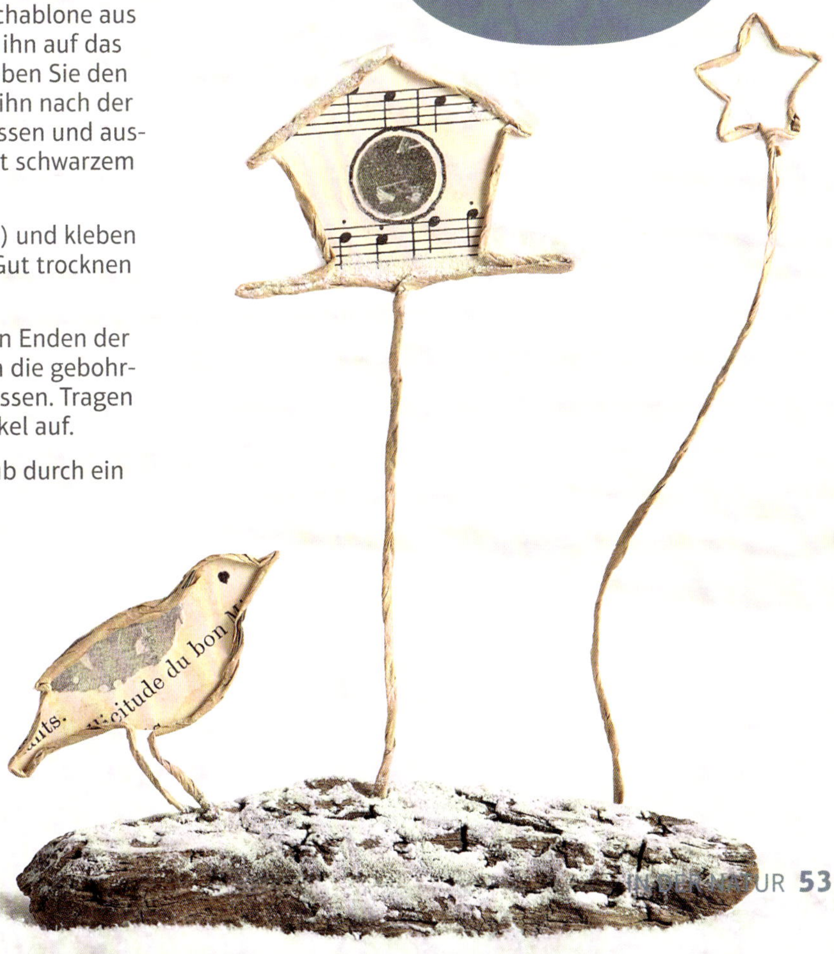

25

MATERIAL:

Papierdraht
Papier
unterschiedliche Papierbögen
Filzstift
ähnliche Holzsockel

SCHABLONEN AUF SEITE 128

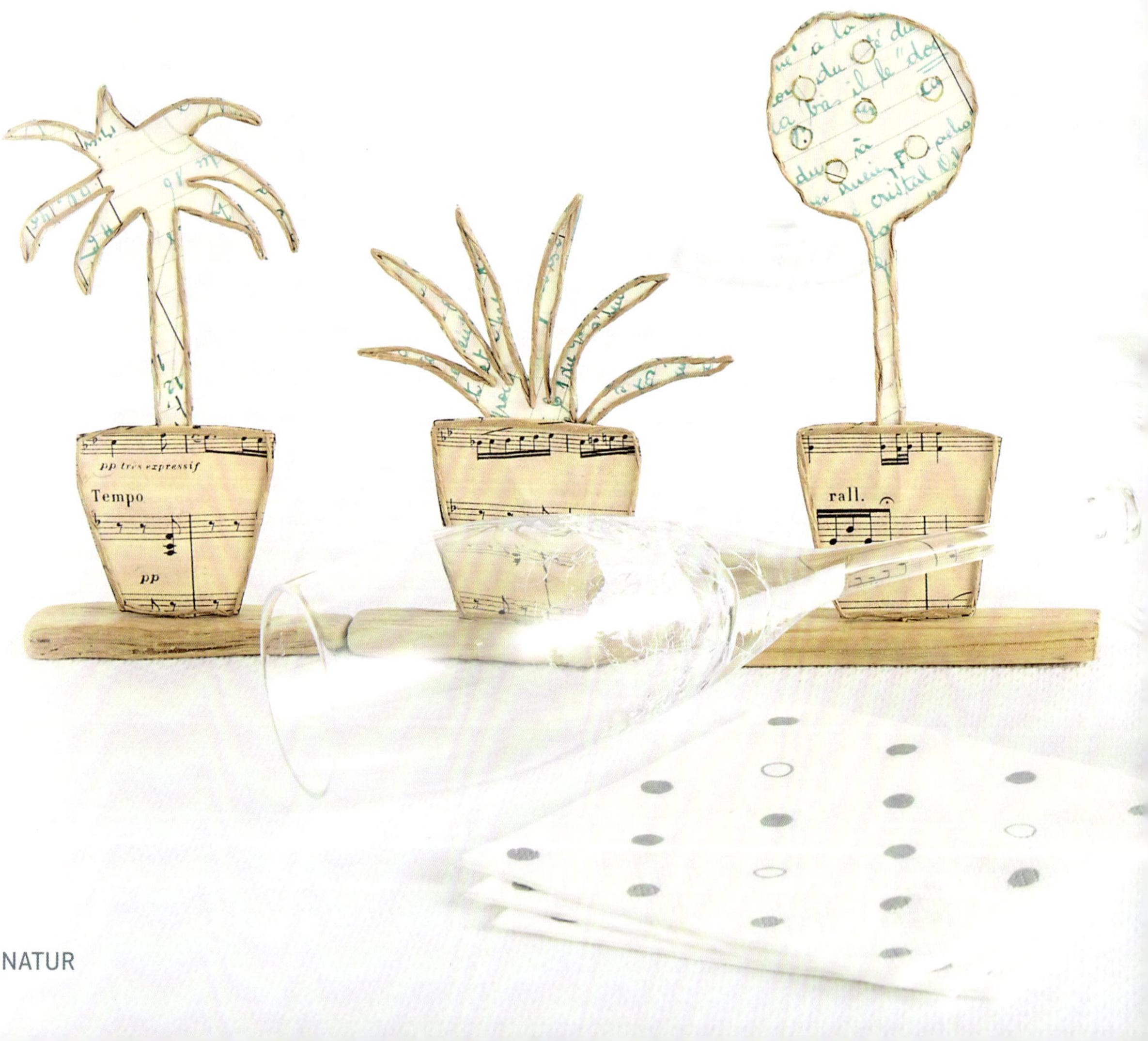

Sukkulentengarten

ANLEITUNG

Formen Sie die Töpfe. Kleben Sie diese auf ähnliches Papier.

Verwenden Sie die Töpfe als Vorlage und übertragen Sie jeden Topf einmal auf ähnliches Papier. Schneiden Sie die neuen Töpfe aus und legen Sie diese beiseite.

Formen Sie alle Pflanzen. Kleben Sie diese auf unterschiedliches Papier.

Gut trocknen lassen, dann ausschneiden.

Kleben Sie den zusätzlichen Zweig des Kaktus an die Hauptsprosse. Kleben Sie jeweils eine Pflanze in einen Topf. Dann kleben Sie die Vorderseite des Topfes darüber. Die Skulptur umdrehen und mit einem Filzstift umranden.

Setzen Sie die Töpfe auf die Sockel. Stellen Sie die Pflanzen in der Mitte des Tisches auf.

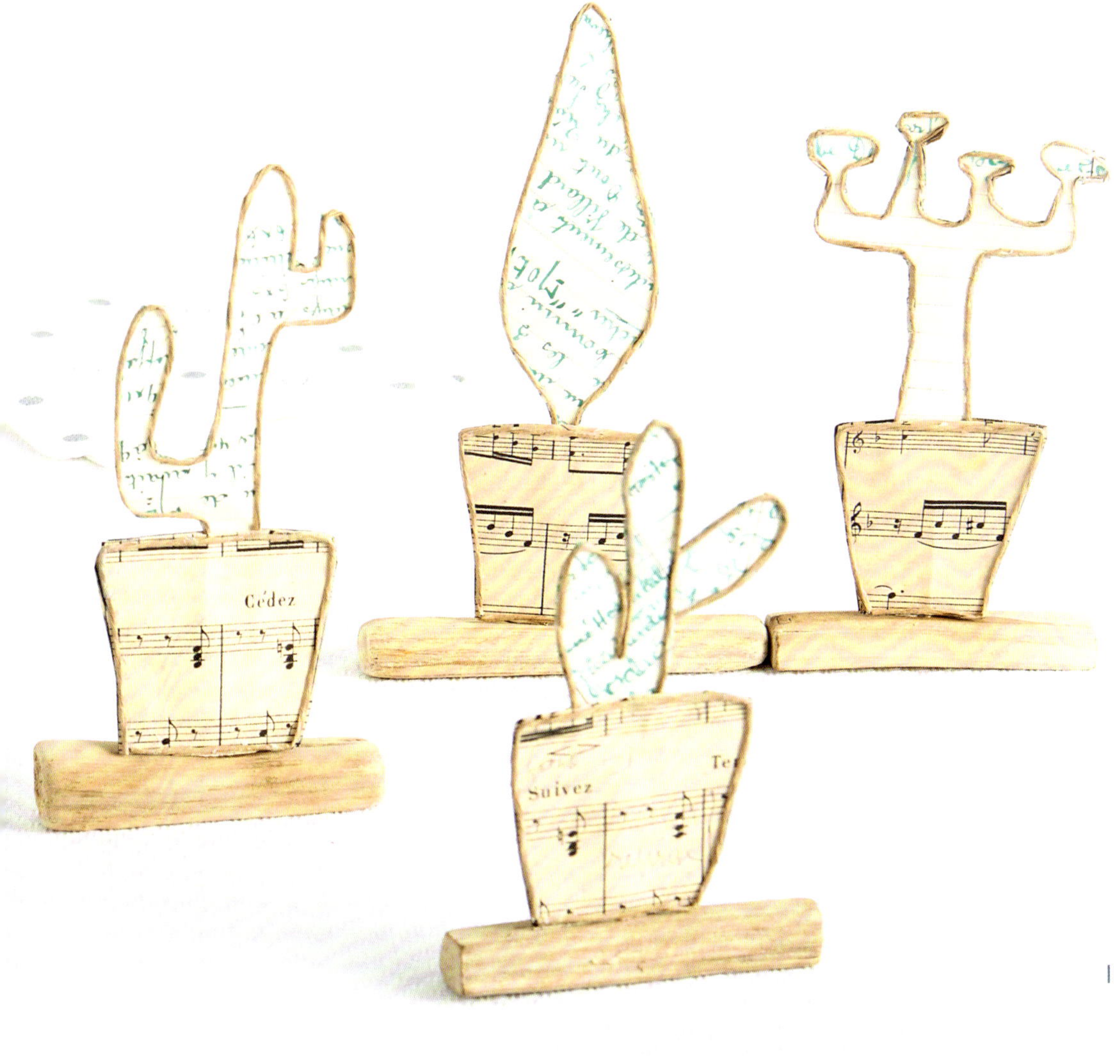

26

MATERIAL:

Papierdraht

Papierbögen nach Wahl

weißes Seidenpapier für die Glöckchen

feiner schwarzer Filzstift

SCHABLONEN AUF SEITE 129

MAIGLÖCKCHEN-Serviettenring

ANLEITUNG

Formen Sie jedes Glöckchen sowie den Hauptstiel mit dem kleinen Glöckchen.

Kleben Sie alle auf weißes Seidenpapier. Gut trocknen lassen. Am Papierdraht entlang ausschneiden.

Zeichnen Sie die Blätter und schneiden Sie diese aus.

Die Stiele zurechtschneiden und in die Mitte der Blätter kleben.

Umranden Sie die Blätter mit dem schwarzen Filzstift.

Wickeln Sie jedes Glöckchen um den Hauptstiel von dem kleinsten bis zum größten. Jedes Mal mit der Flachzange zusammendrücken.

Wickeln Sie die Stiele der Blätter um den Hauptstiel der Blume.

Fixieren Sie den Stängel des Maiglöckchens mit Goldfaden auf den Servietten.

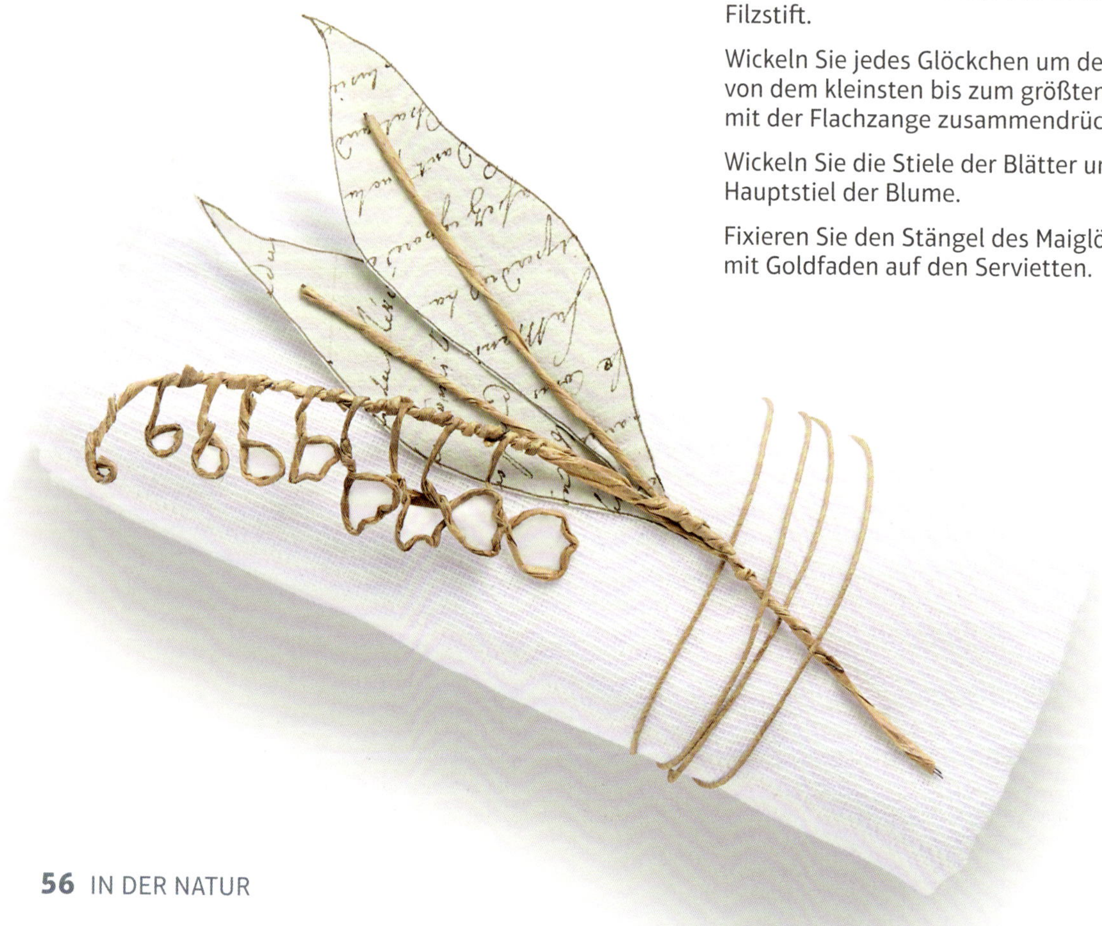

27

MATERIAL:

Papierdraht
Papier
– unterschiedliche Bögen
feiner schwarzer Filzstift
Kreisstanzer mit ø 1,5 cm
Leinenschnur für die Serviettenringe

SCHABLONEN AUF SEITE 130

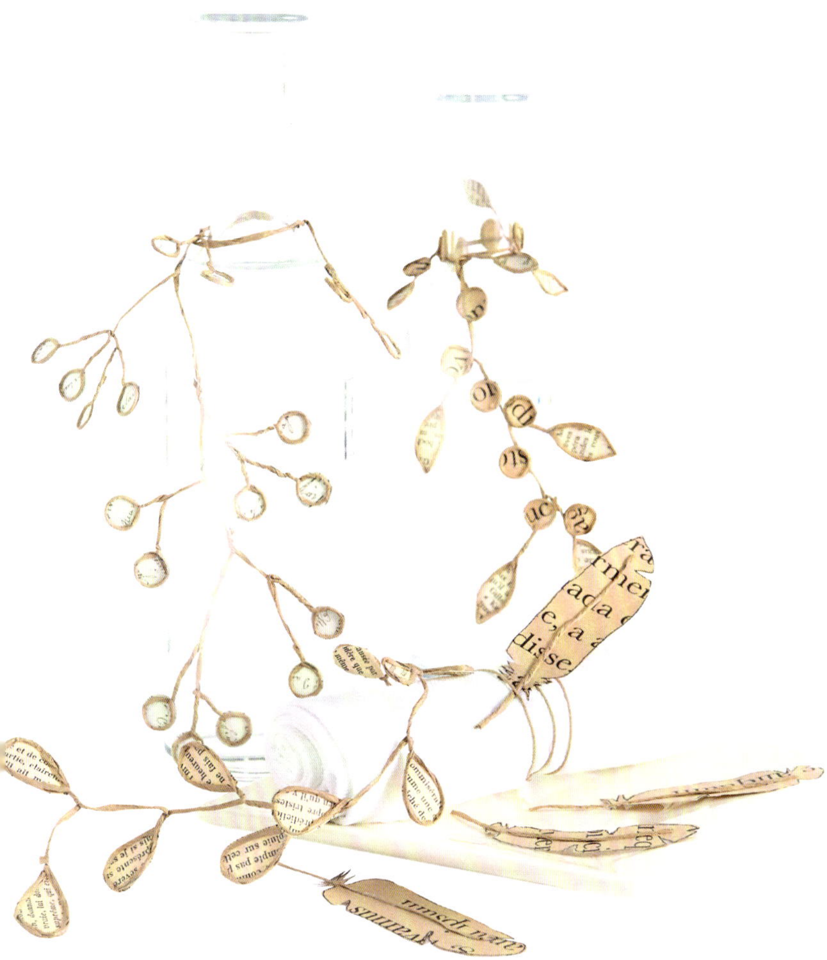

BLÄTTER UND *Federn*

ANLEITUNG

Für die Zweige haben Sie zwei Möglichkeiten: Entweder Sie formen alle Zweige mit einem einzigen Papierdraht oder Sie formen sie in mehreren Teilen und drehen sie um den Papierdraht, der als Hauptstiel dient.

Formen Sie Zweig Nr. 1. Verdrehen Sie die beiden Stiele über die gesamte Länge. Drücken Sie die verdrehten Drähte mit der Flachzange zusammen. Formen Sie Zweig Nr. 2.

Formen Sie die Beeren mit einem Stift, damit sie schön rund werden.

Formen Sie Zweig Nr. 3. Formen Sie zunächst den Teil mit den Blättern, den Sie am Ende zusammendrücken. Formen Sie anschließend die Beeren, indem Sie den Draht um einen dicken Stift winden. Winden Sie den Draht so oft, wie die gewünschte Anzahl der Beeren. Schneiden Sie dann die Spirale der Länge nach auf, um Ringe zu erhalten, welche die Beeren bilden. Sie können das in mehreren Arbeitsschritten durchführen. Schneiden Sie das Papier in kleine Stücke. Verwenden Sie den Locher für die runden Beeren. Kleben Sie jedes Blatt und jede Beere auf Papier. Gut trocknen lassen. Am Papierdraht entlang ausschneiden.

Kleben Sie die Beeren des Zweigs Nr. 3 entlang der Stiele. Pausen Sie die Schablone der Federn ab und übertragen Sie die Form auf die Papierbögen.

Die Federn ausschneiden und mit dem schwarzen Filzstift umranden.

Kleben Sie nach der Vorlage ein Stück Papierdraht in die Mitte der Feder. Umwickeln Sie jede Serviette mehrfach mit einer Leinenschnur. Schieben Sie jeweils eine Feder darunter.

28

MATERIAL

- Papierdraht
- Papier
- 2 Bögen für den Krug
- weißes und grünes Seidenpapier für die Blumen
- 1 Buchseite
- 1 Bogen rotes Seidenpapier für die Marienkäfer
- Aquarellfarben oder bunte Filzstifte
- feiner schwarzer Filzstift
- dicker schwarzer Filzstift
- Sockel: stabiles ca. 10 cm langes Holz

SCHABLONEN AUF SEITE 131

Frühlings-STRAUSS

ANLEITUNG

Die Blumen
Formen Sie die Blüten.
Für Blüten mit 5 Blütenblättern drehen Sie jedes Blatt 2- bis 3-mal um sich selbst.

Kleben Sie jedes Blütenblatt auf Seidenpapier. Gut trocknen lassen. Am Papierdraht entlang ausschneiden.

Malen Sie eine Seite jedes Blütenblatts zart mit dem Filzstift oder mit Aquarellfarben an.

Achtung: Seidenpapier ist empfindlich und reißt leicht. Gut trocknen lassen.

Formen Sie die Blätter und kleben Sie sie auf grünes Seidenpapier. Gut trocknen lassen. Am Papierdraht entlang ausschneiden. Wickeln Sie jeden Stiel um den der Blumen.

Der Krug
Formen Sie den Krug und kleben Sie ihn auf einen Papierbogen.

Gut trocknen lassen. Am Papierdraht entlang ausschneiden. Formen Sie den Henkel des Krugs.

Kleben Sie ihn auf einen Papierbogen.

Gut trocknen lassen. Am Papierdraht entlang ausschneiden. Der Henkel wird zwischen den gefertigten Krug und einen zweiten Papierbogen geklebt.

Verwenden Sie den ausgeschnittenen Krug als Vorlage für die zweite Hälfte des Krugs. Ausschneiden.

Kleben Sie den Henkel hinter die erste Hälfte des Krugs. Kleben Sie die vier Blumen von hinten an den Krug, anschließend die zweite Hälfte des Krugs darüber.

Umranden Sie mit dem Filzstift die Rückseite des Krugs. Betonen Sie den Ausgießer mit einem Strich auf beiden Seiten des Krugs. Befestigen Sie den Krug auf dem Sockel.

Die Marienkäfer
Lösen Sie den Leim mit etwas Wasser auf, um ihn zu verflüssigen. Verteilen Sie den Leim auf der Buchseite. Kleben Sie das rote Seidenpapier darauf.

Vorsichtig andrücken und gut trocknen lassen. Formen Sie die Körper der Marienkäfer und kleben Sie sie auf das zuvor gefertigte rote Papier.

Gut trocknen lassen. Am Papierdraht entlang ausschneiden.

Zeichnen Sie die Punkte, den Kopf und die Flügel mit dem schwarzen Filzstift.

Schneiden Sie die Füße und die Fühler aus, unter die Marienkäfer kleben und gut trocknen lassen. Falls nötig, kürzen Sie die Füße, damit sie gleich lang sind.

Runden Sie die Füße ab. Drücken Sie die Füße dabei gut gegen den Körper des Marienkäfers, damit diese sich nicht ablösen.

Setzen Sie auf jede Serviette einen Marienkäfer und verteilen Sie die restlichen auf dem Tisch.

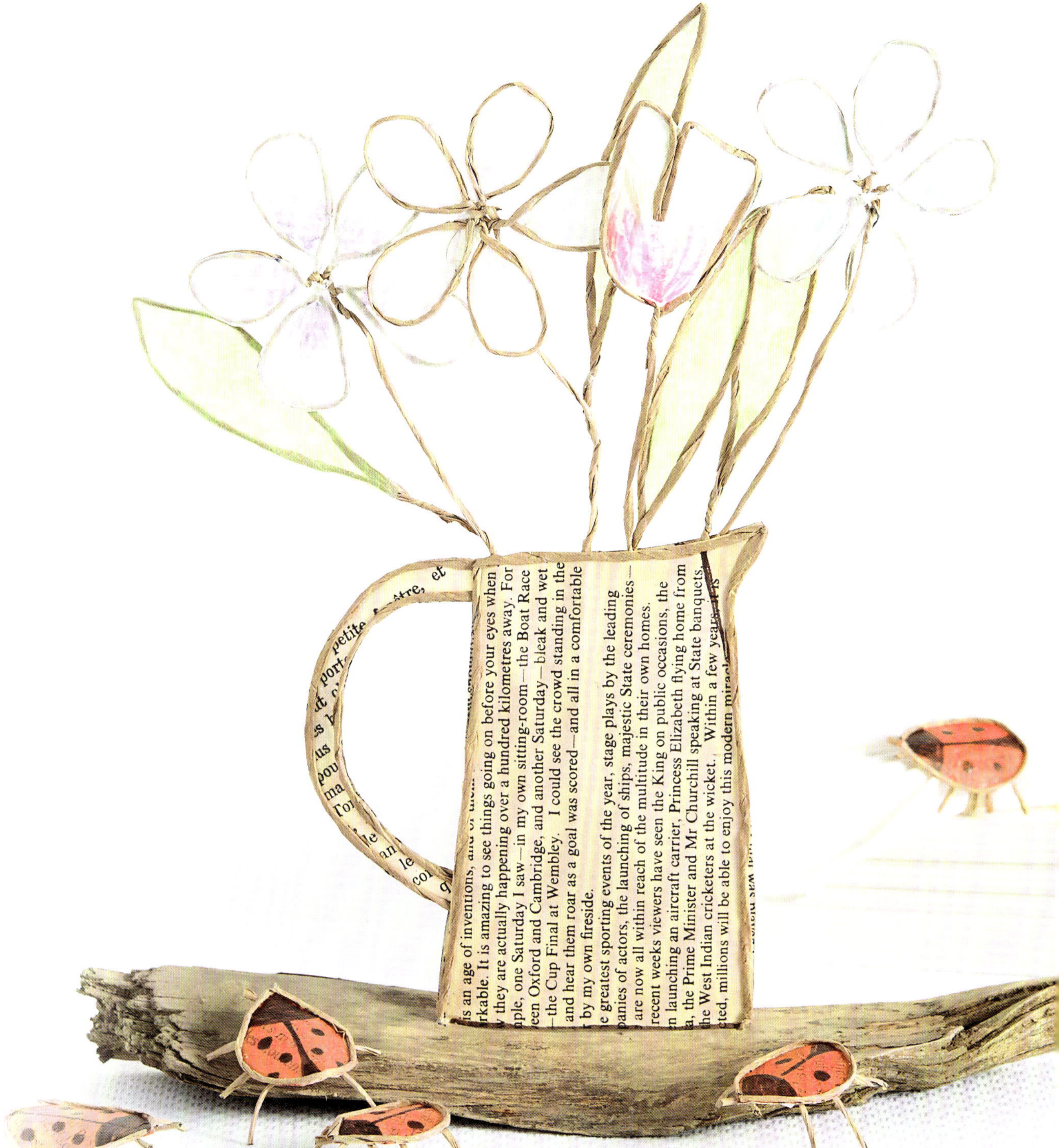
is an age of inventions, and of their
rkable. It is amazing to see things going on before your eyes when
they are actually happening over a hundred kilometres away. For
mple, one Saturday I saw—in my own sitting-room—the Boat Race
een Oxford and Cambridge, and another Saturday—bleak and wet
—the Cup Final at Wembley. I could see the crowd standing in the
and hear them roar as a goal was scored—and all in a comfortable
by my own fireside.
e greatest sporting events of the year, stage plays by the leading
panies of actors, the launching of ships, majestic State ceremonies—
are now all within reach of the multitude in their own homes.
recent weeks viewers have seen the King on public occasions, the
n launching an aircraft carrier, Princess Elizabeth flying home from
he Prime Minister and Mr Churchill speaking at State banquets
he West Indian cricketers at the wicket. Within a few years
cted, millions will be able to enjoy this modern

29

MATERIAL:

Papierdraht (Länge je nach Figur)

Papier nach Wahl

Klebestift

feiner schwarzer Filzstift

SCHABLONEN AUF SEITE 132

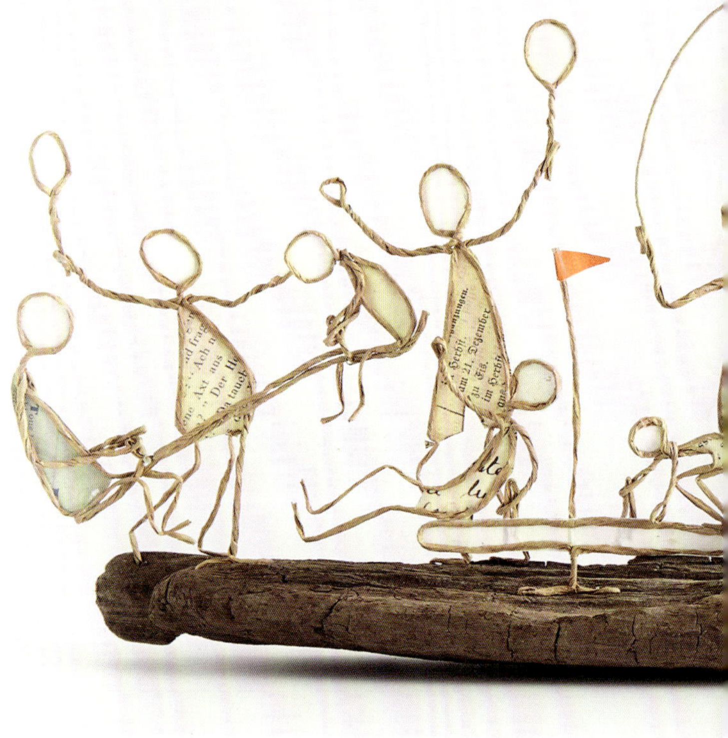

AUF DEM *Spielplatz*

ANLEITUNG

Formen Sie alle Figuren nach der Schablone. Kleben Sie die Figuren auf das Papier Ihrer Wahl. Gut trocknen lassen, dann ausschneiden.

Die Figuren
Alle Figuren dieser Skulptur finden Sie als Vorlage auf den Schablonenseiten.

Kleben Sie die Köpfe der Figuren auf weißes Papier. Gut trocknen lassen, dann ausschneiden.

Geben Sie etwas Leim in die Hände der Figuren und kleben Sie die Accessoires wie Schläger und Ball, das Springseil, die Fahne, die Ente, den Luftballon oder den Drachen fest.

Die Schläger
Befestigen Sie die Schläger und den Ball gemäß der Anleitung und der Skizze. Mit einer Flachzange die Hände zusammendrücken.

Die Wippe
Die Wippe wird an einem Stück geformt.
Biegen Sie die Arme der Figuren in die richtige Position beidseitig des Griffs.

Setzen Sie die Figuren auf die Wippe und schieben Sie den Griff in die Hände. Mit etwas Leim fixieren. Gut trocknen lassen.

Das Karussell
Kleben Sie die Griffe und die Fahne von hinten an die Plattform.
Biegen Sie die Arme der Figuren so, dass sie die Griffe festhalten können, wenn Sie auf der Plattform stehen.

Setzen Sie die Figuren auf die Plattform, geben Sie etwas Leim in die Hände und unter die Füße der Figur auf der rechten Seite und auf die Lasche an der linken Figur. Sie wird hinten befestigt, damit die Lasche nicht sichtbar ist. Kleben Sie die Figuren fest.

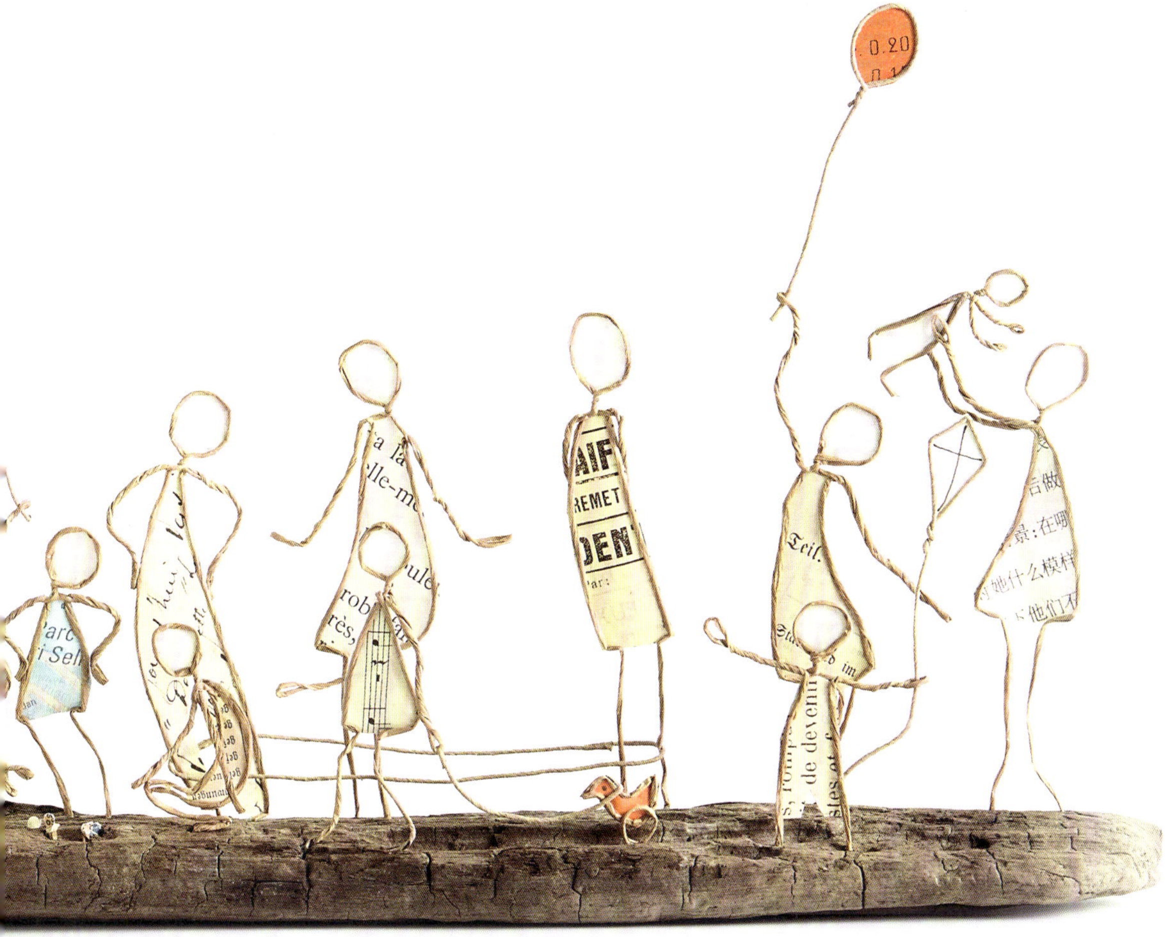

Das Springseil
Verwenden Sie für das Seil einen festen Papierdraht anstatt einer Schnur. So können Sie das Seil nach Belieben biegen.

Die Murmeln
Fertigen Sie die Murmeln, indem Sie eine winzige Papierscheibe an einem kurzen Draht befestigen. Verwenden Sie für die Scheiben einen Locher. Fertigen Sie Murmeln in verschiedenen Farben und Größen.

Der Gummitwist
Kleben Sie den Draht, der den Gummi darstellt, hinter die Beine der Kinder an der Seite. Das Kind in der Mitte setzt die Beine rechts und links des Drahts.

Der Drachen
Zeichnen Sie das Kreuz des Drachens mit einem feinen schwarzen Filzstift ein. Kleben Sie den Papierdraht für mehr Stabilität von hinten an das Kind.

Der Luftballon
Geben Sie Leim in die Hand der Figur und schieben Sie den Luftballon hinein. Mit einer Flachzange die Hand gut zusammendrücken.

Die Mutter mit dem Baby
Biegen Sie die Arme nach oben und biegen Sie den Kopf. Kleben Sie die Hände auf beide Seiten des Babys.

Auf dem Sockel befestigen
Setzen Sie die Figuren erst auf den Sockel, wenn alle gut getrocknet sind. Beginnen Sie mit der linken Seite, wenn Sie Rechtshänder sind und mit der rechten, wenn Sie Linkshänder sind. Lassen Sie den Leim gut trocknen, bevor Sie die Figuren in die richtige Position biegen.

30

MATERIAL:

Papierdraht
- 45 cm für das Kind
- 30 cm für die Wolke

Papier
- 1 Bogen Textpapier
- weißes Seidenpapier

5 cm langer Sockel

SCHABLONEN AUF SEITE 135

DAS KIND IN *den Wolken*

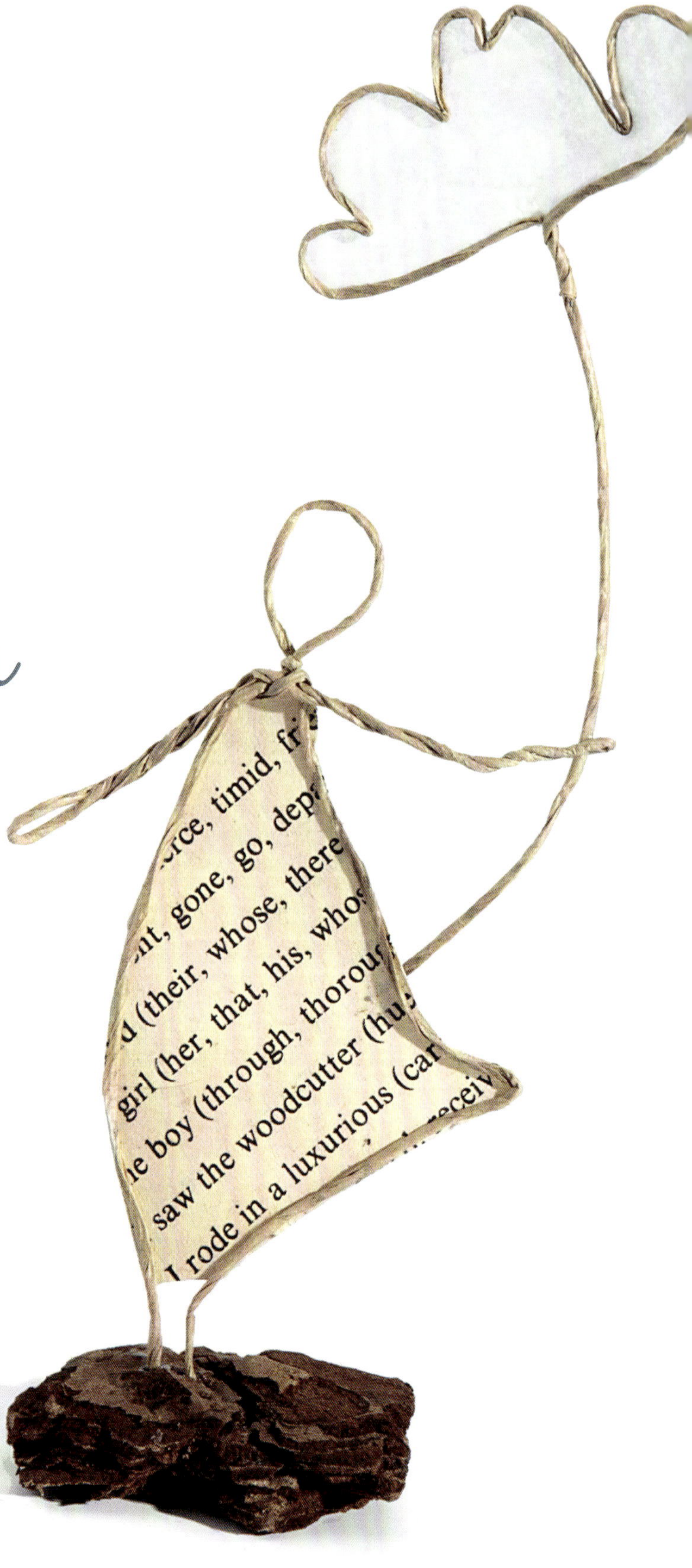

ANLEITUNG

Formen Sie nach der Schablone eine Figur mit 4 cm langen Armen, die linke Hand geöffnet.

Kleben Sie die Figur auf Textpapier, trocknen lassen und ausschneiden.

Formen Sie die Wolke nach der Schablone.

Kleben Sie die Wolke auf weißes Seidenpapier, trocknen lassen und ausschneiden.

Stecken Sie den Stiel der Wolke in die Hand des Kindes. Runden Sie ihn ab und kleben das Ende von hinten an das Kind.

Geben Sie etwas Leim in die Hand des Kindes und drücken Sie die Hand mit der Zange um den Stiel zusammen.

Befestigen Sie die Figur auf dem Sockel.

Seilspringen

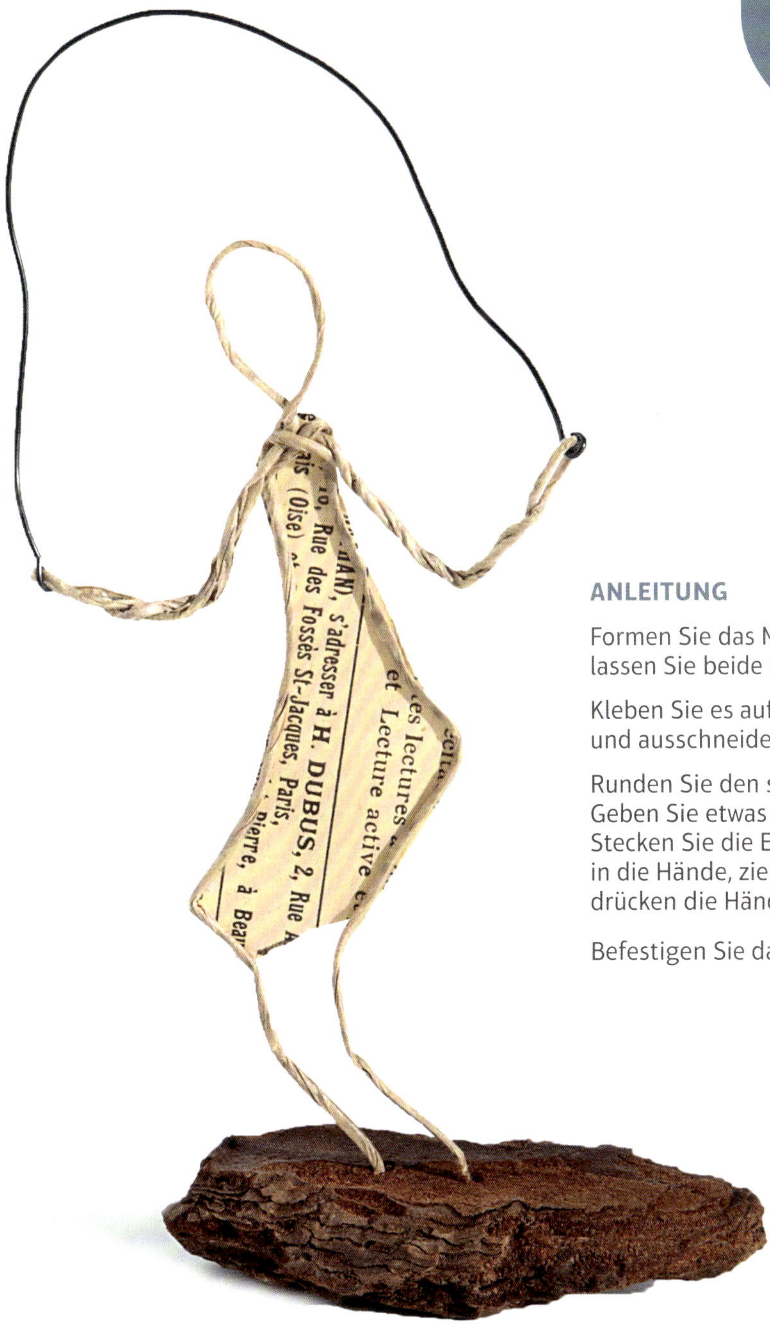

31

MATERIAL:

Papierdraht
– 45 cm für das Kind

15 cm feiner schwarzer Papierdraht für das Springseil

– 1 Bogen Textpapier

5 cm langer Sockel

SCHABLONEN AUF SEITE 135

ANLEITUNG

Formen Sie das Mädchen nach der Schablone, lassen Sie beide Hände geöffnet.

Kleben Sie es auf das Papier, trocknen lassen und ausschneiden.

Runden Sie den schwarzen Papierdraht ab. Geben Sie etwas Leim in die Hände des Mädchens. Stecken Sie die Enden des schwarzen Papierdrahts in die Hände, ziehen Sie das Seil nach oben und drücken die Hände mit der Zange zusammen.

Befestigen Sie das Mädchen auf dem Sockel.

STEIG MEIN DRACHE, *steig geschwind!*

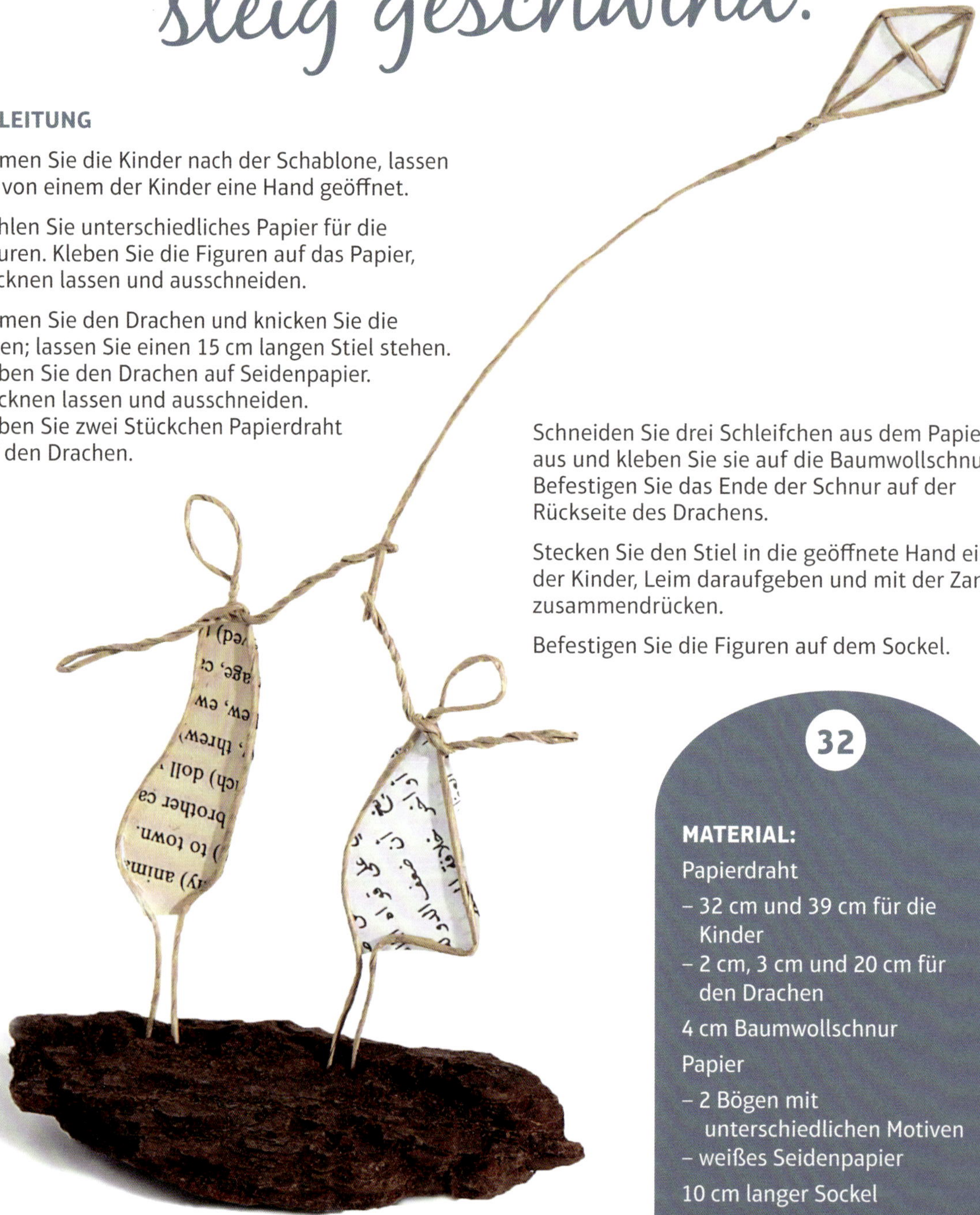

ANLEITUNG

Formen Sie die Kinder nach der Schablone, lassen Sie von einem der Kinder eine Hand geöffnet.

Wählen Sie unterschiedliches Papier für die Figuren. Kleben Sie die Figuren auf das Papier, trocknen lassen und ausschneiden.

Formen Sie den Drachen und knicken Sie die Ecken; lassen Sie einen 15 cm langen Stiel stehen. Kleben Sie den Drachen auf Seidenpapier. Trocknen lassen und ausschneiden. Kleben Sie zwei Stückchen Papierdraht auf den Drachen.

Schneiden Sie drei Schleifchen aus dem Papier aus und kleben Sie sie auf die Baumwollschnur. Befestigen Sie das Ende der Schnur auf der Rückseite des Drachens.

Stecken Sie den Stiel in die geöffnete Hand eines der Kinder, Leim daraufgeben und mit der Zange zusammendrücken.

Befestigen Sie die Figuren auf dem Sockel.

32

MATERIAL:

Papierdraht
- 32 cm und 39 cm für die Kinder
- 2 cm, 3 cm und 20 cm für den Drachen

4 cm Baumwollschnur

Papier
- 2 Bögen mit unterschiedlichen Motiven
- weißes Seidenpapier

10 cm langer Sockel

SCHABLONEN AUF SEITE 135

Servietten-
RINGE

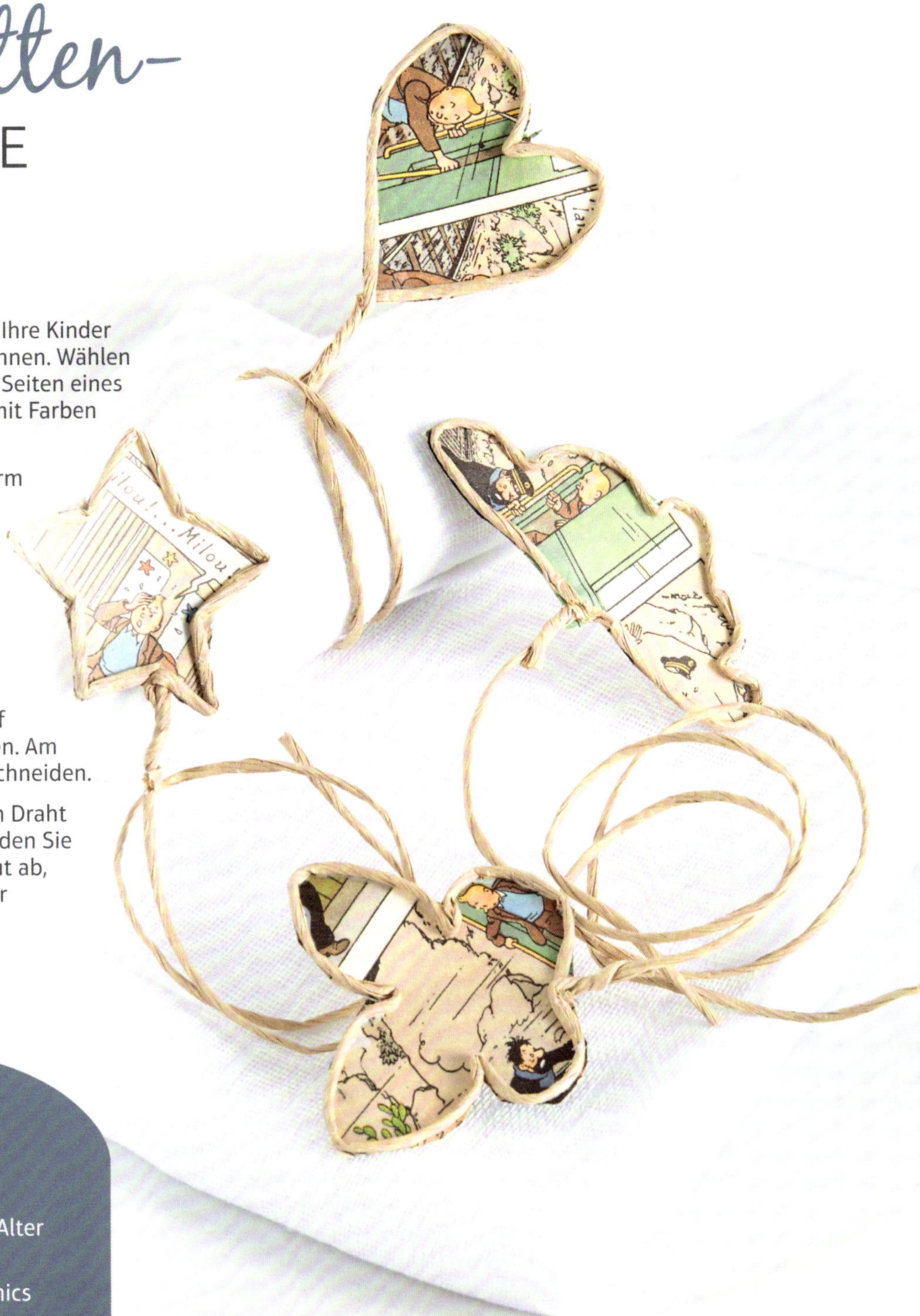

ANLEITUNG

Dies ist eine Kreation, die Ihre Kinder ganz alleine umsetzen können. Wählen Sie buntes Papier, wie die Seiten eines Comics, da Kinder gerne mit Farben arbeiten.

Schneiden Sie für jede Form 50 cm Papierdraht ab. Schneiden Sie für Ihre Kinder den Draht ab, das ist einfacher, als mit der Rolle zu arbeiten.

Biegen Sie die einzelnen Formen.

Kleben Sie die Formen auf Papier. Gut trocknen lassen. Am Papierdraht entlang ausschneiden.

Wickeln Sie den restlichen Draht um die Servietten. Schneiden Sie vielleicht den Draht erneut ab, damit die Enden unter der Serviette verborgen sind.

33

MATERIAL:

- dünner oder dicker Papierdraht, je nach Alter des Kindes

Papierseiten eines Comics

SCHABLONEN AUF SEITE 136

IM Liebesglück

IM Liebesglück

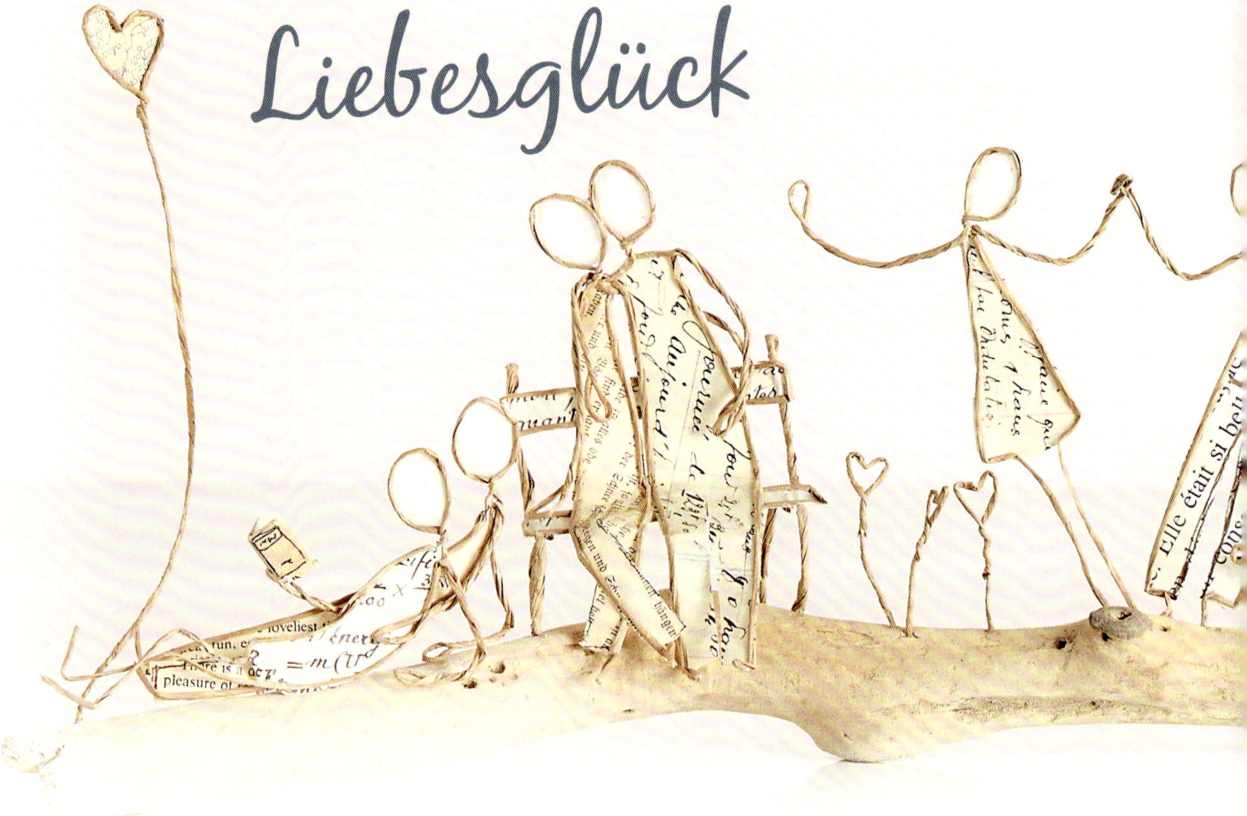

ANLEITUNG

Biegen Sie alle Formen nach den Schablonen. Kleben Sie die Formen auf das Papier Ihrer Wahl. Gut trocknen lassen, dann ausschneiden.

Die Figuren
Für diese Kreation benötigen Sie 12 Figuren.

Orientieren Sie sich für das lesende Paar an der Schablone.

Kleben Sie die Köpfe der Figuren auf weißes Papier. Gut trocknen lassen, dann ausschneiden.

Geben Sie etwas Leim in die Hände der Figuren und kleben Sie die Accessoires wie den Blumenstrauß, den Regenschirm, die Hundeleine oder das Buch fest.

34

MATERIAL:

Papierdraht (Länge je nach Figur)

Papier nach Wahl

Klebestift

feiner schwarzer Filzstift

SCHABLONEN AUF SEITE 136 – 137

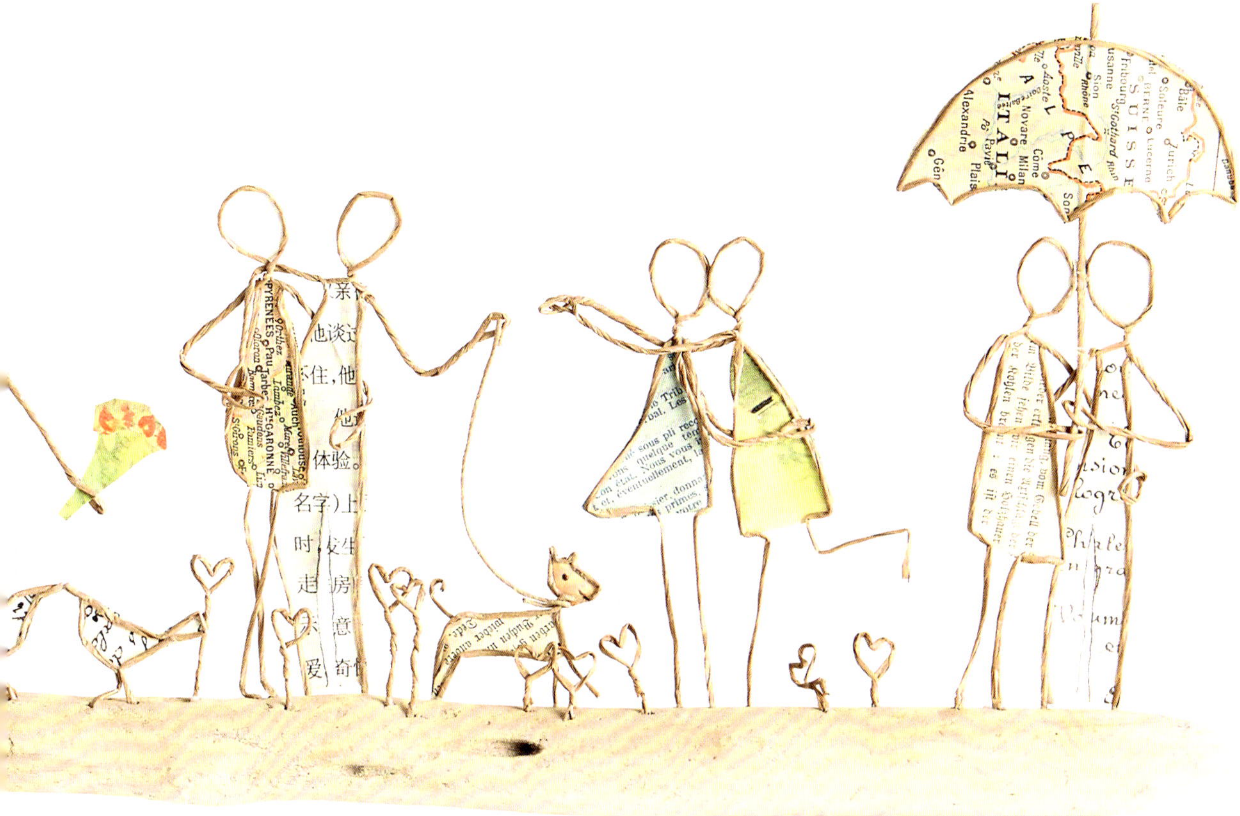

Das lesende Paar
Biegen Sie den rechten Arm der Lesenden in die richtige Position (siehe Foto) und lassen Sie die Hand geöffnet.

Schneiden Sie einen Papierstreifen von 1,5 cm Höhe und 8 cm Länge zu. Dreimal falten. Das Buch in der Mitte zusammentackern. Geben Sie etwas Leim auf die Klammer und schließen Sie das Buch. Fixieren Sie während der Trockenzeit den Falz mit einer Klammer. Schneiden Sie den Rand der Seiten bündig ab. Kleben Sie das Buch mit etwas Leim in die geöffnete Hand der Leserin.

Kleben Sie von hinten ein kleines Stück Papierdraht an die beiden, um sie auf dem Sockel zu befestigen.

Kleben Sie die Leserin vor den Leser. Gut trocknen lassen.
Biegen Sie den Arm in die richtige Position.

Liebespaar auf der Bank
Fertigen Sie die Sitzfläche und die Rückenlehne der Bank. Kleben Sie zwei lange Drahtstiele, der Skizze entsprechend, hinter die Sitzfläche und die Rückenlehne. Gut trocknen lassen.

Kleben Sie die beiden anderen Drahtstiele nur von hinten an die Sitzfläche und lassen Sie diese gut trocknen.

Biegen Sie die Stiele der Bank nach der Skizze: Die kurzen Stiele werden nur zum Boden gebogen und bilden die hinteren Beine der Bank.

Richten Sie die Bank beim Befestigen auf dem Sockel aus, indem Sie die Beine auf die gleiche Länge bringen.

Formen Sie das sich umarmende Liebespaar und kleben Sie es auf die Bank. Geben Sie etwas Leim zwischen die beiden Köpfe und fixieren Sie diese während des Trocknens mit einer Klammer.

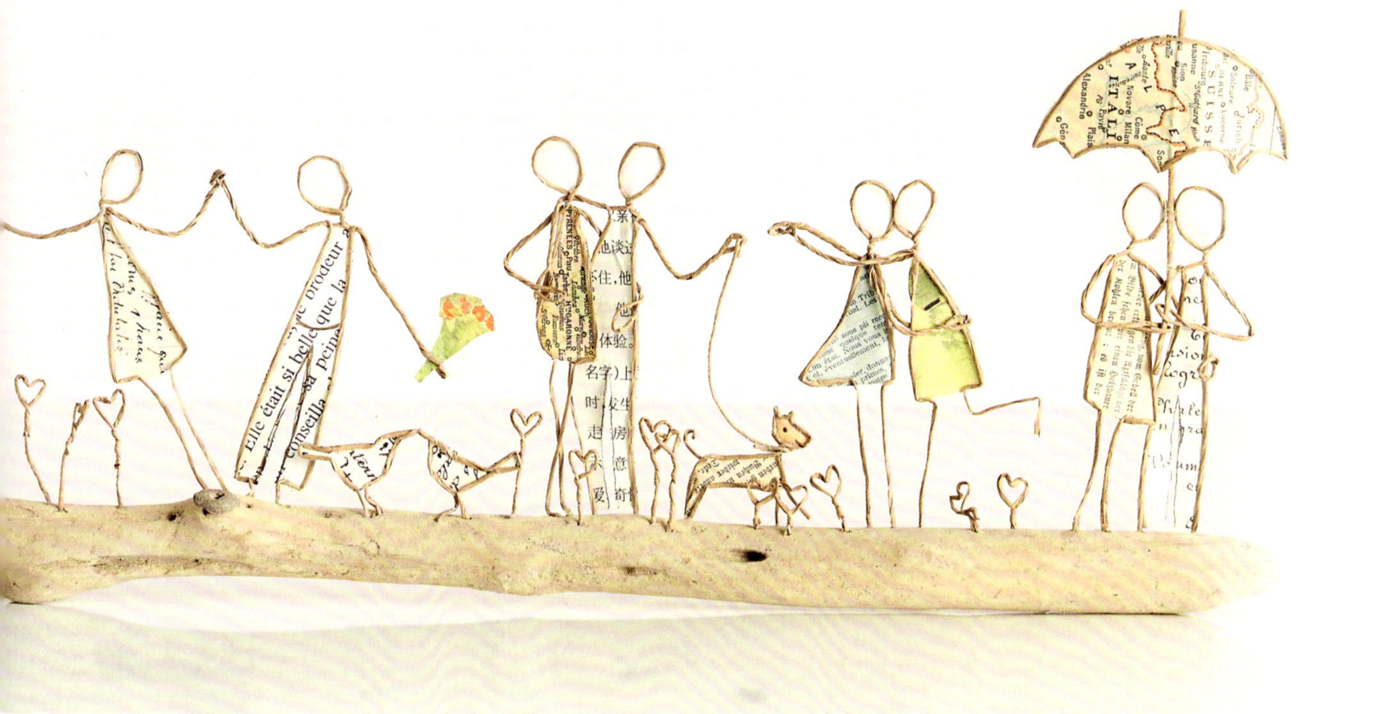

Die Tänzer
Biegen Sie die Arme und die Körper in die richtige Position.

Zeichnen Sie den Strauß und schneiden Sie ihn aus, ohne ihn mit Papierdraht zu verstärken. Schieben Sie ihn mit etwas Leim in eine der Hände.

Die Spatzen
Zeichnen Sie das Auge jedes Vogels mit dem schwarzen Filzstift.
Setzen Sie die Schnäbel einander gegenüber, mit etwas Leim und einer Klammer ein paar Minuten fixieren.

Liebespaar mit Hund
Stellen Sie das Paar in Position und kleben Sie beide zusammen von hinten an das Kleid.

Zeichnen Sie das Auge und die Schnauze des Hundes. Fertigen Sie die Leine, entweder mit einer einfachen Schnur oder mit einem Stück dickem Papierdraht. Winden Sie die Leine um den Hals des Hundes und schieben Sie diese dann in die Hand einer der Figuren.

Liebespaar
Biegen Sie die Arme auf dieselbe Seite und kleben Sie die Arme der linken Figur auf die Kleidung der rechten Figur, damit das Paar Stabilität erhält.

Liebespaar mit Regenschirm
Kleben Sie den Stock hinter den Schirm.

Kleben Sie die beiden Köpfe und den Stock des Regenschirms zusammen. Mit einer Klammer fixieren.

Das große Herz
Formen Sie das Herz (siehe Seite 15) und wählen Sie den Stiel etwas höher als die Figuren.

Die Herzblumen
Variieren Sie die Länge der Stiele.

Auf dem Sockel befestigen
Setzen Sie alles erst auf den Sockel, wenn die Elemente getrocknet sind. Beginnen Sie mit der linken Seite, wenn Sie Rechtshänder sind und mit der rechten Seite, wenn Sie Linkshänder sind. Lassen Sie den Leim gut trocknen, bevor Sie die Figuren in die richtige Position biegen.

SCHENKEN *mit Herz*

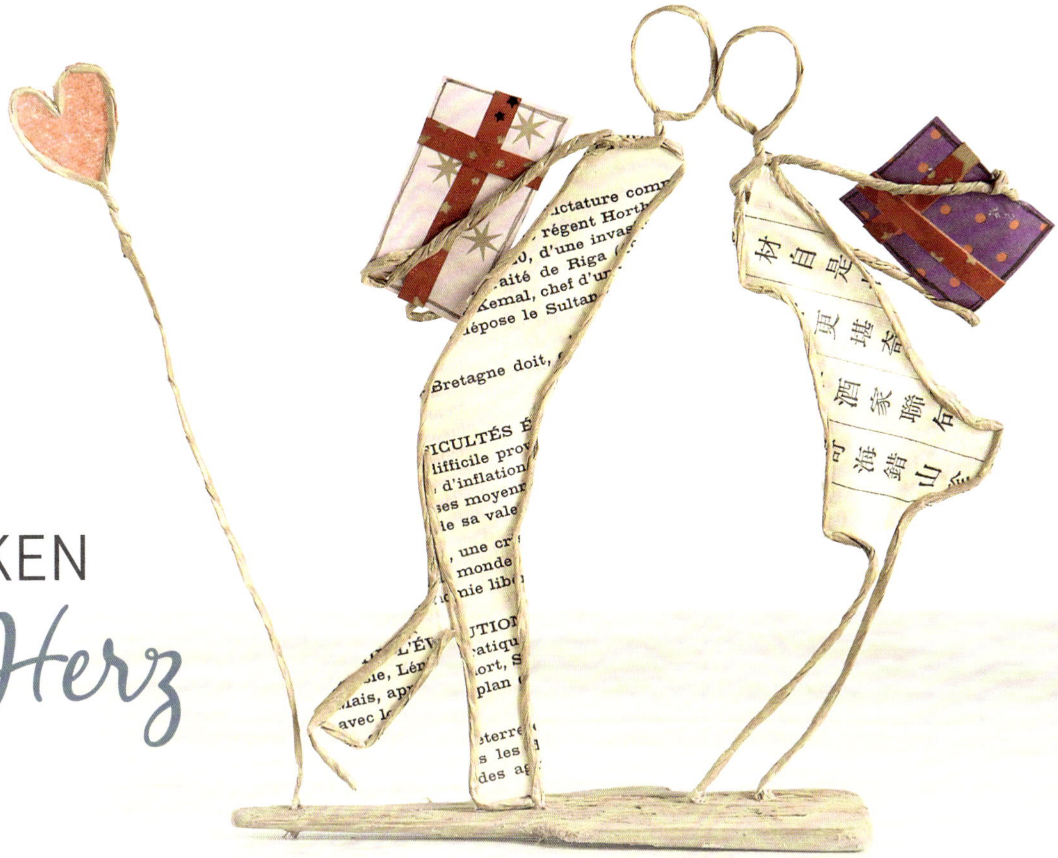

ANLEITUNG

Formen Sie die Figuren nach den Schablonen. Die Arme sind nach oben gebogen, um das Aufkleben zu erleichtern. Schneiden Sie für die Hose des Mannes Drähte nach der Schablone (Teil A und B) ab und kleben Sie diese auf. Kleben Sie die Figuren auf das Papier. Trocknen lassen und ausschneiden.

Formen Sie das Herz (siehe Seite 14). Auf das Seidenpapier kleben. Trocknen lassen, dann ausschneiden. Schneiden Sie den überstehenden Papierdraht ab.

Schneiden Sie zwei Rechtecke aus den Geschenkpapierresten aus und kleben Sie das Geschenkband über Kreuz darüber. Biegen Sie die Arme der Figuren hinter den Rücken, drehen Sie die Hände mit den Handflächen zueinander.

Geben Sie etwas Leim in die Handflächen und auf die Arme. Drücken Sie die Geschenke fest in die Hände. Während der Trockenzeit mit Klammern fixieren.

Den Sockel für die Figuren und das Herz anbohren. Auf die unteren Enden der Stiele etwas Leim geben und diese in die gebohrten Löcher schieben. Gut trocknen lassen.
Geben Sie etwas Leim auf die Köpfe in Höhe des Mundes. Die Figuren während des Trocknens, Mund auf Mund, mit einer Klammer fixieren.

35

MATERIAL:

Papierdraht
- 50 cm für die Frau
- 60 cm für den Mann
- 15 cm für das Herz

Papier
- 2 Bögen für die Figuren
- Geschenkpapierreste
- rote Seidenpapierreste

15 cm rotes Geschenkband

15 cm langer Holzsockel

SCHABLONEN AUF SEITE 138

36

MATERIAL:

Papierdraht

- 2 x 50 cm für die Eltern
- 16 cm für das Baby

Papier

- 2 Bögen mit unterschiedlichen Motiven
- 1 weißes Blatt

5 cm langer Sockel

SCHABLONEN AUF SEITE 139

EIN KIND IST *geboren*

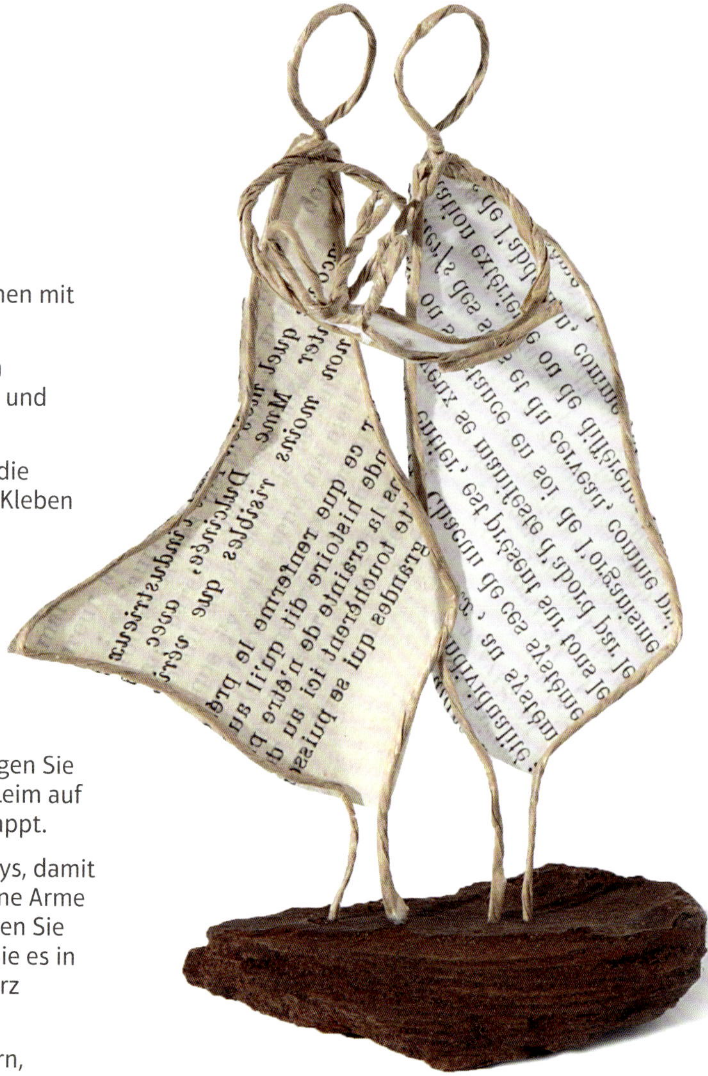

ANLEITUNG

Formen Sie die Eltern nach den Schablonen mit 5 cm langen Armen.

Formen Sie den Kopf des Babys mit 1 cm Durchmesser, zwei Arme von 2 cm Länge und einen gerundeten Körper.

Wählen Sie unterschiedliches Papier für die Figuren und weißes Papier für das Baby. Kleben Sie die Figuren auf das Papier, trocknen lassen und ausschneiden.

Stellen Sie die Eltern nebeneinander, biegen Sie die Arme, damit sie sich an der Taille fassen. Biegen Sie die äußeren Arme der Eltern, wie einen Kokon um das Baby.

Kleben Sie die Eltern zusammen und biegen Sie diese in die richtige Position, geben Sie Leim auf die Stellen, an denen die Kleidung überlappt.

Biegen Sie leicht Hals und Beine des Babys, damit es wie ein Kokon aussieht. Biegen Sie seine Arme den Gesichtern der Eltern entgegen. Geben Sie auf die Seite des Babys Leim und legen Sie es in die Arme der Eltern. In dieser Position kurz andrücken.

Kürzen Sie, falls nötig, die Beine der Eltern, damit sie dieselbe Länge haben.

Die Figuren vollständig trocknen lassen, dann die Gruppe auf dem Sockel befestigen.

37

MATERIAL:

Papierdraht
- 2 x 50 cm für die Liebenden
- 18 cm für das Herz

Papier
- 2 Bögen mit unterschiedlichen Motiven
- weißes Seidenpapier

12 cm langer Sockel

SCHABLONEN AUF SEITE 139

DAS BAND der Liebe

ANLEITUNG

Fertigen Sie eine Frau und einen Mann nach der Schablone an. Lassen Sie die linke Hand des Mannes und die rechte Hand der Frau für den Stiel des Herzens geöffnet. Biegen Sie, falls nötig, die Arme ein wenig zurecht. Kleben Sie die Körper der Figuren auf unterschiedliches Papier, trocknen lassen und ausschneiden.

Kleben Sie die Köpfe auf das Seidenpapier, gut trocknen lassen und ausschneiden.

Formen Sie das Herz mit einem 8 cm langen Stiel. Auf Seidenpapier kleben, gut trocknen lassen, dann ausschneiden.

Bereiten Sie den Sockel vor. Biegen Sie die Arme der Figuren, damit diese auf gleicher Höhe sind und es aussieht, als ob die beiden sich an der Hand halten. Kürzen Sie die Beine, falls nötig, um die Länge anzupassen.

Kleben Sie die Figuren auf den Sockel.

Stecken Sie das Herz zwischen die Hände der beiden. Tragen Sie mit dem Pinsel etwas Leim auf die Hände auf und drücken Sie diese um den Stiel des Herzens mit der Zange zusammen.

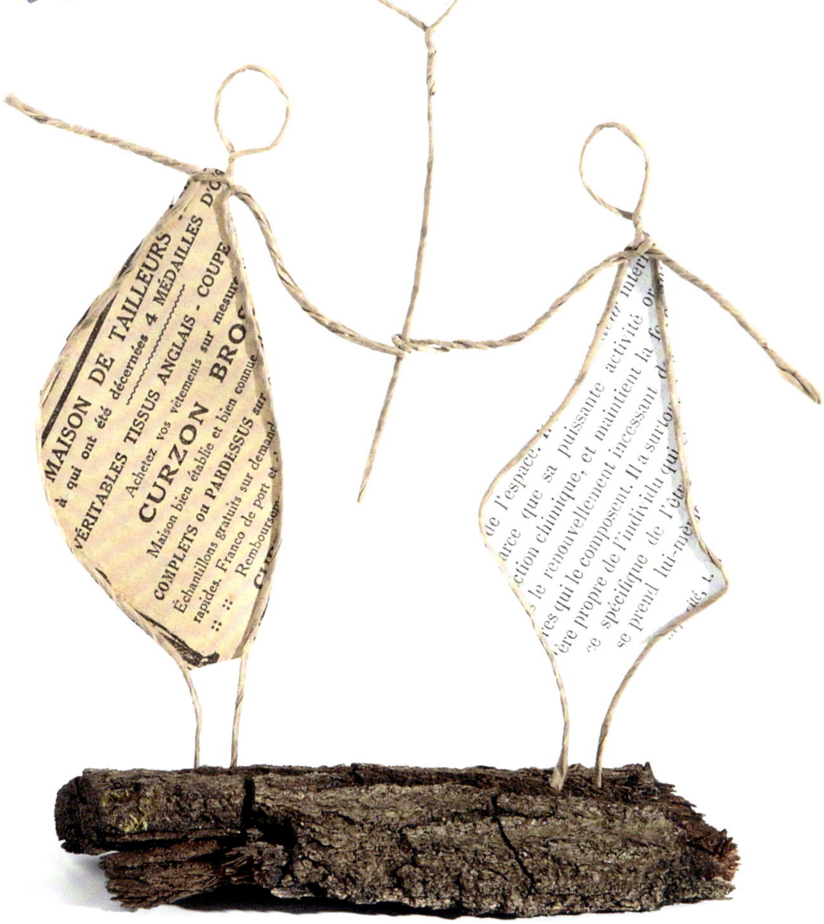

38

MATERIAL:

Papierdraht
- 2 x 50 cm die Figuren
- 50 cm für die Accessoires
- 85 cm für Tisch und Stühle (falls möglich einen dickeren Papierdraht in einer anderen Farbe verwenden*)
- 25 cm für das Herz

Papier
- 2 Bögen für die Figuren
- Reste für das Herz und die Accessoires

20 cm langer Holzsockel

feiner schwarzer Filzstift

SCHABLONEN AUF SEITE 140

ANLEITUNG

** Sollte kein dickerer Papierdraht zur Verfügung stehen, verdoppeln Sie die Länge des Papierdrahts, legen Sie ihn doppelt und verdrehen die beiden Drähte miteinander.*

Formen Sie die Figuren nach den Schablonen. Die Arme sind nach vorne gebogen, um das Aufkleben zu erleichtern.

Kleben Sie das Pärchen auf das Papier. Trocknen lassen und ausschneiden. Lassen Sie das Papier 2 mm unter dem Po überstehen (siehe Schablone).

Biegen Sie den Papierdraht an einem Ende 1 cm um und formen das Herz (siehe Seite 14). Winden Sie das überstehende Ende um den Stiel. Auf das Papier kleben. Trocknen lassen und ausschneiden.

Formen Sie aus dem dicken Papierdraht den Tisch. Prägen Sie den Knick deutlich mit einer Zange. Kleben Sie zur Stabilisierung eine Querverbindung zwischen die Tischbeine.

Formen Sie aus demselben Papierdraht die Stühle in zwei Schritten: zunächst die Beine, dann die Sitzfläche mit der Rückenlehne. Kleben Sie die Beine von hinten an die Sitzfläche.

Formen Sie den Fonduetopf und kleben Sie ihn auf einen Papierrest. Schneiden Sie ihn aus und lassen Sie 2 mm Papier unten überstehen (siehe Schablone). Den Rand des Topfes mit schwarzem Filzstift umranden.

Formen Sie den Rechaud. Drücken Sie die Ecken mit einer Zange zusammen. Schneiden Sie den Rechaud und die Flamme aus zwei unterschiedlichen Papierresten aus und kleben Sie diese von hinten an den Rechaud. Lassen Sie unten 2 mm überstehen.

Die Teller formen und auf zwei identische Papierreste kleben. Schneiden Sie die Teller aus und lassen Sie unten 2 mm überstehen. Umranden Sie die Teller mit schwarzem Filzstift.

Die Brotstücke auf einen Papierrest zeichnen, ausschneiden und von hinten an die Teller kleben.

Kleben Sie den Fonduetopf auf den Rechaud, dann die Teller und den Rechaud auf den Tisch. Geben Sie hierfür Leim unter den Papierdraht des Geschirrs sowie auf das überstehende Papier. Während der Trockenzeit mit Klammern fixieren.

Die Gabel mit dem Brot formen und auf Papier kleben. Trocknen lassen und ausschneiden.

Geben Sie etwas Leim in die Handflächen der Figuren und kleben Sie die Gabeln fest. Während der Trockenzeit mit Klammern fixieren.

Biegen Sie die Figuren nach der Vorlage auf dem Foto. Kleben Sie die Figuren auf die Stühle. Geben Sie Leim unter den Papierdraht und auf die 2 mm überstehendes Papier. Während der Trockenzeit mit Klammern fixieren.

Biegen Sie die Rückenlehne der Stühle zum Rücken der Figuren und geben Sie etwas Leim darauf. Während der Trockenzeit mit Klammern fixieren.

Bohren Sie für die Stühle, den Tisch und die Figuren Löcher in den Sockel. Verwenden Sie für den stärkeren Papierdraht einen dickeren Bohrer. Bohren Sie ein weiteres Loch für das Herz. Geben Sie auf die Papierdrahtenden etwas Leim und stecken Sie die Enden in die Löcher. Gut trocknen lassen.

Kleben Sie die Gabel ohne Brot hinter den Fonduetopf. Während der Trockenzeit andrücken.

ROMANTISCHES
Käsefondue

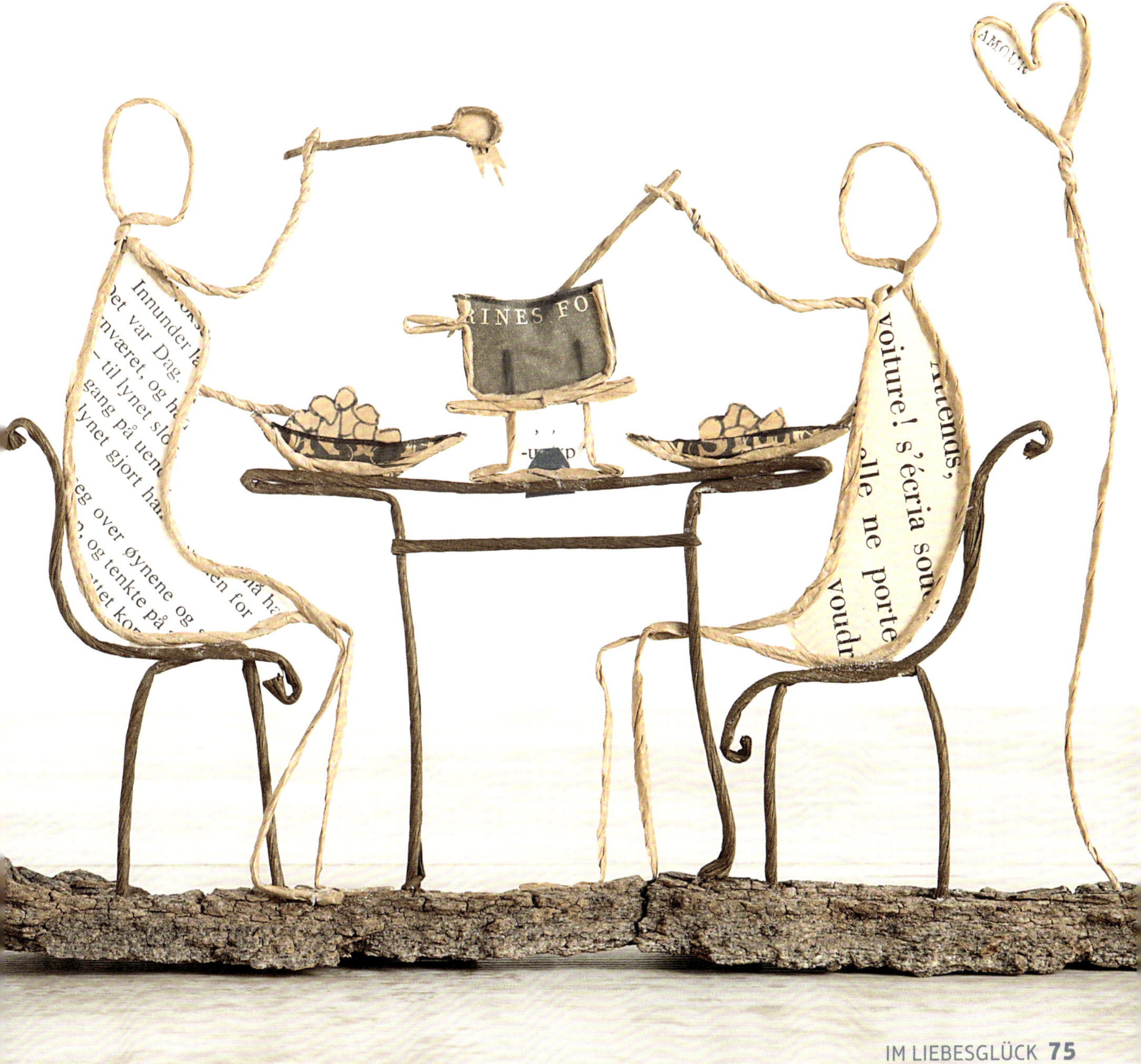

DAS KIND
wächst heran

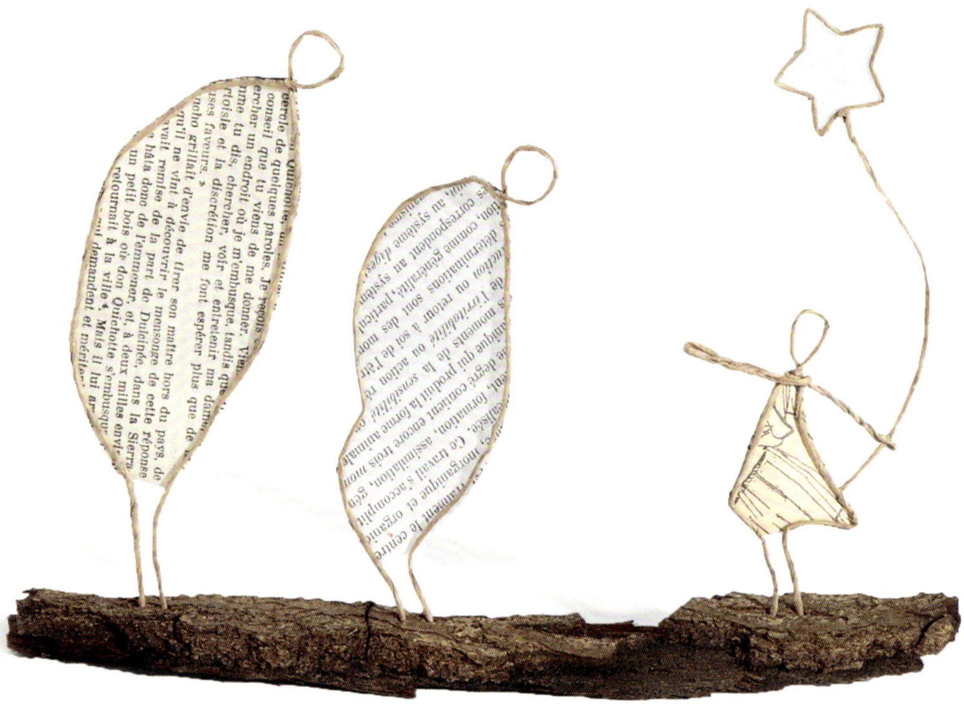

39

MATERIAL:

Papierdraht

- 2 x 30 cm für die Eltern
- 32 cm für das Kind
- 21 cm für den Stern

Papier

- 3 Bögen mit unterschiedlichen Motiven
- weißes Seidenpapier

20 cm langer Sockel

SCHABLONEN AUF SEITE 141

ANLEITUNG

Formen Sie die Eltern und das Kind nach den Schablonen. Lassen Sie die linke Hand des Kindes geöffnet.

Wählen Sie unterschiedliches Papier für die Figuren. Kleben Sie die Figuren auf das Papier, trocknen lassen und ausschneiden.

Formen Sie den Stern und lassen Sie einen 10 cm langen Stiel überstehen. Kleben Sie ihn auf Seidenpapier, gut trocknen lassen und ausschneiden. Runden Sie den Stiel ab und stecken Sie ihn in die Hand des Kindes. Kleben Sie 1 cm des Stiels auf den Rücken des Kindes und drücken Sie die Hand mit der Zange zusammen. Befestigen Sie die Gruppe auf dem Sockel.

40

MATERIAL:

Papierdraht

- 50 cm für die Mutter
- 30 cm und 35 cm für die Kinder
- 13 cm für den Luftballon

Papier

- 3 Bögen mit unterschiedlichen Motiven
- weißes Seidenpapier

20 cm langer Sockel

SCHABLONEN AUF SEITE 141

Familienzuwachs

ANLEITUNG

Formen Sie die Mutter und die beiden Kinder nach den Schablonen. Lassen Sie die linke Hand des kleinen Kindes geöffnet.

Wählen Sie unterschiedliches Papier für die Figuren. Kleben Sie die Figuren auf das Papier, trocknen lassen und ausschneiden.

Formen Sie einen Luftballon mit 2 cm Durchmesser und einem 6 cm langen Stiel. Kleben Sie ihn auf weißes Seidenpapier, trocknen lassen und ausschneiden.

Bereiten Sie den Sockel vor.

Biegen Sie die Arme so, dass die Figuren sich an der Hand halten. Legen Sie die Hände der Figuren ineinander. Mit der Zange zusammendrücken.

Ziehen Sie die Figuren auseinander, sobald der Leim am Sockel getrocknet ist. So entsteht der Eindruck, dass die Mutter in eine Richtung zieht und das kleine Kind in die andere (beide Figuren sind etwas zur Seite geneigt). Biegen Sie den Kopf der Mutter und des kleinen Kindes nach außen, um diesen Effekt zu verstärken.

Geben Sie den Luftballon und etwas Leim in die Hand des kleinen Kindes und drücken Sie die Hand mit der Zange zusammen.

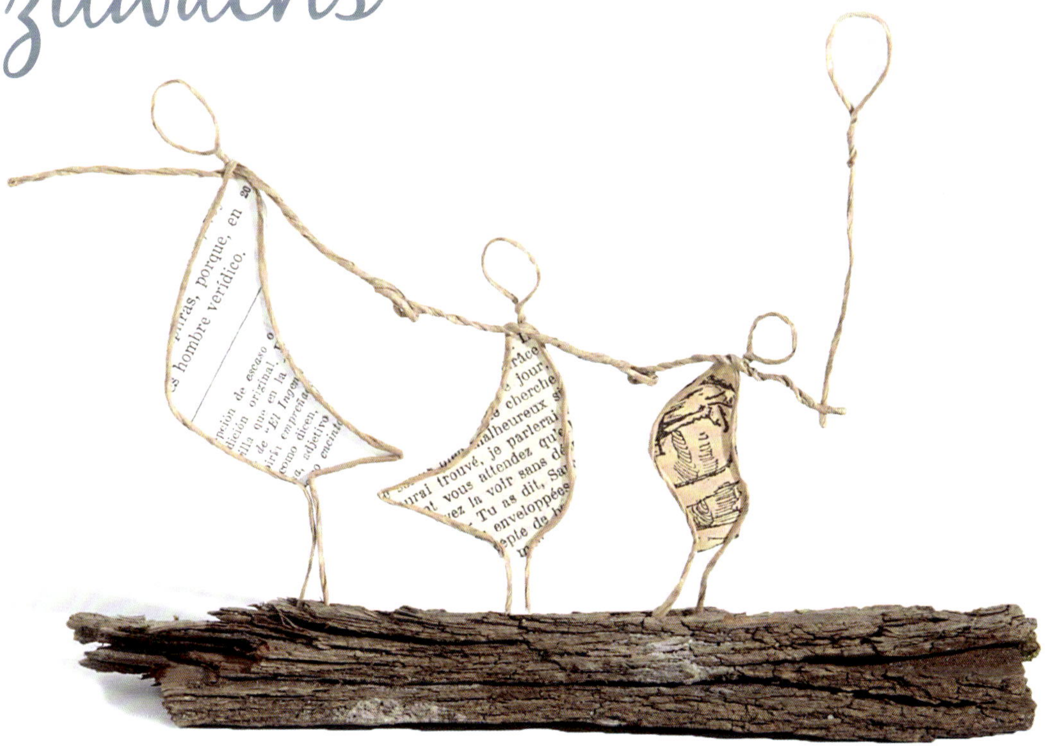

Feste
FEIERN

41

MATERIAL:

Papierdraht
- 50 cm für die Mutter
- 30 cm und 35 cm für das Kind
- 13 cm für den Luftballon

Papier
- 3 Bögen mit unterschiedlichen Motiven
- weißes Seidenpapier

20 cm langer Sockel

SCHABLONEN AUF SEITE 142

Feste FEIERN

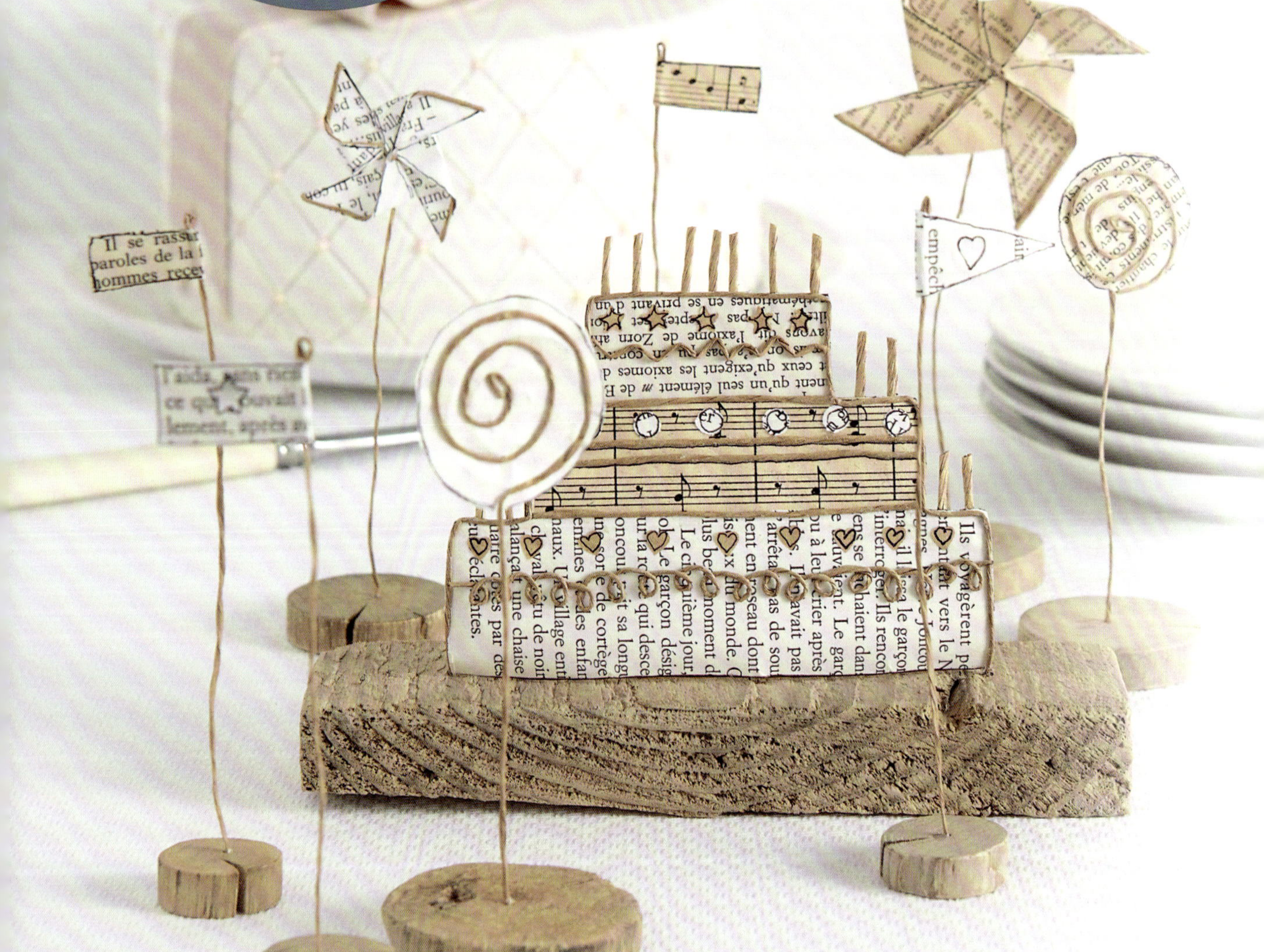

ANLEITUNG

Die Torte
Formen Sie die Torte. Kleben Sie die drei Etagen der Torte auf unterschiedliches Papier. Kleben Sie hierfür einen Bogen für die untere Etage, ohne dass er auf die 2. Etage überlappt. Gut trocknen lassen. Dann den Bogen der 2. Etage auf die Rückseite des ersten Bogens, jedoch ohne in die 3. Etage zu reichen. Gut trocknen lassen.

Kleben Sie den Bogen der 3. Etage auf die Rückseite des 2. Bogens. Dieses Papier können Sie oben überstehen lassen. Gut trocknen lassen, dann die ganze Torte ausschneiden.

Schneiden Sie zwei Drähte in der Breite der 2. Etage zu. Kleben Sie einen über den anderen auf das mittlere Papier. Gut trocknen lassen.

Wellen Sie den Draht in der Breite der 3. Etage der Torte. Schneiden Sie den Draht ab und kleben Sie ihn fest. Gut trocknen lassen.

Formen Sie kleine Kringel. Verwenden Sie hierfür einen Holzspieß.

Wenn die Breite der Torte erreicht ist, schneiden Sie den Draht ab und kleben ihn fest.
Gut trocknen lassen.

Stanzen Sie Sterne, Herzen und Kreise aus Papierresten aus und kleben Sie alles auf die Torte. Gut trocknen lassen. Mit dem feinen Filzstift umranden.

Verwenden Sie die Torte als Vorlage, um eine zweite zu zeichnen und kleben Sie die zweite Torte auf einen Bogen. Beiseitestellen.
Schneiden Sie aus dem dicken Papierdraht ca. 15 Stiele von 2 cm Länge für die Kerzen aus.

Kleben Sie die Kerzen von hinten an die Torte. Gut trocknen lassen.
Kleben Sie die vorbereitete zweite Tortenhälfte von hinten an die Torte und verbergen Sie das Innere.

Mit einem braunen oder schwarzen Filzstift die Rückseite der Torte und die einzelnen Etagen umranden und dekorieren.
Setzen Sie die Torte auf den Sockel.

Die Lutscher
Drehen Sie für die Spiralen den Draht mehrfach um einen Bleistift. Lassen Sie 12 cm für den Stiel stehen, dann den Draht abschneiden.

Rollen Sie den Papierdraht nach und nach zur Spirale auf. Mit einem Lineal oder einem Frühstücksbrettchen flach drücken.

Kleben Sie ihn auf Papier. Erneut mit einem Lineal oder einem Brettchen flach drücken. Gut trocknen lassen und das Papier etwas größer als die Spirale rund ausschneiden.

Formen Sie eine weitere Spirale ohne Stiel und kleben Sie diese auf die Rückseite des Lutschers. Umranden Sie den Lutscher mit dem feinen Filzstift. Stecken Sie den Lutscher in den Sockel.

Die Windräder
Schneiden Sie vier Drähte mit 6 cm Länge zu (4 cm für das kleine Windrad). Kleben Sie die Drähte im Quadrat auf Papier. Lassen Sie einen Abstand von ca. 1 mm in jeder Ecke. Gut trocknen lassen. Schneiden Sie das Quadrat aus.

Schneiden Sie mithilfe der Schablone Schlitze in das Papier. Umranden Sie die Spitzen auf der Vor- und Rückseite mit dem feinen Filzstift.

Schlagen Sie die vier Spitzen zur Mitte der Windmühle um, sodass die Spitzen überlappen. Mit Leim festkleben. Während der Trockenzeit mit einer Klammer fixieren.

Schneiden Sie einen etwa 12 cm langen Stiel aus. Von hinten an das Windrad kleben. Gut trocknen lassen, dann in den Sockel stecken.

Die Fahnen
Schneiden Sie die Fahnen nach den Schablonen aus. Schneiden Sie für die Stiele 12 cm lange Drähte zu.

Falten Sie die Fahnen zur Hälfte und kleben Sie diese um den Stiel. Lassen Sie den Stiel oben etwas überstehen. Achten Sie darauf, in den Falz genug Leim zu geben, damit die Fahnen am Stiel haften bleiben. Gut trocknen lassen.

Stanzen Sie mit dem Motivstanzer Formen aus.

Umranden Sie die Fahnen und das ausgestanzte Motiv mit dem feinen Filzstift.

Knicken Sie den überstehenden Draht um.

Schieben Sie die Fahnen in die Sockel.

TISCHDEKO FÜR *die Taufe*

42

MATERIAL:

- Papierdraht
- Papier
  - unterschiedliche Papierbögen und Papierreste, auch dunkles für die Autoreifen
- feiner schwarzer Filzstift
- schwarzer oder brauner Filzstift
- Holzspieß
- Kreisstanzer
- runder Holzsockel mit einem Durchmesser von ca. 20 cm

SCHABLONEN AUF SEITE 143

ANLEITUNG

Das Origami-Huhn
Formen Sie das Huhn. Prägen Sie die Ecken mit einer Flachzange.

Kleben Sie es auf Papier. Gut trocknen lassen, dann ausschneiden. Schneiden Sie zwei Drähte für den Rand an der Innenseite des Huhns ab. Achten Sie darauf, dass sie schön gerade sind und kleben Sie diese auf das Papier. Gut trocknen lassen.

Drehen Sie das Huhn um. Kleben Sie rundum Draht oder umranden Sie den Rand des Papiers mit dem schwarzen oder braunen Filzstift.

Das Boot
Formen Sie den ersten Teil des Boots anhand der Skizze. Prägen Sie die Ecken mit einer Flachzange.

Kleben Sie es auf ein Blatt Papier.

Schneiden Sie die Drahtstücke für die Segel und die Rückseite des Bootsrumpfs aus. Kleben Sie es auf Papier gemäß der Schablone und der Skizze. Gut trocknen lassen, dann ausschneiden.

Drehen Sie das Boot um. Kleben Sie den Draht dahinter oder umranden Sie das Boot und die Ränder des Papiers mit dem braunen oder schwarzen Filzstift.

Das Auto
Formen Sie das Auto. Beginnen Sie mit dem Lenkrad. Kleben Sie es auf Papier. Gut trocknen lassen, dann ausschneiden. Formen Sie die Räder: zwei mit einem 0,5 cm langen Stiel für den Sockel, zwei ohne Stiel. Kleben Sie die Räder auf dunkles Papier. Gut trocknen lassen, dann ausschneiden.

Stanzen Sie vier Scheiben aus hellem Papier aus. Kleben Sie diese in die Mitte der Reifen. Drehen Sie das Auto um. Umranden Sie es mit dem braunen Filzstift oder kleben Sie Draht rundherum. Kleben Sie die Reifen auf beide Seiten des Autos. Kleben Sie einen der Reifen mit dem kurzen Stiel nach vorne, den anderen nach hinten. Gut trocknen lassen.

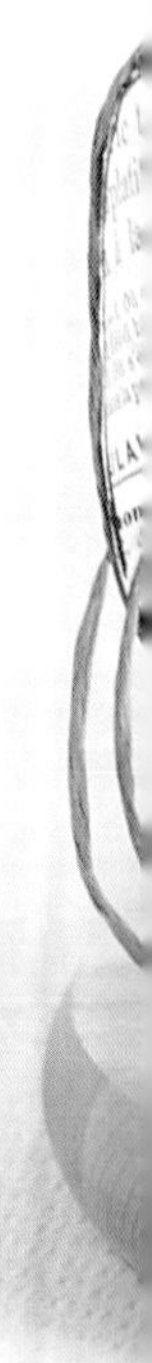

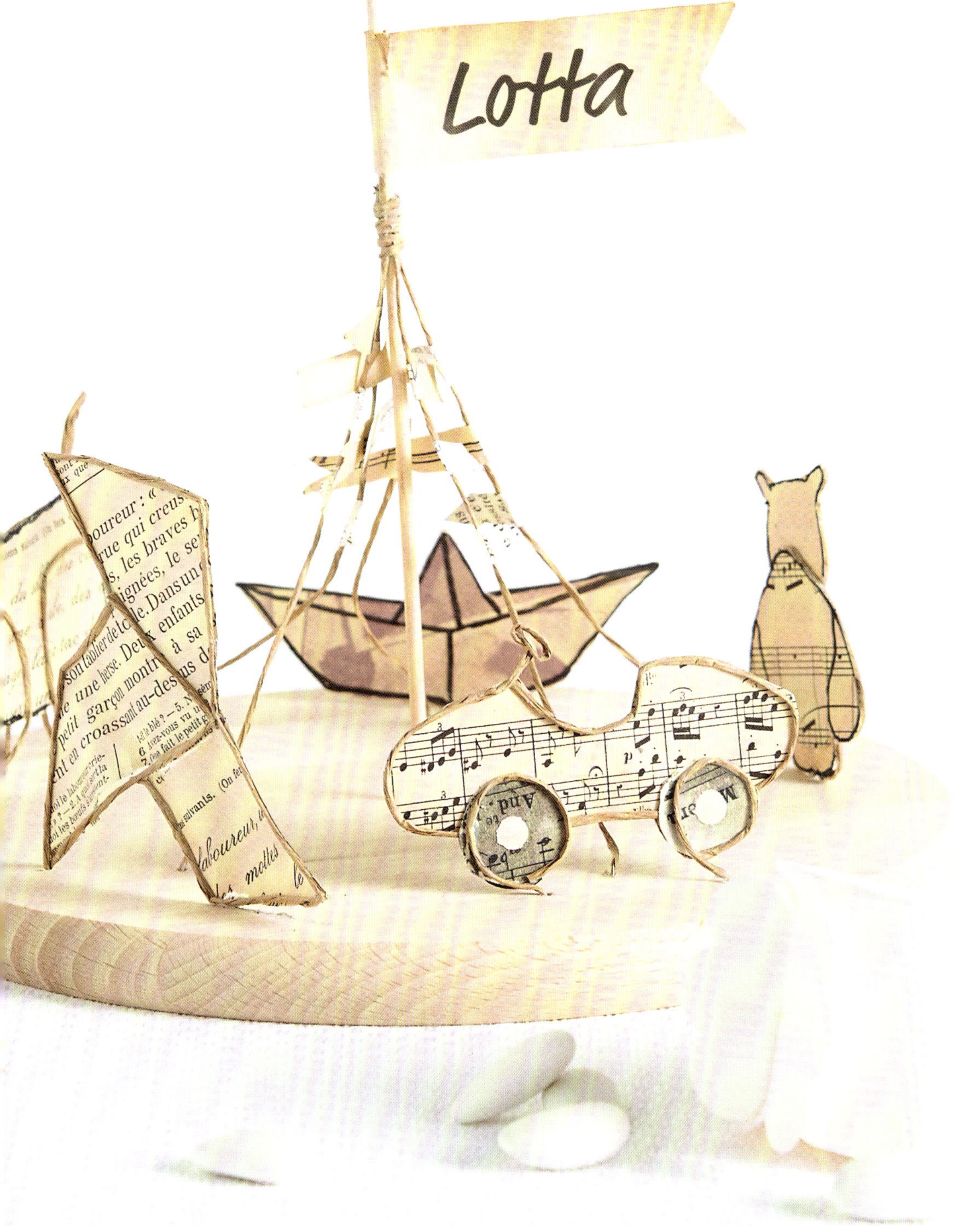
Lotta

DAS

Festtagsmenü

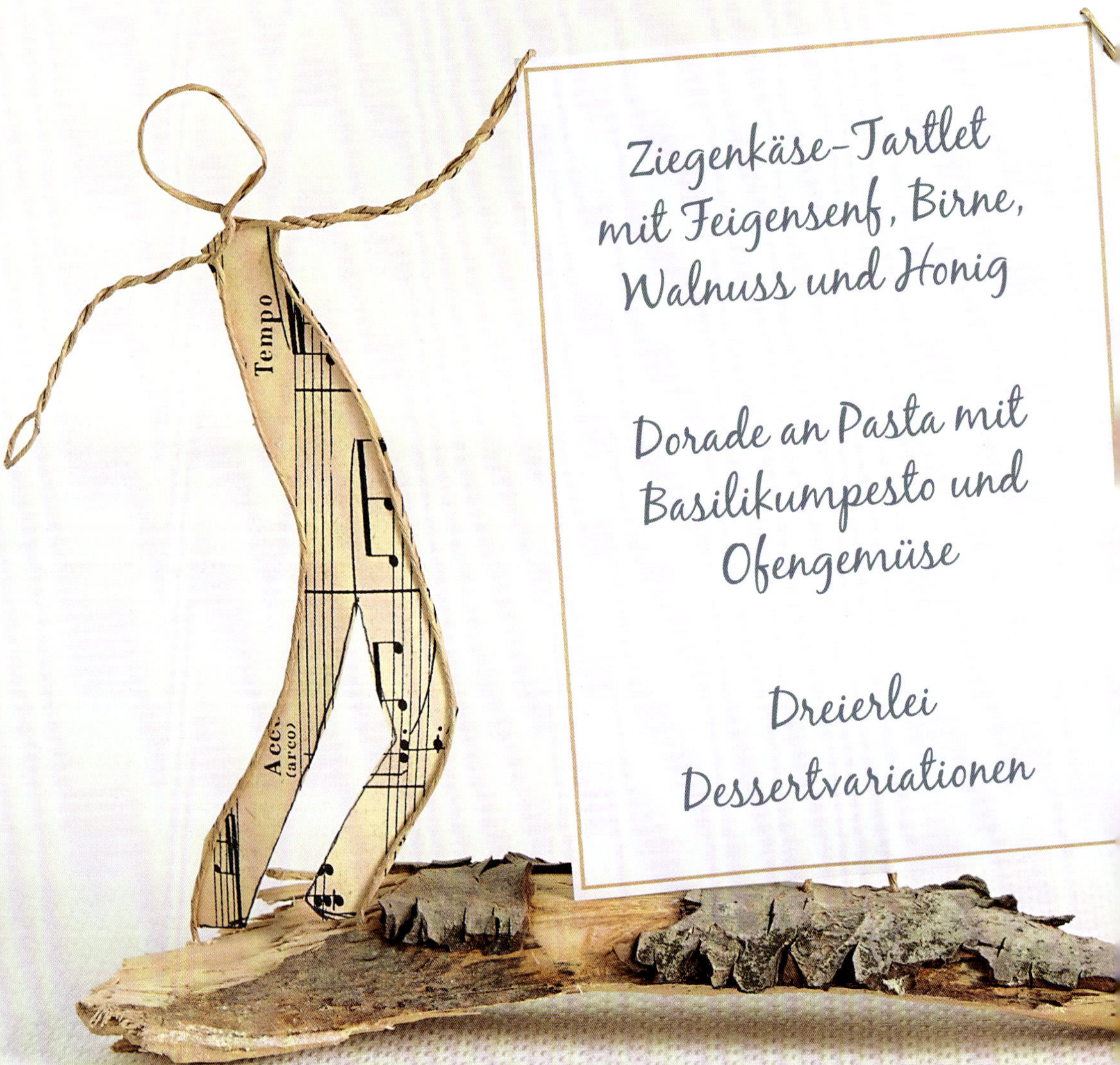

43

MATERIAL:

Papierdraht

Papier: 2 unterschiedliche Bögen

eine Karteikarte (10 x 14 cm)

langer Sockel

SCHABLONEN AUF SEITE 144

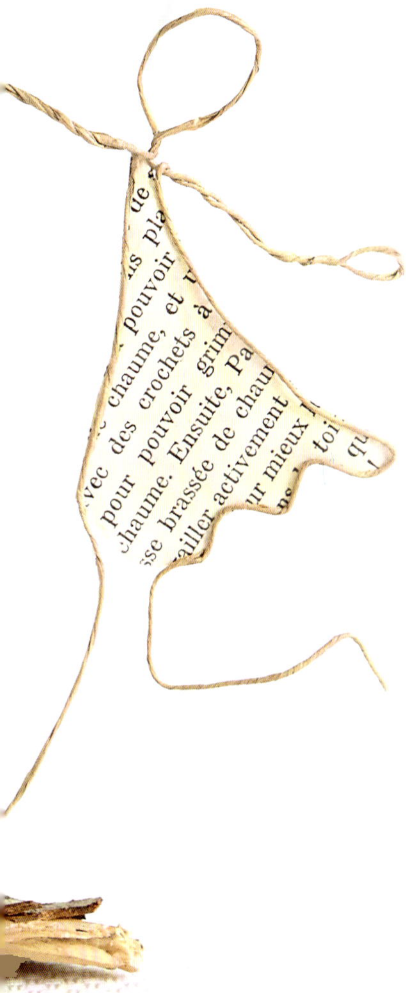

ANLEITUNG

Formen Sie zwei Figuren und kleben Sie sie auf zwei unterschiedliche Papierbögen. Lassen Sie die Hände, die die Menükarte halten, geöffnet.
Gut trocknen lassen, dann ausschneiden.

Schneiden Sie einen 5 cm langen Papierdraht ab.

Auf der Rückseite des Menüs, 4 cm von unten, vertikal einen Papierdraht festkleben. Somit steht 1 cm über, der in den Sockel gesteckt wird.

Das Menü in den Sockel stecken.

Beachten Sie die Position der Figuren. Sie müssen ihre geöffneten Hände um die oberen Ecken des Menüs legen können.

Die Figuren auf den Sockel stellen. Gut trocknen lassen.

Schieben Sie die Hände über die oberen Ecken des Menüs. Drücken Sie die Hände um das Menü zusammen, ohne sie festzukleben. Somit können Sie die Skulptur für weitere Menüs verwenden.

Weitere Ideen
Möchten Sie die Kreation nicht mehr für ein Menü verwenden, können sich die Figuren auch an der Hand halten.

FROHE Ostern

ANLEITUNG

Skulptur für die Tischmitte
Formen Sie den Körper des Huhns.
Drücken Sie mit der Flachzange die Federn des Schwanzes und die Spitze des Schnabels zusammen.

Kleben Sie das Huhn auf ein Blatt Papier. Gut trocknen lassen. Am Papierdraht entlang ausschneiden.

Verwenden Sie das Huhn als Vorlage für ein zweites, das Sie aus dem gleichen Papier ausschneiden.

Formen Sie zwei Flügel, die auf zum Körper kontrastierendes Papier geklebt werden. Gut trocknen lassen. Am Papierdraht entlang ausschneiden.

Kleben Sie einen mit Papierdraht beklebten Flügel auf das Huhn, den zweiten auf das zweite ausgeschnittene Huhn.

Schneiden Sie den Kamm aus rotem Papier aus. Kleben Sie ihn auf das Huhn.

Kleben Sie das zweite Huhn von hinten an das erste.

Umranden Sie das Huhn mit dem braunen Filzstift. Zeichnen Sie auf beiden Seiten des Huhns die Augen ein.

Formen Sie den Körper des Kükens. Drücken Sie mit der Zange die Federn des Schwanzes zusammen.

Auf ein Blatt Papier kleben und gut trocknen lassen. Am Papierdraht entlang ausschneiden.

Schneiden Sie den Schnabel aus, dann mit der Zange zusammendrücken, damit er schön spitz wird.

Kleben Sie ihn an das Küken.

Drehen Sie das Küken um und umranden Sie es mit dem braunen Filzstift.

Zeichnen Sie auf beiden Seiten die Augen ein.

Formen Sie die Eier und kleben Sie sie auf Papierreste.

Schneiden Sie Bänder aus bunten Papierresten aus und kleben Sie sie von hinten und vorne auf jedes Ei.

Umranden Sie die Bänder und die Rückseite der Eier mit einem Filzstift.

Malen Sie Papierreste beidseitig hellgrün an. Gut trocknen lassen.

Schneiden Sie Gasbüschel nach der Schablone aus.

Schlagen Sie den unteren Rand des Grases um 0,5 cm um.

Setzen Sie das Huhn, das Küken und die Eier auf den Sockel.

Geben Sie unter den gefalteten Rand des Grases etwas Leim und platzieren Sie es auf dem Sockel.

Die Küken
Formen Sie die Eierschalen und prägen Sie mit der Flachzange die Spitzen.

Die Eierschalen auf helle Blätter kleben und gut trocknen lassen. Am Papierdraht entlang ausschneiden.

Verwenden Sie die Schalen als Schablone, um eine zweite ebensolche Schale auf dasselbe Papier zu zeichnen.

Formen Sie die Küken.

Schneiden Sie den Papierdraht für die Schnäbel zu und drücken Sie ihn mit der Flachzange zusammen, damit die Schnäbel schön spitz sind. An den Kopf der Küken kleben und gut trocknen lassen.

Zeichnen Sie die Augen auf beide Seiten des Kükens.

Kleben Sie das Küken hinter die erste Schale. Gut trocknen lassen.

Drehen Sie die Skulptur um und kleben Sie die zweite Schale darüber, um die Klebelinie zu verbergen. Umranden Sie die Schale und das Küken mit Filzstift. Setzen Sie die Skulptur auf den Sockel. Setzen Sie jeweils ein Küken neben die Teller der Gäste.

Basteln mit Kindern
Fertigen Sie kleine Eier wie die für die Mitte des Tischs und verteilen Sie sie auf dem ganzen Tisch.

Sie können Ihre Kinder bitten, die Küken hinter die erste Schale zu kleben und die Eier mit bunten Filzstiften zu bemalen.

44

MATERIAL

- Papierdraht
- Papierbögen in unterschiedlichen Farben
- schwarzer Filzstift
- brauner Filzstift
- hellgrüner Filzstift
- rote und andere bunte Papierreste
- Sockel: ein Zweig von 25 cm Länge für die Mitte des Tisches, kleine Sockel für die Küken

SCHABLONEN AUF SEITE 145

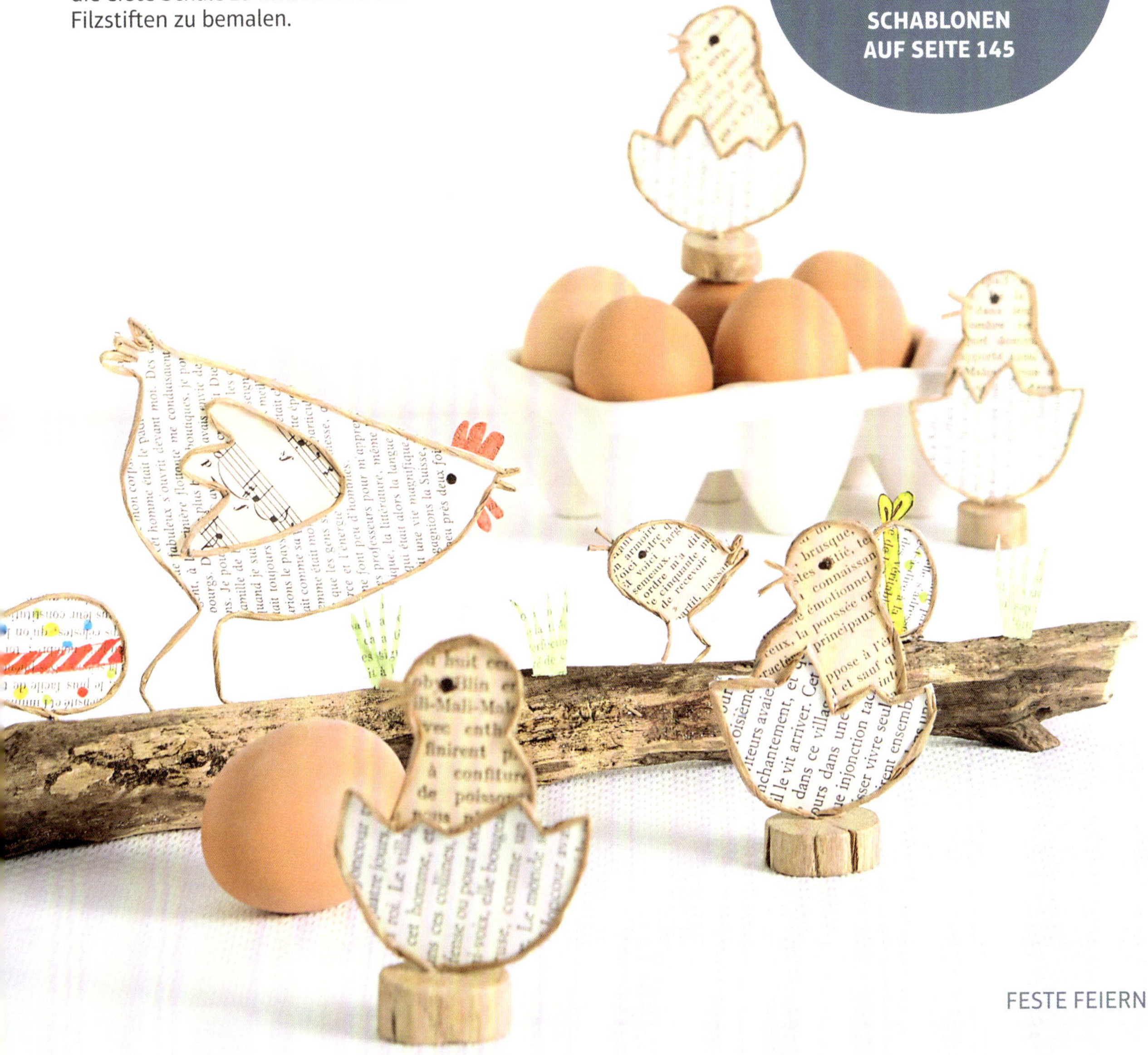

45

MATERIAL

- Papierdraht
- dicker Papierdraht (siehe Seite 95)
- Papier
  - unterschiedliche Papierbögen, helles Papier für das Gespenst
  - dunkle Papierreste für die Augen und den Mund des Kürbisses
- feiner und dicker schwarzer Filzstift
- Vinylkleber
- Lochstanzer
- Cutter oder Skalpell
- 1 Glas
- 1 Teelicht
- Sockel: Holzstückchen oder Rinde

SCHABLONEN AUF SEITE 146

HAPPY *Halloween*

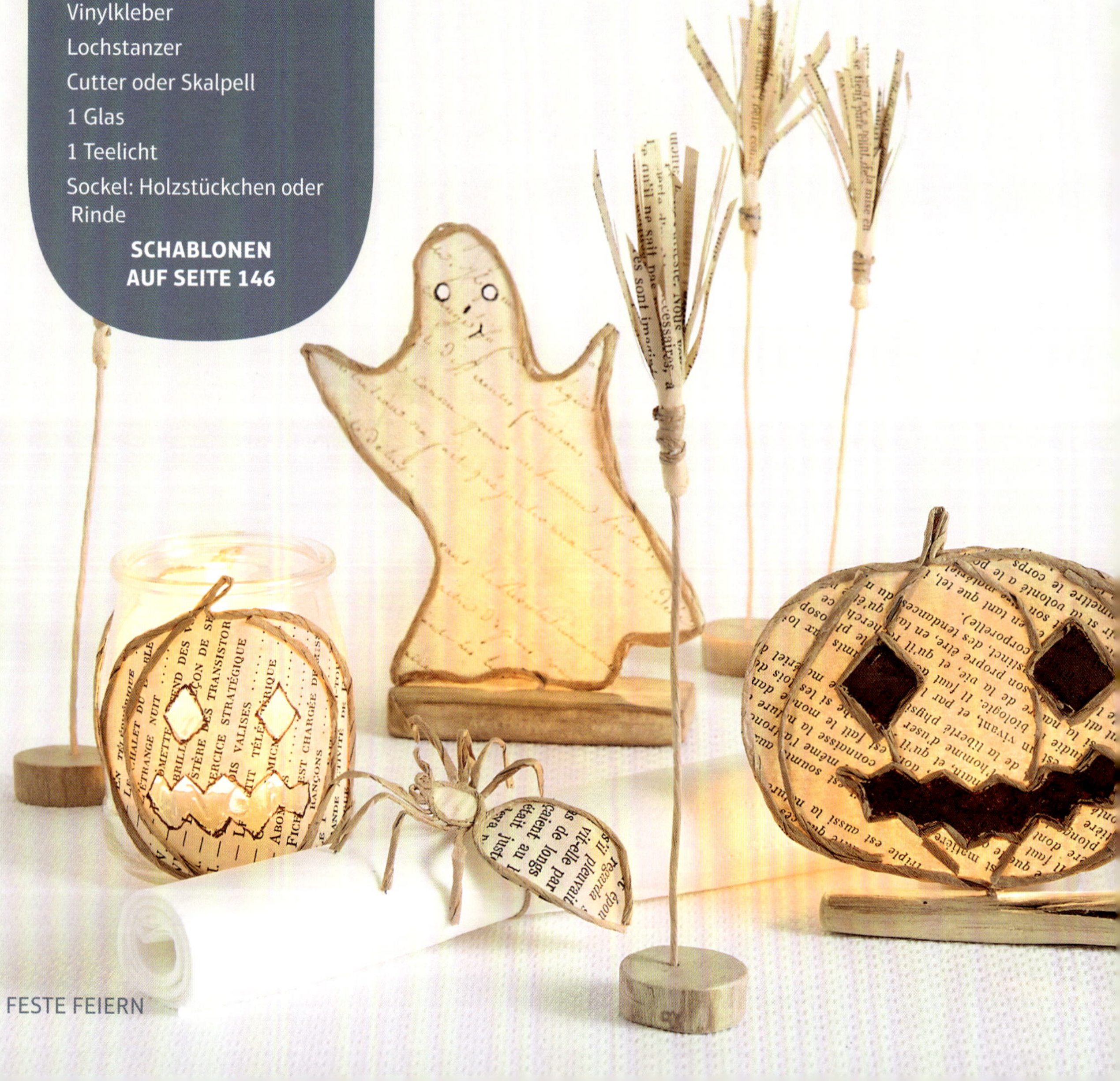

ANLEITUNG

Der Kürbis
Formen Sie den Kürbis nach der Schablone. Kleben Sie ihn auf Papier. Gut trocknen lassen. Am Papierdraht entlang ausschneiden.

Schneiden Sie den Draht für die Unterteilung des Kürbisses zu. Kleben Sie ihn auf den Kürbis. Orientieren Sie sich an der Vorlage.

Biegen Sie mithilfe der Flachzange die Augen und den Mund.

Auf dunkles Papier kleben. Gut trocknen lassen und am Draht entlang ausschneiden. Kleben Sie die Augen und den Mund auf den Kürbis.

Den Kürbis umdrehen. Kleben Sie auf die Rückseite des Kürbisses rundum Draht. Schneiden Sie den Draht so ab, dass Sie ihn in den Sockel stecken können. Arbeiten Sie Augen, Mund und die Unterteilungen auf der Rückseite ebenso wie auf der Vorderseite des Kürbisses. Bohren Sie den Sockel an und stecken Sie den Kürbis darauf.

Das Windlicht
Formen Sie den Kürbis nach der Schablone. Kleben Sie ihn auf Papier. Gut trocknen lassen. Am Draht entlang ausschneiden.

Schneiden Sie den Papierdraht für die Unterteilung des Kürbisses zu.

Kleben Sie ihn nach der Vorlage auf den Kürbis. Zeichnen Sie die Augen und den Mund. Mit dem Cutter ausschneiden. Umranden Sie beides mit dem Filzstift. Einen zweiten identischen Kürbis fertigen.

Kleben Sie beide mit Vinylkleber auf das Glas. Verteilen Sie hierfür den Kleber auf den Rückseiten der Kürbisse.

Das Gespenst
Formen Sie ein Gespenst nach der Schablone. Kleben Sie es auf helles Papier. Gut trocknen lassen. Am Draht entlang ausschneiden.

Zeichnen Sie das Gesicht des Gespenstes nach dem Foto oder nach der Vorlage. Stechen Sie die Augen aus und umranden sie mit dem Filzstift.

Das Gespenst umdrehen. Kleben Sie den Papierdraht rundherum.

Bohren Sie den Sockel an und befestigen Sie das Gespenst darauf.

Die Spinne
Formen Sie die Spinne nach der Schablone. Drücken Sie die Augen mit einer Zange fest zusammen. Kleben Sie die Spinne auf bedrucktes Papier und den Kopf auf den weißen Rand. Gut trocknen lassen. Am Draht entlang ausschneiden. Schneiden Sie die Füße aus und kleben Sie diese unter die Spinne. Falls nötig, kürzen Sie die Füße etwas. Gut trocknen lassen. Verdrehen Sie die Füße auf Höhe des Körpers. Orientieren Sie sich am Foto.

Die Besen
Schneiden Sie einen 12 cm langen, dicken Papierdraht für den Besenstiel zu. Schneiden Sie einen 20 cm langen und 5 bis 7 cm breiten Papierstreifen zu. Schneiden Sie 1 oder 2 mm breite Fransen auf der ganzen Länge des Papierstreifens ein, belassen Sie einen 3 cm breiten Rand.

Kleben Sie den Anfang des Papierstreifens an das Ende des Besenstiels. Trocknen lassen. Geben Sie Leim auf den Rand über die gesamte Länge des Papiers.

Rollen Sie das Papier fest ein. Schneiden Sie ein 4 cm langes Stück Papierdraht ab und wickeln Sie es eng um das Papier. Mit der Flachzange fest zusammendrücken. Falls nötig, etwas Leim an das Ende des Drahts geben. Den Vorgang für die anderen Besen wiederholen. Die Sockel anbohren und die Besen darauf befestigen.

Weitere Ideen
Winden Sie Schnur um die Servietten und schieben Sie einen Besen unter jede Schnur. In diesem Fall entfällt natürlich der Sockel. Fertigen Sie für jeden Gast eine Spinne und setzen Sie diese auf die Servietten.

Basteln mit Kindern
Lassen Sie Ihre Kinder die Gespenster anfertigen.

MERRY Christmas

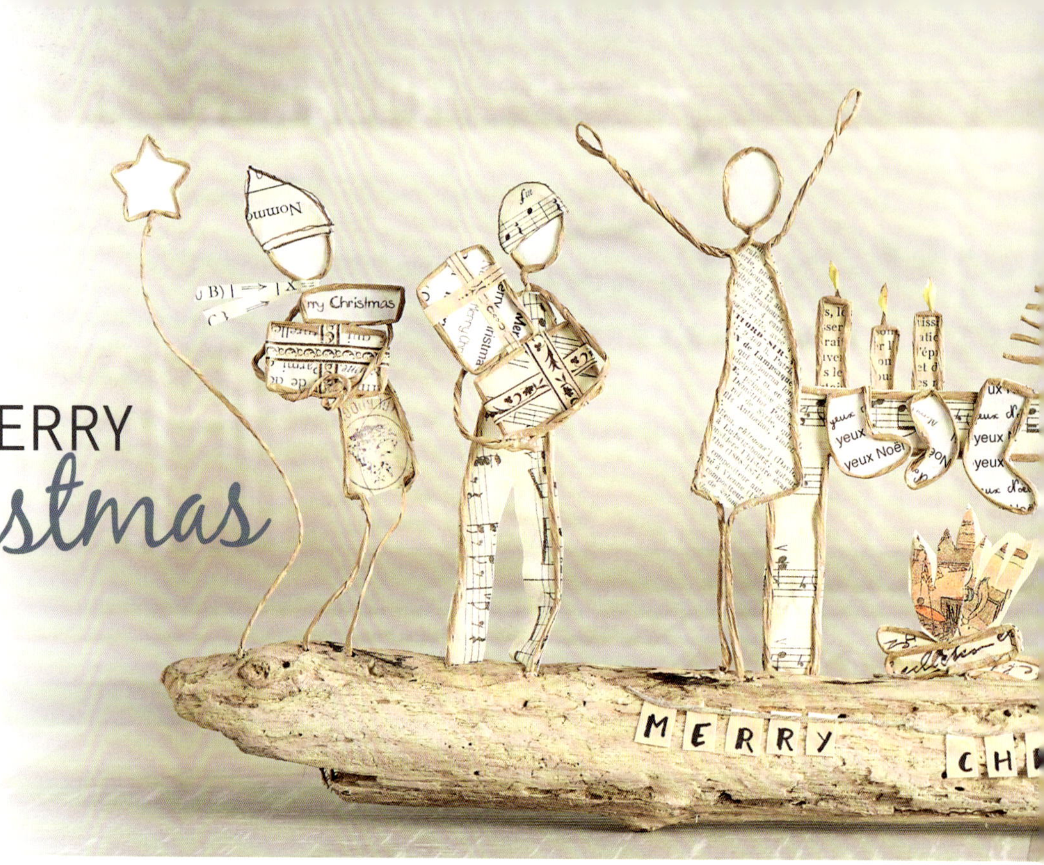

ANLEITUNG

Formen Sie alle Elemente nach den Schablonen. Kleben Sie die Formen auf das Papier Ihrer Wahl. Gut trocknen lassen, dann ausschneiden.

Die Figuren
Für diese Skulptur benötigen Sie sechs Basisfiguren, davon vier Erwachsene, ein Kind und ein Kleinkind.

Kleben Sie die Köpfe der Figuren auf weißes Papier. Gut trocknen lassen, dann ausschneiden.

Schneiden Sie einen Schal aus einem Papierrest und wickeln Sie ihn einer Figur um den Hals. Mit etwas Leim fixieren.

Zeichnen Sie zwei Mützen, ausschneiden und mit einem schwarzen Filzstift umranden. Kleben Sie die Mützen auf den Kopf der beiden linken Figuren.
Formen Sie das kleine, sitzende Mädchen. Sie wird direkt auf den Sockel geklebt.

Das Kaminfeuer
Fertigen Sie zwei Holzscheite. Zeichnen Sie das Feuer auf orange-braunes Papier. Kleben Sie es auf helleres Papier und schneiden Sie es mit einem kleinen Rand aus. Überprüfen Sie die Größe des Feuers im Verhältnis zum Kamin.

Kleben Sie das Feuer vor einen der Scheite, dann kleben Sie den zweiten Scheit davor.

Die Kerzen
Schneiden Sie eine kleine gelbe Flamme aus. Falls nötig, malen Sie einen Papierrest gelb an. Kleben Sie den Docht hinter die Kerze, dann die Flamme vor den Docht. Kleben Sie den unteren Teil der Kerze von hinten an den Kamin.

Die kleine Tanne
Schneiden Sie zunächst die Zweige auf die gleiche Länge zu. Geben Sie Leim auf die ganze Länge der Vorderseite des Stamms, dann kleben Sie die Zweige daran. Mit einem Lineal andrücken und gut trocknen lassen. Dann schneiden Sie die Zweige als Dreieck aus.
Kleben Sie die kleine Tanne von hinten an den Kamin.

Der Weihnachtsstrumpf
Kleben Sie die Strümpfe vor den Kamin. Sie sollten nicht bis zur Flamme reichen.

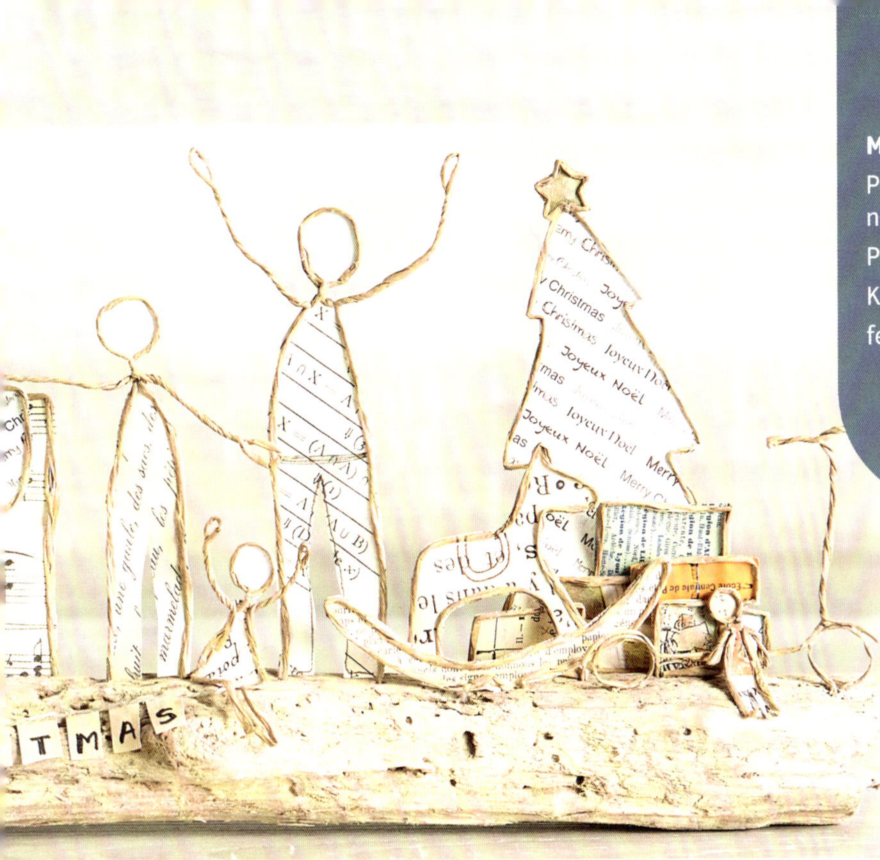

46

MATERIAL:

Papierdraht (Länge je nach Figur)

Papier nach Wahl

Klebestift

feiner schwarzer Filzstift

SCHABLONEN AUF SEITE 147

Das Schaukelpferd
Zeichnen Sie das Auge und den Sattel mit dem schwarzen Filzstift. Kleben Sie das Pferd von hinten an die Kufen.

Der Roller
Formen Sie den Roller aus einem einzigen Papierdraht.

Formen Sie die Räder, indem Sie den Papierdraht um ein kleines Rohr wickeln. Schließen Sie das Rad mit etwas Leim und fixieren Sie es mit einer Klammer. Gut trocknen lassen. Kleben Sie die Räder mit dem Stiel nach unten an den Roller. Gut trocknen lassen.

Die Puppe
Genau wie das kleine Mädchen, wird die Puppe gefaltet und direkt auf den Sockel geklebt.

Die Tanne
Verwenden Sie vorzugsweise ein Papier mit dem Aufdruck „Fröhliche Weihnachten".

Setzen Sie den kleinen Stern, der aus einem mit Gold bemalten Papier gefertigt wurde, auf die Spitze der Tanne.

Die Geschenke
Formen Sie mehrere Geschenke in verschiedenen Größen auf der Grundlage der Skizze.

Legen Sie zwei Geschenke übereinander, indem Sie einen kleinen Stiel auf die Rückseite kleben.

Biegen Sie die linken Arme der Figuren in die richtige Position und kleben Sie die Geschenke in die Hände. Drücken Sie die Geschenke an die Körper und geben Sie ein wenig Leim dazwischen.

Setzen Sie die anderen Geschenke vor die Tanne und kleben Sie sie aufeinander.
Ein kleiner Stiel unter den beiden Geschenken genügt, um sie auf dem Sockel zu befestigen.
Die Figuren erst auf den Sockel setzen, wenn sie getrocknet sind. Passen Sie die Länge des Stiels des linken Sterns an.

Montage auf dem Sockel
Beginnen Sie mit der linken Seite, wenn Sie Rechtshänder sind und mit der rechten Seite, wenn Sie Linkshänder sind. Lassen Sie den Leim gut trocknen, bevor Sie die Figuren und die Accessoires in die richtige Position biegen.

WEIHNACHTS-*engel*

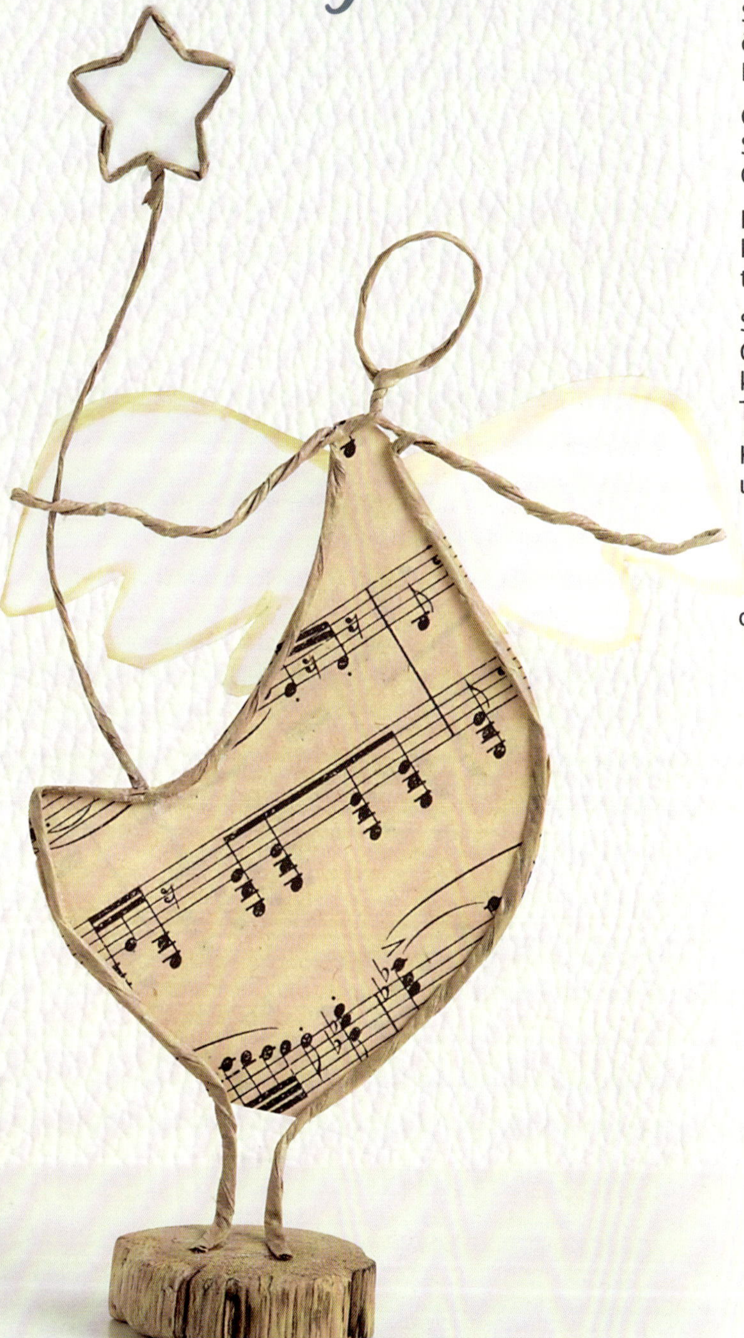

ANLEITUNG

Formen Sie den Engel nach der Schablone und kleben Sie ihn auf das Notenpapier. Trocknen lassen und ausschneiden.

Das Pauspapier zur Hälfte falten und mit der Schablone die Flügel aufzeichnen. Die Flügel öffnen und den Rand mit einem goldenen Filzstift umranden.

Geben Sie etwas Leim auf den Falz und kleben Sie die Flügel auf den Rücken des Engels. Gut trocknen lassen.

Formen Sie den Stern (siehe Seite 13) und kleben Sie ihn auf weißes Seidenpapier. Gut trocknen lassen und ausschneiden.

Schieben Sie den Stiel in die Hand des Engels. Geben Sie Leim auf 2 cm des Stielendes und kleben Sie es von hinten an das Gewand. Trocknen lassen.

Kneifen Sie die Hand des Engels zusammen, um den Stern zu befestigen.

Biegen Sie die Füße des Engels und geben Sie etwas Leim darunter. Auf den Sockel kleben und andrücken, dann gut trocknen lassen.

47

MATERIAL:

Papierdraht
- 50 cm für den Engel
- 25 cm für den Stern

Papier
- Notenpapier für das Gewand des Engels
- Pauspapier für die Flügel
- weißer Seidenpapierrest für den Stern

runder Holzsockel mit ø 5 cm

goldener Filzstift

SCHABLONEN AUF SEITE 148

48

MATERIAL:

Papierdraht
- 40 und 50 cm für die Figuren
- 50 cm für die Tanne
- 10 cm für die Kiste

Papier
- 2 Bögen für die Figuren
- Papierreste für die Kiste
- unterschiedliche Papierreste für den Stern, die Girlande und Christbaumkugeln
- 1 dunkler Bogen für die Tanne*

20 cm dünne Schnur

20 cm langer Holzsockel

3 Motivstanzer: Kreise in 2 Größen und einen kleinen Stern

feiner schwarzer Filzstift

schwarze Tinte oder Aquarellfarbe

SCHABLONEN AUF SEITE 149

Den Baum SCHMÜCKEN

ANLEITUNG

** Färben Sie die hellen Blätter mit schwarzer verdünnter Tinte oder schwarzer Aquarellfarbe, um ein dunkles Papier zu erhalten. Vor dem Weiterverarbeiten gut trocknen lassen.*

Formen Sie die Figuren in unterschiedlichen Größen nach den Schablonen (siehe Seite 106). Auf die Papierbögen kleben. Trocknen lassen und ausschneiden.

Formen Sie die Tanne und kleben Sie diese auf das dunkle Papier. Trocknen lassen, dann ausschneiden.
Stanzen Sie aus den unterschiedlichen Papierresten Konfetti aus und kleben Sie es auf die Tanne.

Stanzen Sie einen kleinen Stern aus. Mit Filzstift umranden und oben auf die Tanne kleben.
Die Kiste formen und auf einen Papierrest kleben. Trocknen lassen und ausschneiden.

Kleben Sie die Kiste vor den Stamm der Tanne, lassen Sie dabei 1 cm des Stamms überstehen.
Verwenden Sie für die Girlande den zweiten Stanzer und stanzen Sie ca. 15 Konfetti aus unterschiedlichen Papierresten aus.

Befestigen Sie die Schnur mit Klebestreifen gerade auf der Arbeitsfläche. Geben Sie etwas Leim auf die Schnur, dann verteilen Sie das Konfetti darauf. Gut trocknen lassen.

Geben Sie etwas Leim in die Handflächen der Figuren und legen Sie die Girlande hinein. Während der Trockenzeit mit Klammern fixieren.

Den Sockel anbohren. Auf die unteren Enden der Stiele etwas Leim geben und diese in die Löcher schieben. Gut trocknen lassen.

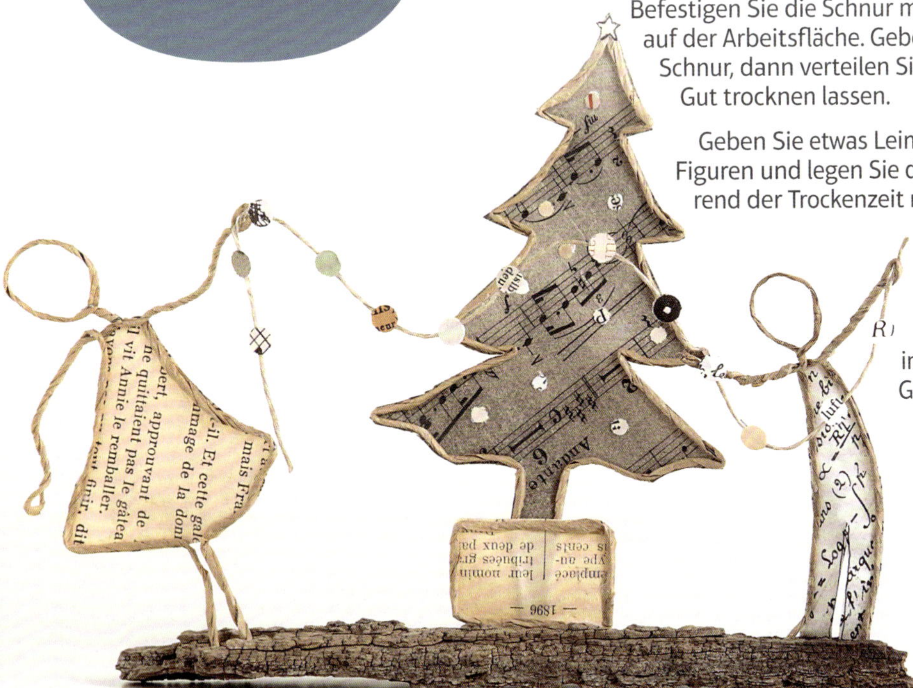

49

MATERIAL:

Papierdraht
– 50 cm für den Wichtel
– 10 cm für die Mütze

Papier
– 1 Bogen Notenpapier
– Rest Packpapier

4 cm langer, ovaler Sockel

rotes Masking Tape mit weißen Punkten

feiner roter Filzstift

weißer Filzstift

SCHABLONEN AUF SEITE 149

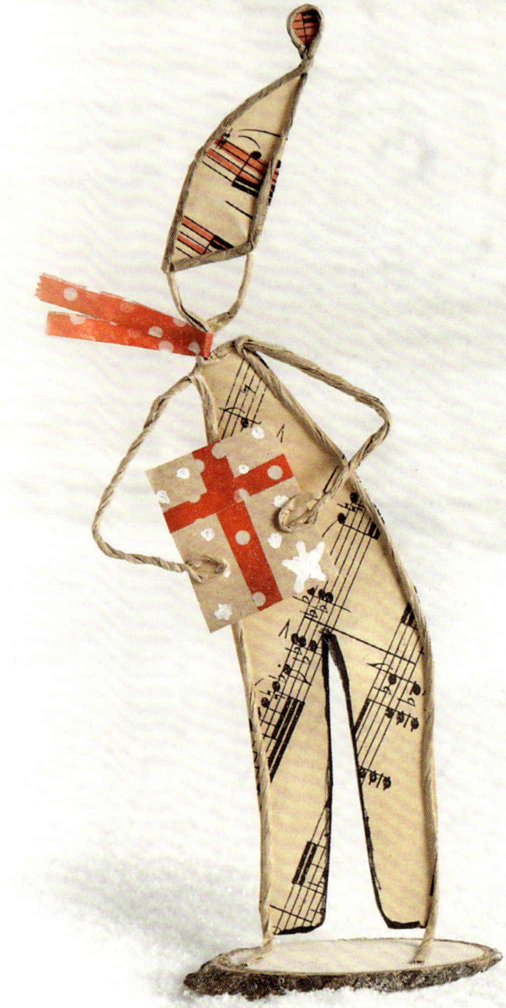

Wichtel

ANLEITUNG

Formen Sie eine Figur nach der Schablone (siehe Seite 106).
Halten Sie den Wichtel an den Beinen und geben Sie auf die Rückseite des Papierdrahts, auf den Teil, auf den das Papier geklebt wird, etwas Leim: Nur auf den Körper, nicht auf den Kopf.

Kleben Sie den Wichtel auf das Notenpapier. Einige Sekunden mit einem Lineal flach andrücken. Gut trocknen lassen.

Das überstehende Papier entlang des Papierdrahts und zwischen den Beinen gemäß Schablone ausschneiden.

Die Mütze formen und auf das Notenpapier kleben. Gut trocknen lassen und das überstehende Papier ausschneiden. Bemalen Sie den Pompon und zeichnen Sie mit dem rotem Filzstift Streifen auf die Mütze. Geben Sie Leim auf den Kopf und kleben Sie die Mütze fest. Gut trocknen lassen.

Schneiden Sie für das Geschenk ein 2,5 x 3,5 cm großes Rechteck aus Packpapier aus. Schneiden Sie 4 cm Masking Tape in der Mitte durch und kleben Sie die beiden Teile als Geschenkband auf. Verzieren Sie das Geschenk mit dem weißen Filzstift.

Schneiden Sie einen 7 cm langen Streifen Masking Tape für den Schal aus und falten Sie ihn zur Hälfte.

Geben Sie etwas Leim um den Hals des Wichtels und kleben Sie den zur Hälfte gefalteten Schal fest (siehe Foto). Während der Trockenzeit andrücken.

Die Arme auf Höhe der Ellbogen anwinkeln. Geben Sie Leim auf die Innenseite der Hände des Wichtels und kleben Sie das Geschenk fest. Während der Trockenzeit andrücken.
Biegen Sie die Füße im rechten Winkel nach vorne. Geben Sie Leim auf die Unterseite der Füße und kleben Sie diese auf den Sockel. Kurz andrücken und gut trocknen lassen. Biegen Sie den Wichtel so, dass er schön aufrecht steht.

50

MATERIAL:

Papierdraht
- 120 cm für die Tannen
- 25 cm für den Stern

Papier
- 4 verschiedene Bögen
- goldener Seidenpapierrest
- bunte Papierreste

kleiner goldener Stern

10 x 10 cm großer Sockel

Teelicht

Klebeband

Lochstanzer ø 0,2 cm

Mehl oder weiße Kreide

Haarsieb

SCHABLONEN AUF SEITE 150

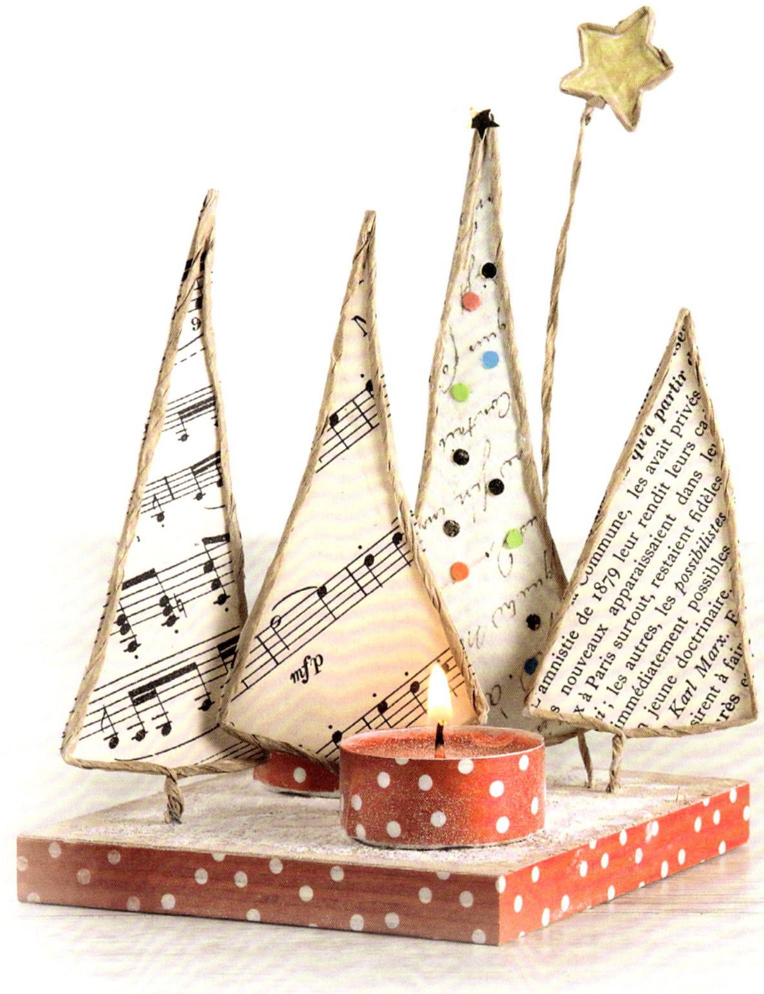

TANNEN-*wald*

ANLEITUNG

Formen Sie die vier Tannen nach der Schablone. Kleben Sie diese auf das Papier. Trocknen lassen und ausschneiden.

Stanzen Sie Konfetti aus buntem Papier aus und kleben Sie es auf die größte Tanne. Kleben Sie den Stern auf die Tannenspitze.

Formen Sie den Stern (siehe Seite 13) und kleben ihn auf Seidenpapier. Trocknen lassen und ausschneiden. Den Sockel diagonal anbohren. Kleben Sie Masking Tape rund um den Sockel.

Tragen Sie mit dem Pinsel Leim auf den Sockel auf. Verstäuben Sie Mehl oder Kreidestaub durch ein Haarsieb. Gut trocknen lassen. Auf die unteren Enden der Stiele etwas Leim geben und diese in die gebohrten Löcher schieben. Gut trocknen lassen.

Umkleben Sie das Teelicht mit Masking Tape. Kleben Sie es auf den Sockel, jedoch nicht zu nahe an die Tannen. Die Kerze einsetzen, anzünden … es weihnachtet!

Variante: Formen Sie für eine Tischdekoration jede Tanne zweimal. Wenn die Tannen ausgeschnitten sind, kleben Sie den zweiten Papierdraht jeweils auf die Rückseite. Verfahren Sie mit dem Stern ebenso. Setzen Sie die Tannen und den Stern diagonal mittig auf den Sockel. Setzen Sie je eine mit Masking Tape umklebte Kerze auf beide Seiten.

Weihnachtskrippe

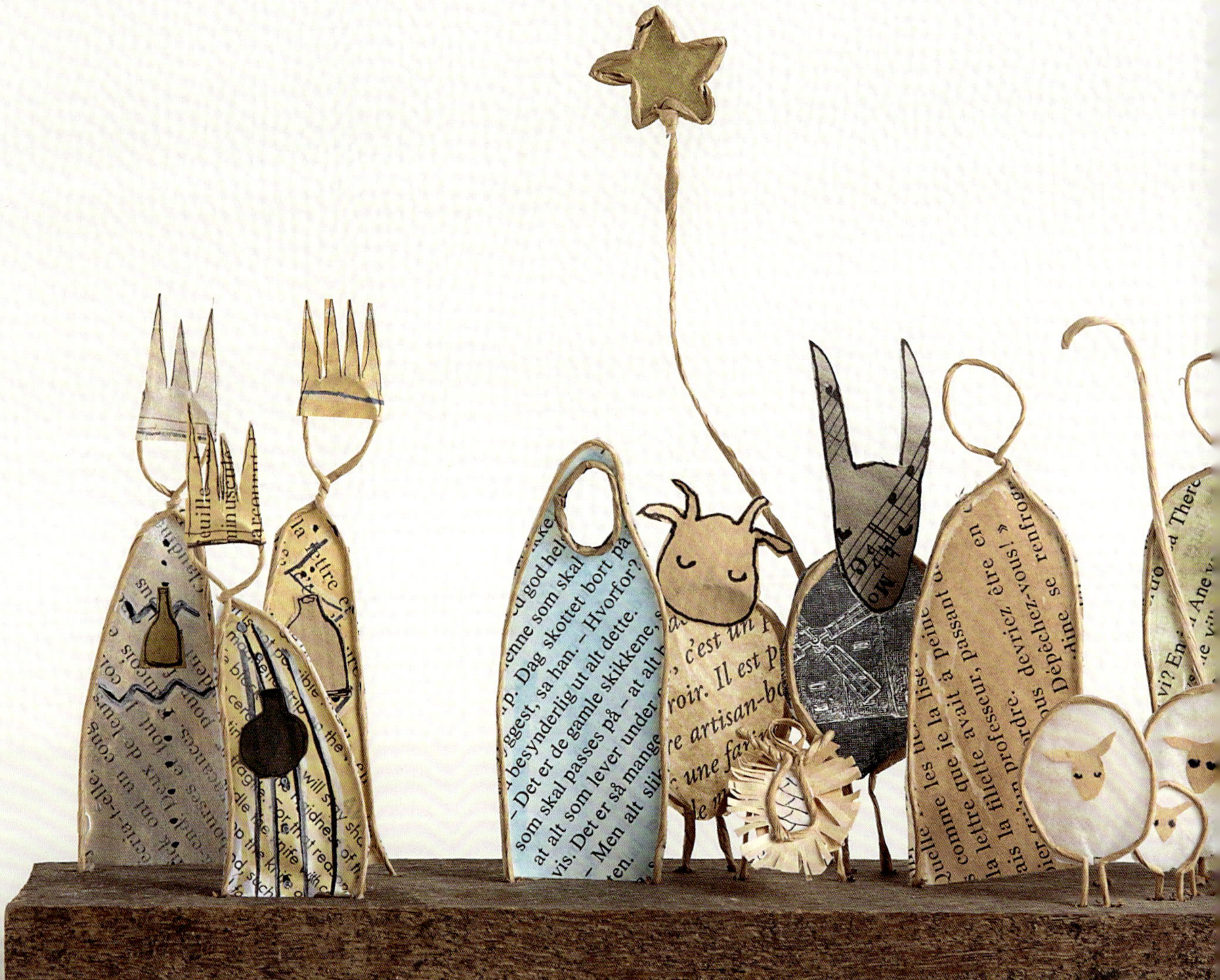

51

MATERIAL:

Papierdraht
- 6 x 22 cm für die stehenden Figuren
- 6 cm für das Jesuskind
- 10 cm für den Stab des Schäfers
- 2 x 16 cm für Ochs und Esel
- 4 x 10 cm für die Schafe
- 8 cm für die Krippe
- 25 cm für den Stern

Papier
- 6 Bögen für die Figuren
- 2 dunkle Bögen, braun und grau für Ochs und Esel
- weißer Seidenpapierrest für die Schafe
- goldener Seidenpapierrest für den Stern
- Papierreste für die Köpfe der Schafe und das Stroh

25 cm langer Holzsockel

Cutter

Filzstifte mit Pinselspitze: hellbau, grün, braun, gold, silber (oder Aquarellfarben)

feiner schwarzer Filzstift

SCHABLONEN AUF SEITE 151

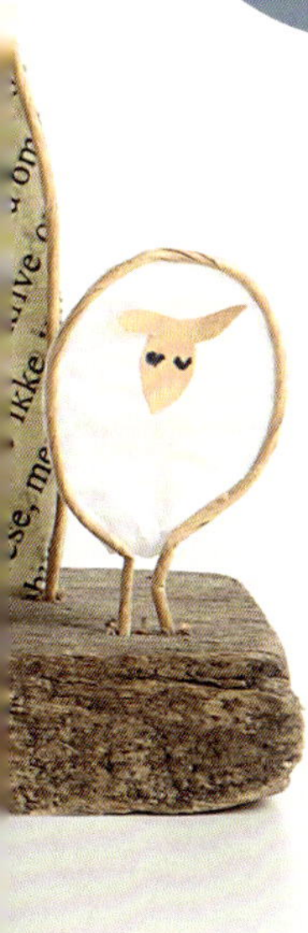

ANLEITUNG

Färben Sie das Papier für die Figuren mit einem Filzstift mit Pinselspitze oder mit Aquarellfarben: Maria blau, Josef braun, den Schäfer grün, einen König silber und die beiden anderen gold. Gut trocknen lassen.

Formen Sie die Figuren nach den Schablonen und kleben Sie sie auf das Papier.

Trocknen lassen, dann ausschneiden. Biegen Sie das obere Ende des Schäferstabs und kleben Sie den Stab an den Mantel.

Schneiden Sie Maria mit dem Cutter aus. Kleben Sie ein Stück Papierdraht um das Gesicht oder umranden Sie das Gesicht mit einem schwarzen Filzstift.

Schneiden Sie drei Kronen aus Papierresten aus.

Anmalen und auf die Köpfe der Heiligen Drei Könige kleben.

Verzieren Sie die Mäntel der Könige. Schneiden Sie aus Papierresten die drei Geschenke aus. Kleben Sie die Geschenke auf die Mäntel der Könige. Gut trocknen lassen, dann mit einem schwarzen Filzstift umranden.

Formen Sie den Stern (siehe Seite 13) und kleben Sie ihn auf Seidenpapier. Gut trocknen lassen und ausschneiden.

Formen Sie die Körper der Tiere nach den Schablonen und kleben Sie diese auf verschiedene Papierbögen: weiß für die Schafe, braun für den Ochsen und grau für den Esel.

Schneiden Sie die Köpfe nach den Schablonen aus Papierresten aus. Umranden Sie den Kopf von Ochs und Esel mit einem feinen schwarzen Filzstift. Die Augen mit schwarzem Filzstift zeichnen, dann die Köpfe an die Körper kleben.

Schneiden Sie das Stroh nach der Schablone aus einem Papierrest aus. Schneiden Sie das Papier rundum fransig ein.

Formen Sie aus dem Papierdraht die Beine der Krippe und kleben das Stroh darauf.

Formen Sie das Jesuskind und kleben es auf einen weißen Papierrest. Gut trocknen lassen.

Zeichnen Sie das Wickeltuch auf das Papier und schneiden Sie es aus. Auf das Stroh kleben.

Den Sockel anbohren. Auf die unteren Enden der Stiele etwas Leim geben und diese in die gebohrten Löcher schieben.

Gut trocknen lassen.

Weihnachtsmann
MIT SCHLITTEN

52

MATERIAL:

Papierdraht
- 28 cm für den Weihnachtsmann
- 60 cm für den Pferdeschlitten
- 55 cm für das Renntier
- 15 cm für den Geschenkesack
- 25 cm für den Stern

Papier
- 1 Bogen rotes Seidenpapier
- 1 Bogen helles Papier
- 3 Bögen unterschiedliches Papier
- weiße und sonstige Papierreste
- weißer Seidenpapierrest

20 cm langer Holzsockel

Glöckchen

dünne Schnur

Lochstanzer ø 0,2 cm

Zickzackschere für kleines Zickzack

feiner schwarzer Filzstift

SCHABLONEN AUF SEITE 152

ANLEITUNG

Geben Sie etwas Leim auf das helle Papier, gut auf der Oberfläche verteilen, dann auf das rote Seidenpapier kleben. Der Druck des hellen Papiers scheint durch. Vollständig trocknen lassen.

Formen Sie den Weihnachtsmann nach der Schablone und kleben Sie ihn auf das zuvor vorbereitete rote Papier. Trocknen lassen und ausschneiden.

Schneiden Sie die Mütze aus einem Papierrest desselben Papiers aus.

Schneiden Sie mit der Zickzackschere die weißen Teile des Ärmels und der Mütze sowie den Pompon und den Bart aus einem weißen Papierrest aus. Auf den Mantel und das Gesicht des Weihnachtsmanns kleben. Kleben Sie die Mütze auf den Kopf.

Formen Sie den Schlitten und kleben Sie ihn auf Papier. Trocknen lassen und ausschneiden.

Schneiden Sie zwei Papierstreifen aus einem anderen Papier aus und kleben Sie diese auf den Schlitten. Trocknen lassen und mit schwarzem Filzstift umranden.

Kleben Sie die drei Verbindungen der Kufen von hinten an den Schlitten. Die rechte und die linke Verbindung sind länger, damit sie in den Sockel geschoben werden können. Formen Sie die Kufen und kleben Sie diese auf die drei Verbindungen.

Formen Sie den Geschenkesack und kleben Sie ihn auf Papier. Trocknen lassen, dann ausschneiden.

Formen Sie das Rentier und kleben Sie es auf Papier. Trocknen lassen, dann ausschneiden.

Schneiden Sie vier Drähte für die Rentierläufe aus und kleben Sie diese von hinten an das Rentier, zwei Läufe sollten länger sein, da sie in den Sockel geschoben werden. Zeichnen Sie mit dem schwarzen Filzstift ein Auge. Stanzen Sie Konfetti aus dem roten Papier aus und kleben Sie es als Nase auf.

Formen Sie das Geweih durch Zusammendrücken des Papierdrahts mit einer Zange, dann von hinten an den Kopf kleben. Kleben Sie ein Stück Schnur als Schwanz an.

Kleben Sie den Weihnachtsmann und den Sack von hinten an den Schlitten. Trocknen lassen.

Kleben Sie ein Stück doppelt gelegte Schnur um den Hals des Rentiers. Während der Trockenzeit mit Klammern fixieren.

Die Schnur in die Hand des Weihnachtsmanns legen und von hinten an den Ärmel kleben. Während der Trockenzeit andrücken.

Befestigen Sie mit einer dünnen Schnur das Glöckchen um den Hals des Rentiers. Formen Sie den Stern (siehe Seite 13) und kleben Sie ihn auf das weiße Seidenpapier. Gut trocknen lassen und ausschneiden.

Den Sockel anbohren. Auf die unteren Enden der Stiele etwas Leim geben und diese in die Löcher schieben. Gut trocknen lassen.

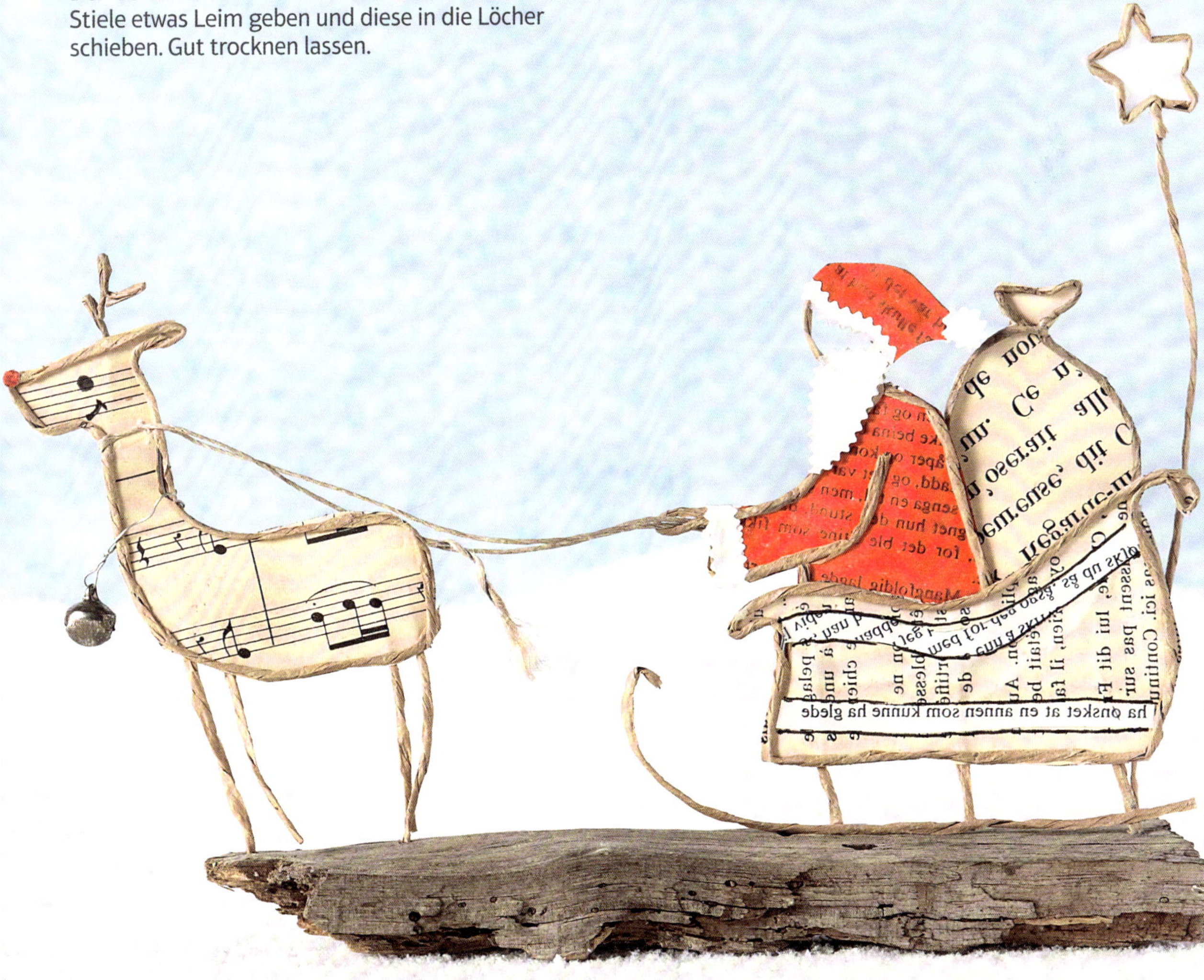

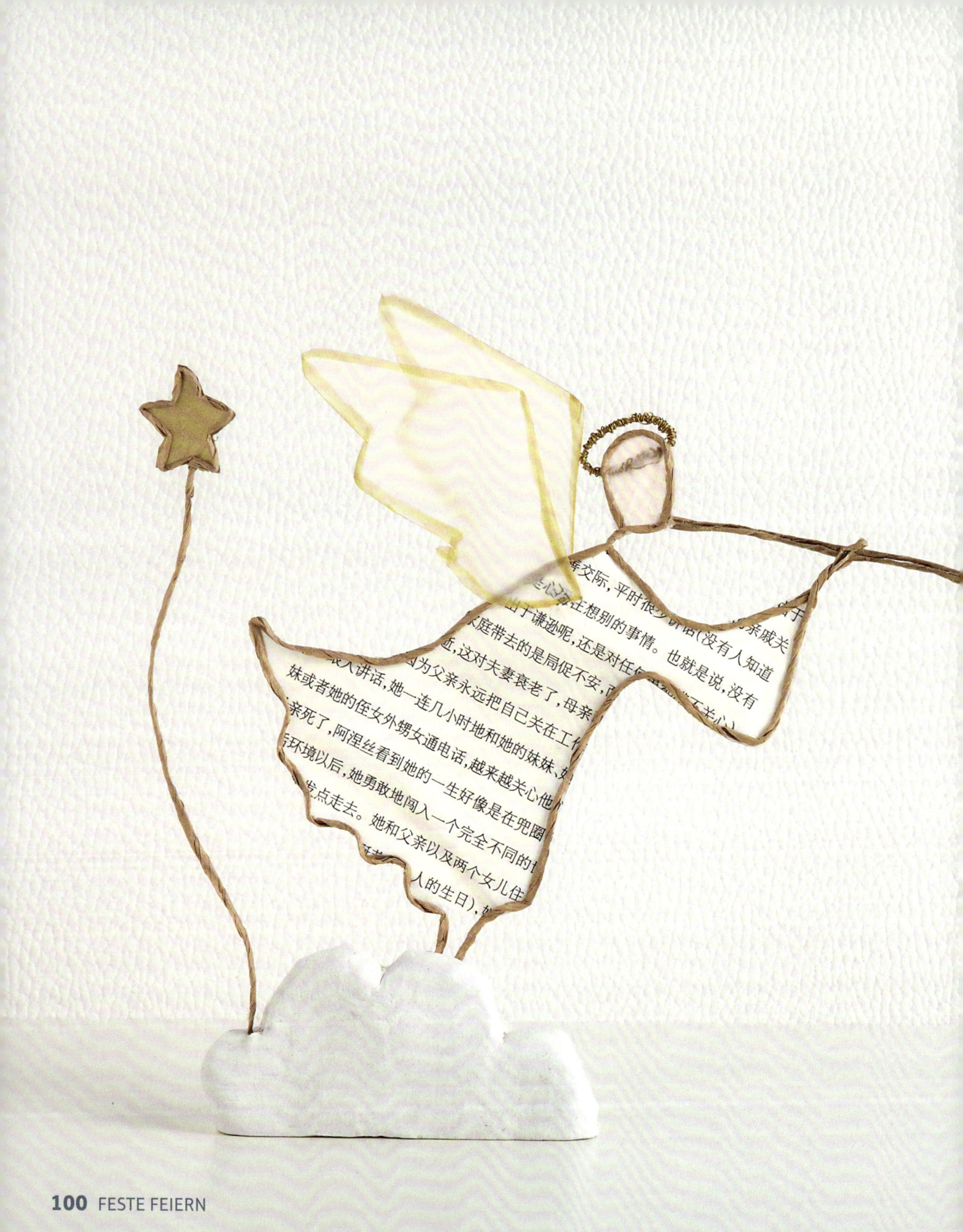
交际,平时很
想别的事情。
讲话(没有人知道
亲戚关
谦逊呢,还是对任
也就是说,没有
家庭带去的是局促不安,
,这对夫妻衰老了,母亲
为父亲永远把自己关在工
讲话,她一连几小时地和她的妹妹、
妹或者她的侄女外甥女通电话,越来越关心他
亲死了,阿涅丝看到她的一生好像是在兜圈
环境以后,她勇敢地闯入一个完全不同的
点走去。她和父亲以及两个女儿住
人的生日),

Trompetenengel
MIT STERN

53

MATERIAL:

Papierdraht
- 60 cm für den Engel
- 22 cm für die Trompete
- 25 cm für den Stern

Papier
- 1 Bogen für das Kleid
- rosafarbener Papierrest für das Gesicht
- goldener Papierrest für die Trompete und den Stern
- 1 Bogen Pauspapier für die Flügel

goldener Papierdrahtrest für den Heiligenschein*

weiße selbstaushärtende Masse für die Wolke

goldener Filzstift

SCHABLONEN AUF SEITE 153

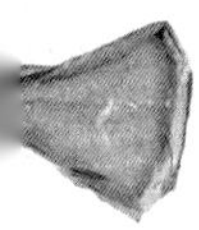

ANLEITUNG

** Alternativ zum goldenen Papierdraht können Sie den Papierdraht mit hübschem Goldgarn umwickeln.*

Formen Sie den Engel nach der Schablone und kleben Sie ihn auf das Papier.

Trocknen lassen und ausschneiden.

Kleben Sie das Gesicht auf das rosafarbene Papier. Trocknen lassen und ausschneiden.

Formen Sie die Trompete und kleben Sie diese auf das goldene Papier. Dann setzen Sie die beiden Drähte zusammen und kleben sie fest. Während der Trockenzeit mit Klammern fixieren.

Pausen Sie die beiden Flügel ab und schneiden Sie sie aus. Legen Sie zwei Teile Pauspapier übereinander.

Umranden Sie die Flügel mit dem goldenen Filzstift. Biegen Sie den Goldpapierdraht in eine ovale Form und kleben ihn von hinten an den Kopf des Engels.

Fügen Sie, falls nötig, ein kleines Stück Klebeband hinzu. Geben Sie etwas Leim in die Handfläche des Engels und an das Mundstück der Trompete. Kleben Sie die Trompete dem Engel in die Hand und das Mundstück von hinten an den Kopf des Engels, genau in Mundhöhe. Mit der Flachzange die Hand zusammendrücken.

Formen Sie den Stern (siehe Seite 13) und kleben Sie ihn auf das goldene Papier. Trocknen lassen und ausschneiden.

Formen Sie den Sockel aus selbstaushärtender Masse, orientieren Sie sich am Foto und an der Schablone. Schneiden Sie zur besseren Stabilität die Unterseite glatt ab.

Schieben Sie den Engel und den Stern in den Sockel. Vollständig trocknen lassen.

54

MATERIAL:

- Papierdraht
- Papier
  - Buchseiten
  - weißes Seidenpapier
  - rotes Seidenpapier
- feiner schwarzer Filzstift
- schwarzer oder brauner Filzstift
- rot-weißes Bäcker-Garn
- Motivstanzer „Stern“
- kleine runde Holzsockel

SCHABLONEN AUF SEITE 154

WEIHNACHTLICHE Tischdekoration

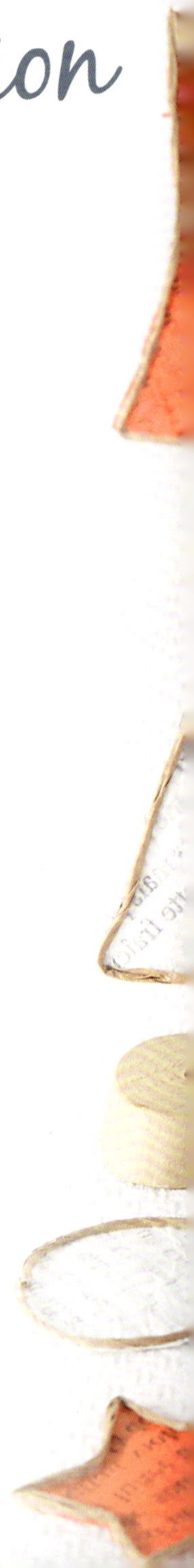

ANLEITUNG

Vorbereitung des Papiers
Verdünnen Sie den Leim mit der Hälfte seines Volumens mit Wasser.

Schneiden Sie das Seidenpapier aus, damit es ungefähr die Größe des beschrifteten Teils der Buchseite hat.

Verteilen Sie den Leim auf der ganzen Oberfläche der Buchseiten.

Kleben Sie einen Bogen Seidenpapier darüber. Mit den Händen vorsichtig darüberstreichen, damit der Leim gleichmäßig verteilt ist. Achten Sie darauf, das Papier nicht zu zerreißen. Gut trocknen lassen.

Drehen Sie die Seite um und behandeln Sie die Rückseite ebenso. Gut trocknen lassen.

Die Tannen
Formen Sie die Tannen nach der Schablone und kleben Sie sie auf Papier.

Gut trocknen lassen.

Drehen Sie die Tanne um. Umranden Sie die Tanne mit dem Filzstift oder kleben Sie Draht darum, wie auf der Vorderseite.

Die Tannen auf einen runden Sockel setzen.

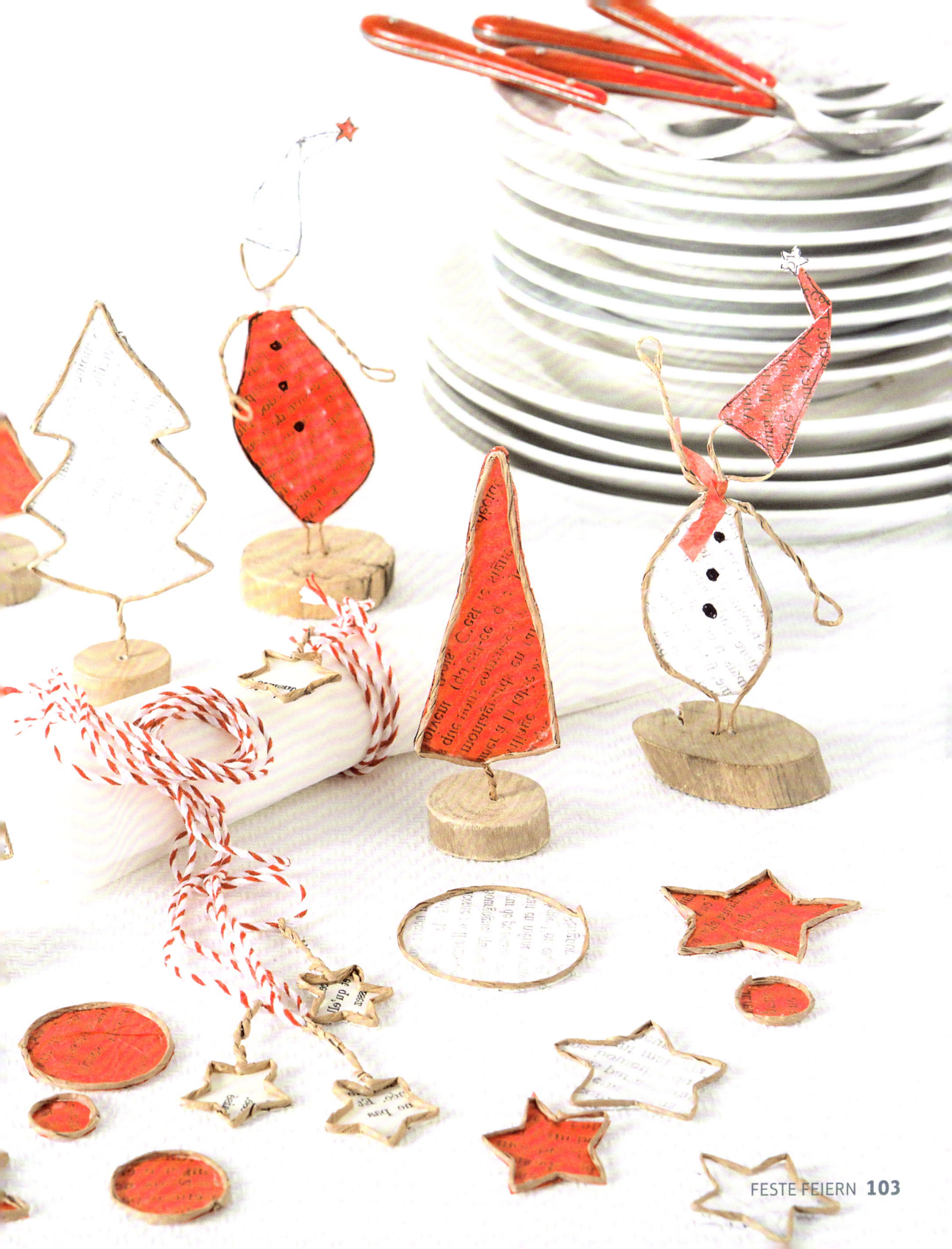

Schablonen

Alle Schablonen sind in Originalgröße. Der schwarze Strich entspricht dem Verlauf des Papierdrahts. Der rote Strich entspricht der Schneidelinie des Papiers, wenn es noch nicht auf den Draht geklebt ist.

1 AM Meer

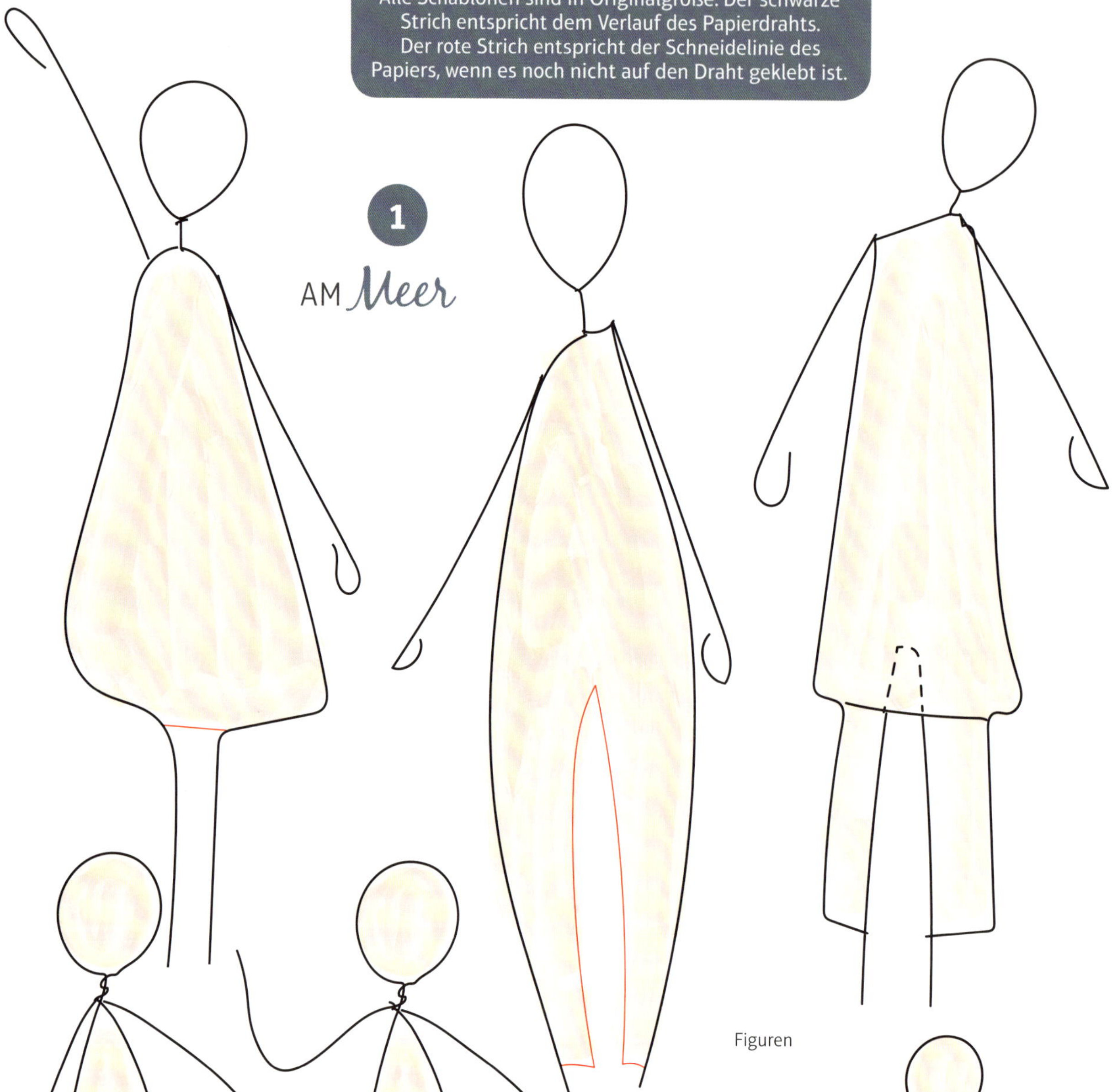

Figuren

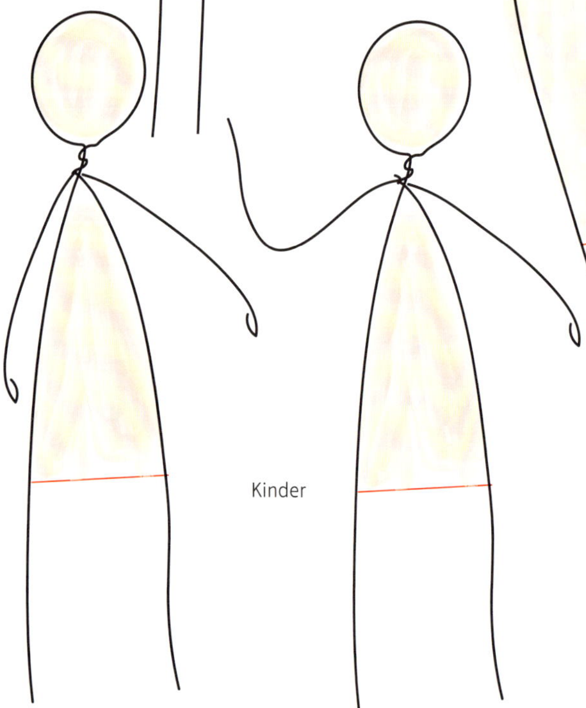

Kinder

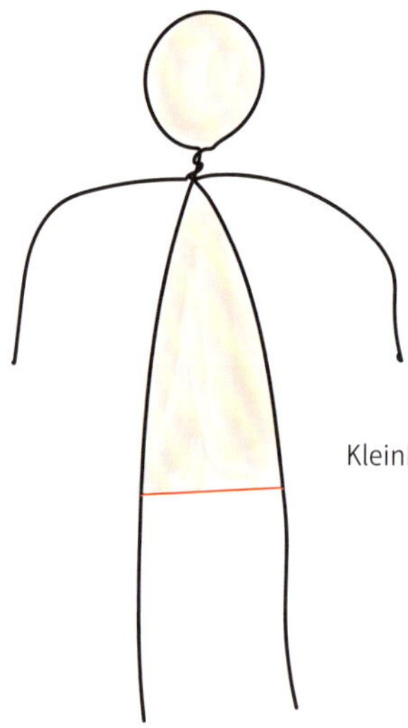

Kleinkind

1

AM Meer

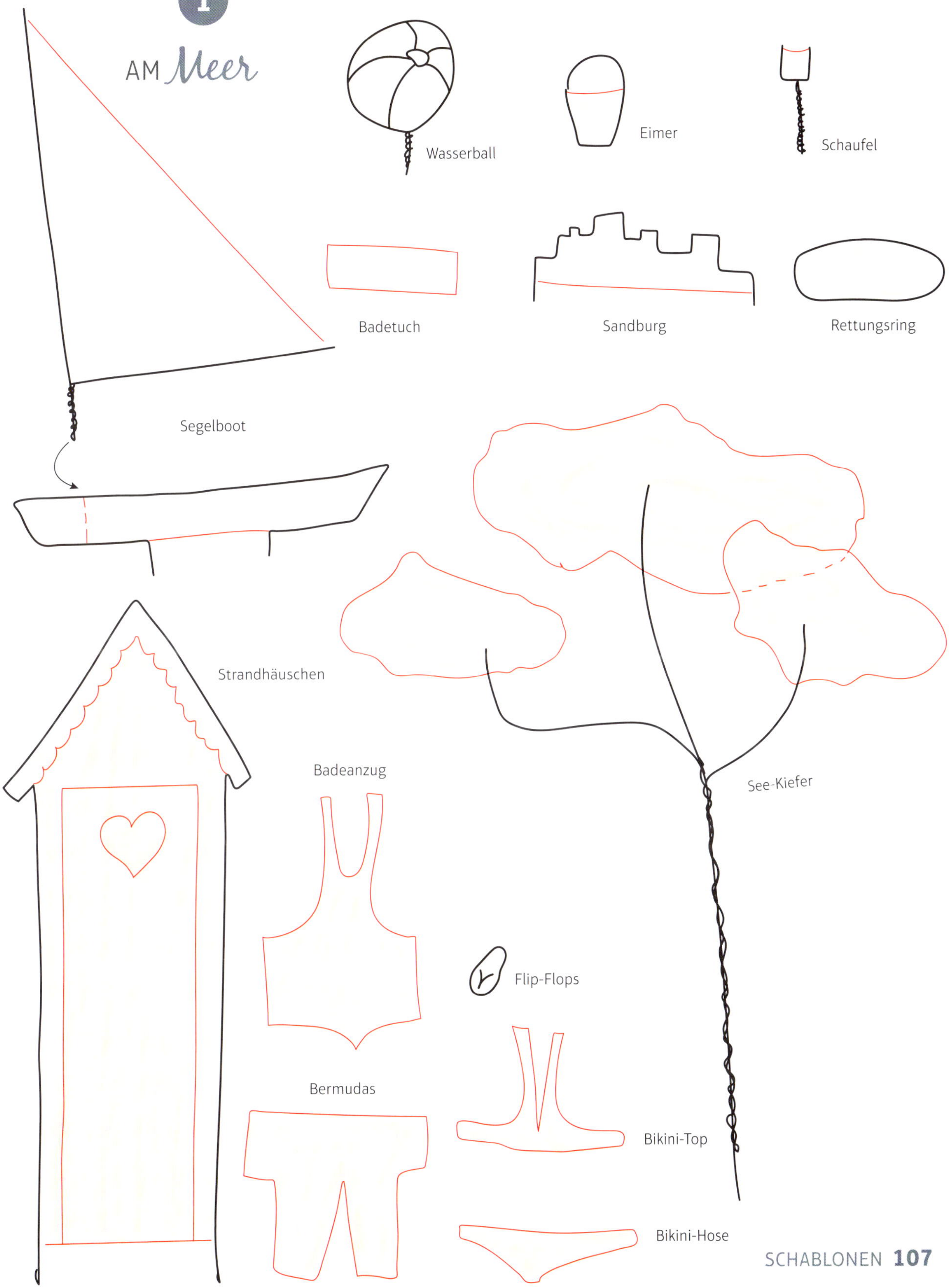
Wasserball
Eimer
Schaufel
Badetuch
Sandburg
Rettungsring
Segelboot
Strandhäuschen
Badeanzug
See-Kiefer
Flip-Flops
Bermudas
Bikini-Top
Bikini-Hose

1 AM Meer

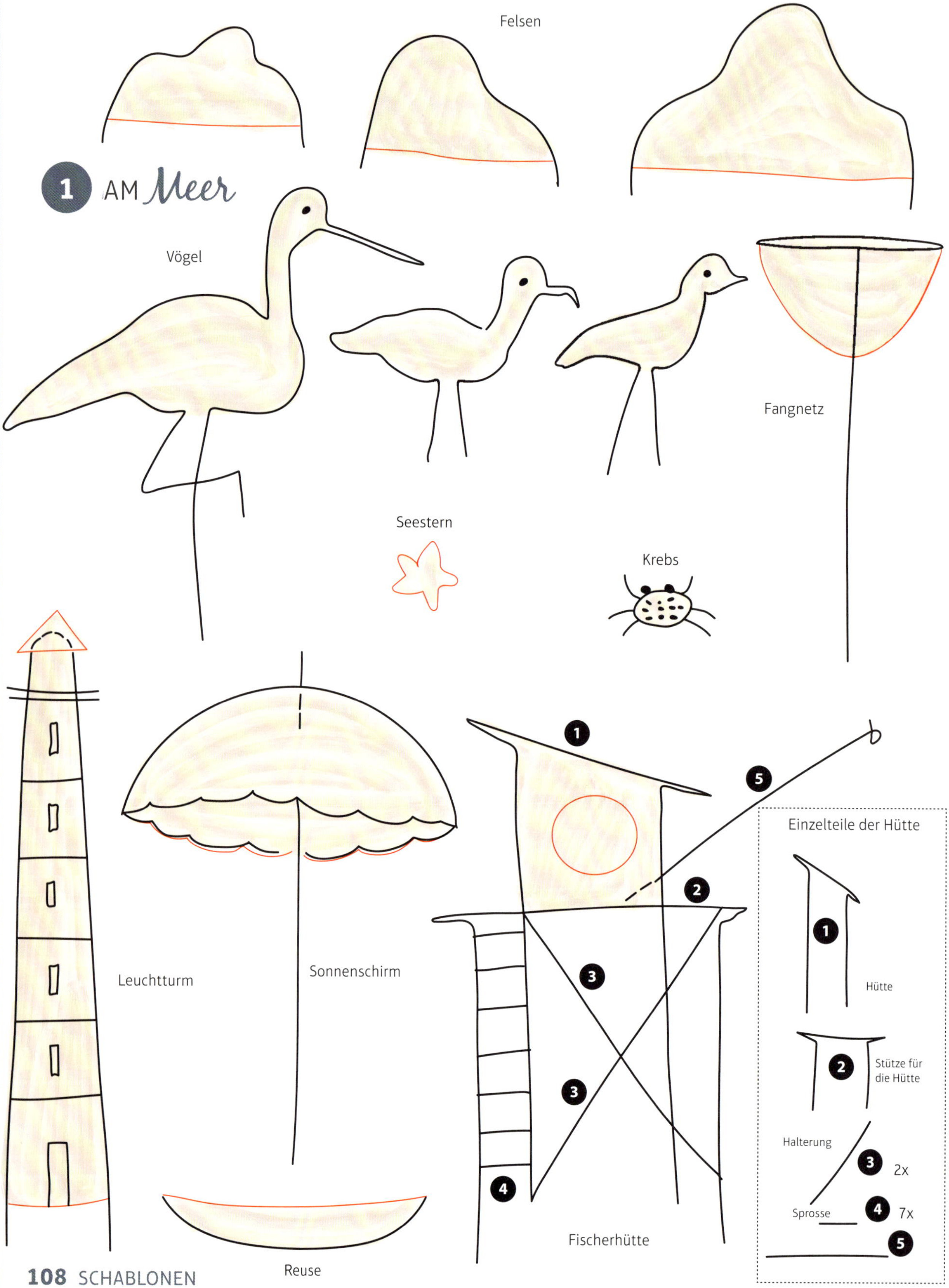
Felsen
Vögel
Fangnetz
Seestern
Krebs
Leuchtturm
Sonnenschirm
Reuse
Fischerhütte
1
2
3
4
5
Einzelteile der Hütte
Hütte
Stütze für die Hütte
Halterung
2x
Sprosse
7x

1 AM Meer

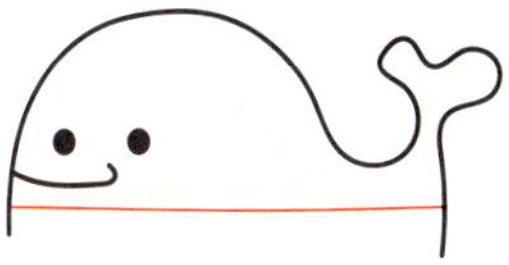

Wal

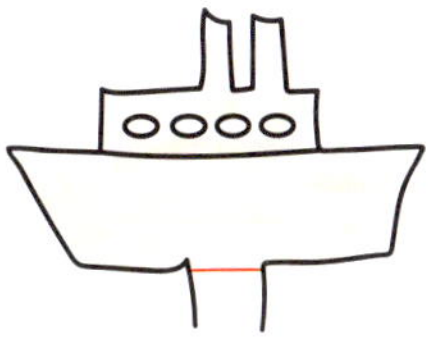

Dampfer

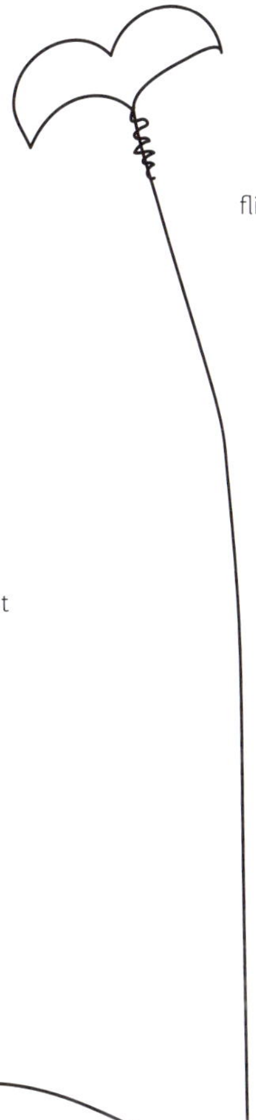

fliegende Vögel

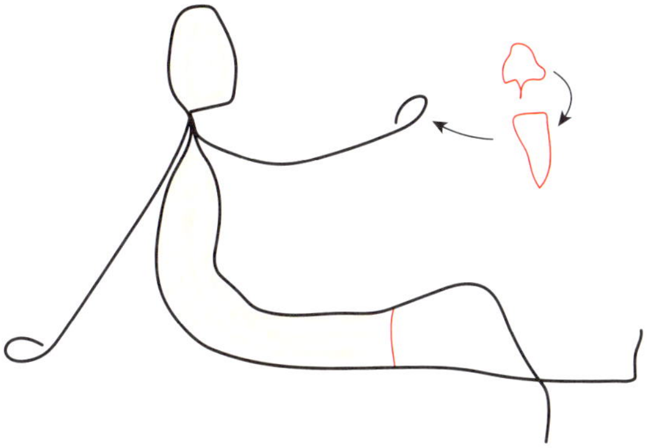

Mädchen mit dem Eis

2 Tischkärtchen

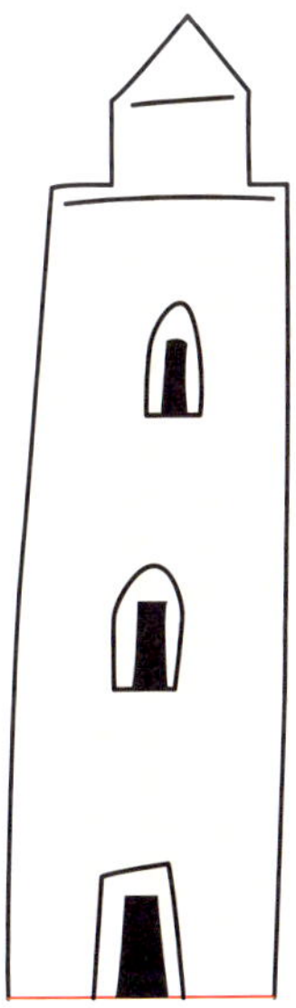

Leuchtturm

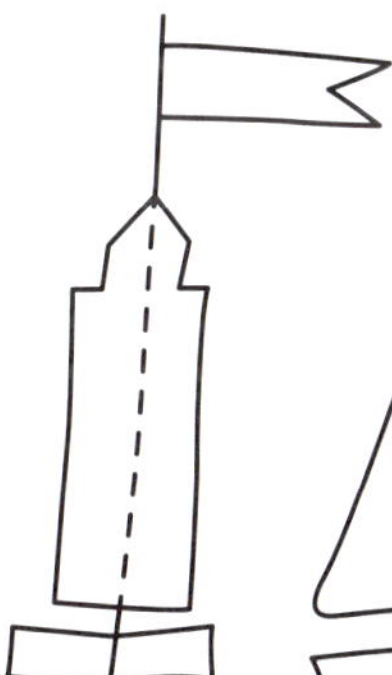

Skizze

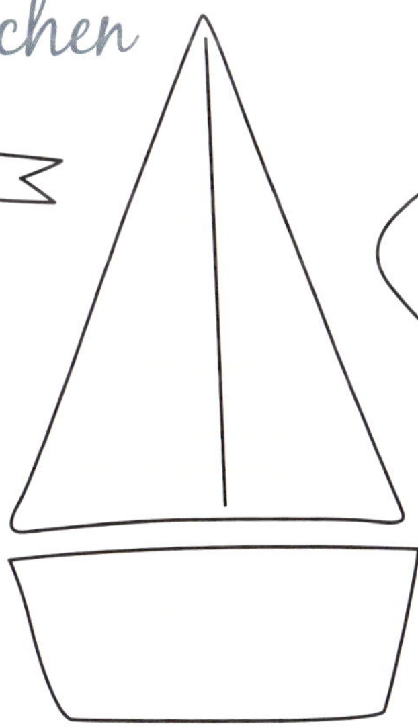

Boot

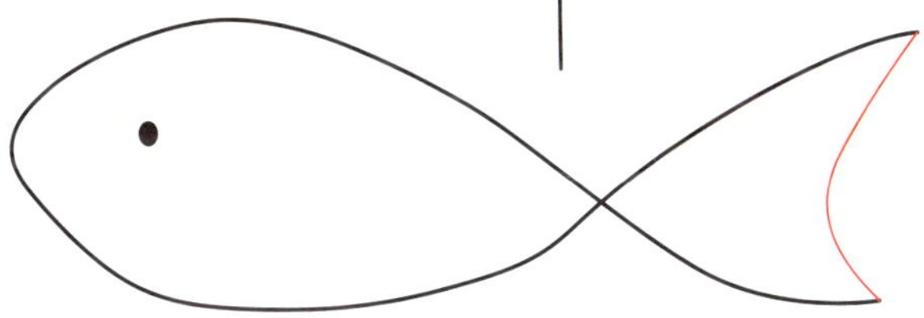

Fisch

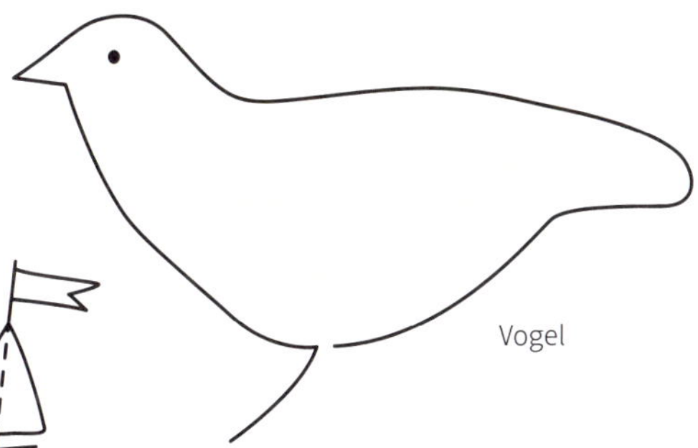

Vogel

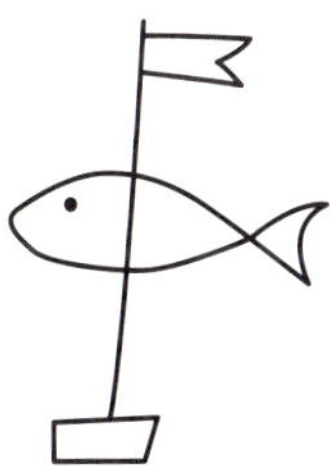

Skizze

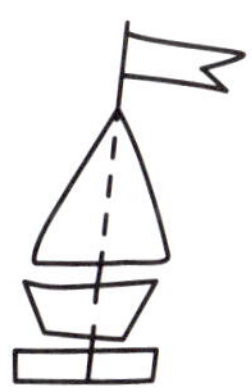

Skizze

3 ANGLER AUF DEM *Eis*

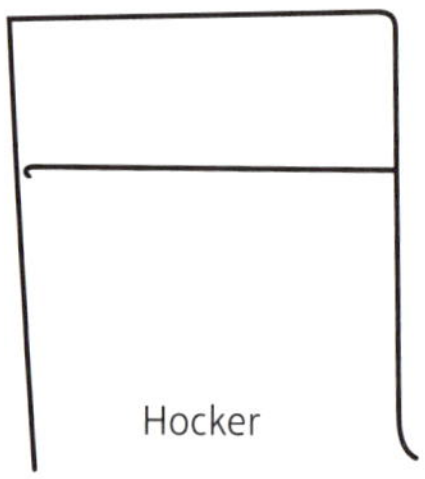

Hocker

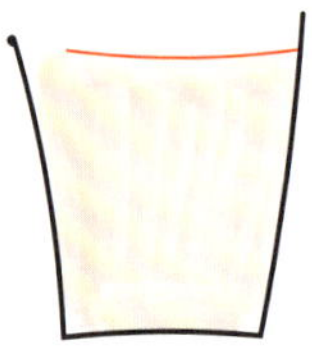

Eimer

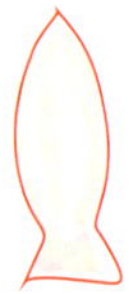

Fisch

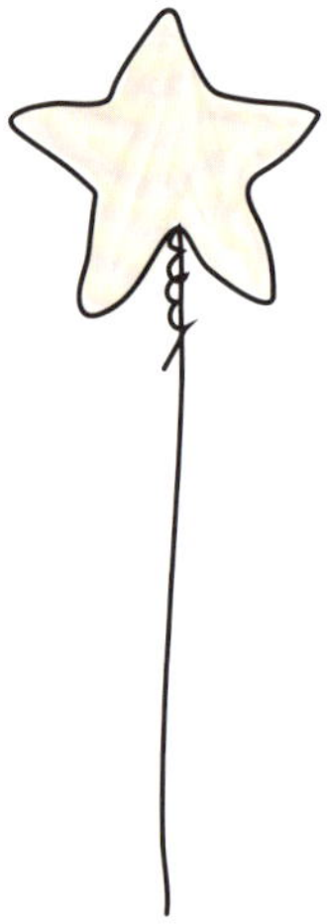

Stern auf dem Stil, dessen Länge Sie anpassen können

4 MEIN *Traumhaus*

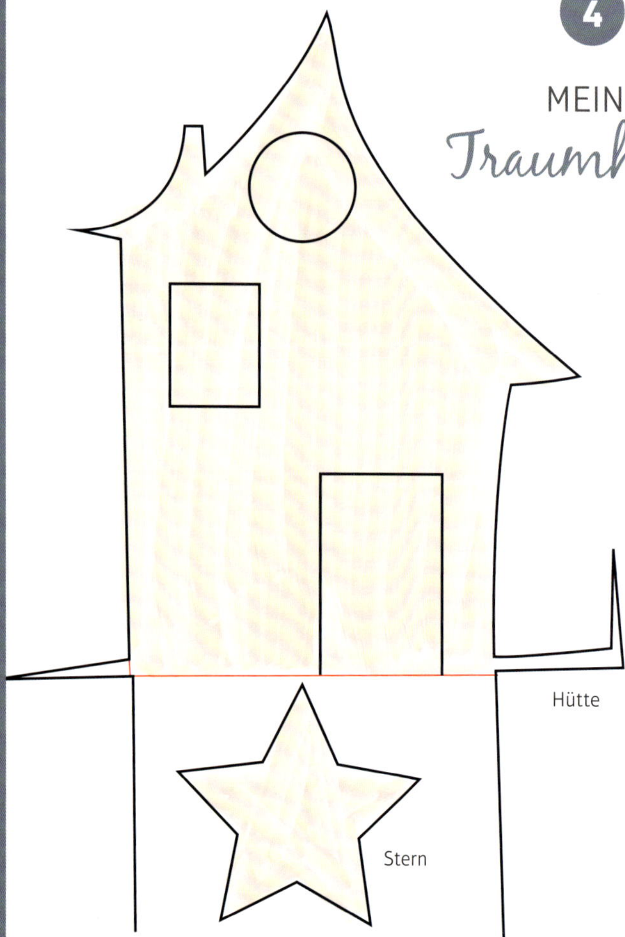

Hütte

Stern

5 TISCHDEKO *Segeltörn*

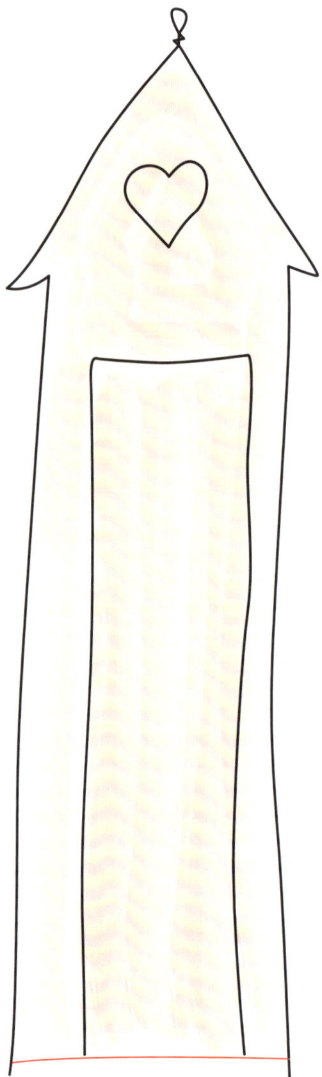

Strandhäuschen

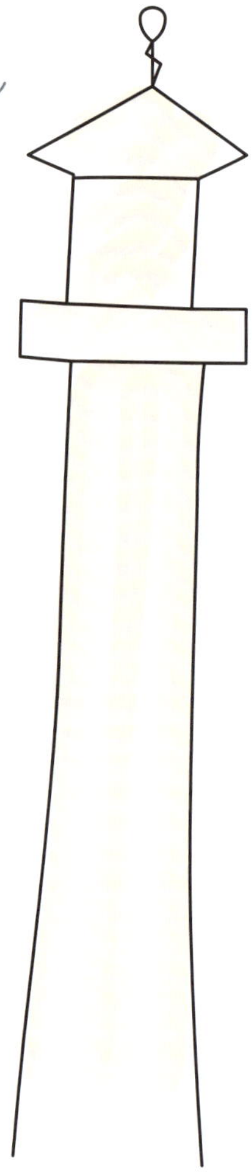

Leuchtturm

6

PSST! *Schaut!*

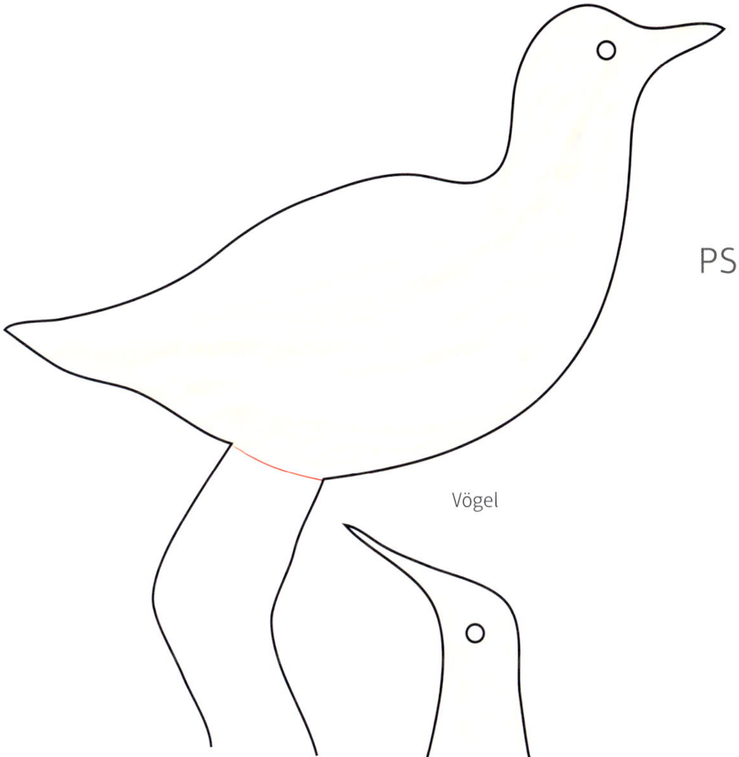

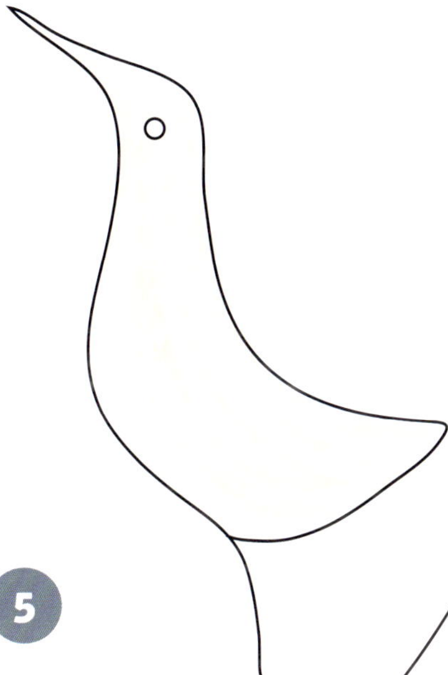

Vögel

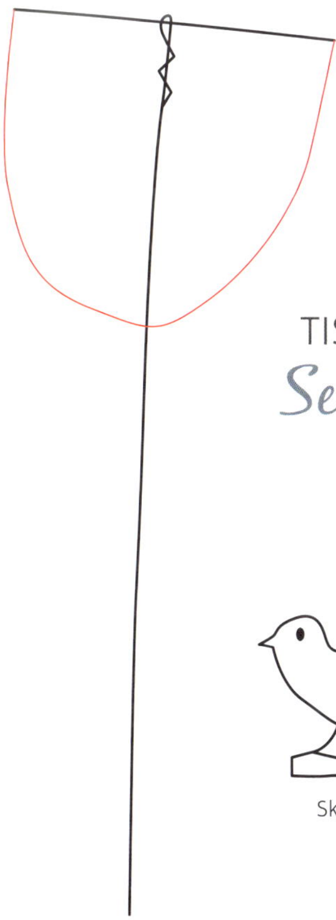

Krabbennetz

5

TISCHDEKO *Segeltörn*

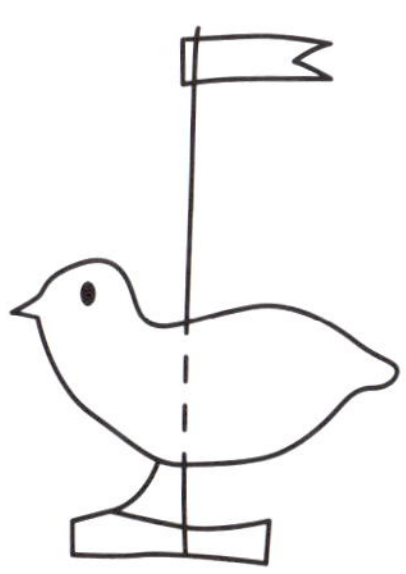

Skizze

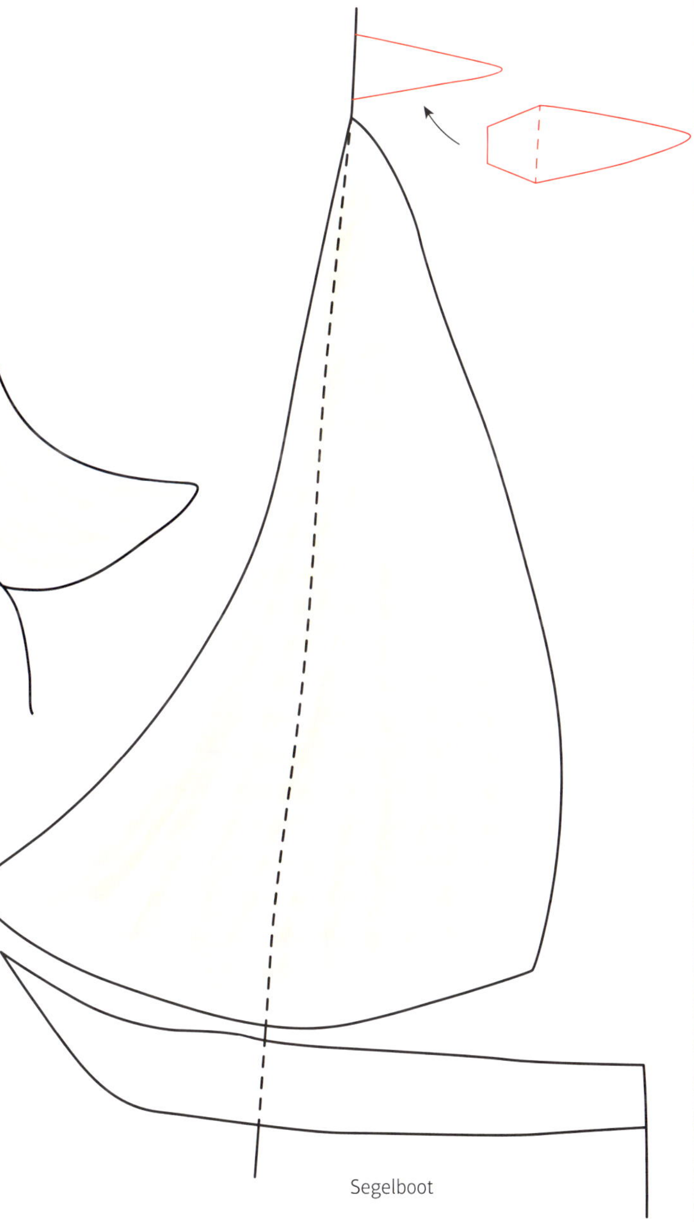

Segelboot

7 AHOI, *kleines Segelschiff*

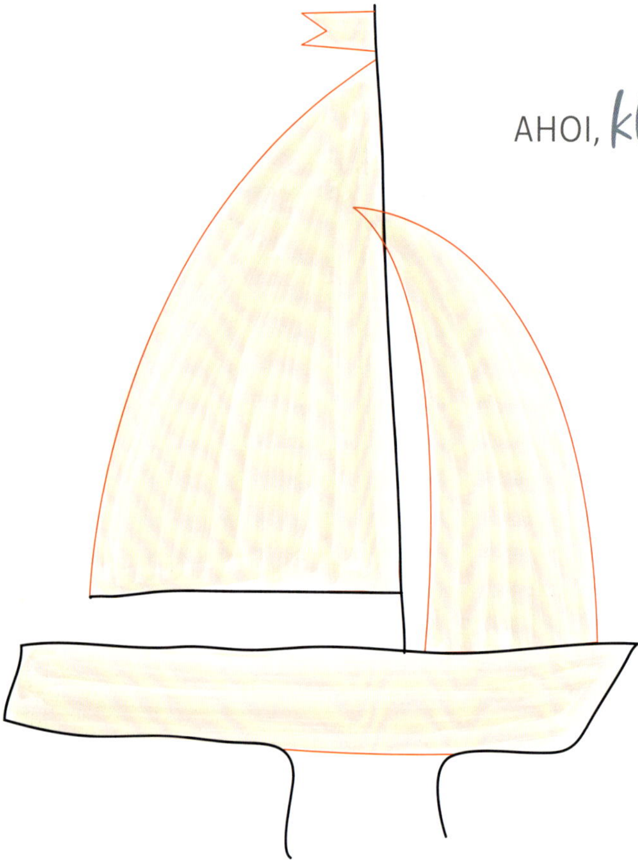

Boot

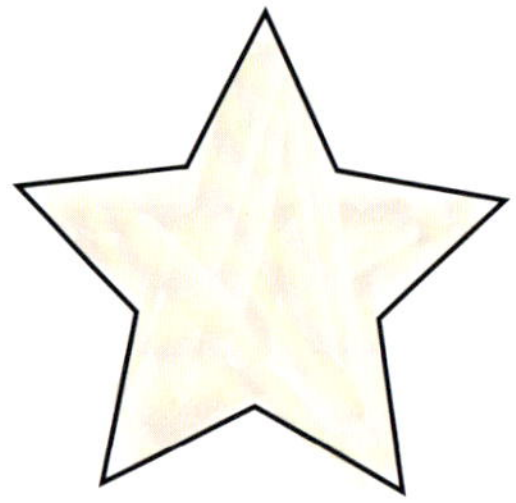

Stern

8 DAS *Bootshaus*

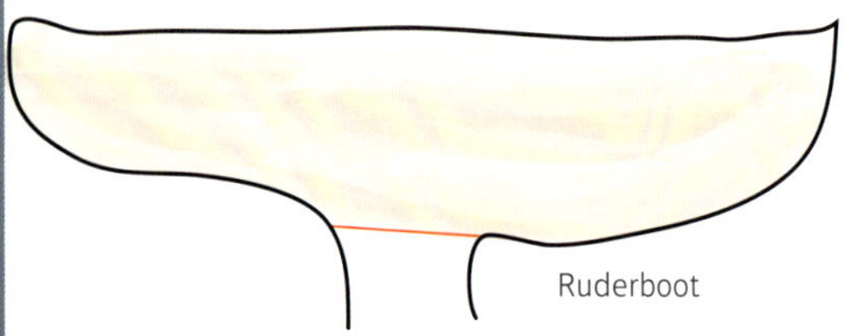

Ruderboot

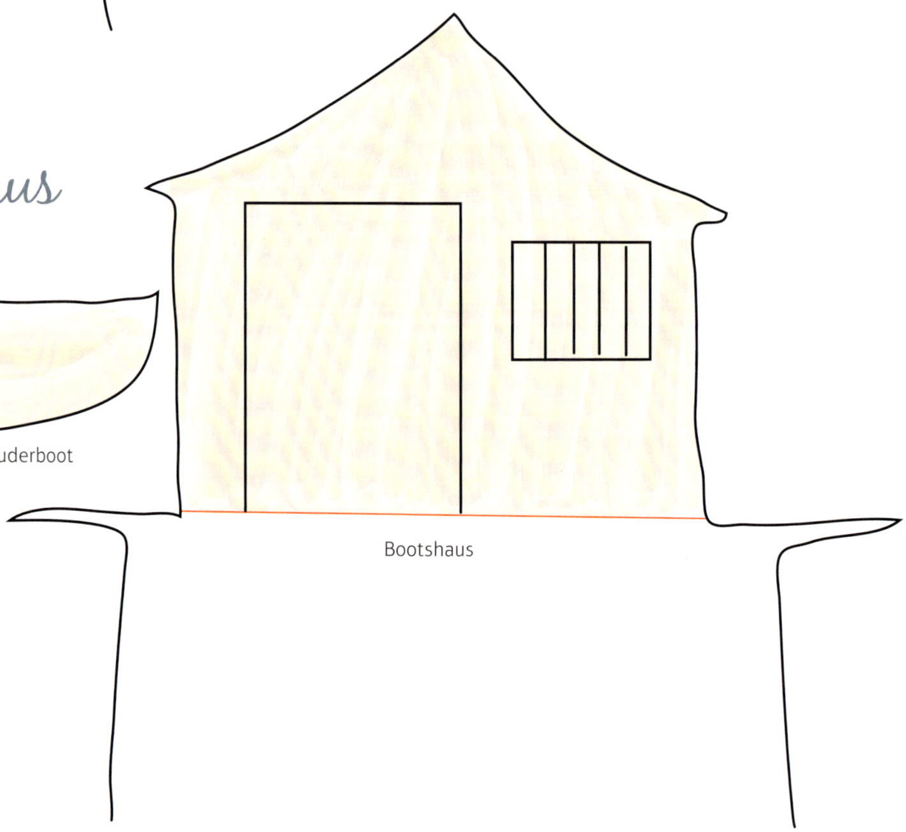

Bootshaus

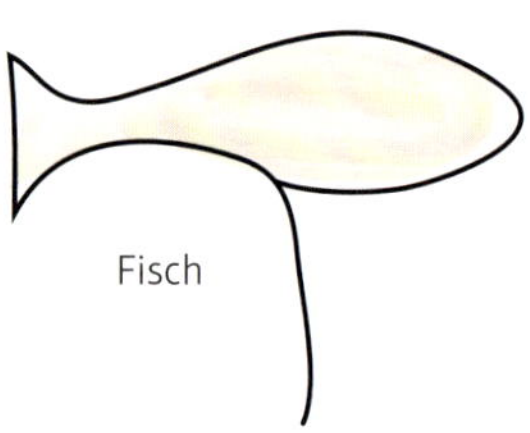

Fisch

9

RÜCKKEHR VOM *Fischfang*

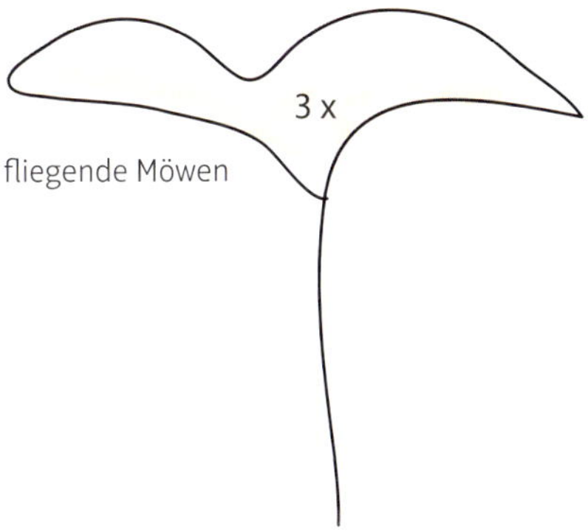

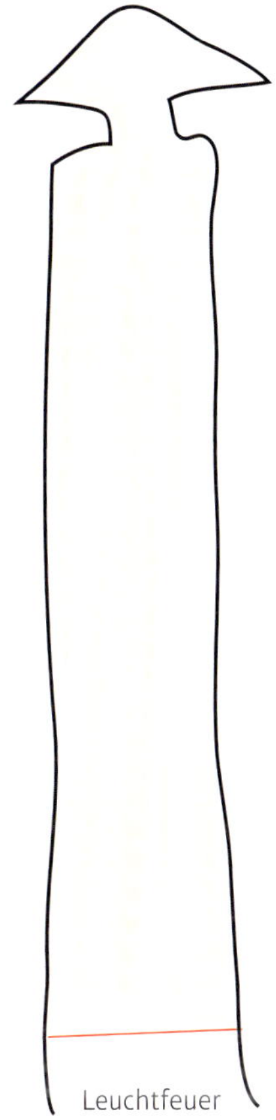

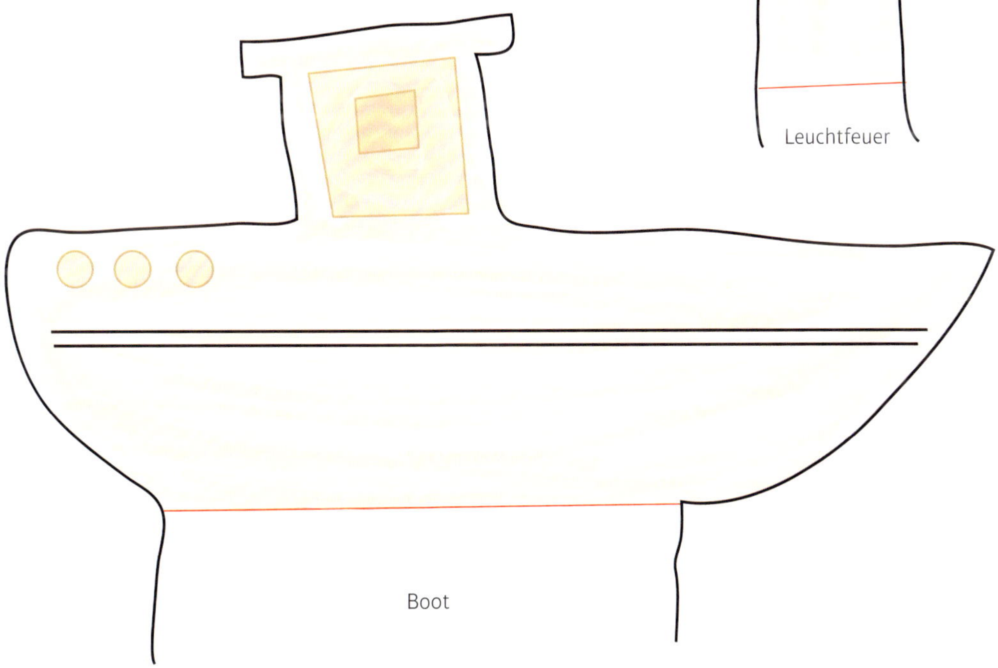

Alle Schablonen sind in Originalgröße. Der schwarze Strich entspricht dem Verlauf des Papierdrahts. Der rote Strich entspricht der Schneidelinie des Papiers, wenn es noch nicht auf den Draht geklebt ist.

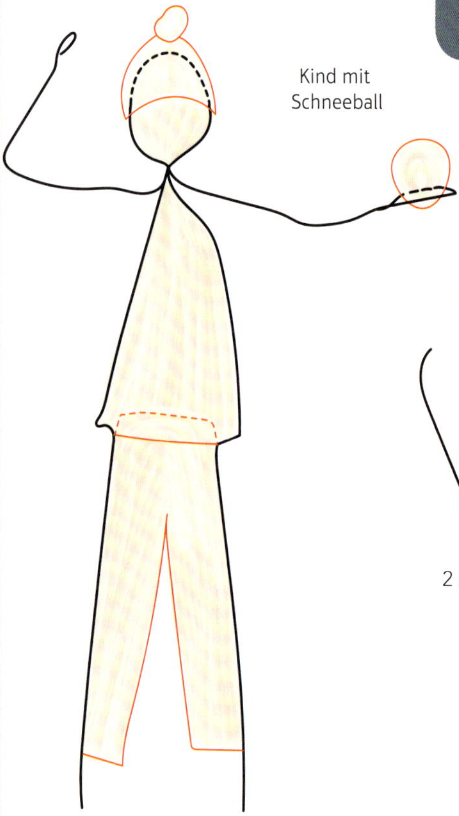

Kind mit Schneeball

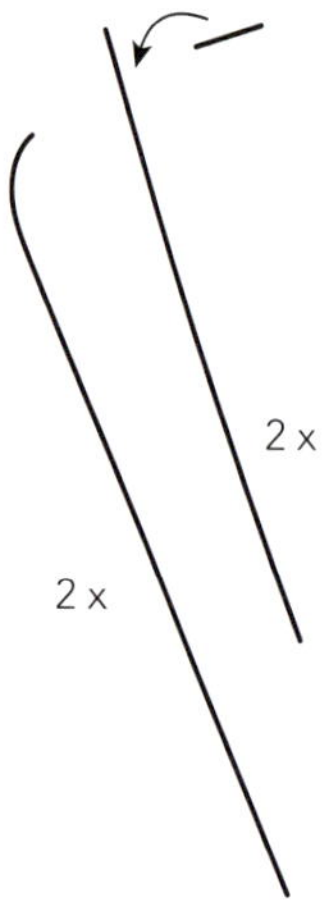

Ski und Stock

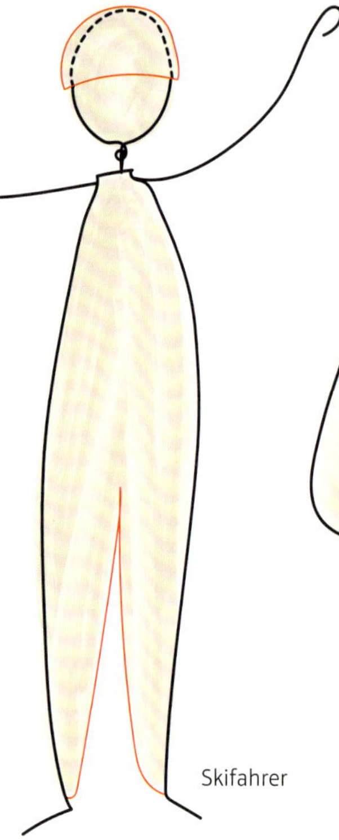

Skifahrer

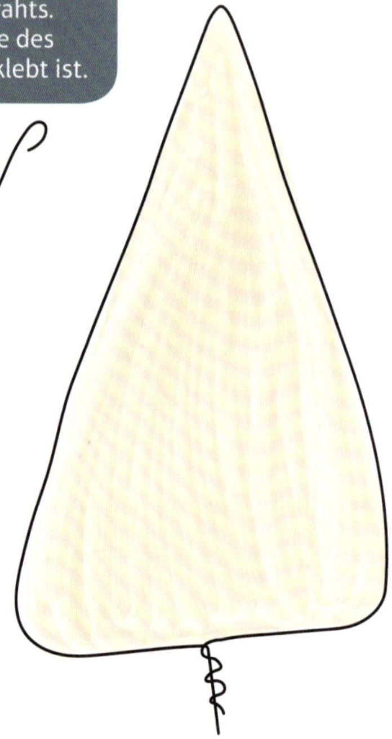

IM Schnee

10

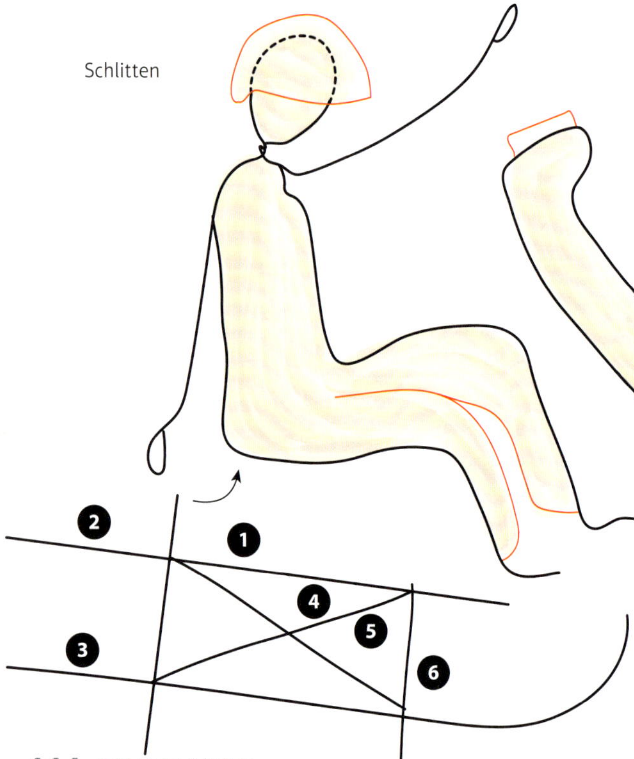

Schlitten

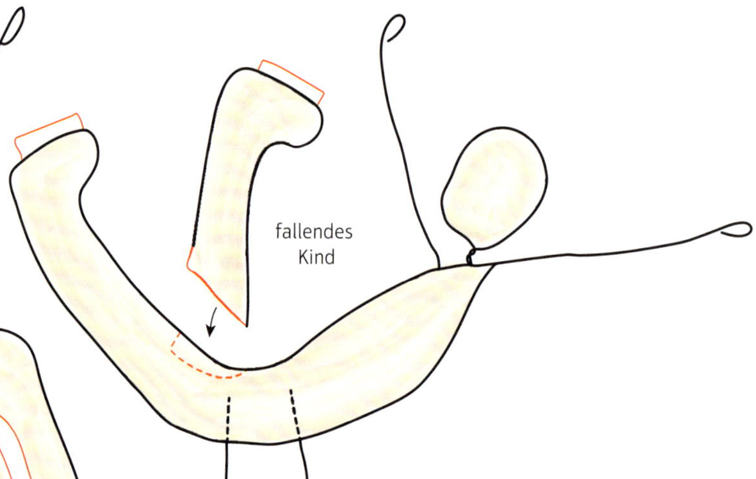

fallendes Kind

Schneebälle auf dem Boden

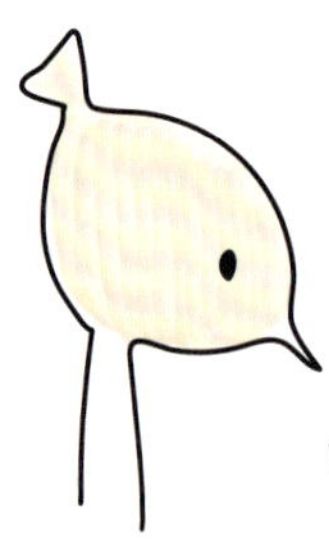

Vogel

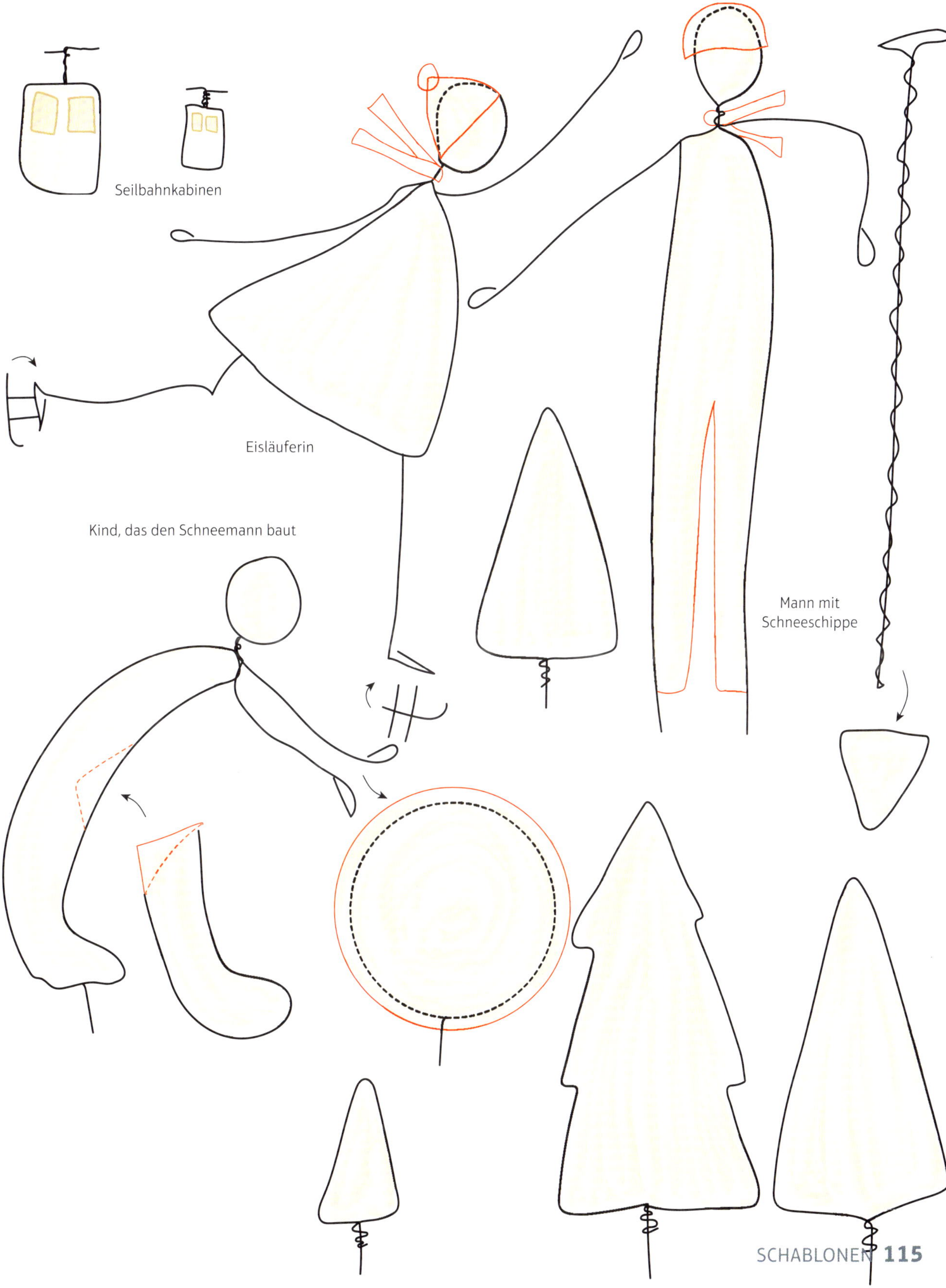
Seilbahnkabinen
Eisläuferin
Kind, das den Schneemann baut
Mann mit
Schneeschippe

TISCHDEKO *Skiurlaub*

11

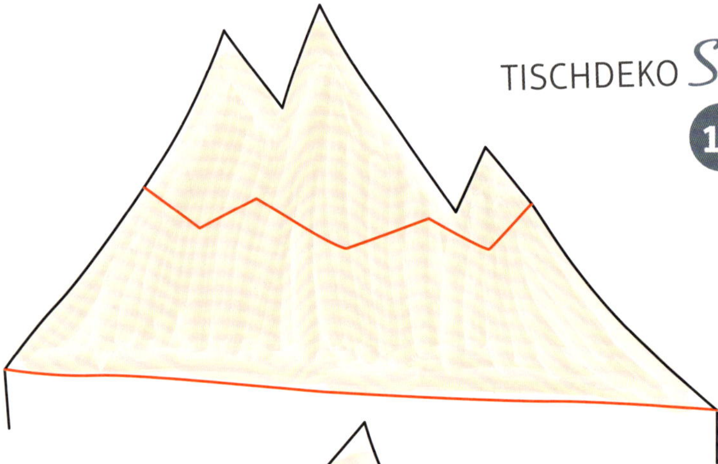

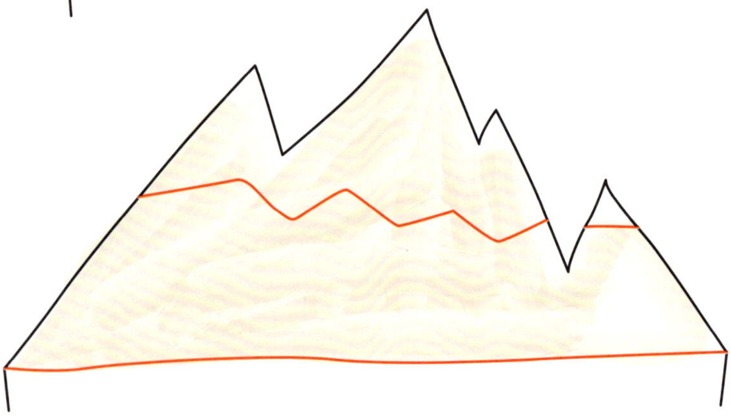

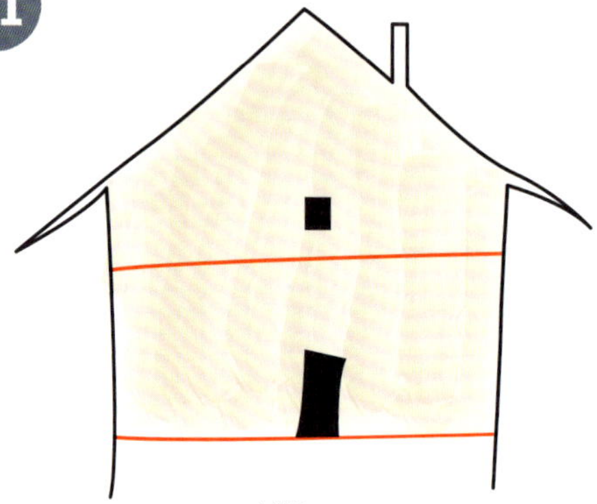

Hütte

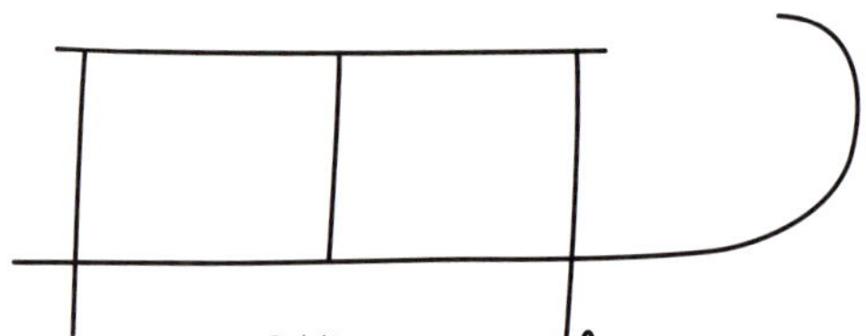

Schlitten

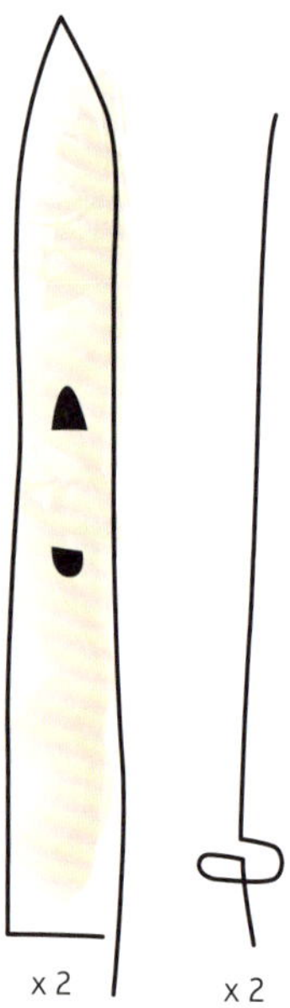

x 2 x 2

Skier und Stöcke

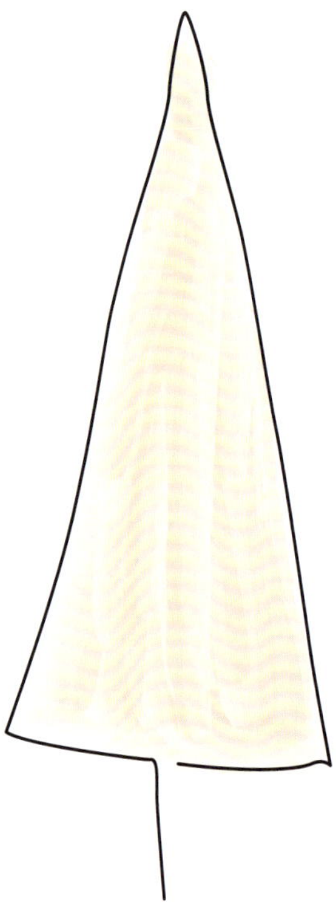

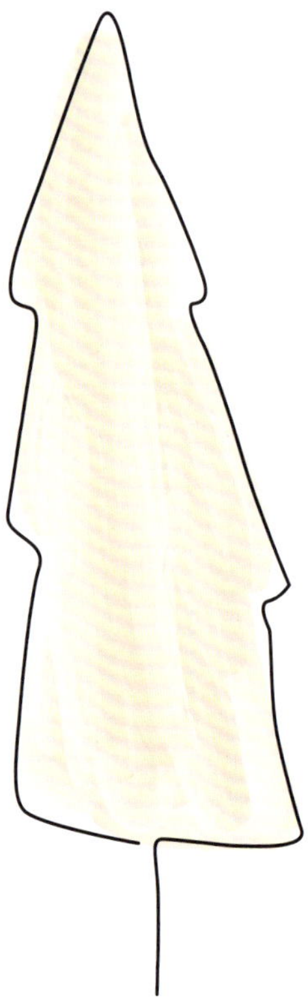

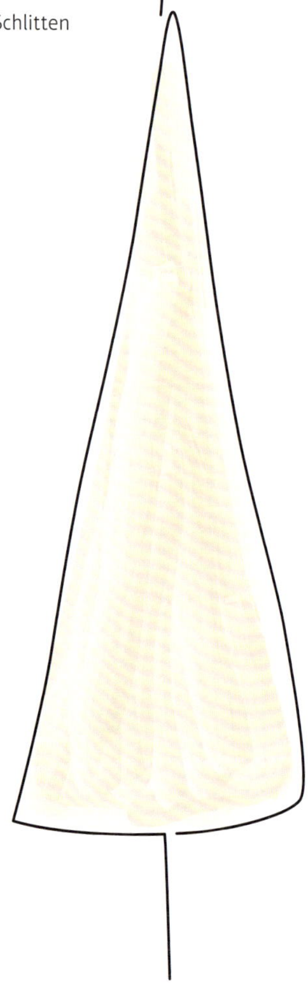

12 HAUS IM *Schnee*

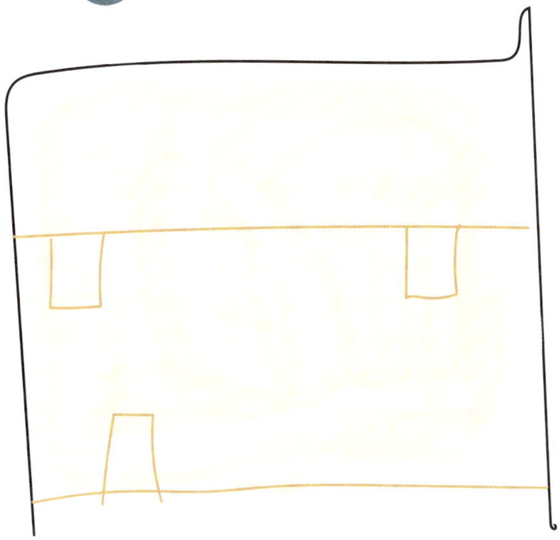

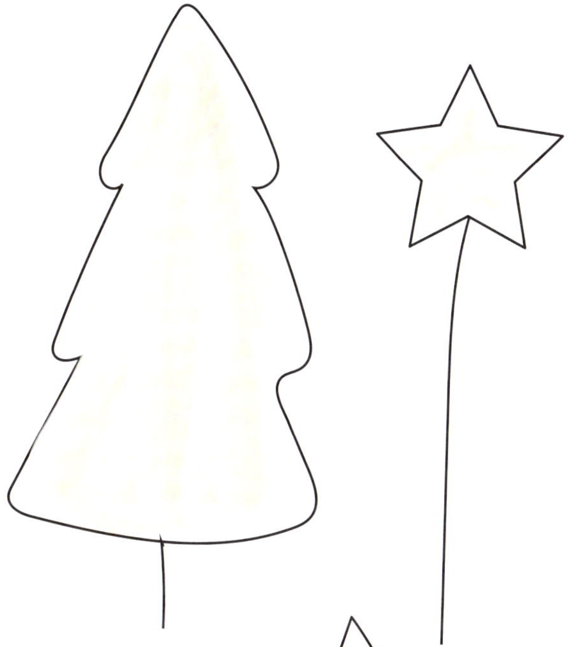

13 RUDOLF MIT DER ROTEN *Nase*

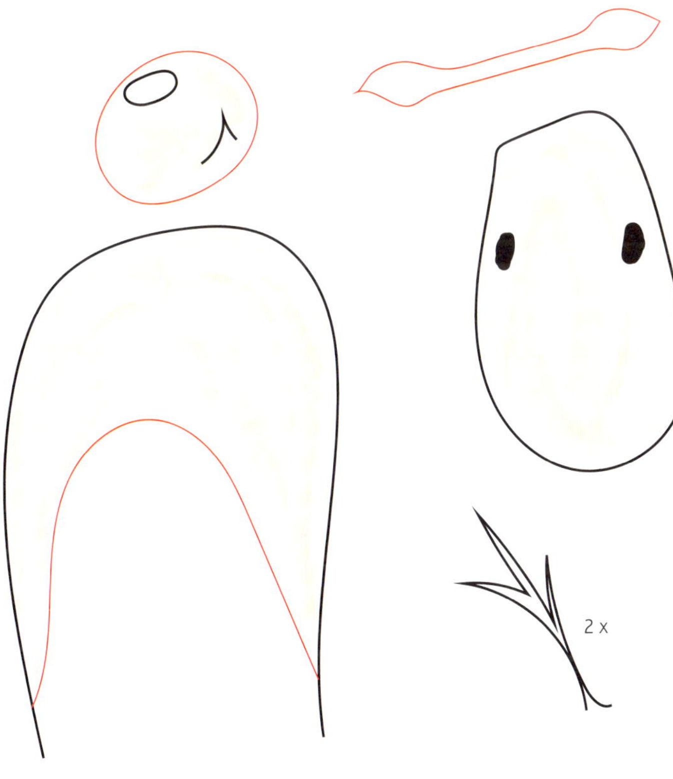

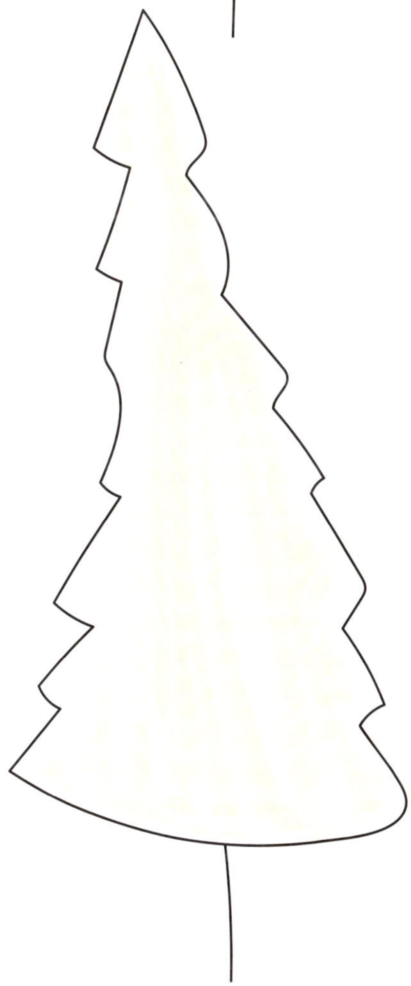

Mützen und Handschuhe

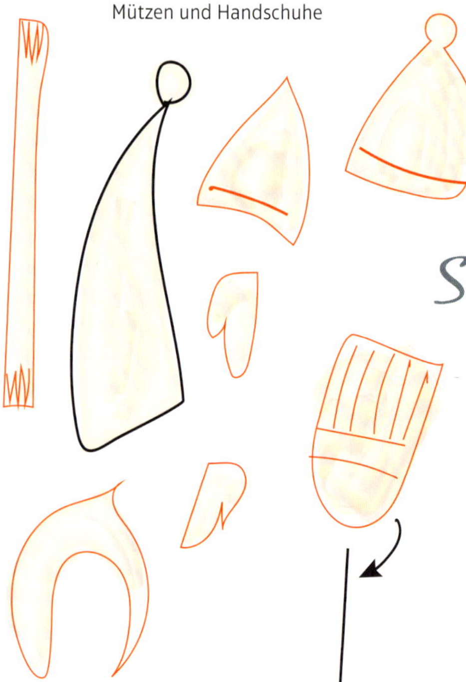

14

Schneemann

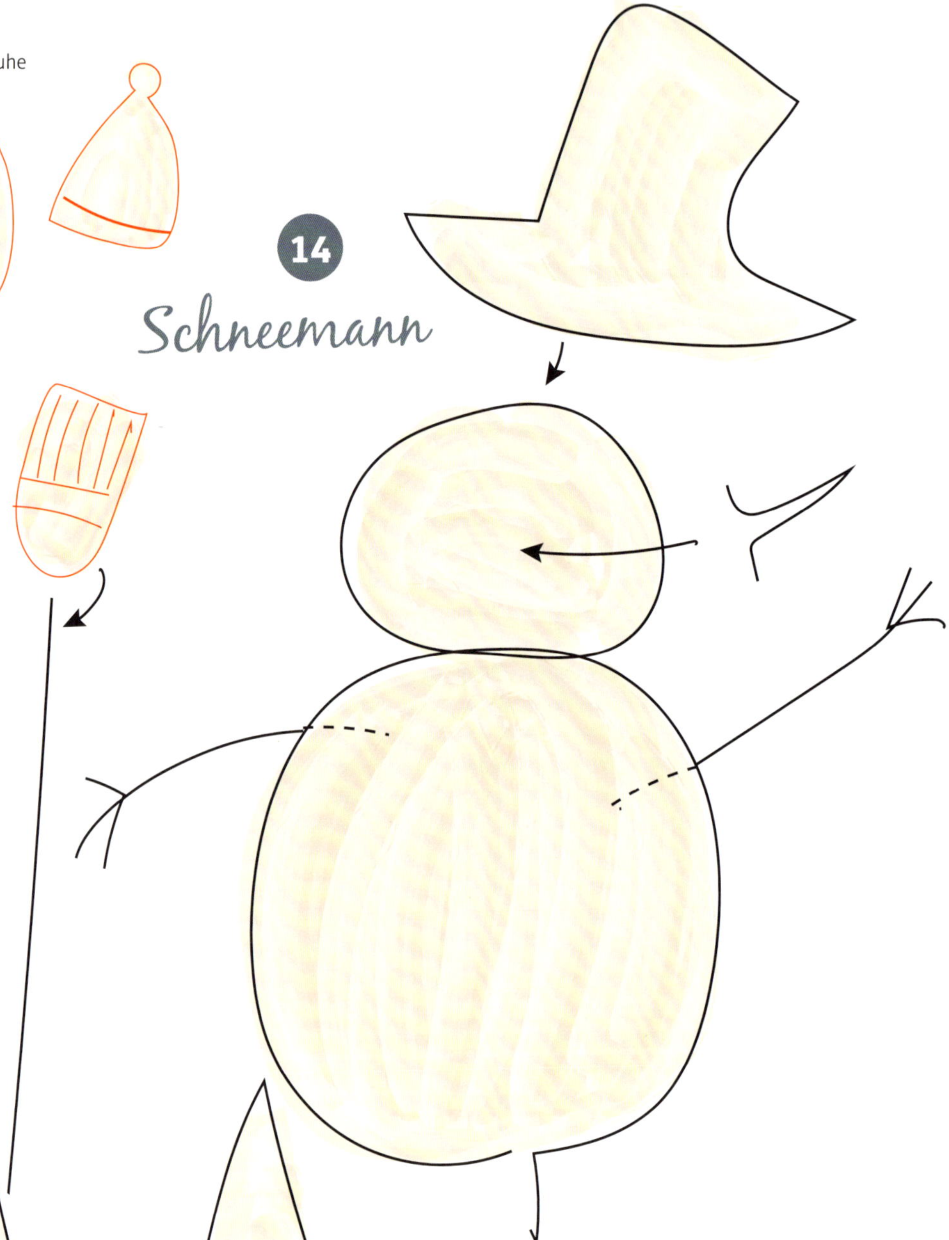

16

Eislaufbär

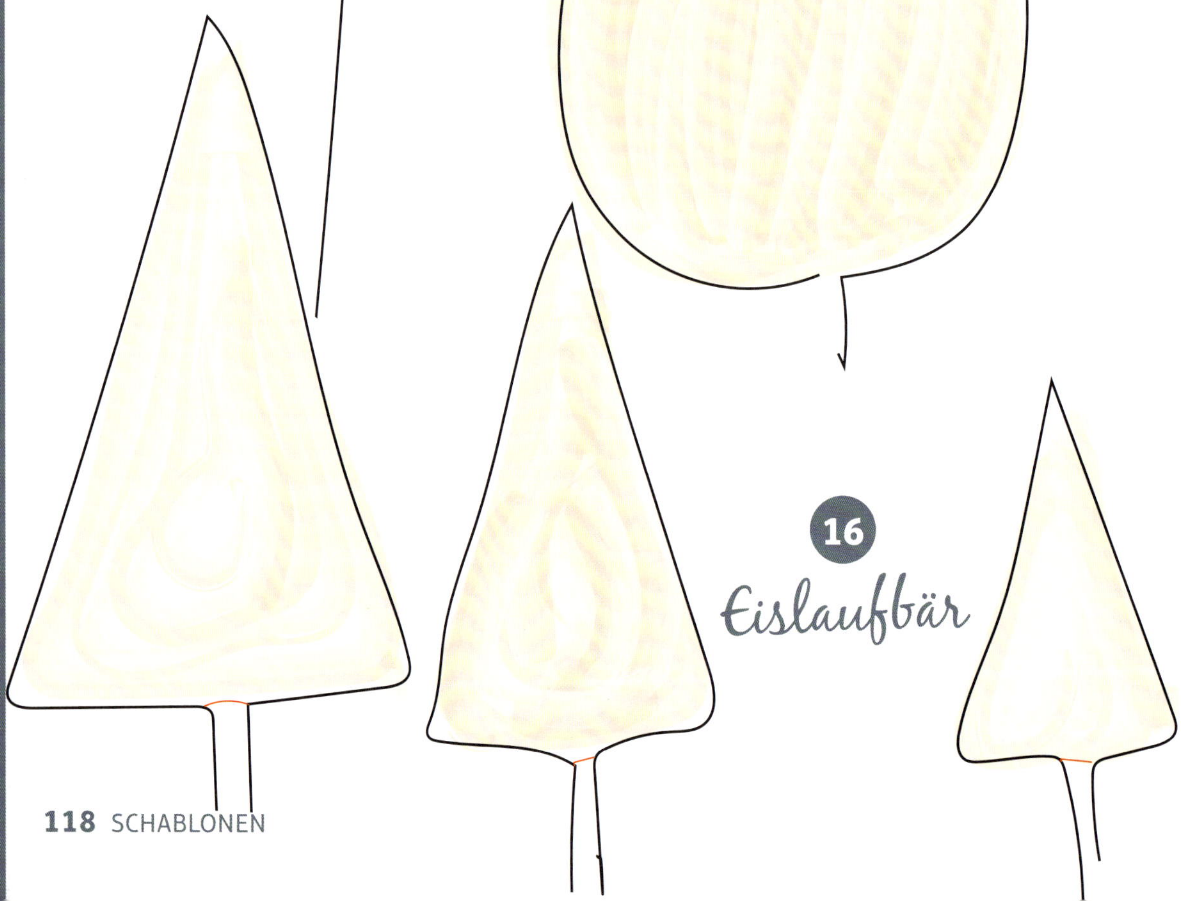

15 Skifahrer

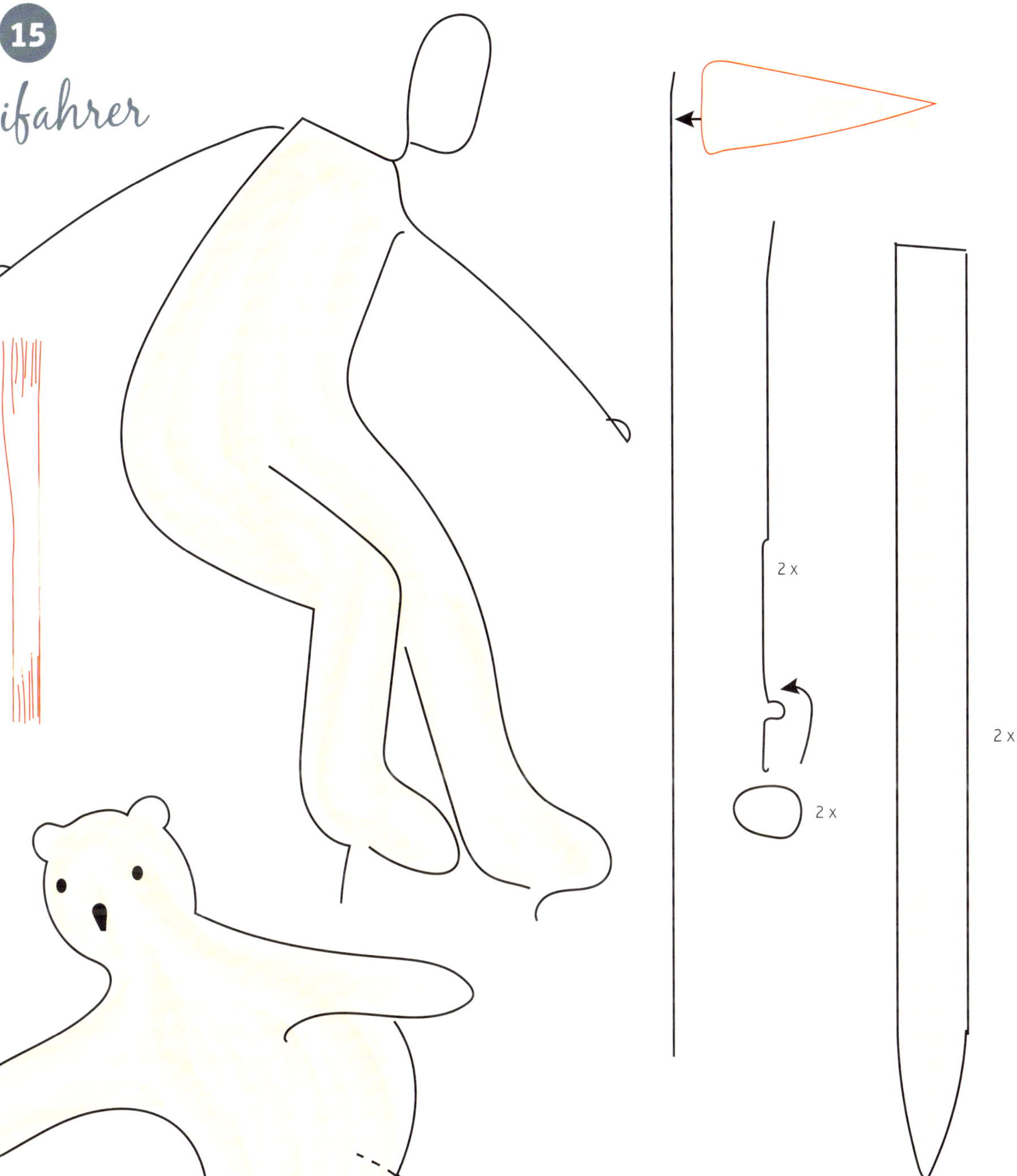

16 Eislaufbär

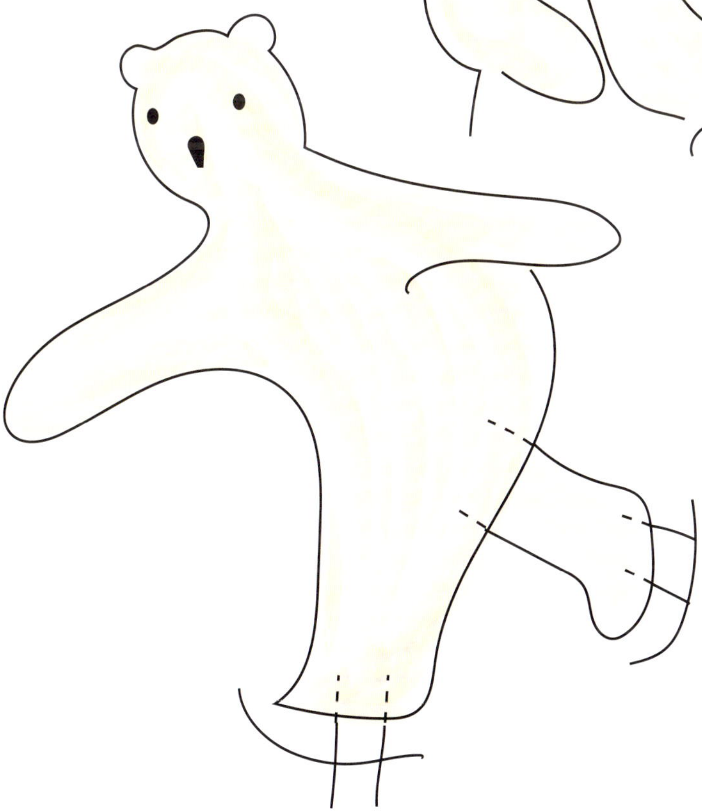

17

Schlittenfahrt

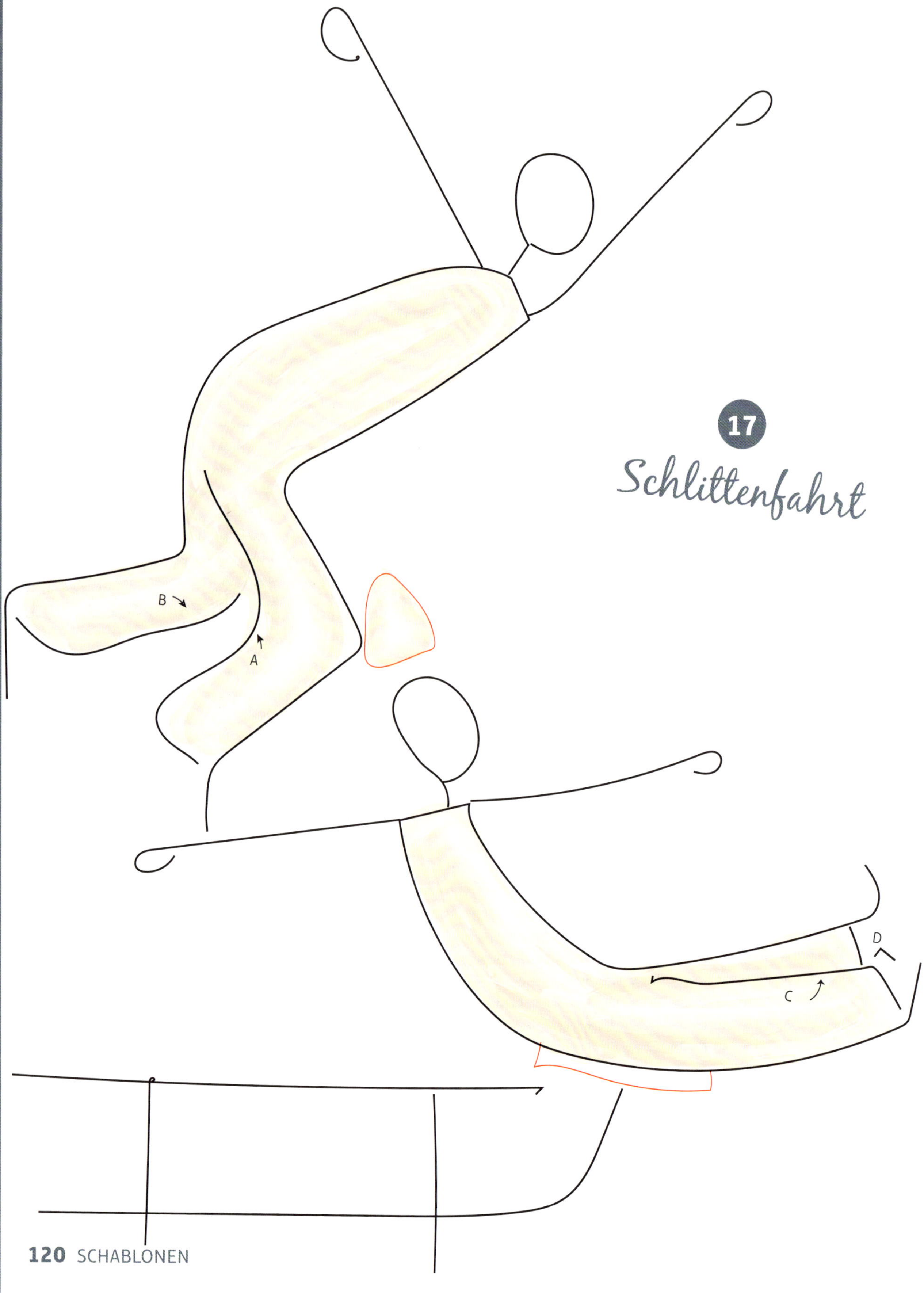

18

Schneeballschlacht

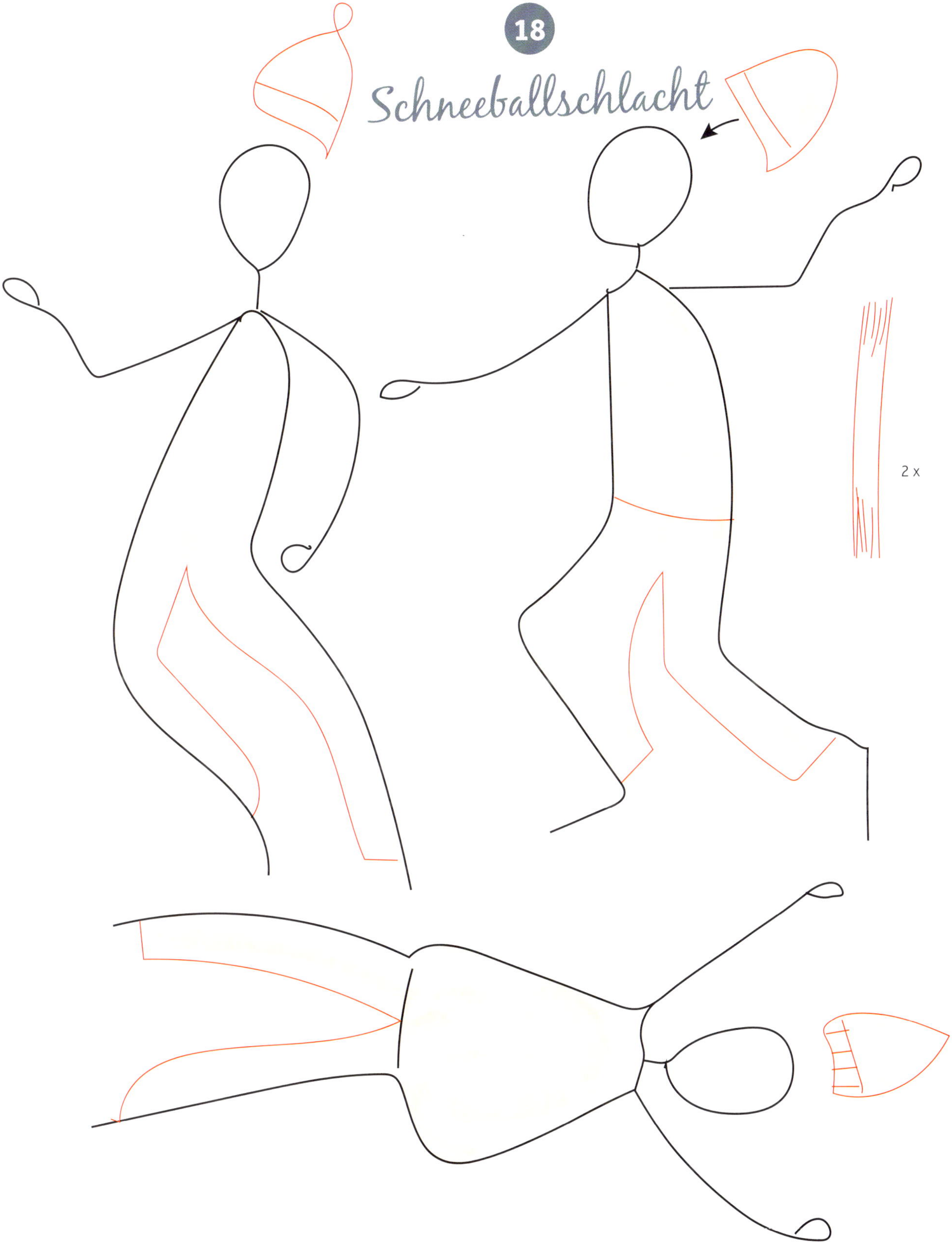

2 x

Alle Schablonen sind in Originalgröße.
Der schwarze Strich entspricht dem Verlauf des Papierdrahts. Der rote Strich entspricht der Schneidelinie des Papiers, wenn es noch nicht auf den Draht geklebt ist.

19

IN DER *Natur*

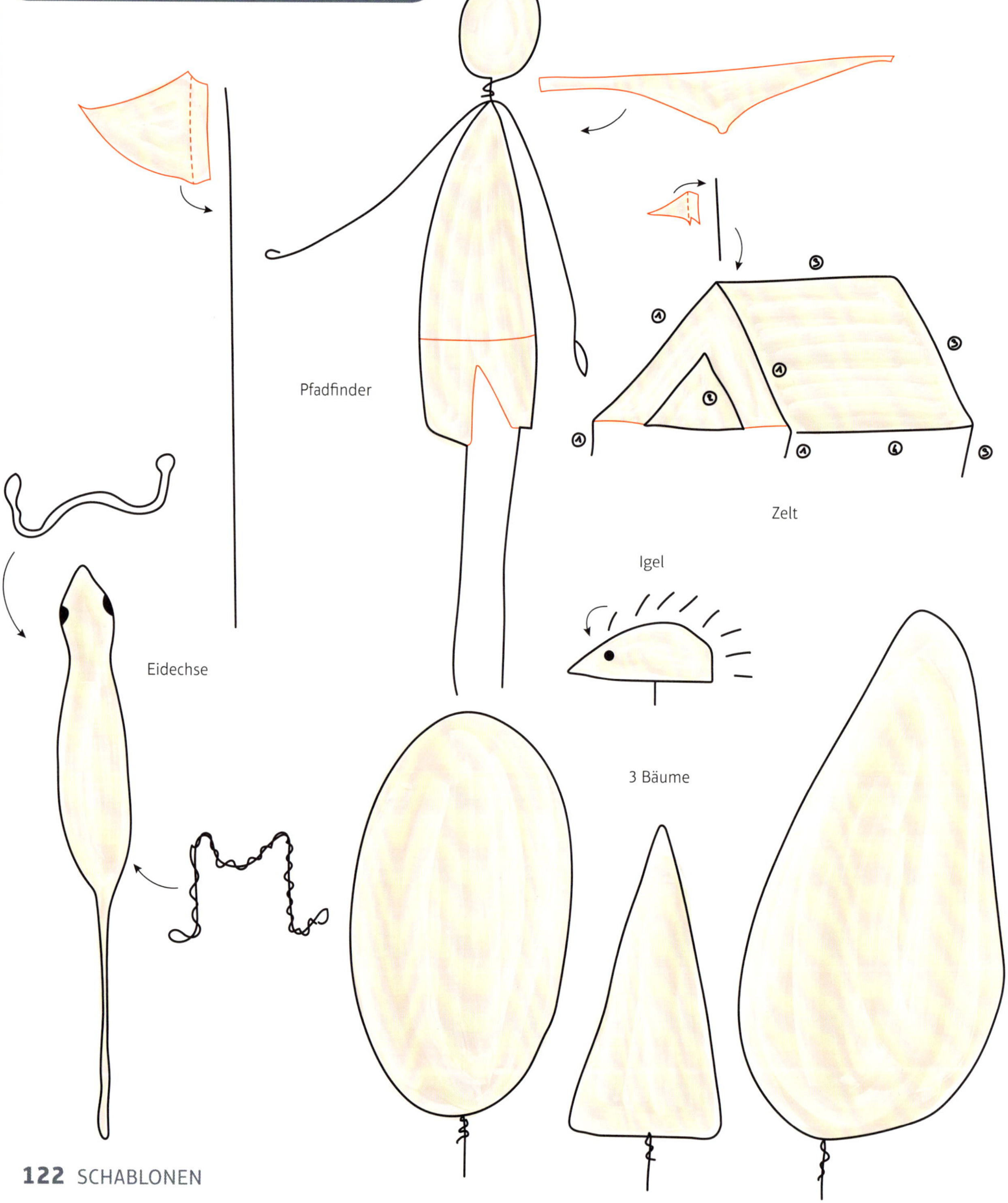

Pfadfinder

Zelt

Igel

Eidechse

3 Bäume

19

IN DER *Natur*

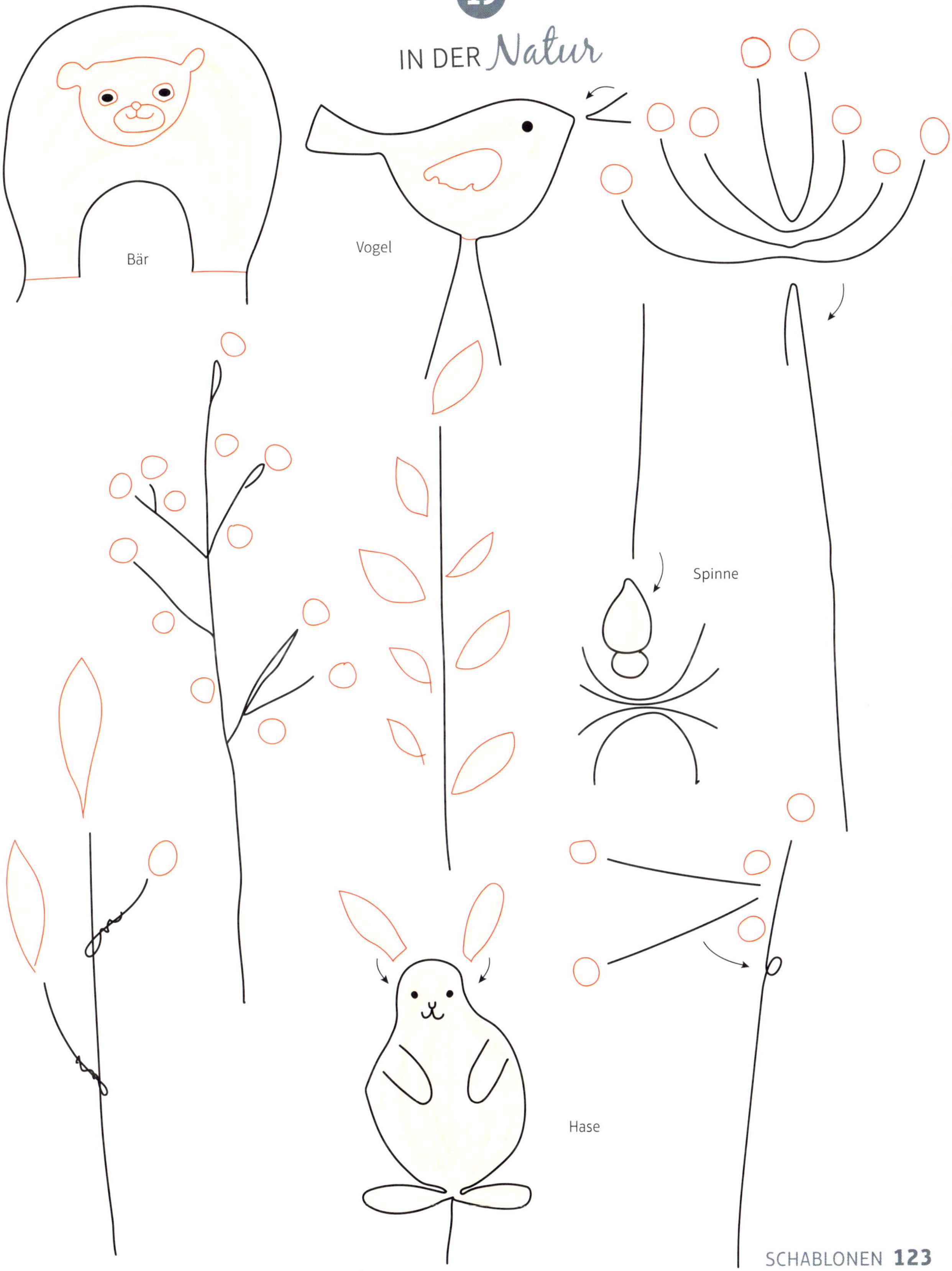

19

IN DER *Natur*

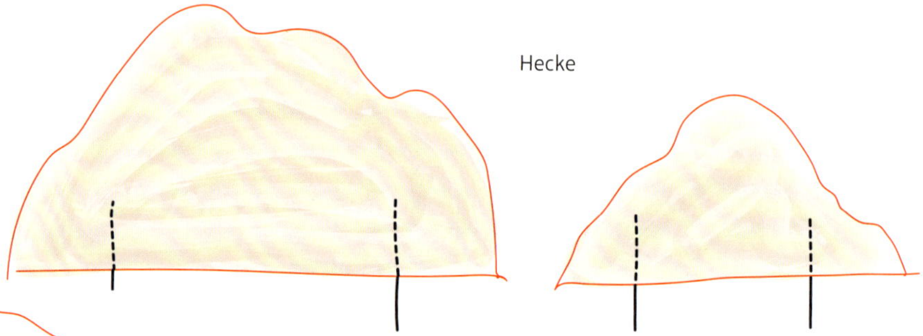

Hecke

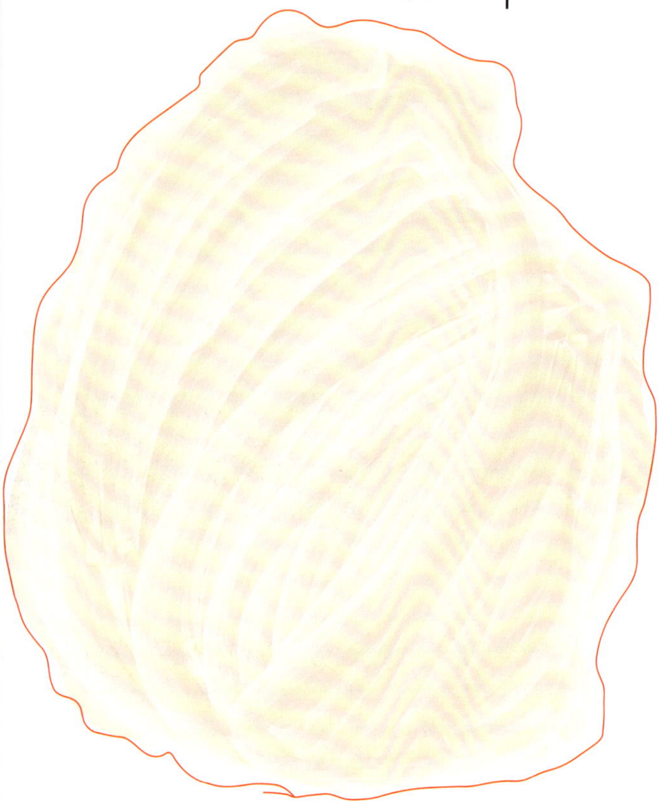

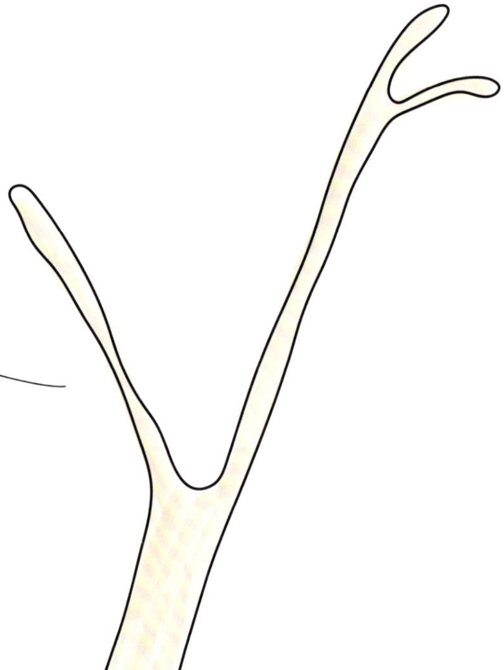

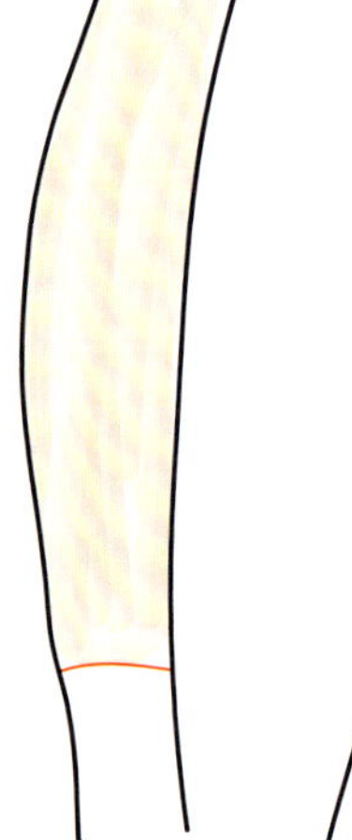

Baum

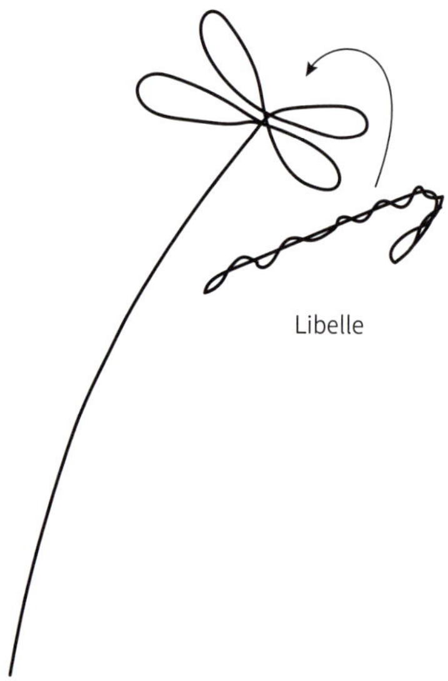

Libelle

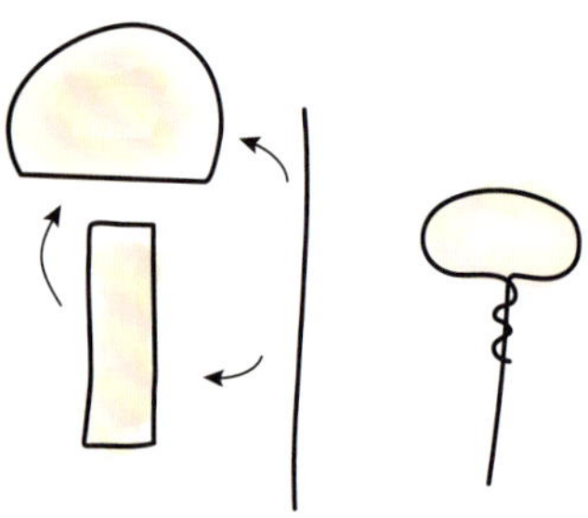

Pilze

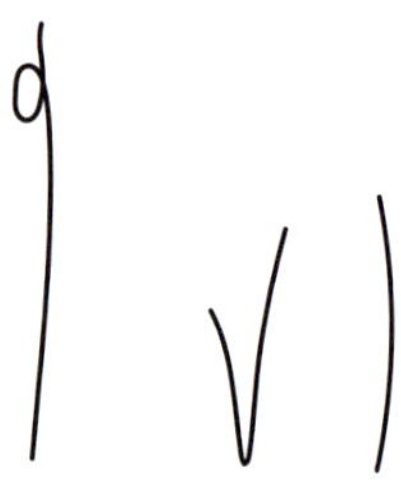

kleine Pflanzen

20 Sonntagsausflug

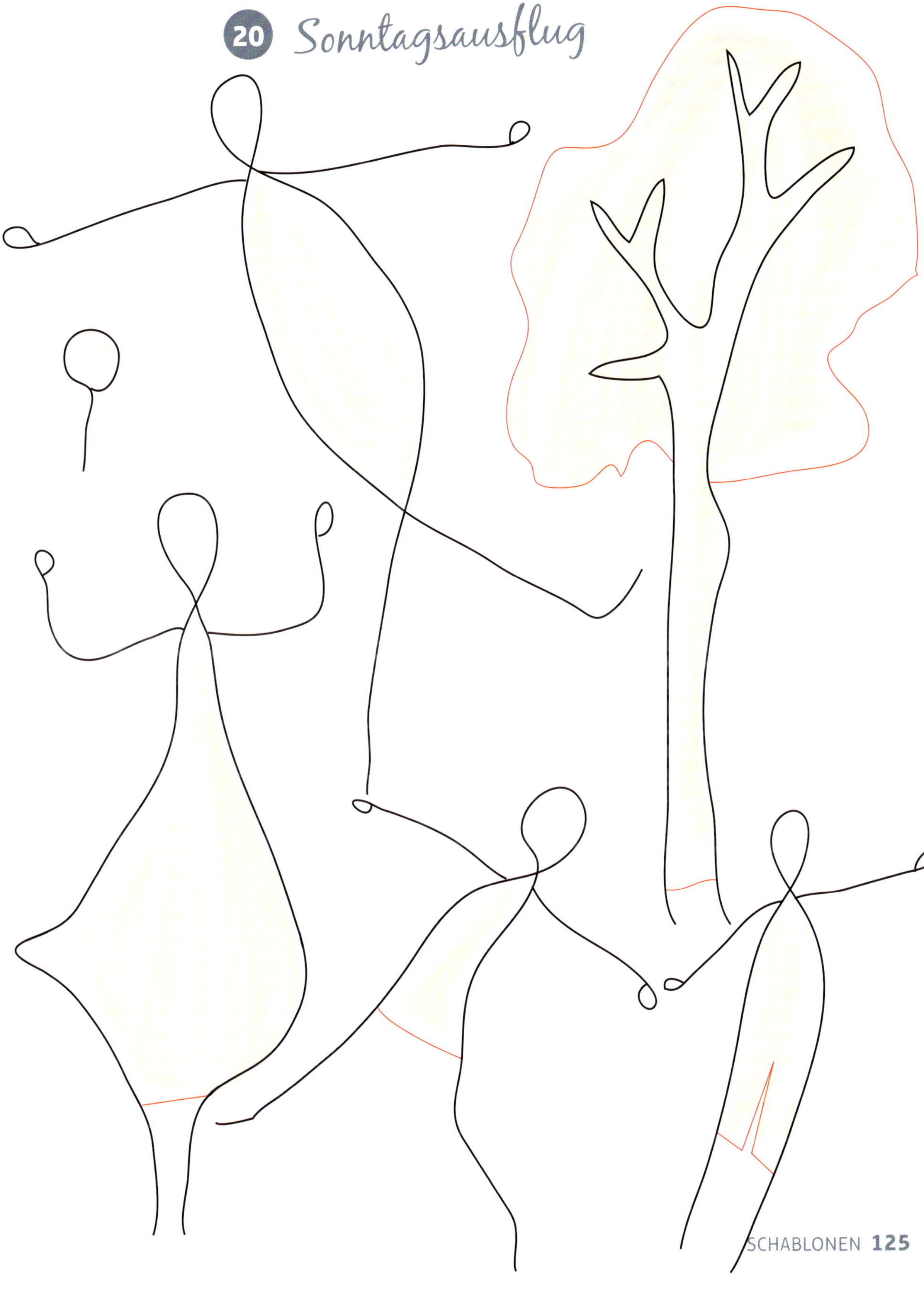

21

IN DEN Bergen

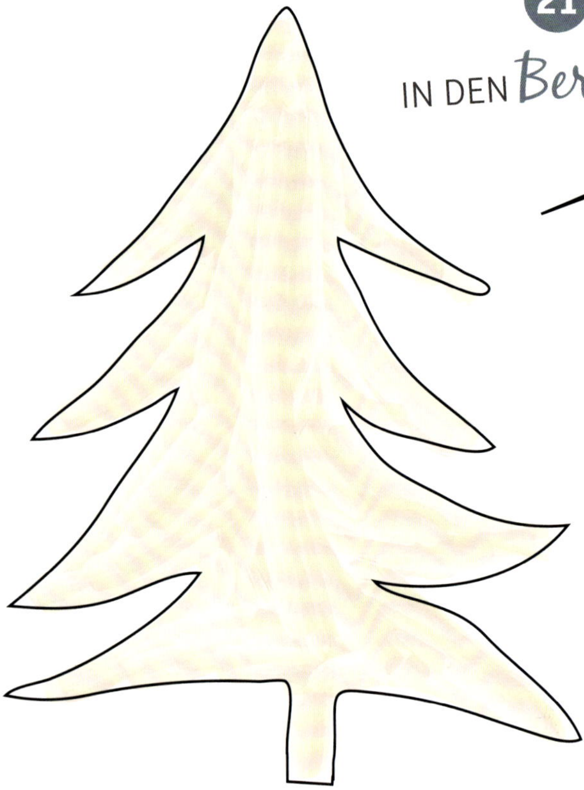

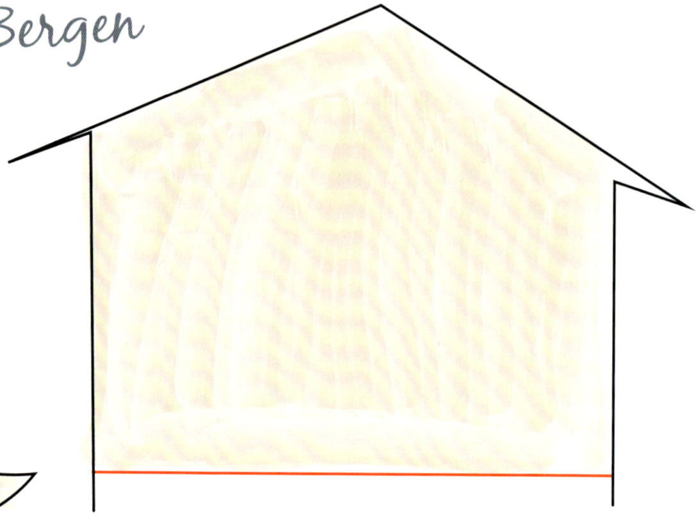

22

Rotkehlchen

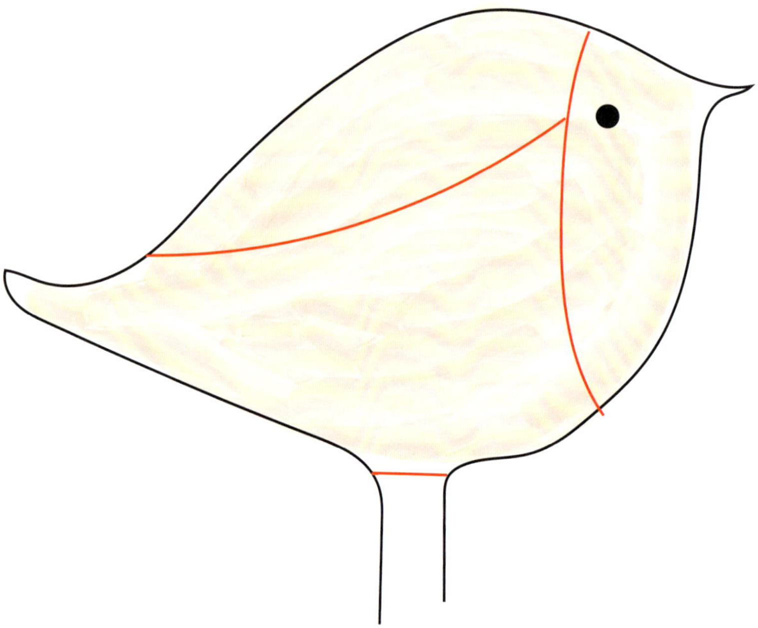

23

DIE *Tauben*

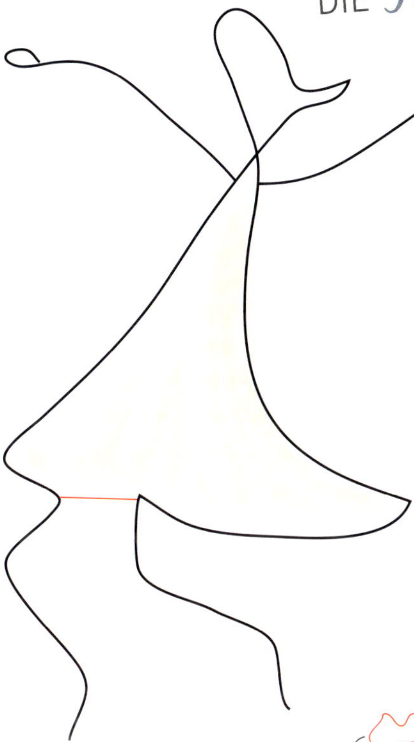

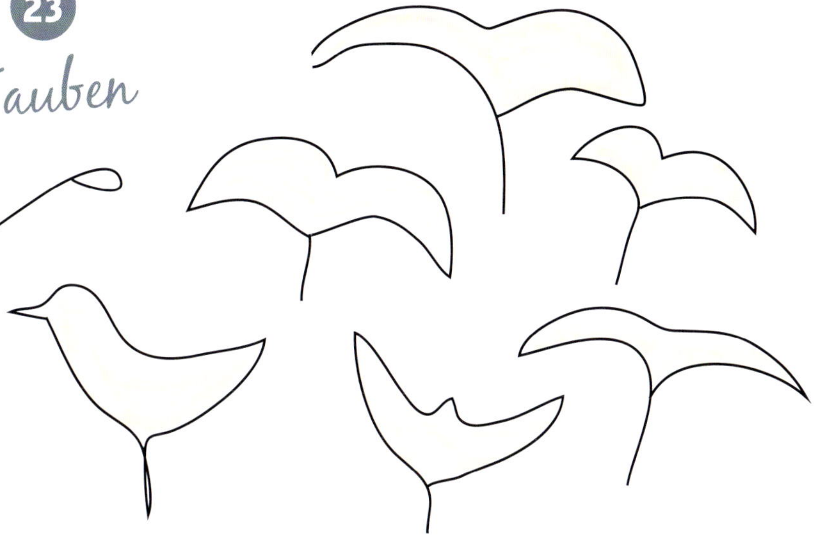

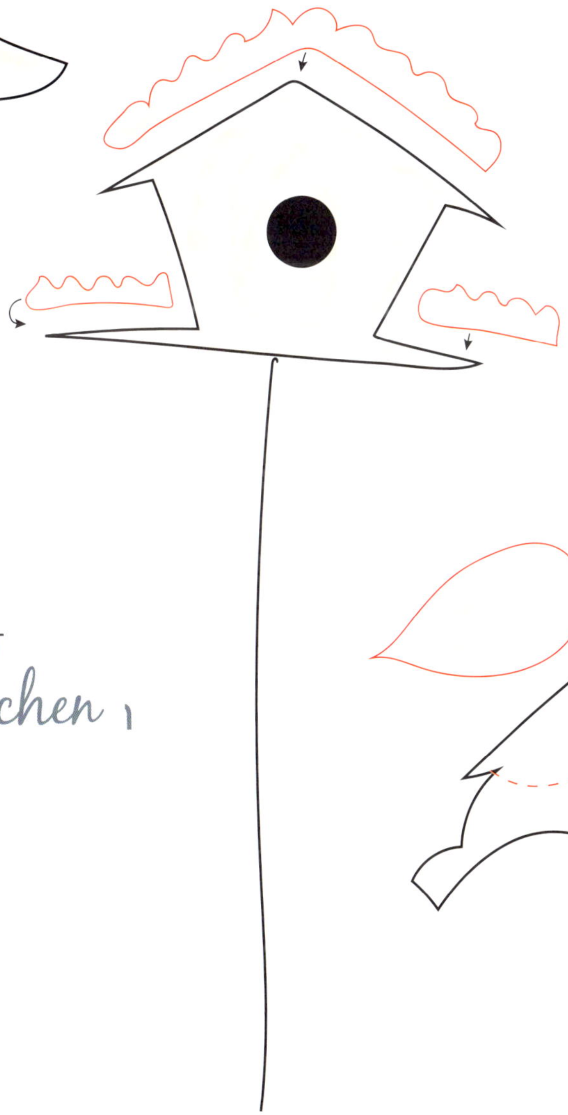

24

VOGEL MIT *Vogelhäuschen* 1

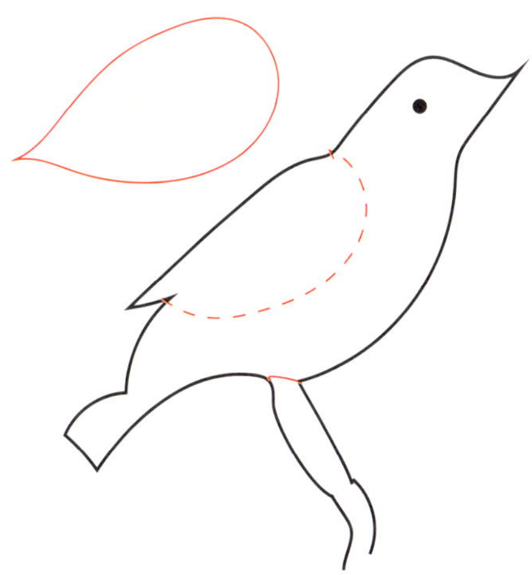

25 Sukkulentengarten

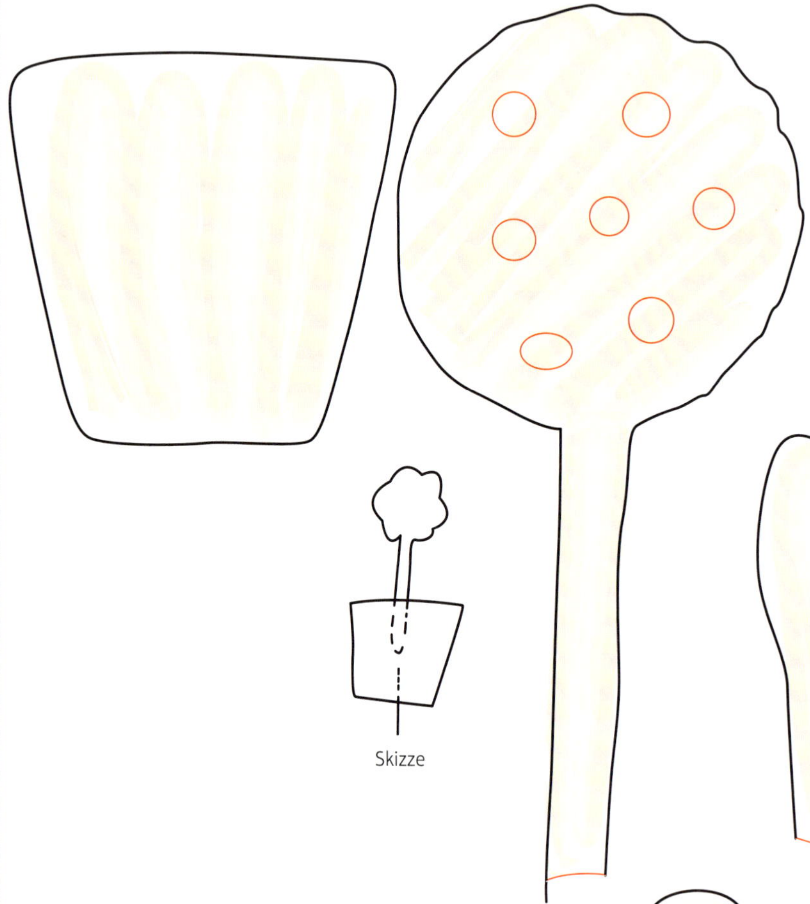

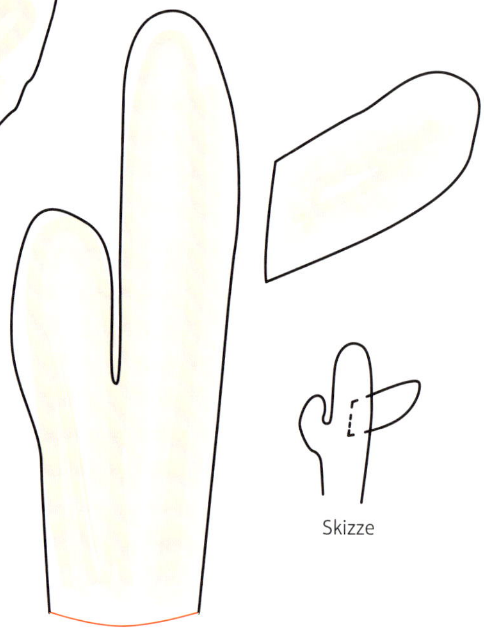

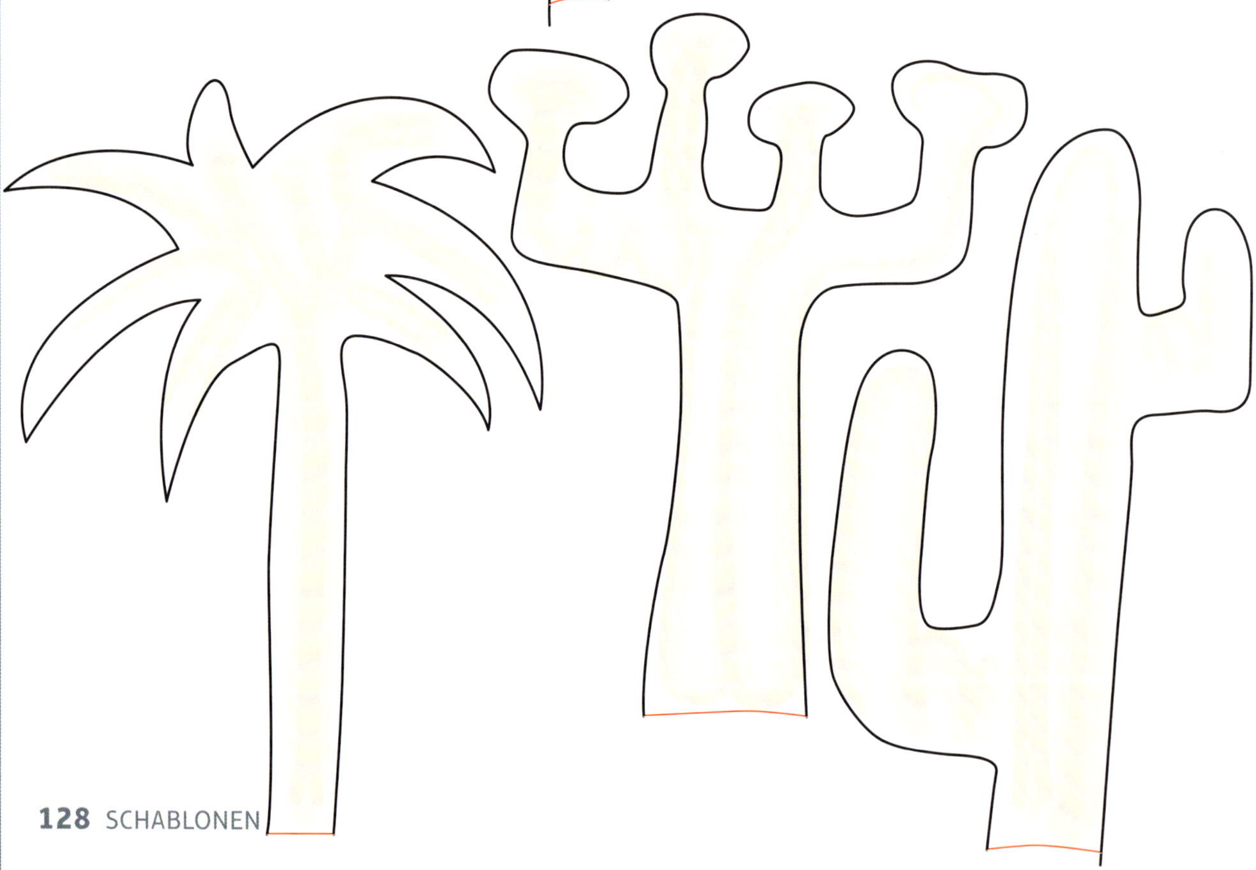

25 Sukkulentengarten

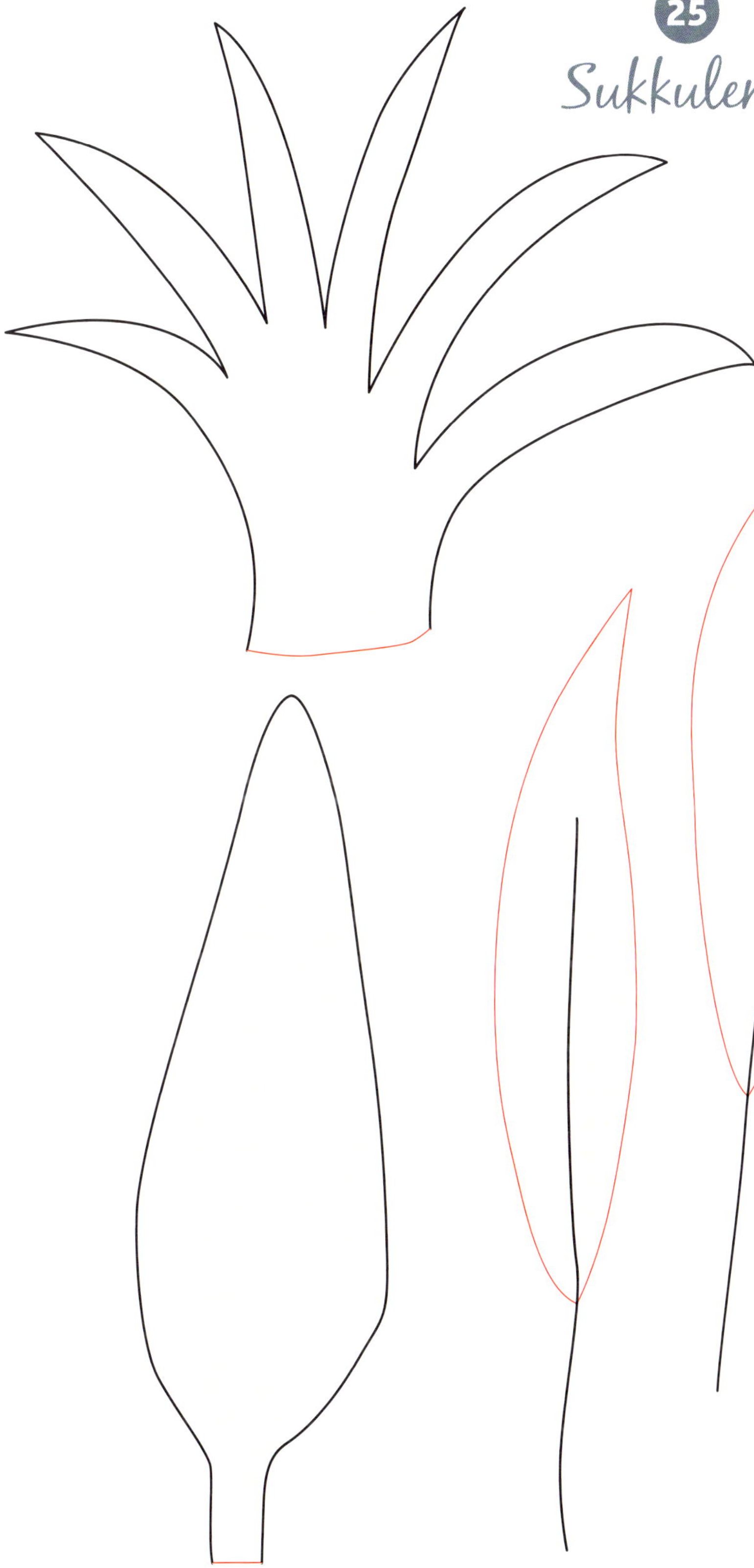

26 Maiglöckchen

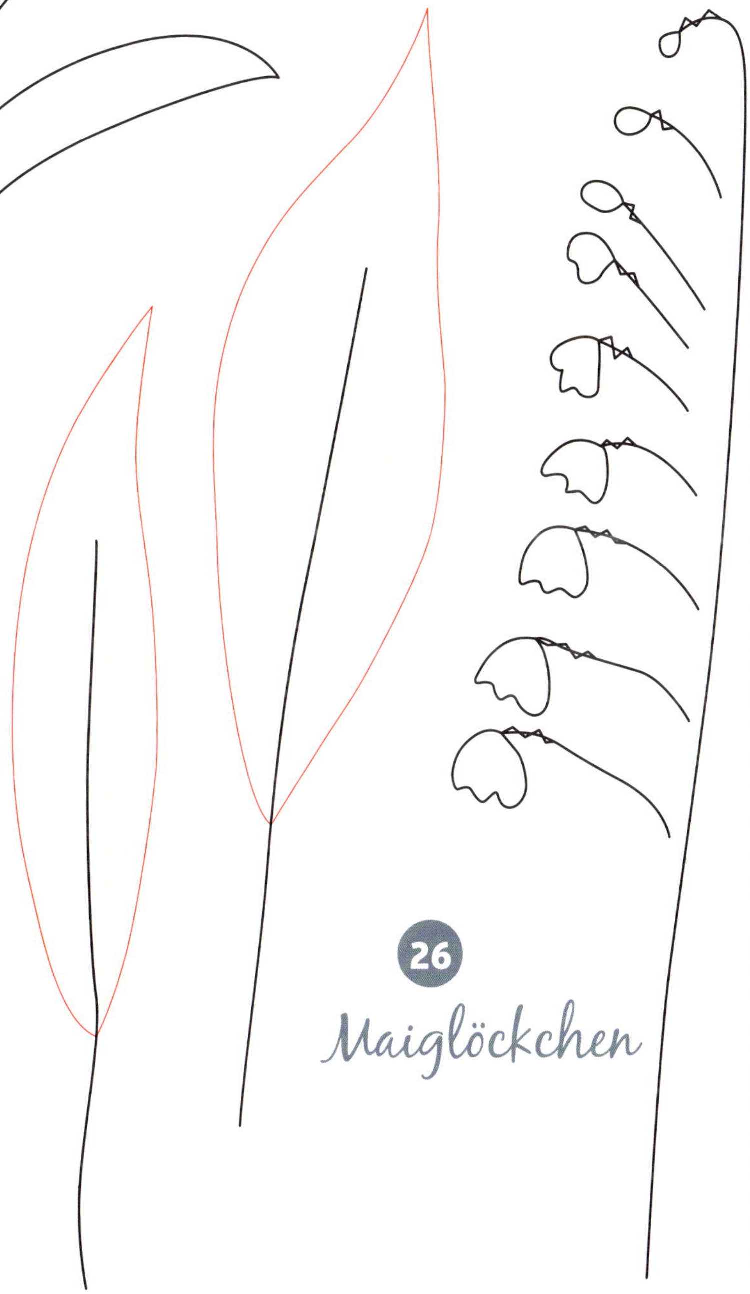

26 BLÄTTER UND *Federn*

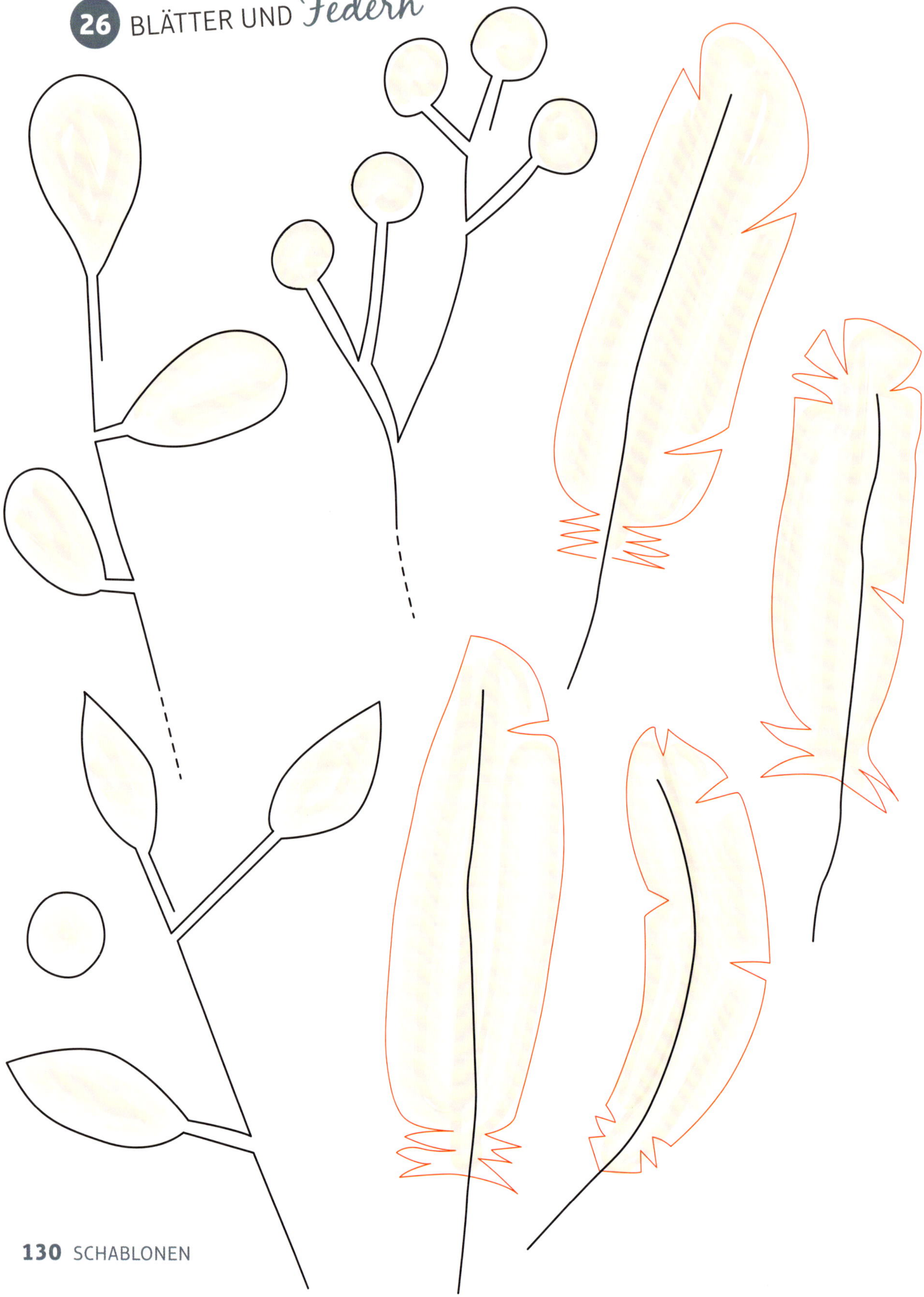

28

Frühlings-strauss

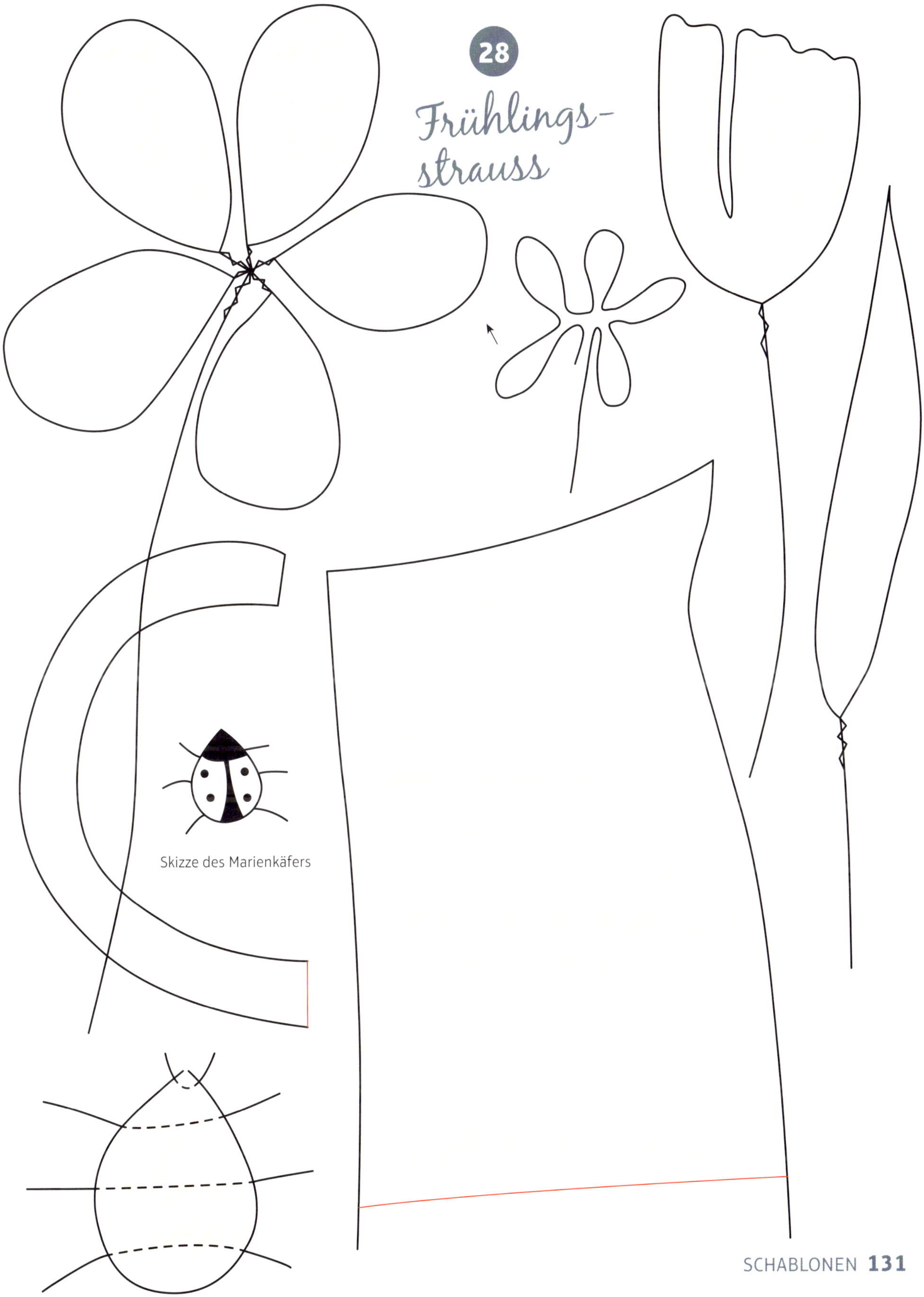

Skizze des Marienkäfers

29

AUF DEM Spielplatz

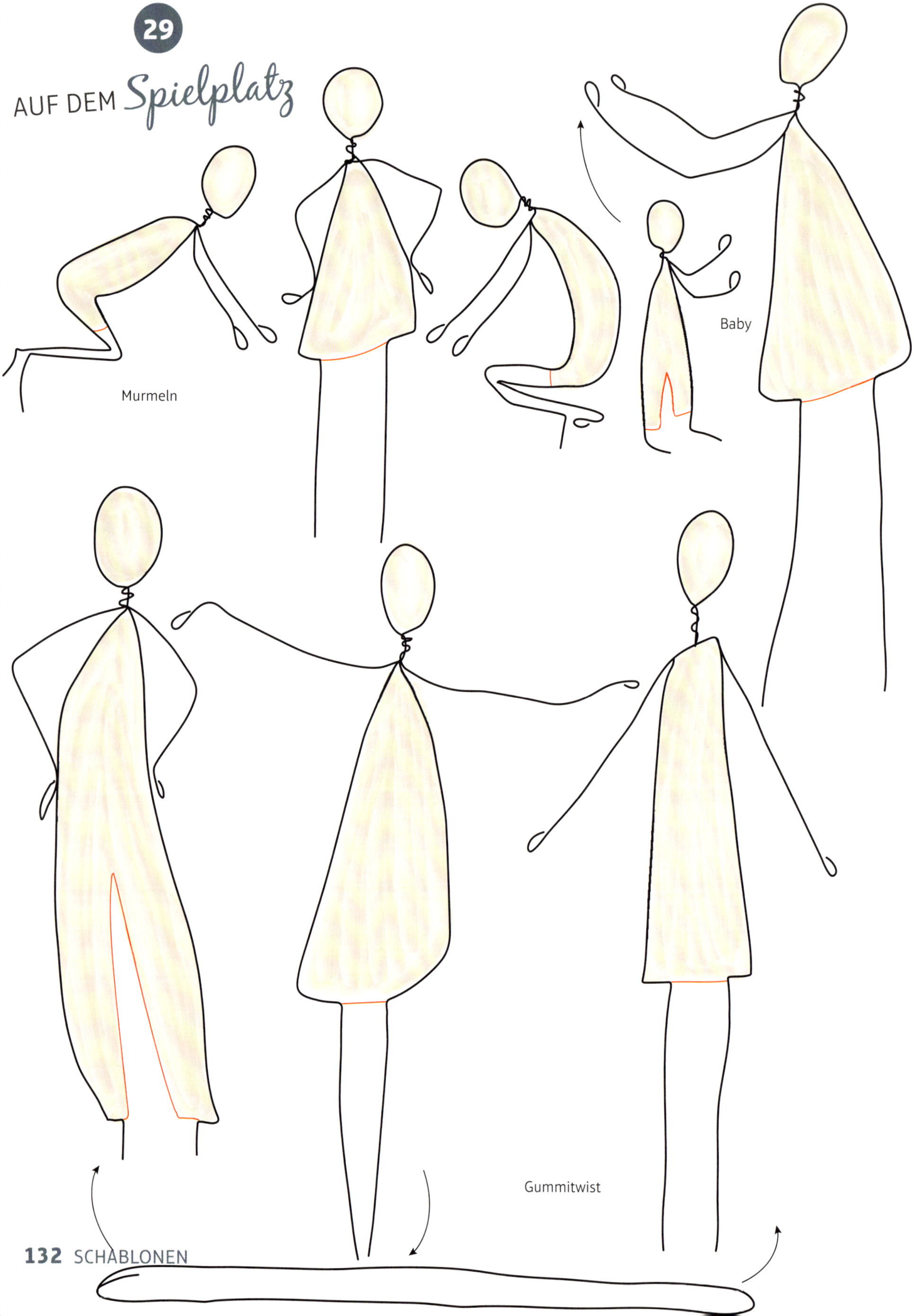

29 AUF DEM Spielplatz

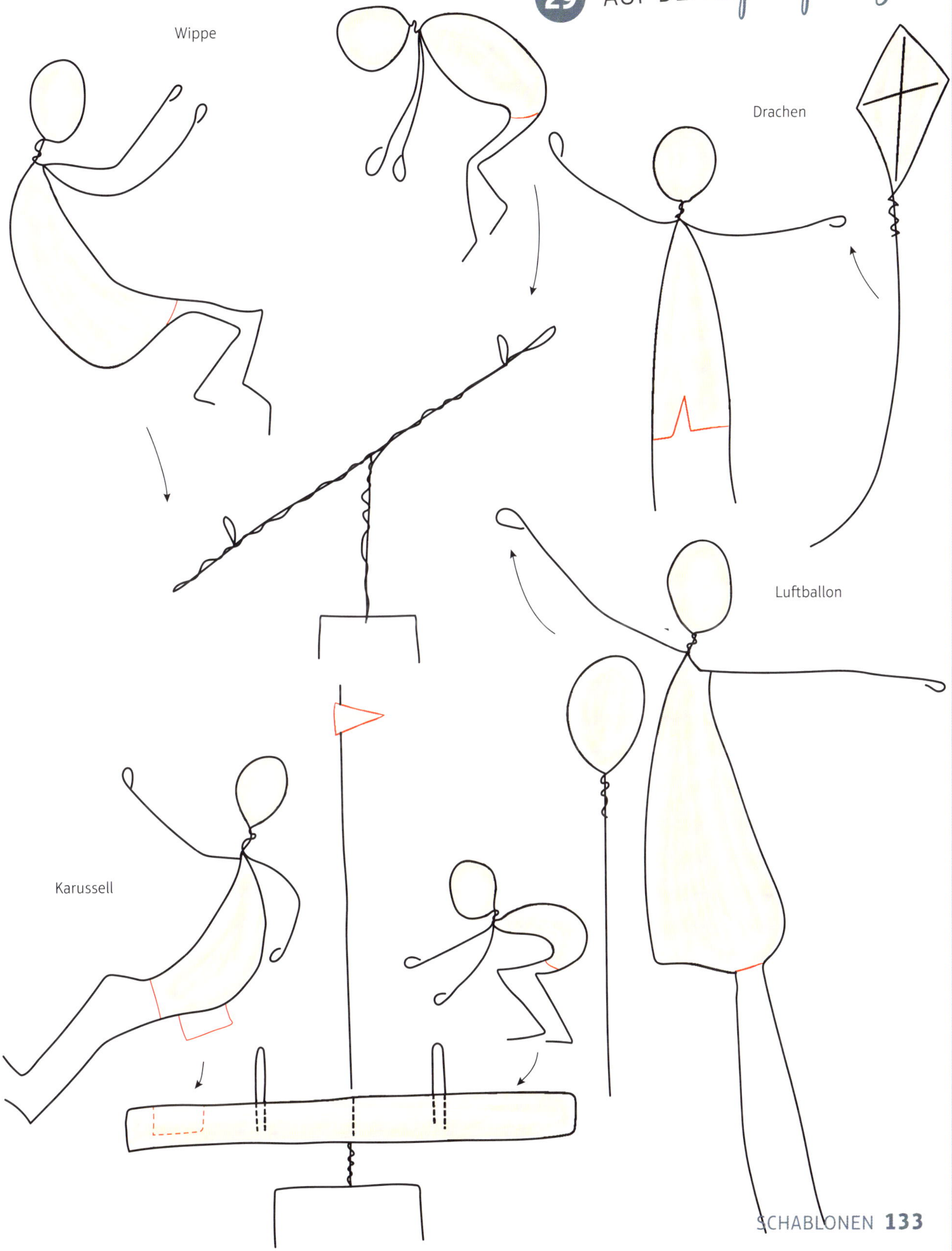

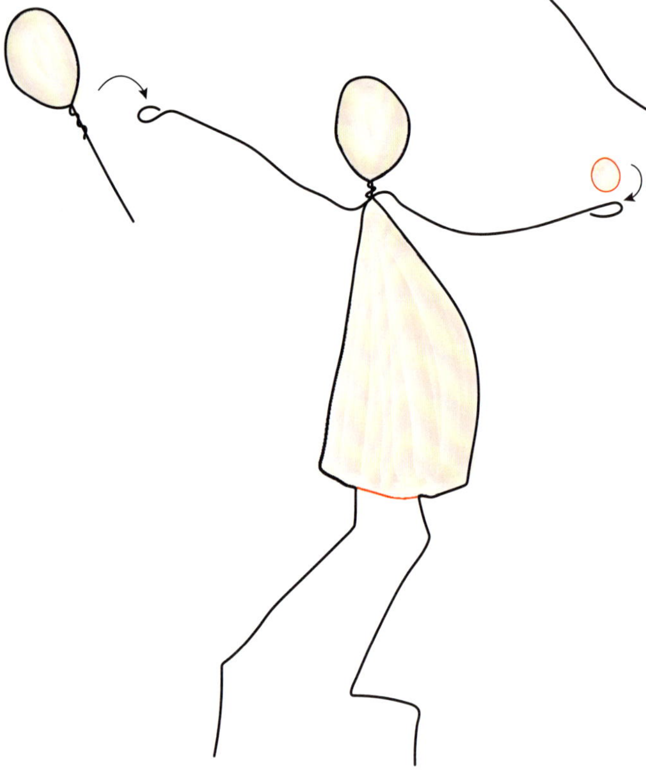

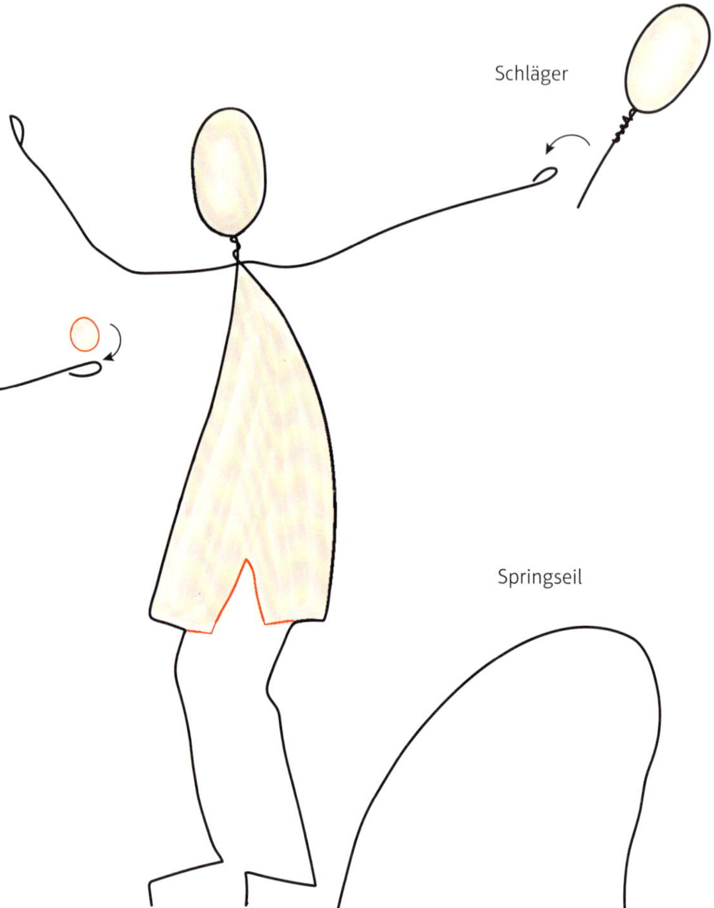

29

AUF DEM *Spielplatz*

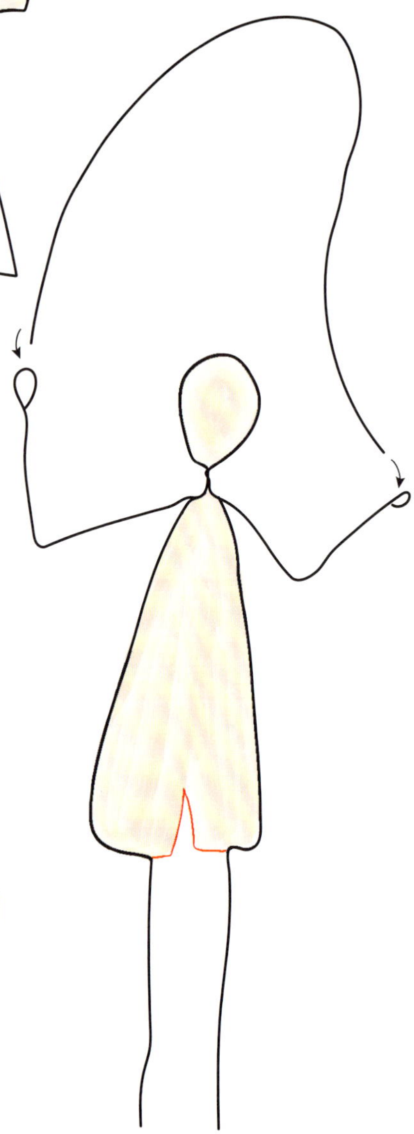

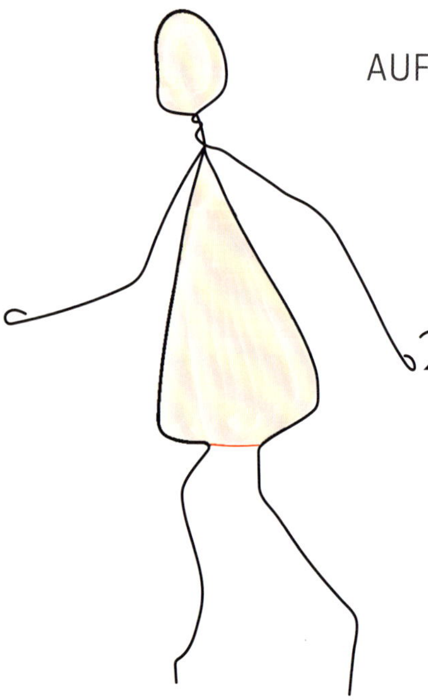

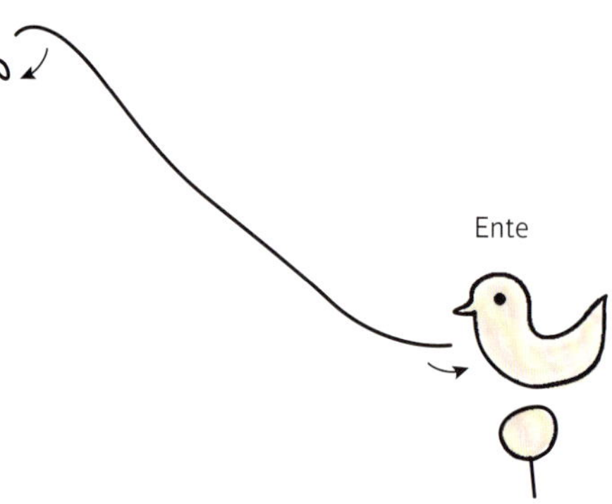

30 DAS KIND IN DEN *Wolken*

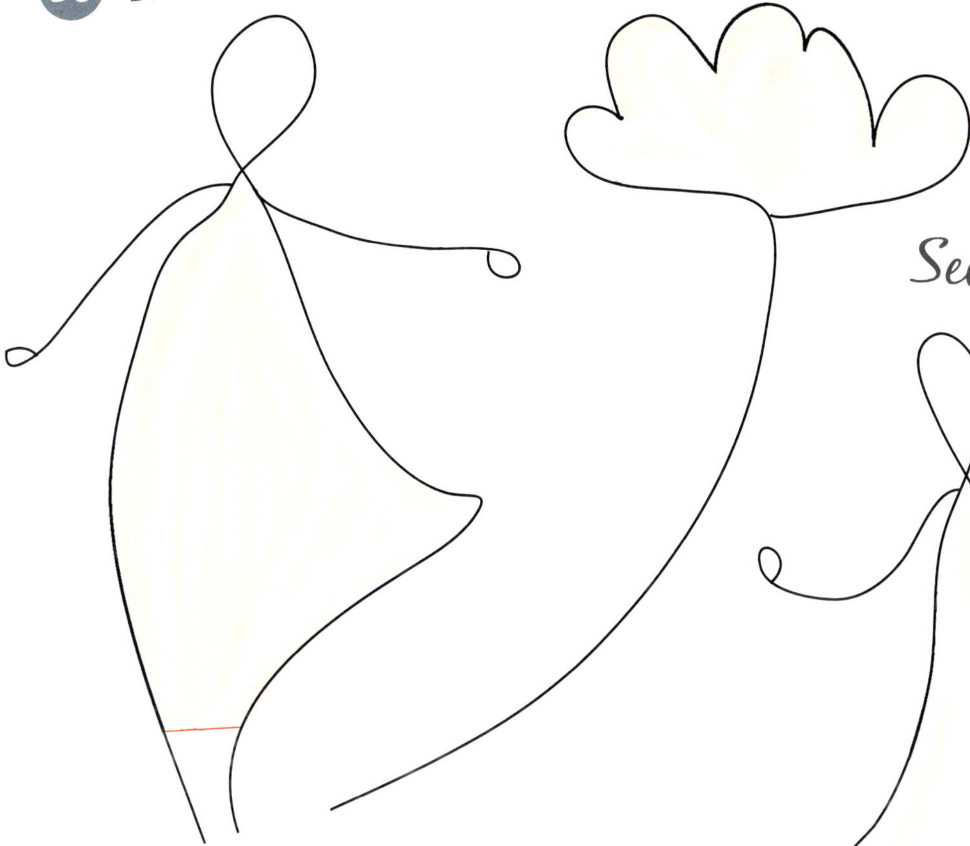

31 *Seilspringen*

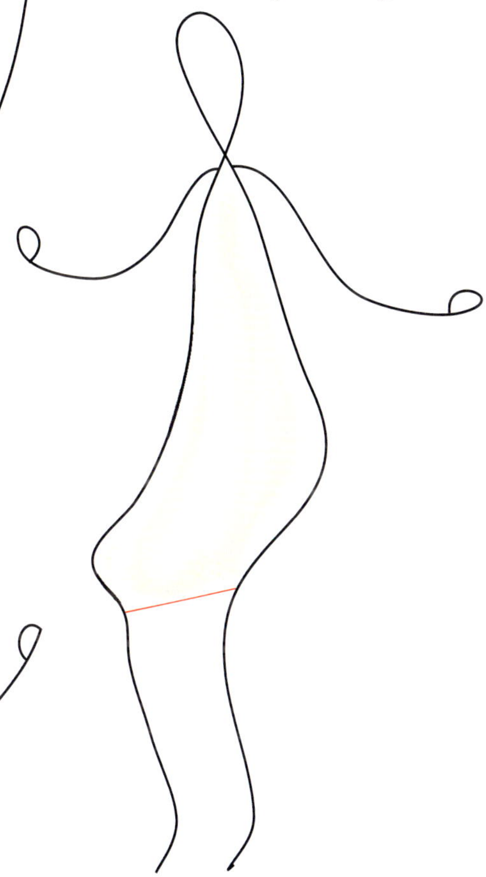

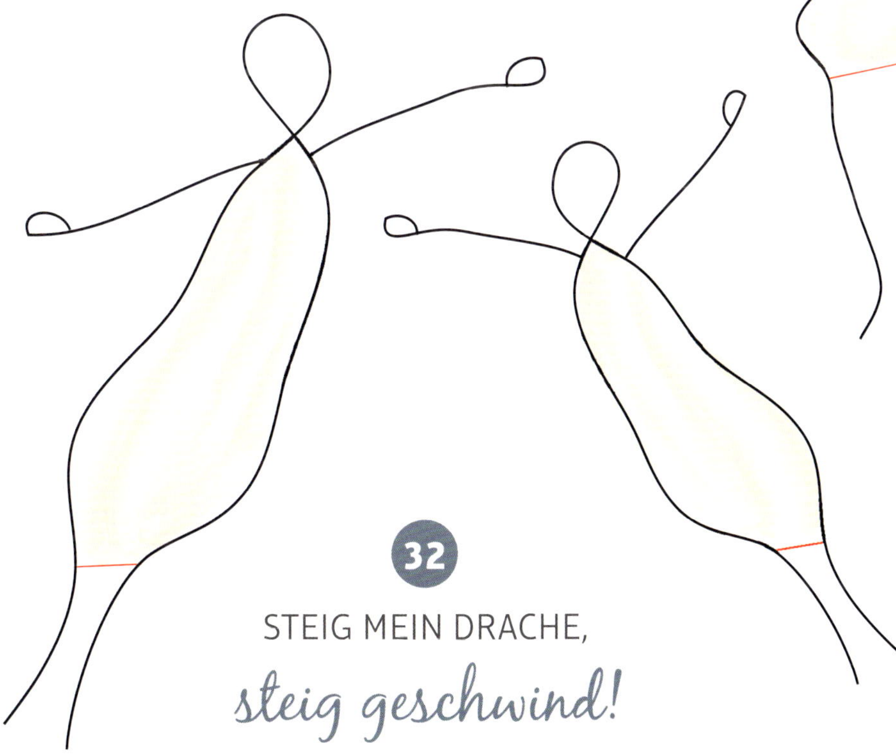

32 STEIG MEIN DRACHE, *steig geschwind!*

Serviettenring 33

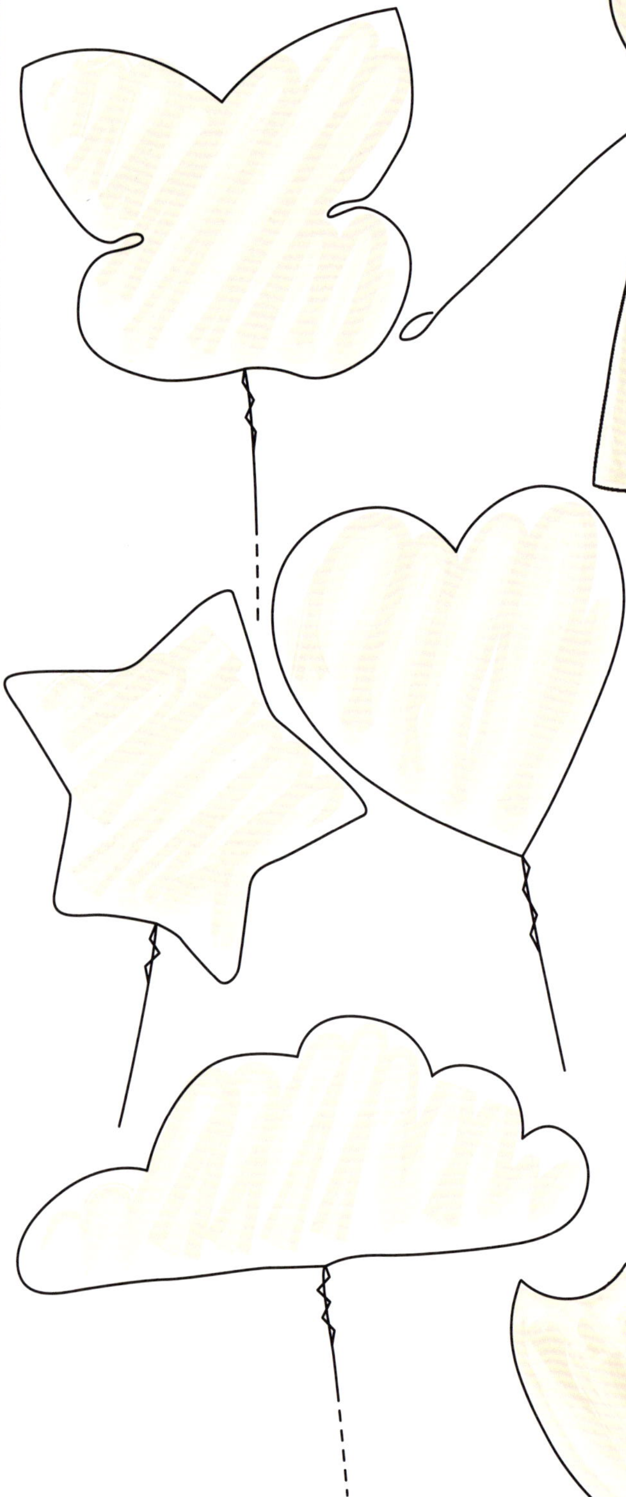

IM Liebesglück 34

Basisfiguren

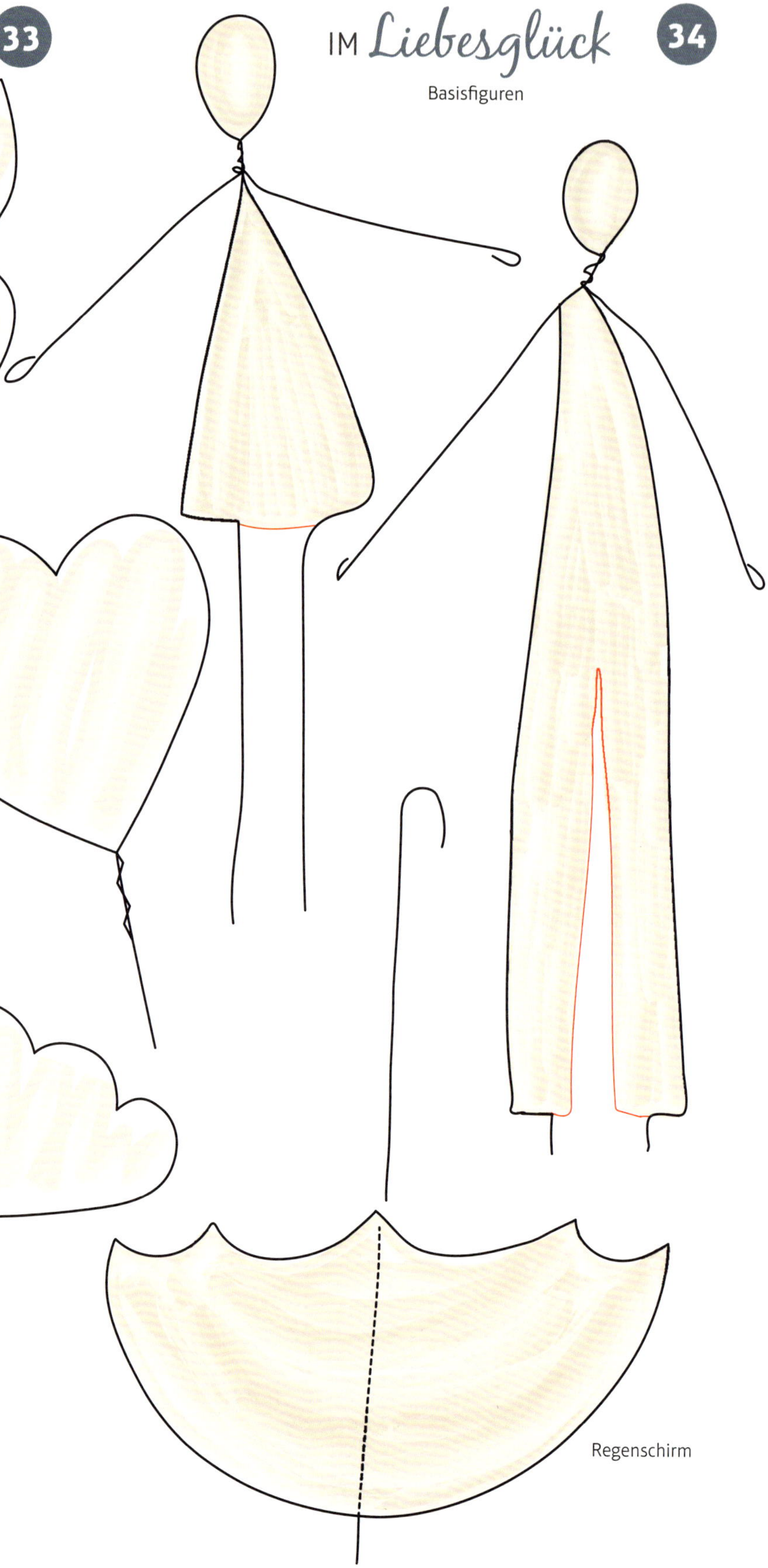

Regenschirm

34 IM Liebesglück

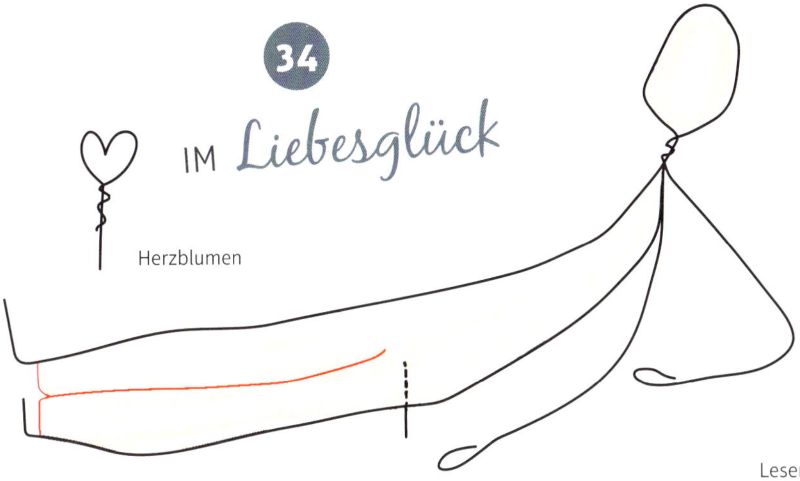
Herzblumen

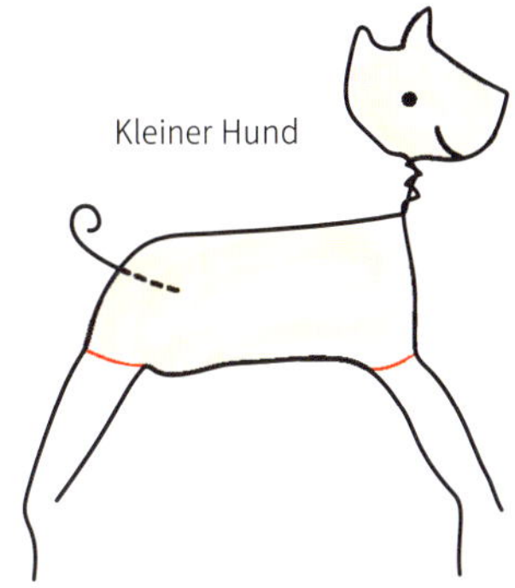
Kleiner Hund

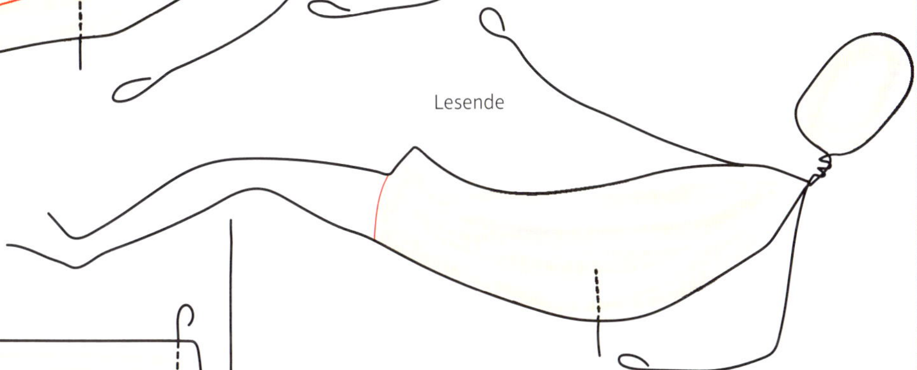
Lesende

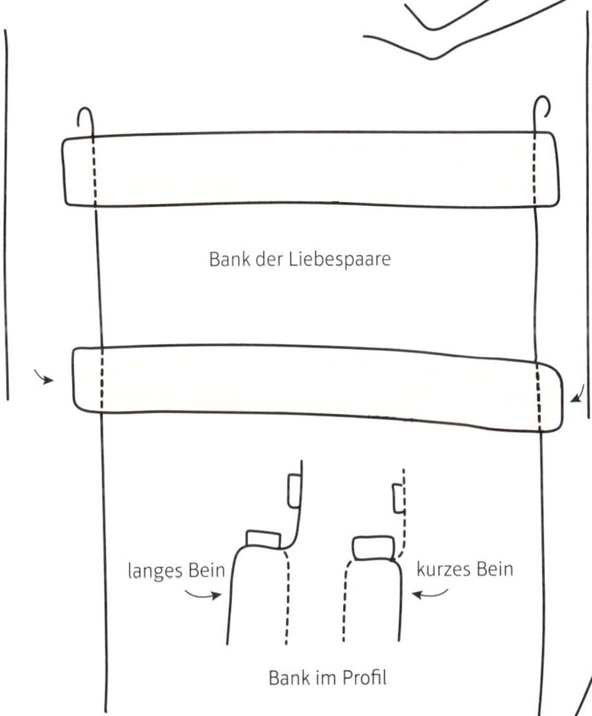
Bank der Liebespaare

Bank im Profil

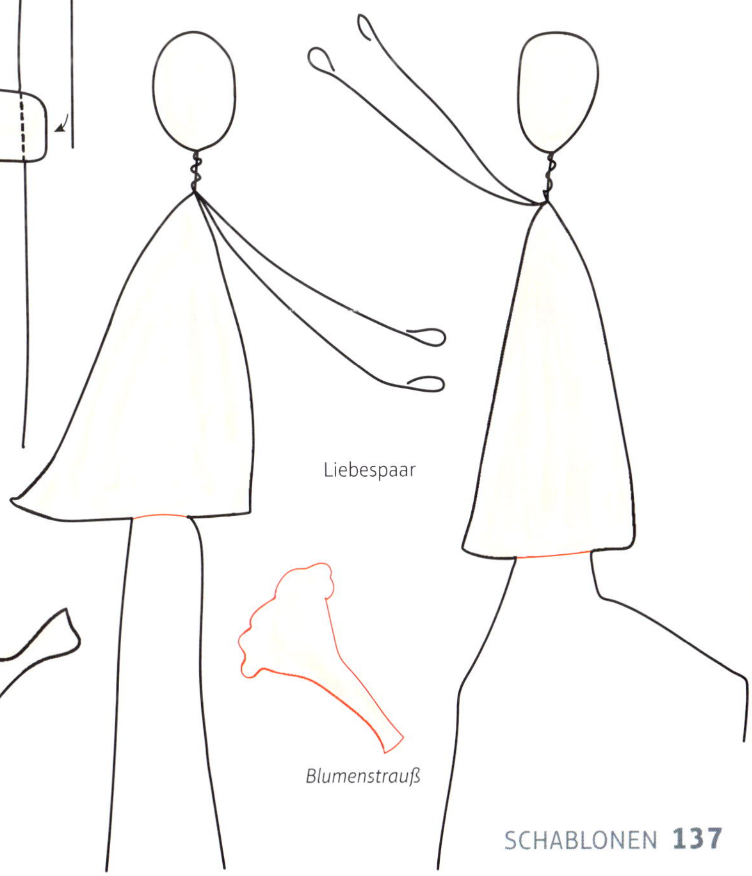
Liebespaar

Blumenstrauß

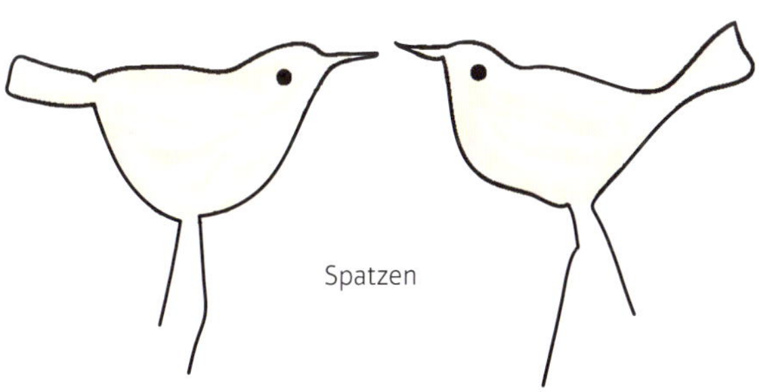
Spatzen

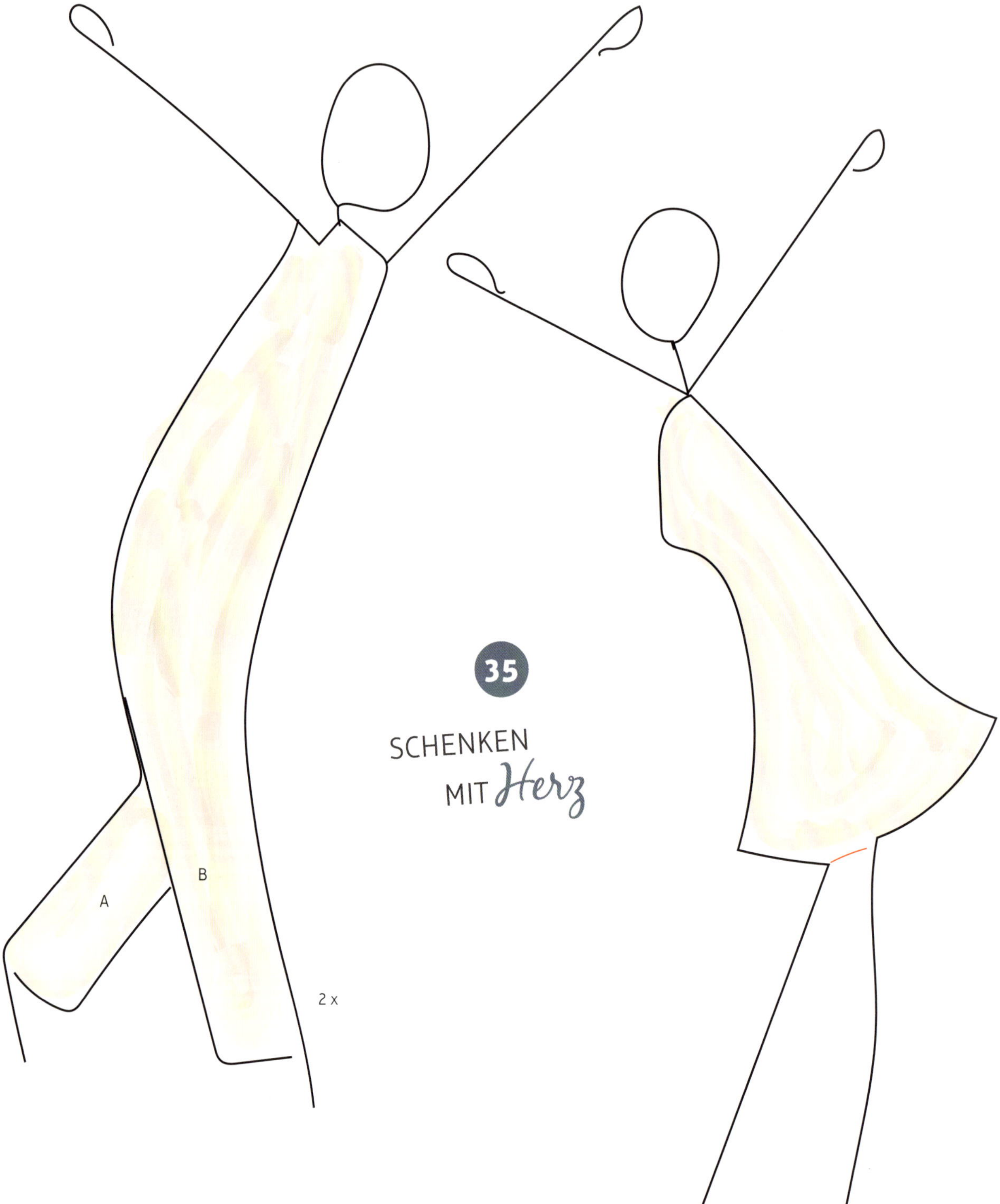

35 SCHENKEN MIT *Herz*

Alle Schablonen sind in Originalgröße. Der schwarze Strich entspricht dem Verlauf des Papierdrahts. Der rote Strich entspricht der Schneidelinie des Papiers, wenn es noch nicht auf den Draht geklebt ist.

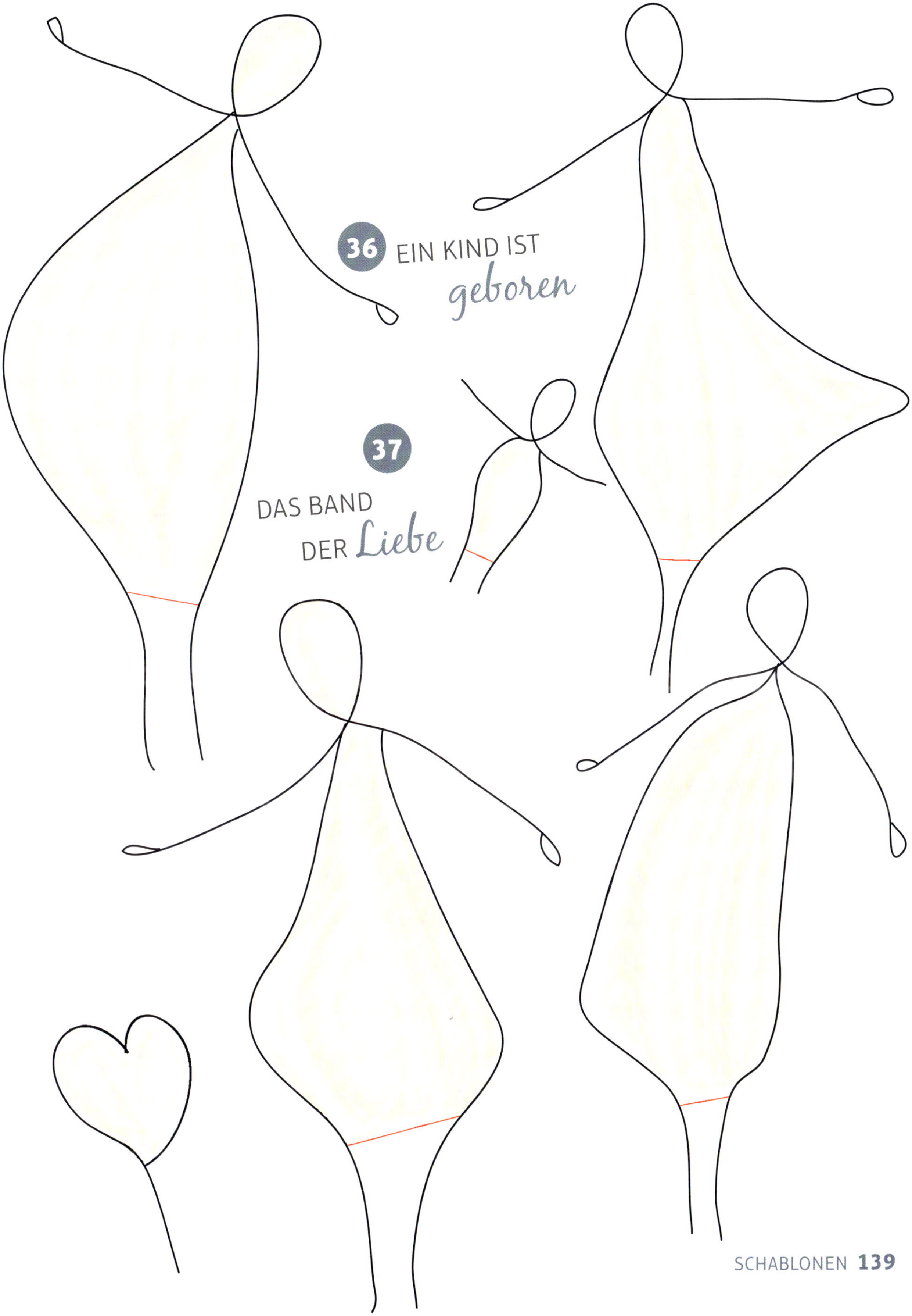

36 EIN KIND IST *geboren*

37 DAS BAND DER *Liebe*

38 ROMANTISCHES *Käsefondue*

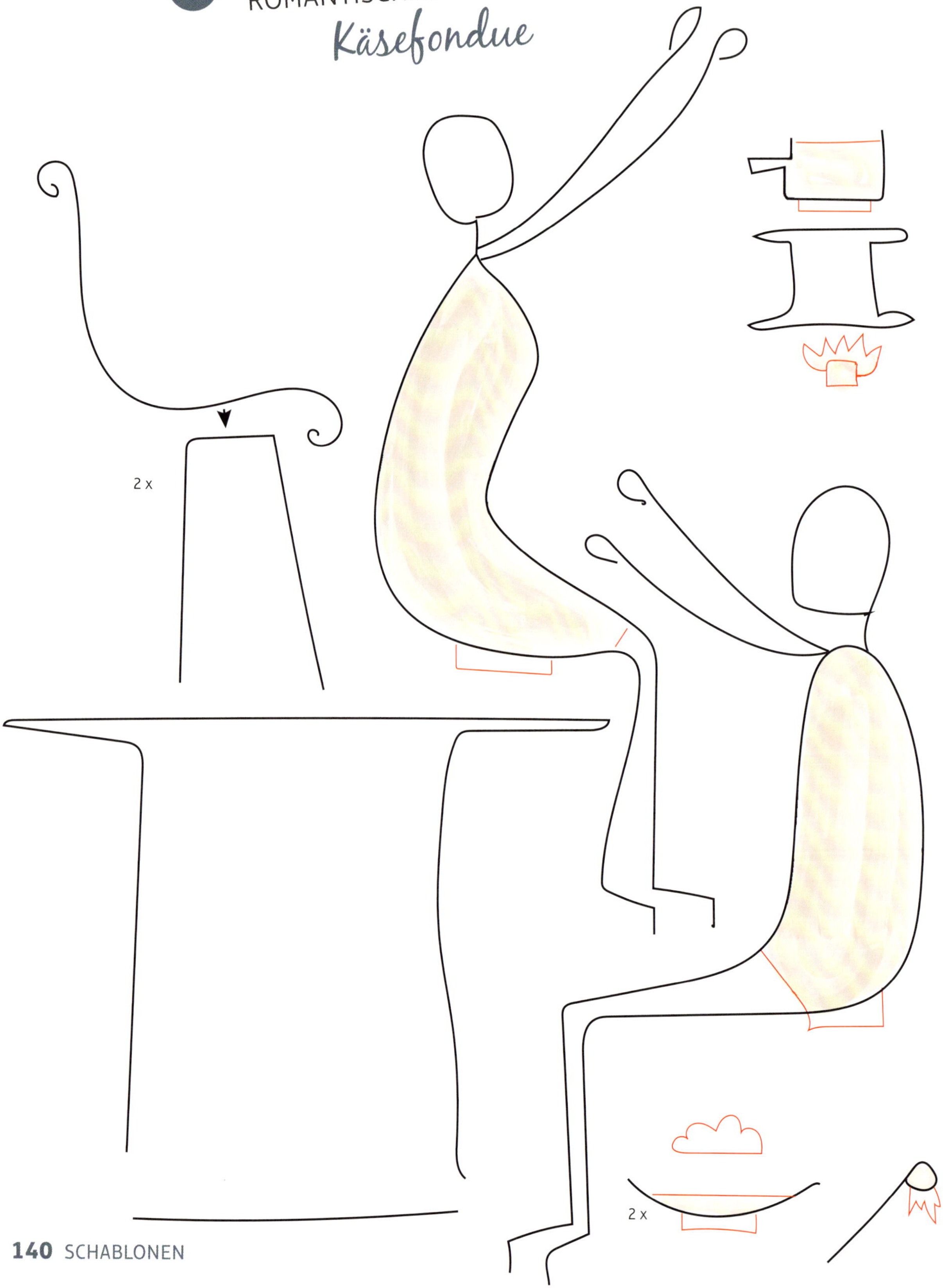

39 DAS KIND WÄCHST *heran*

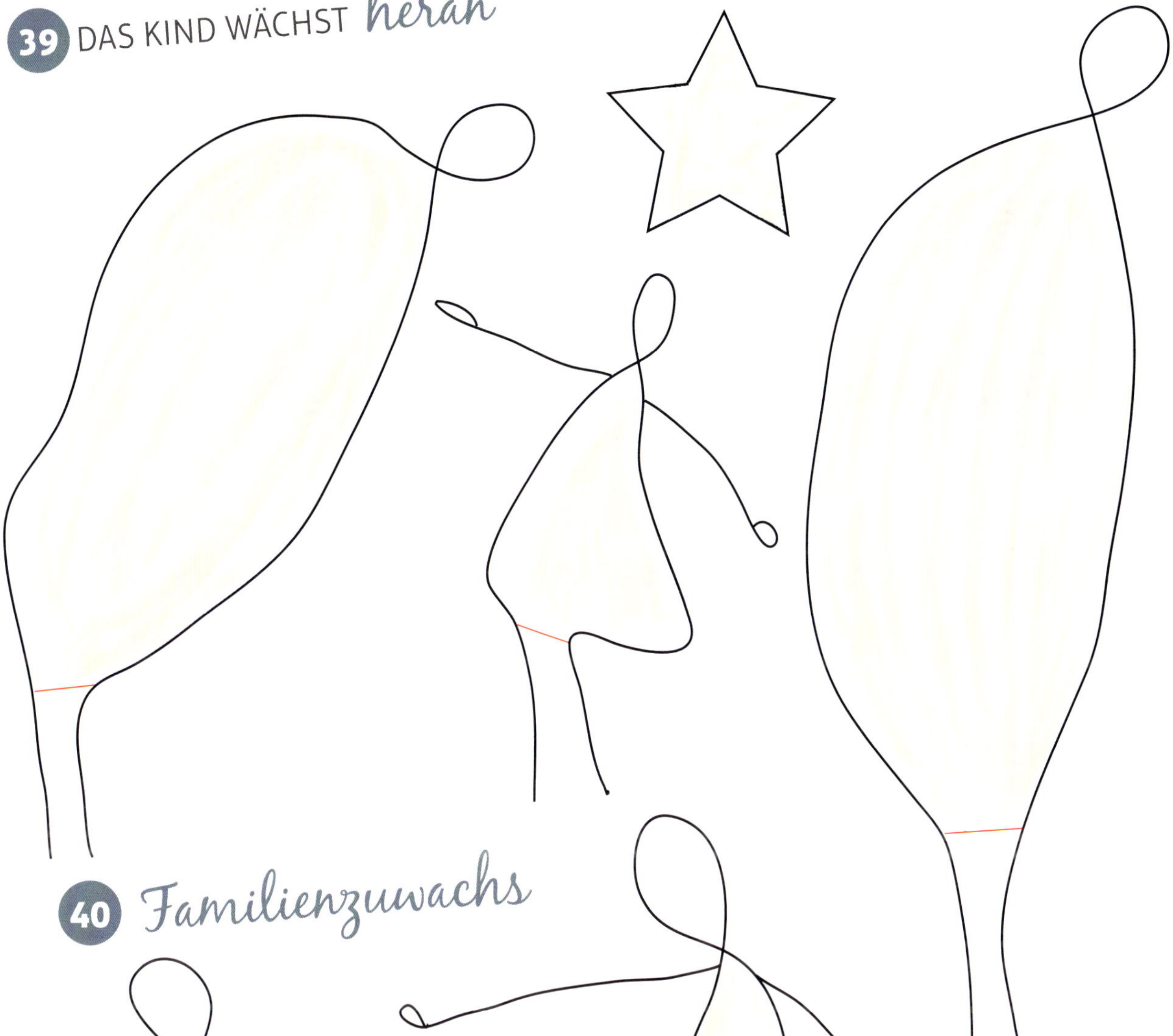

40 *Familienzuwachs*

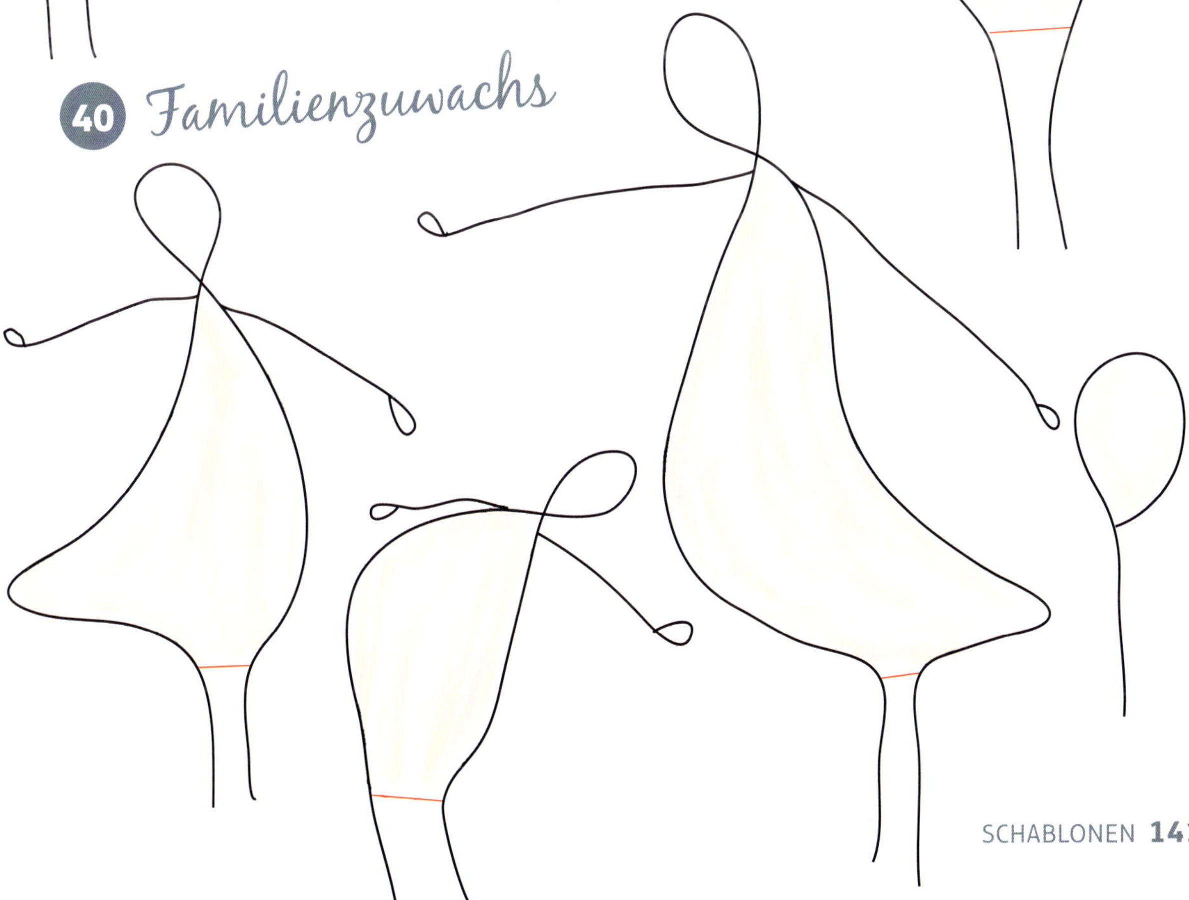

41

Feste FEIERN

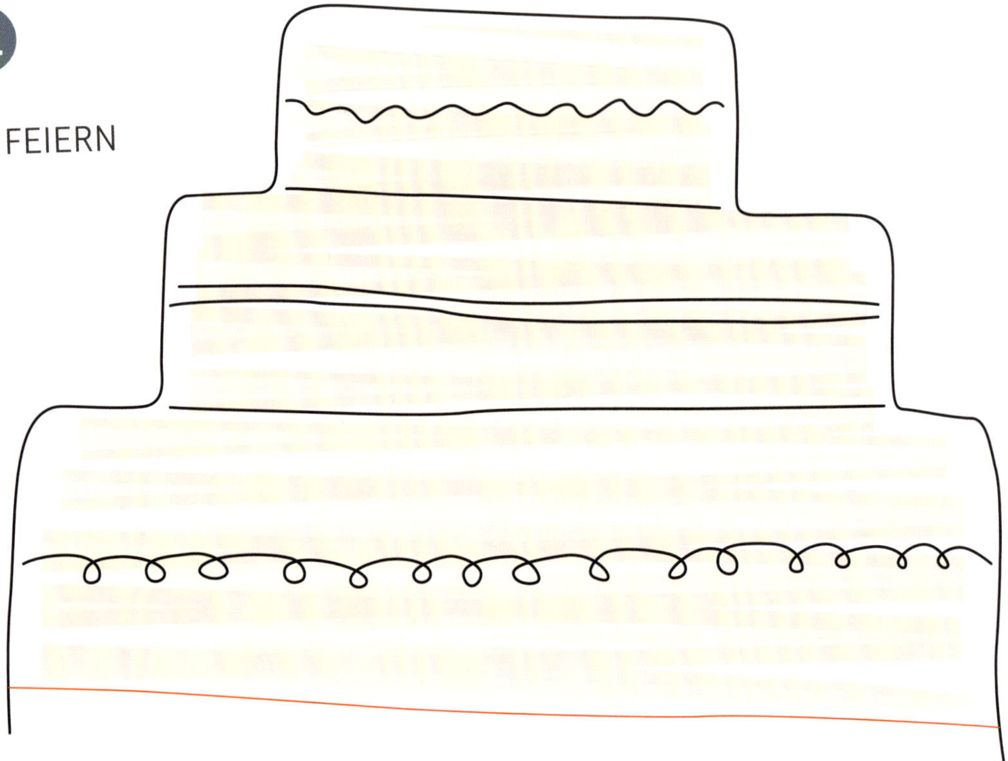

Fahnen

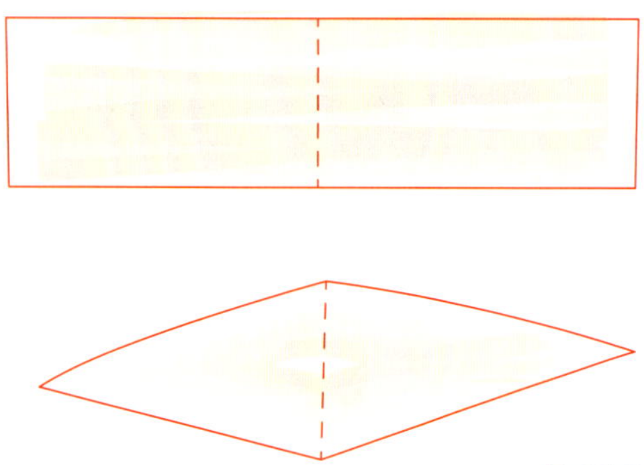

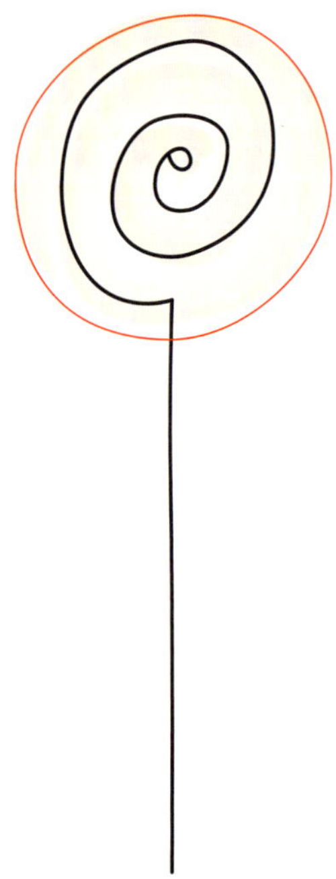

Windrad

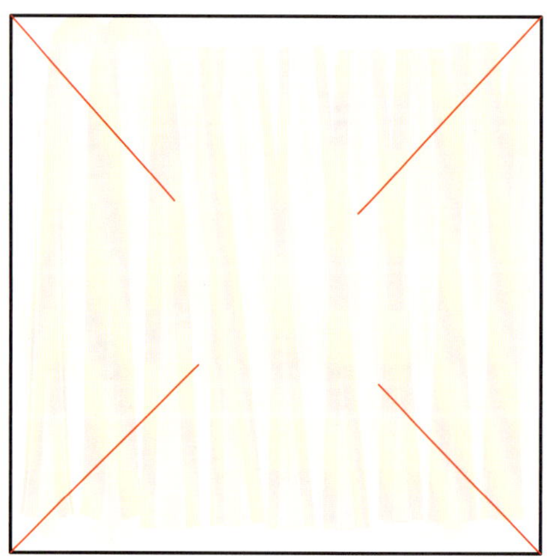

TISCHDEKO FÜR

42 DIE *Taufe*

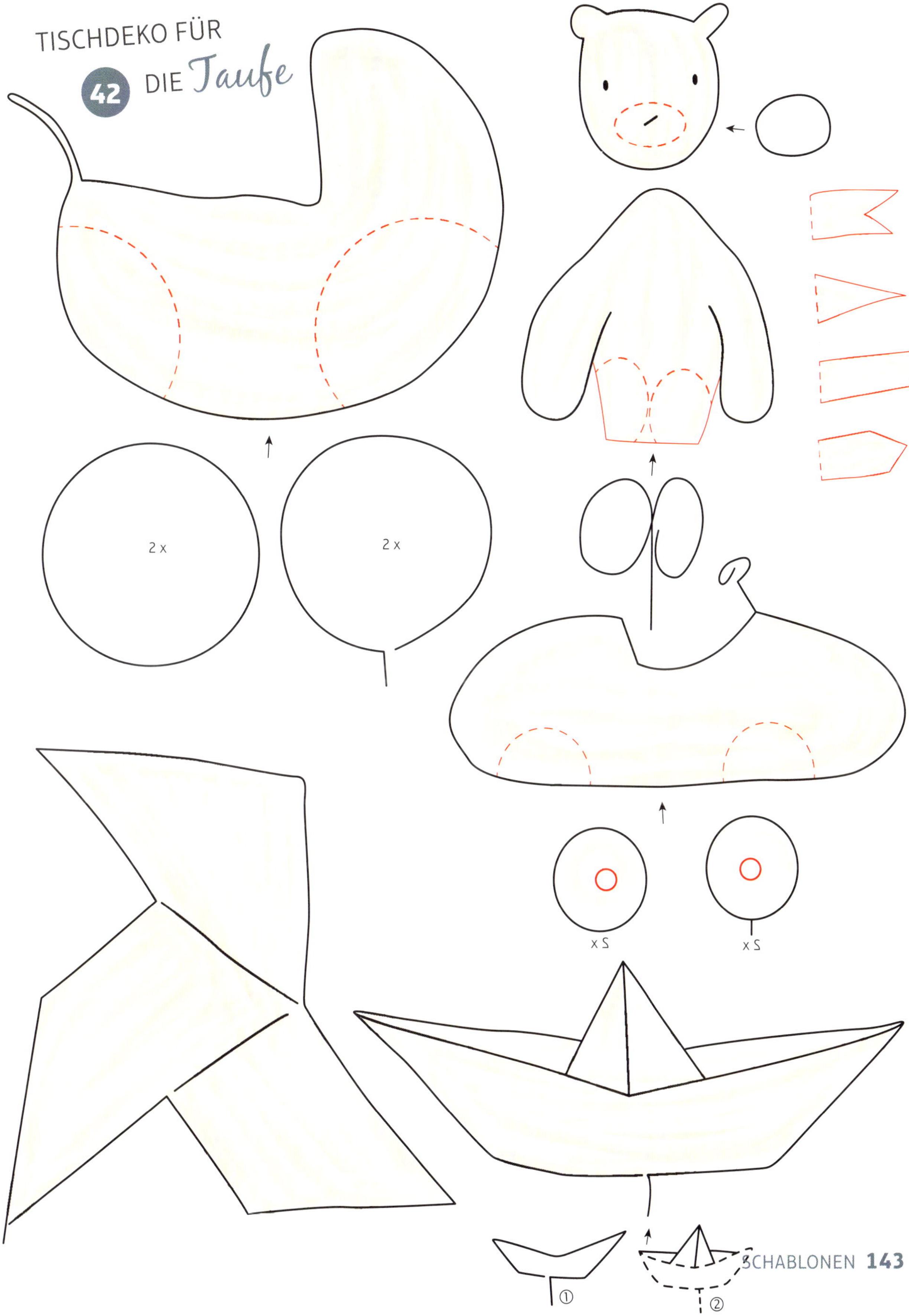

43

DAS *Festtagsmenü*

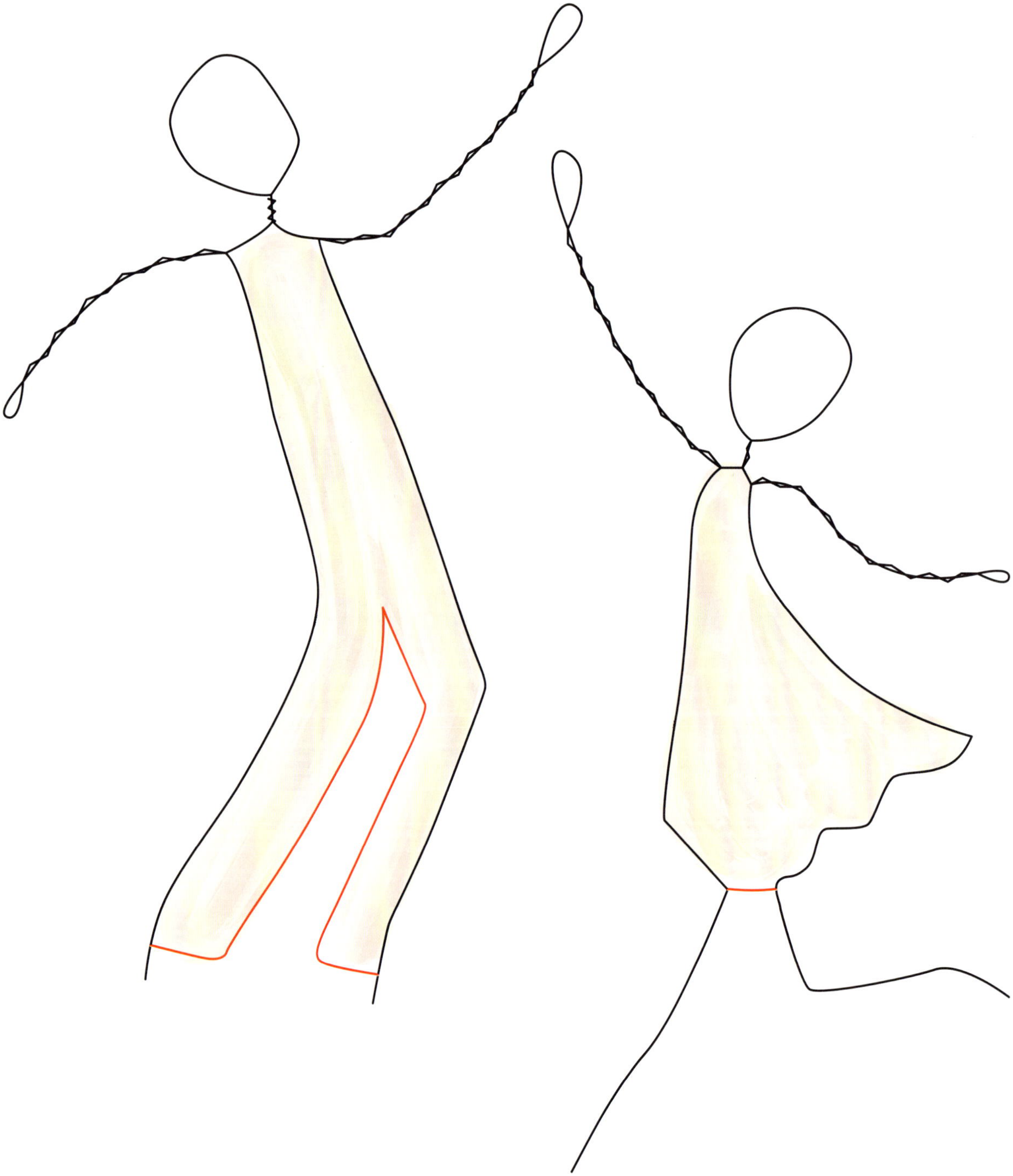

44 FROHE *Ostern*

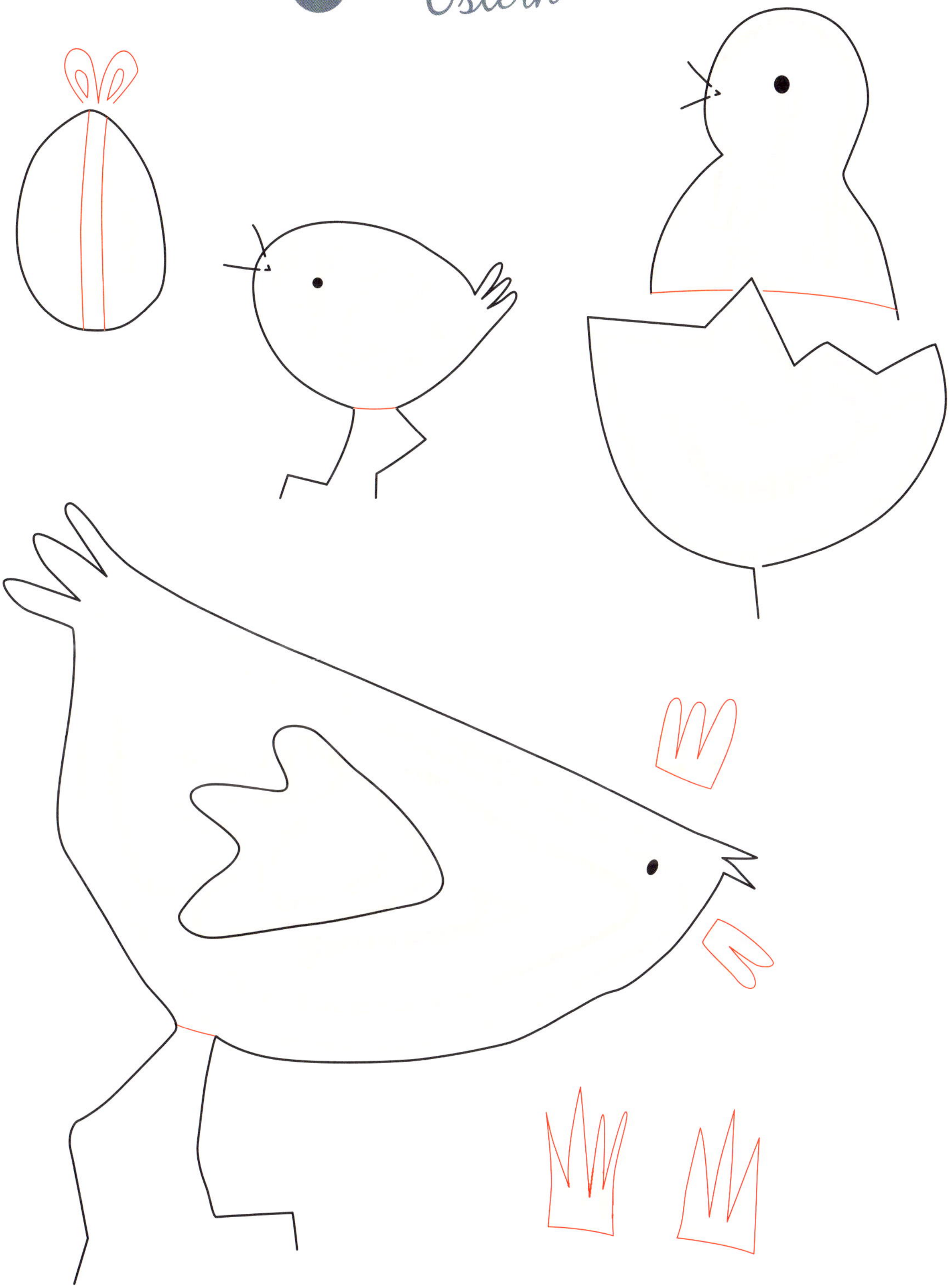

45 HAPPY *Halloween*

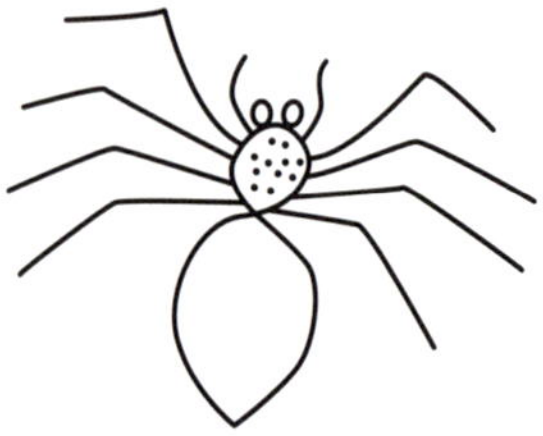

Skizze der Spinne

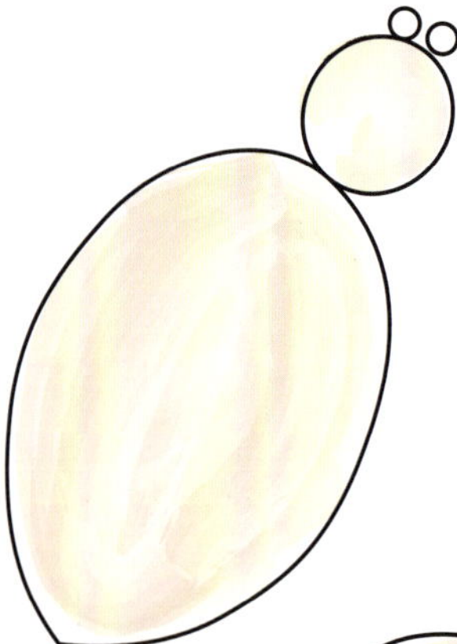

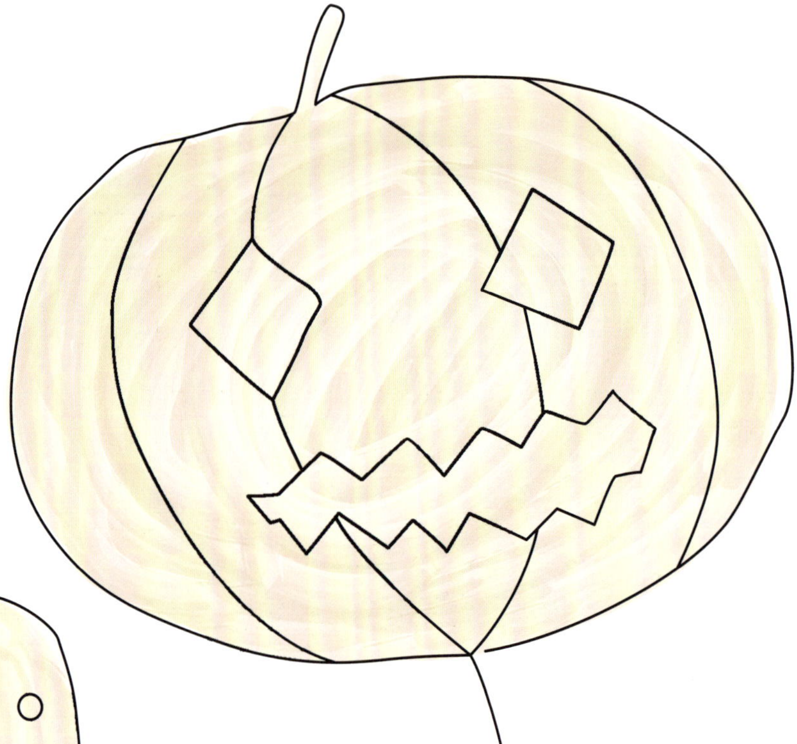

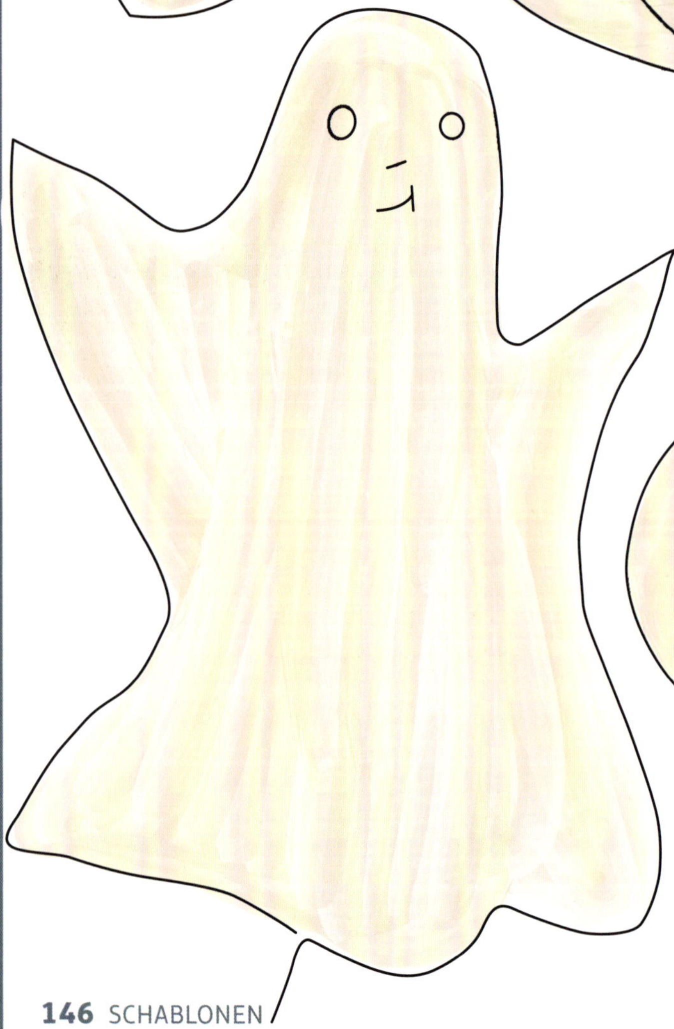

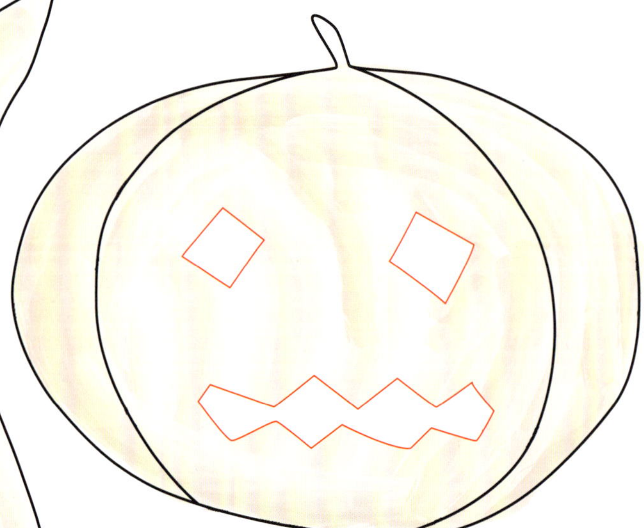

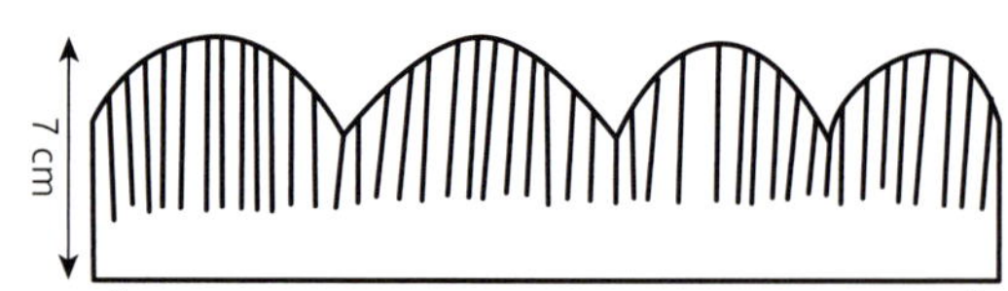

Skizze des Besens

46 MERRY Christmas

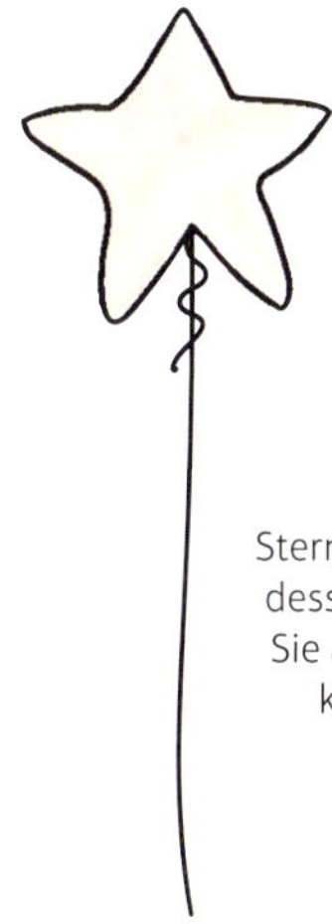

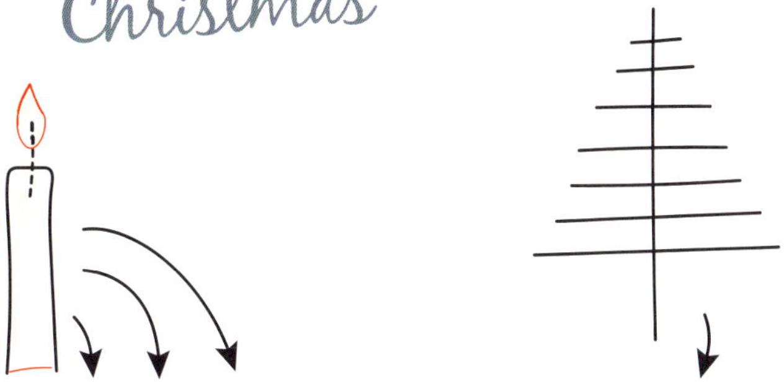

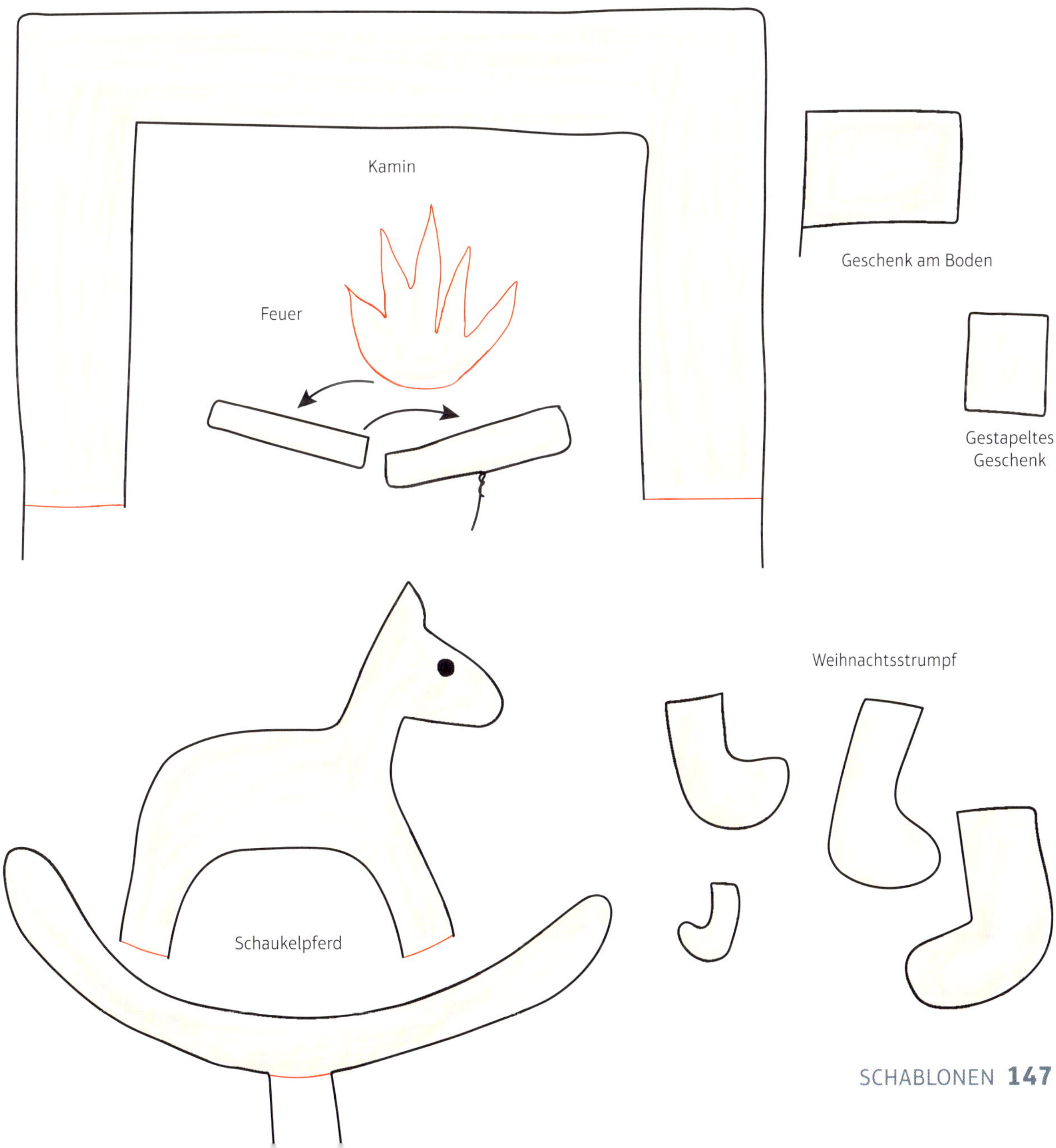

46 MERRY Christmas

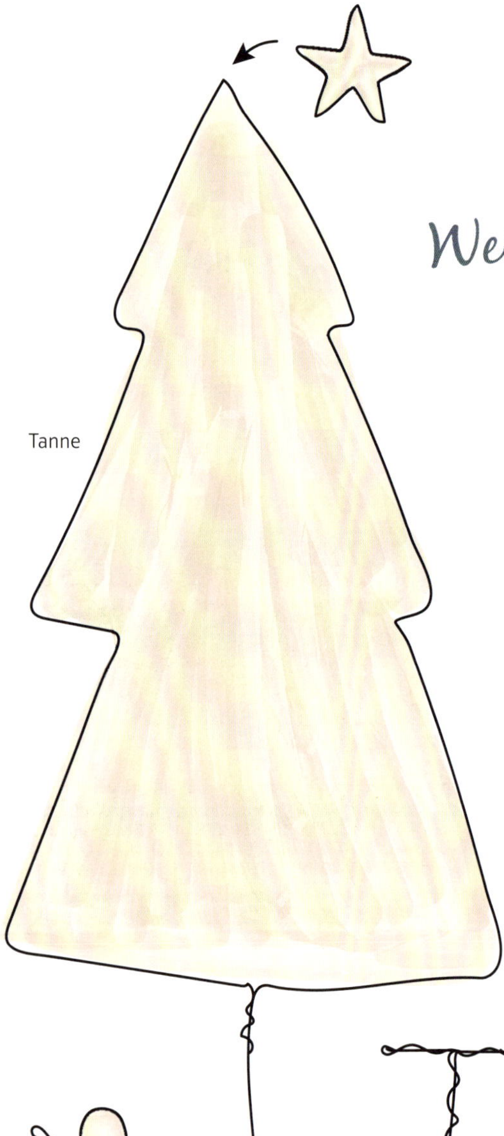

Tanne

47 Weihnachtsengel

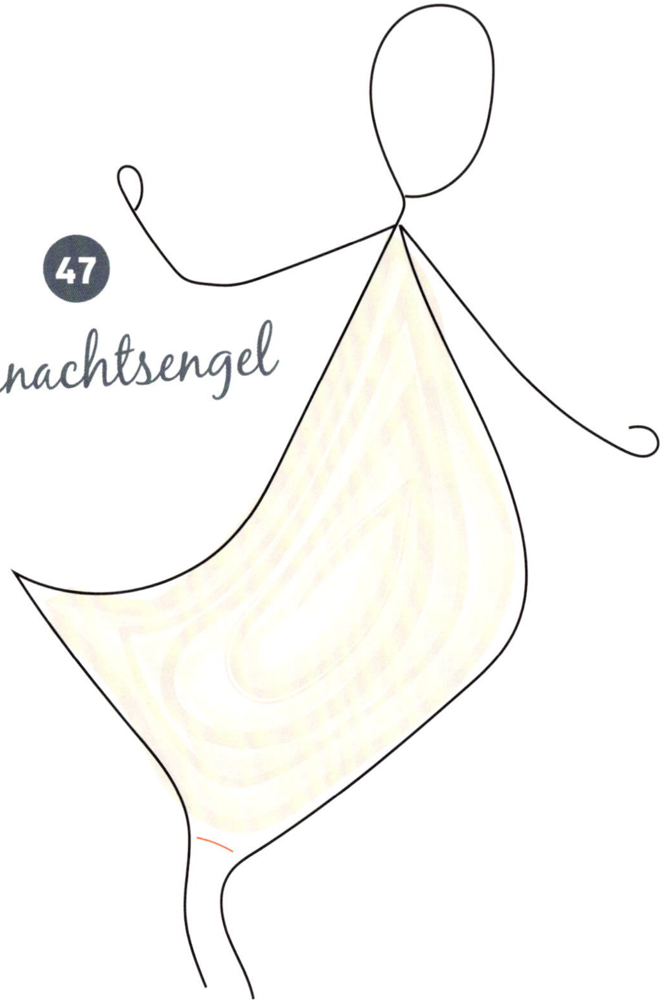

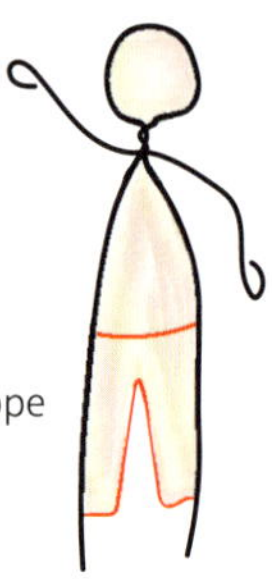

Puppe

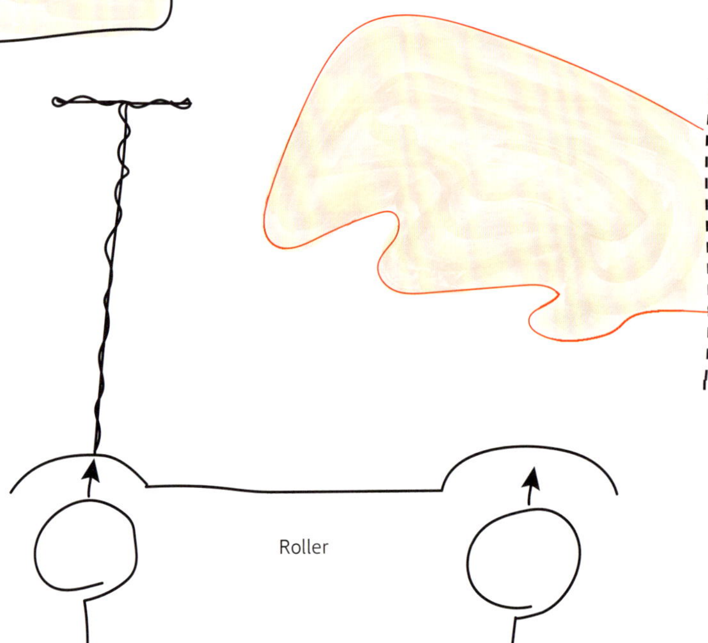

Roller

falten

48

DEN BAUM *schmücken*

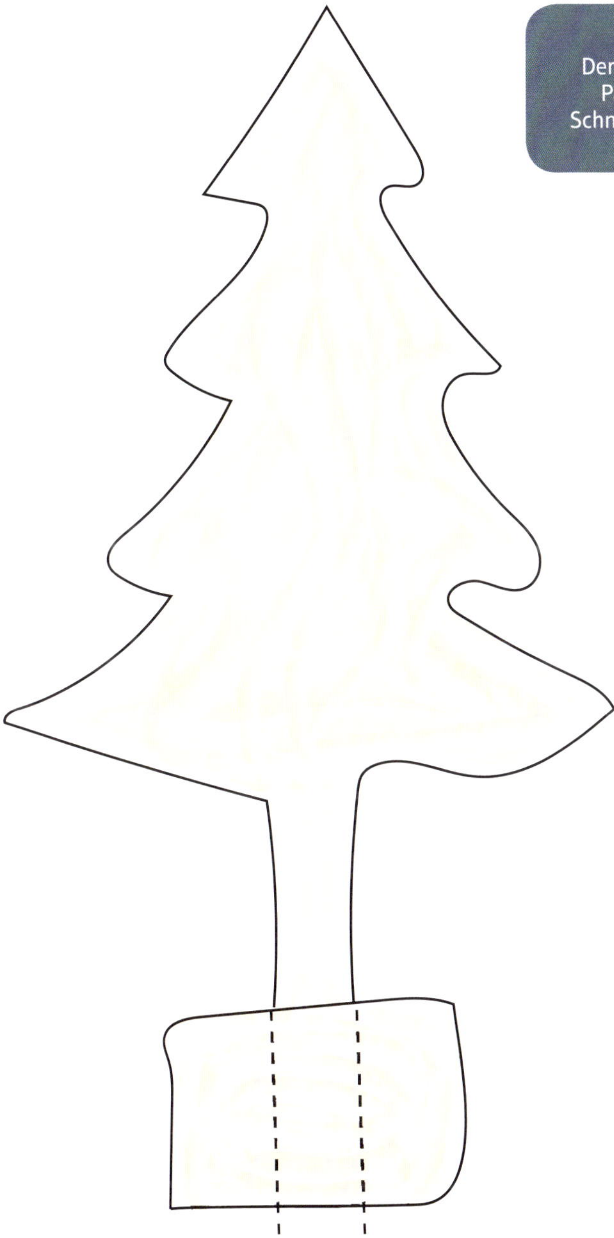

Alle Schablonen sind in Originalgröße.

Der schwarze Strich entspricht dem Verlauf des Papierdrahts. Der rote Strich entspricht der Schneidelinie des Papiers, wenn es noch nicht auf den Draht geklebt ist.

49

Wichtel

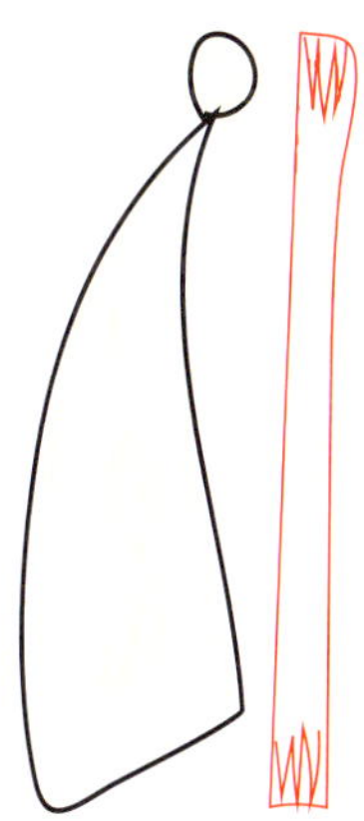

50

Tannenwald

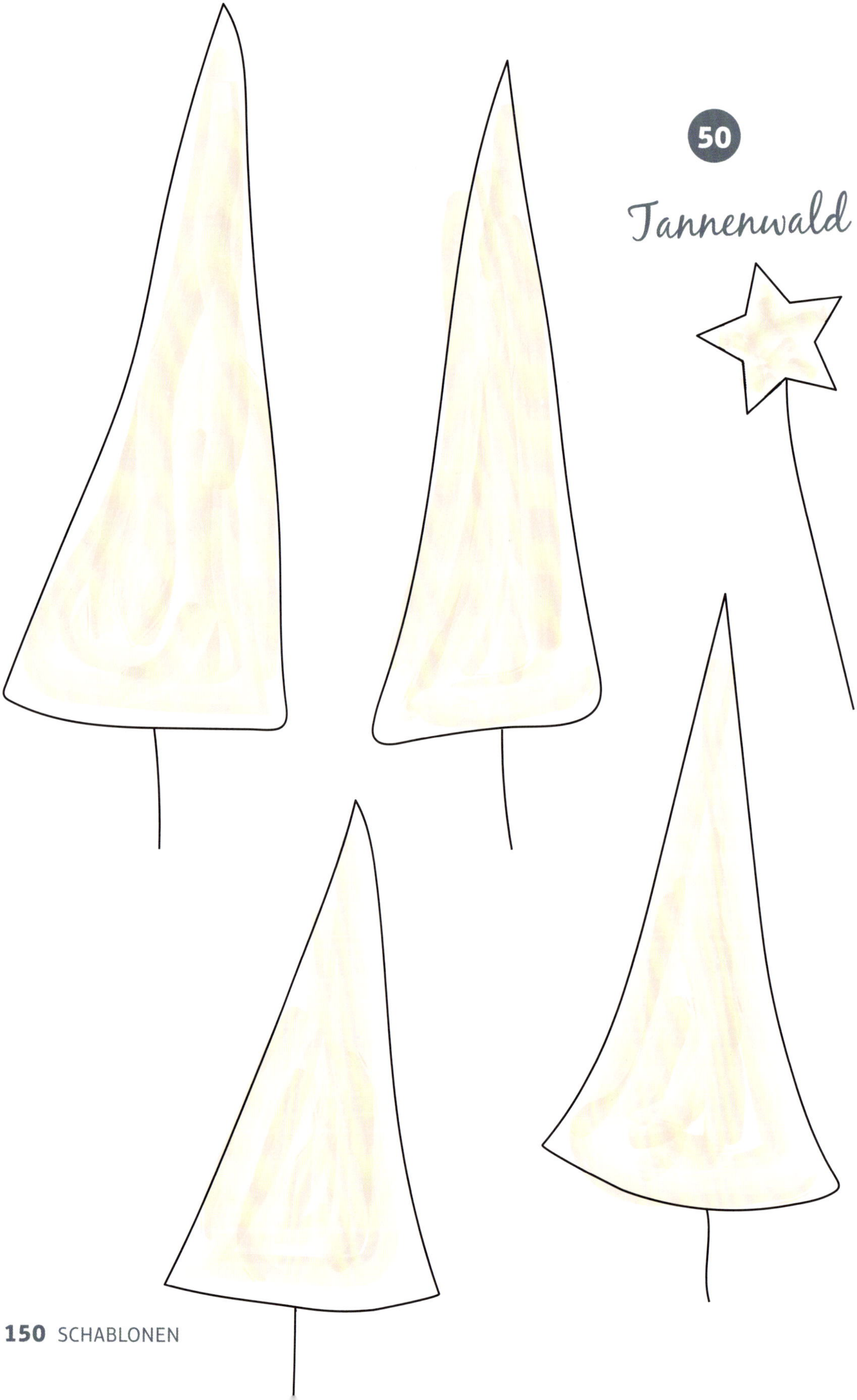

51 Weihanchtskrippe

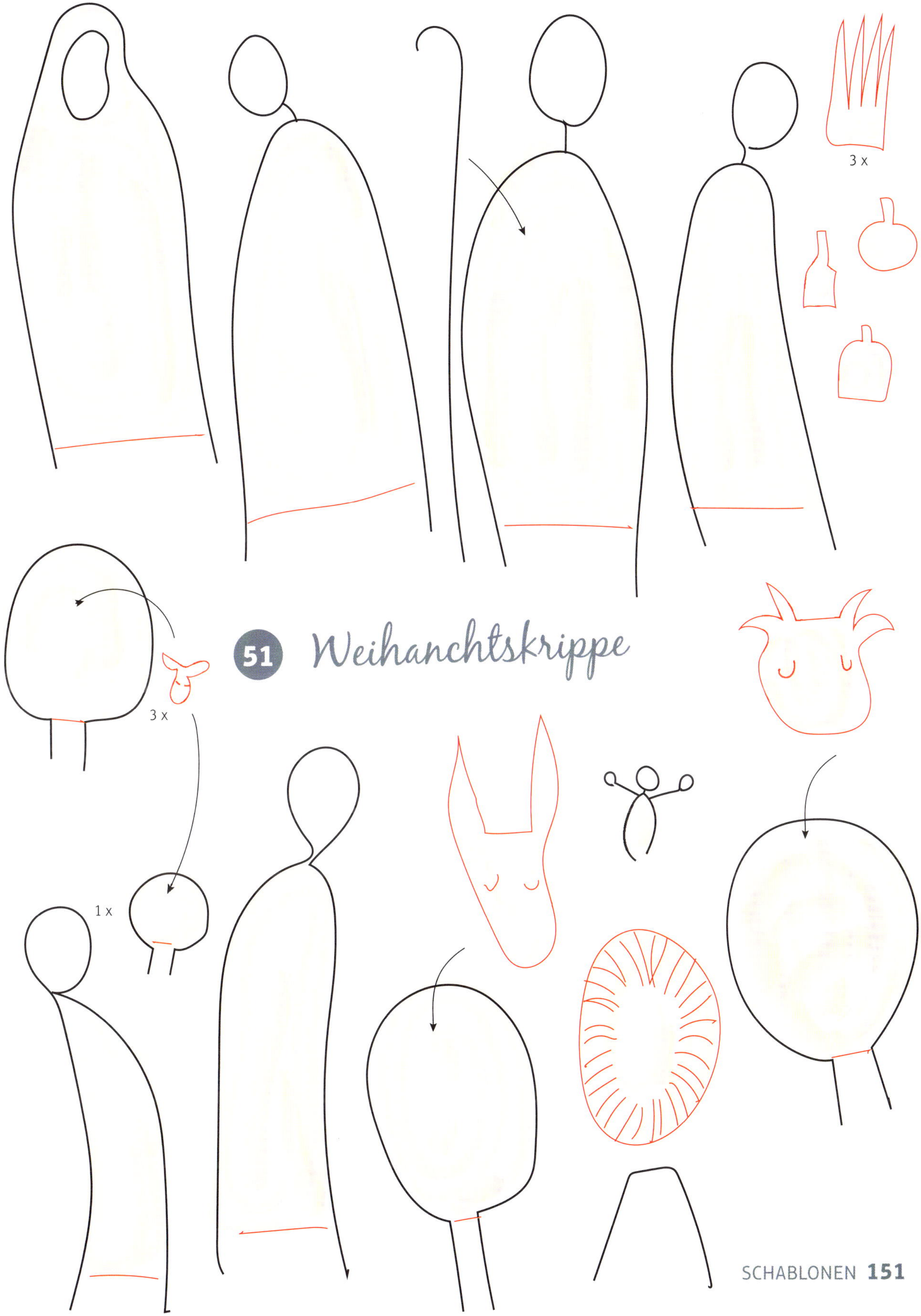

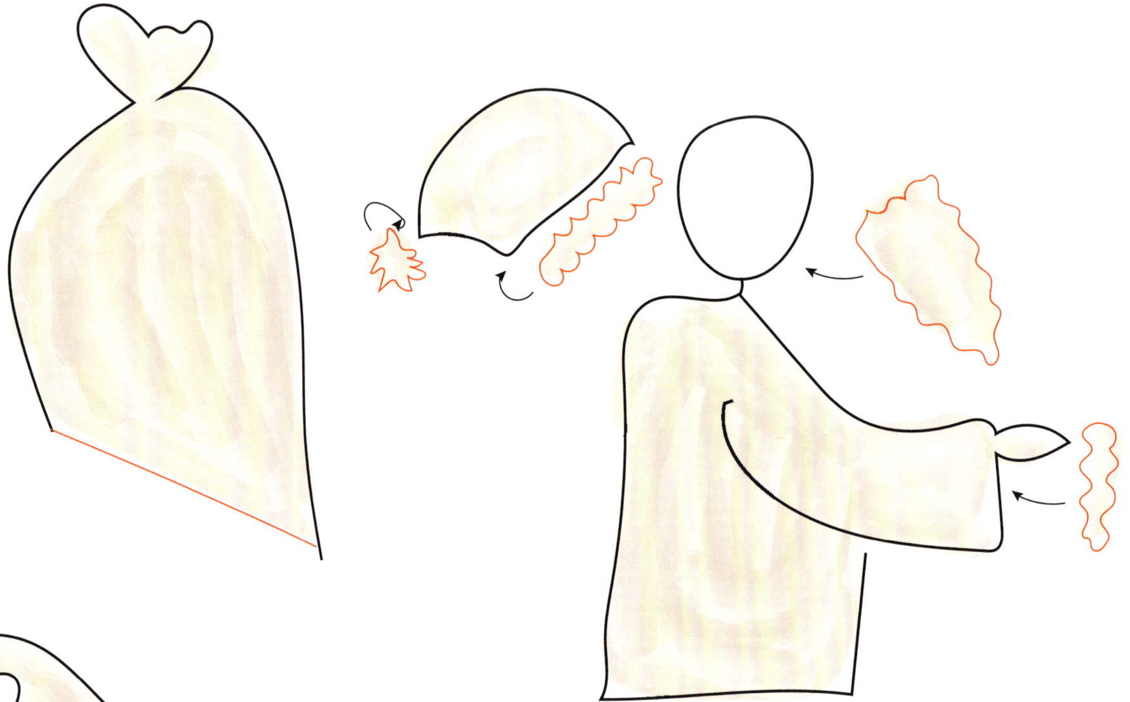

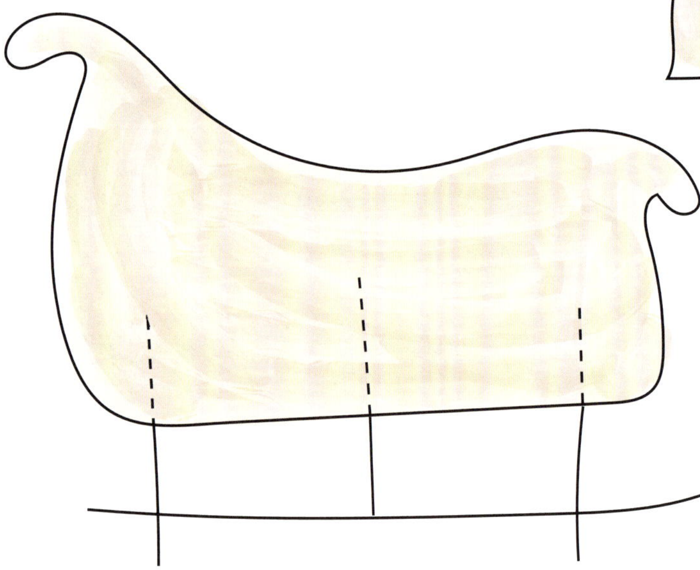

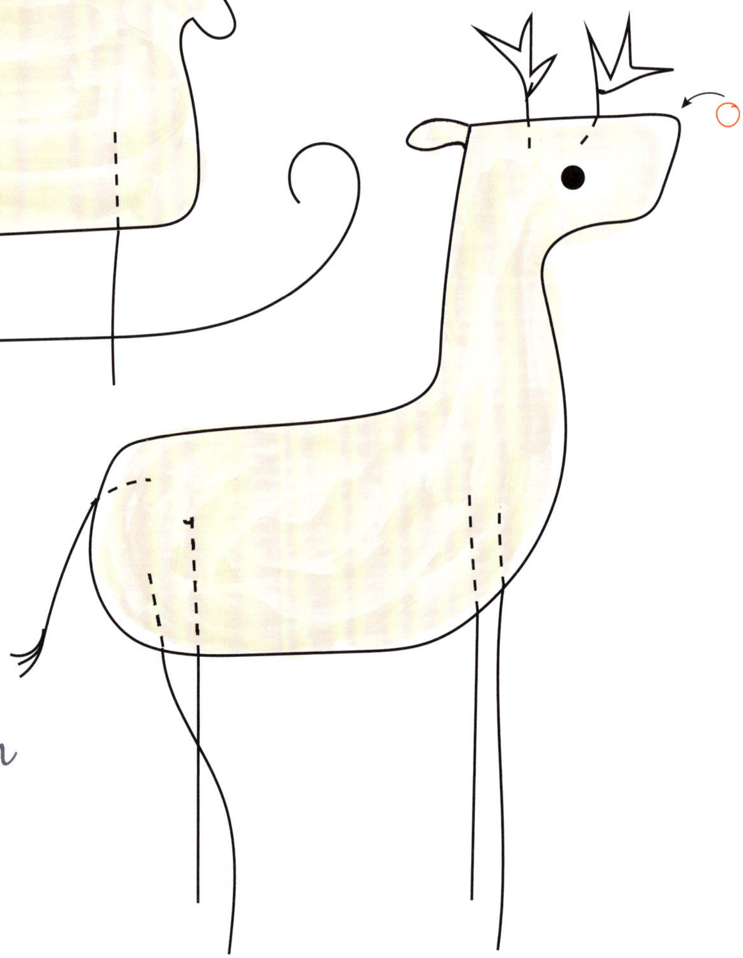

52

WEIHNACHTSMANN

MIT *Schlitten*

53

Trompetenengel

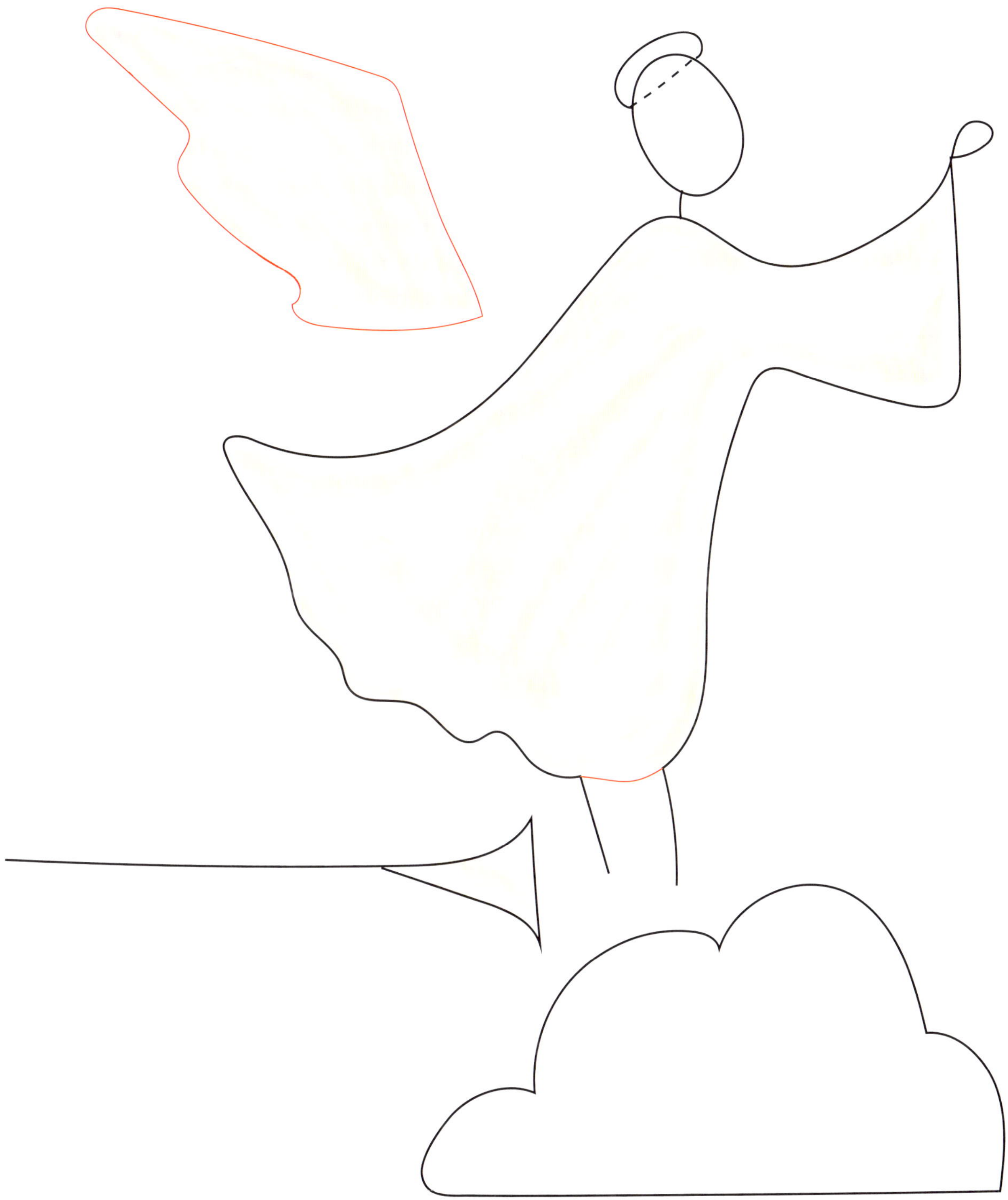

WEIHNACHTLICHE *Tischdekoration*

54

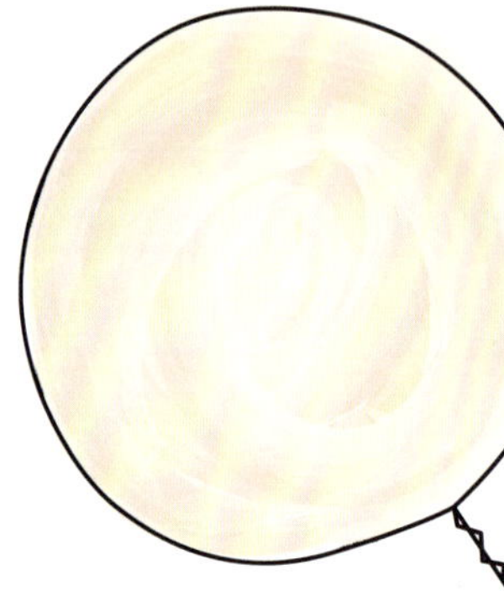

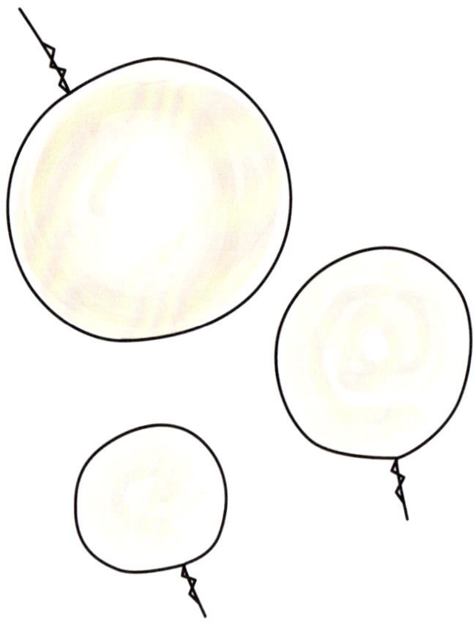

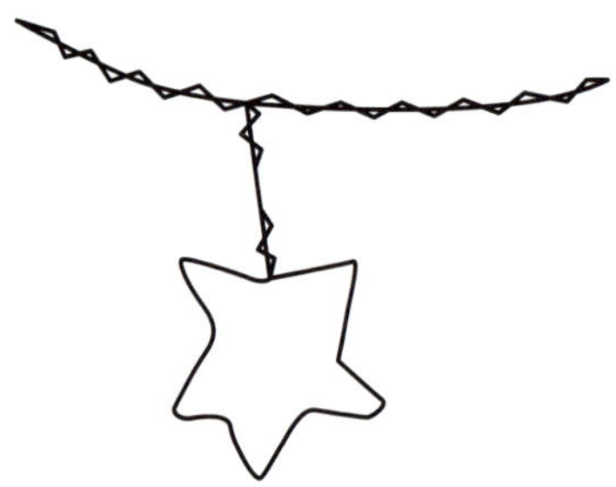

Skizze

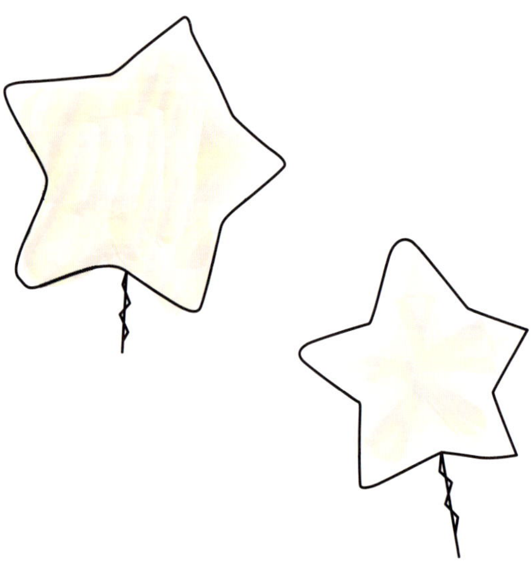

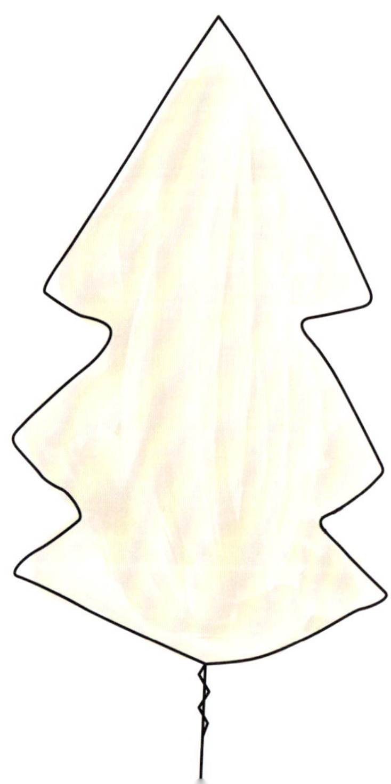

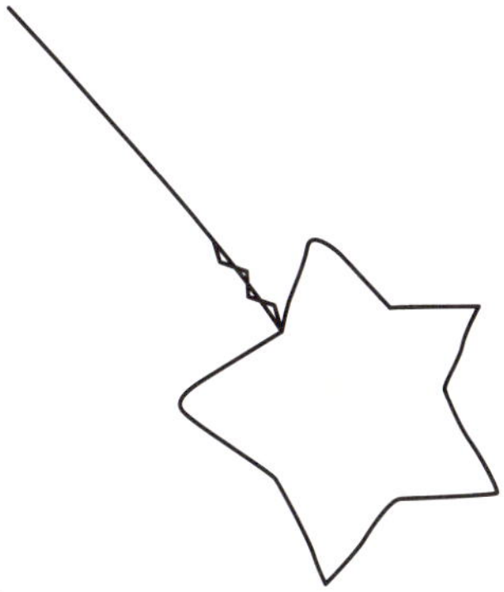

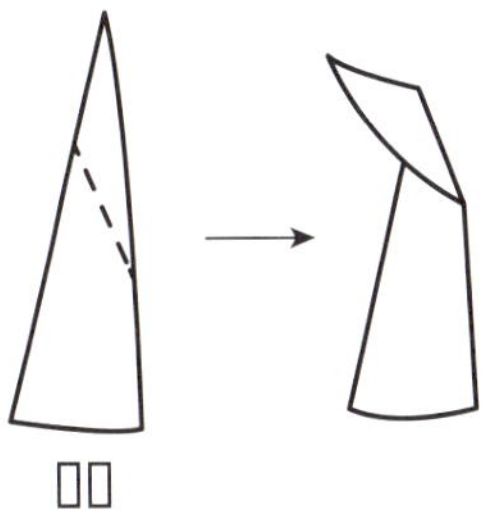

Skizze

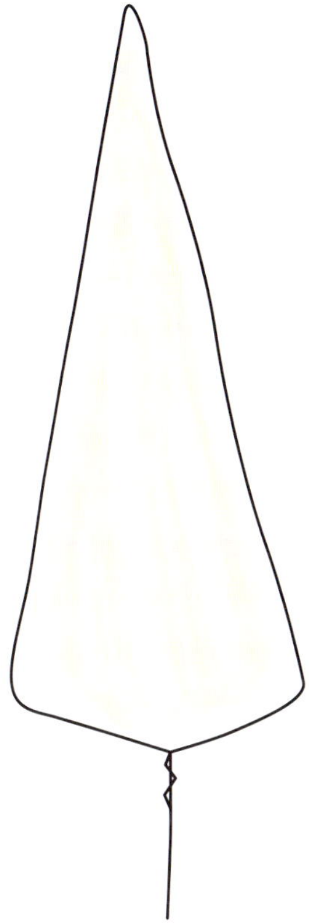

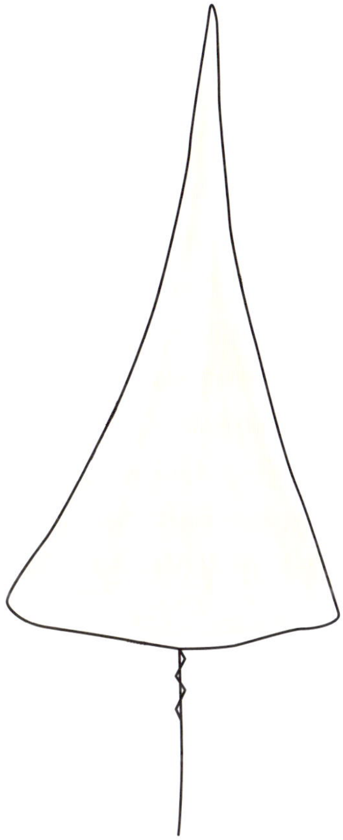

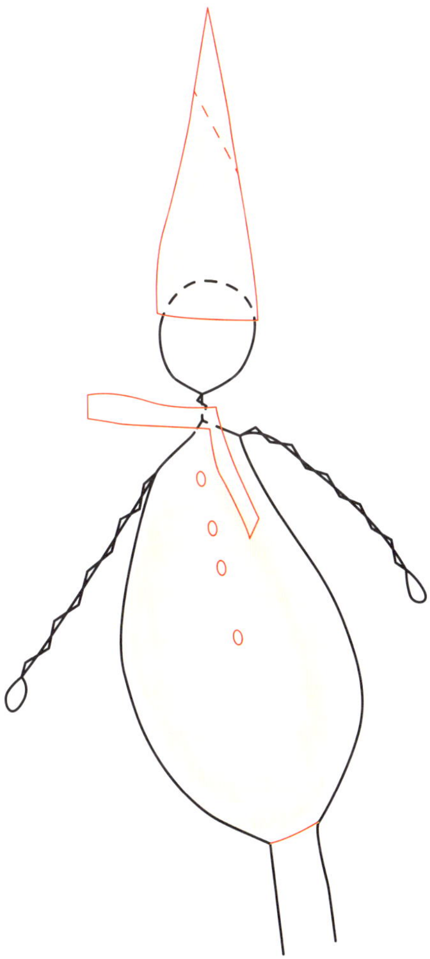

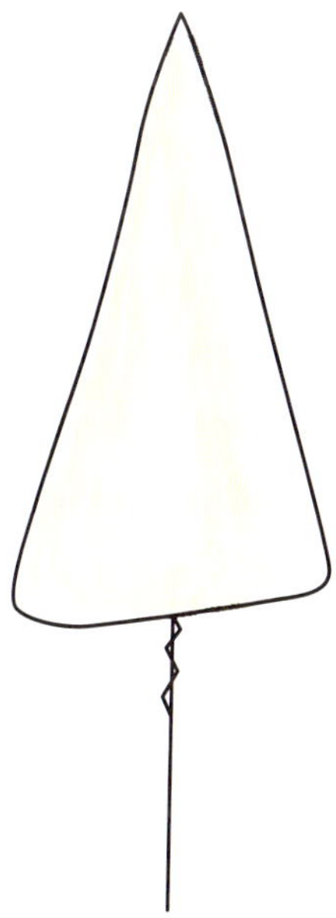

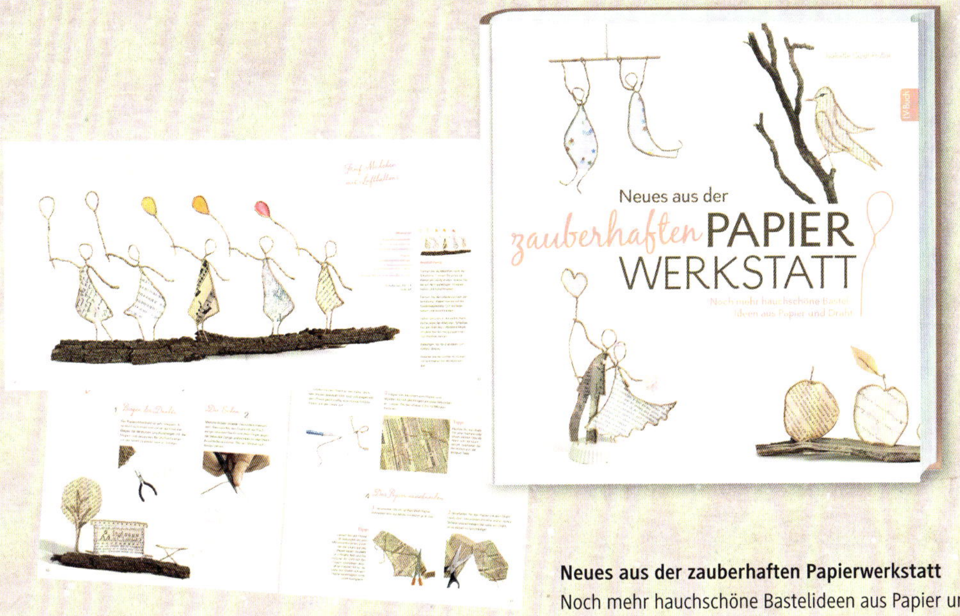

Neues aus der zauberhaften Papierwerkstatt
Noch mehr hauchschöne Bastelideen aus Papier und Draht

Isabelle Guiot-Hullot

96 Seiten | 23 x 23 cm | Hardcover

ISBN 978-3-7843-5439-2

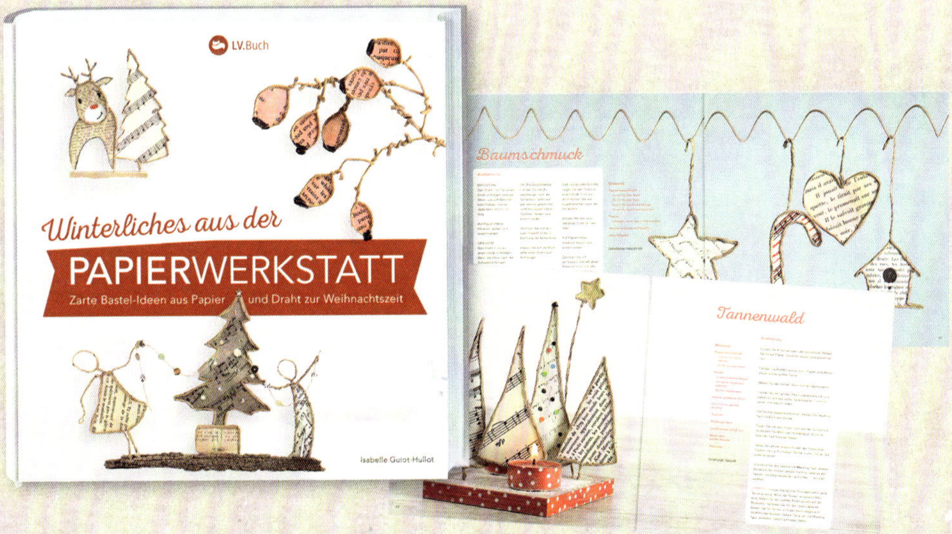

Winterliches aus der Papierwerkstatt
Zarte Bastelideen aus Papier und Draht zur Weihnachtszeit

Isabelle Guiot-Hullot

80 Seiten | 23 x 23 cm | Hardcover

ISBN 978-3-7843-5502-3

MIX
Papier | Fördert gute Waldnutzung
FSC® C110508
www.fsc.org

Herausgegeben von Les éditions de saxe
Originaltitel „La Poésie de Papier, C'est Tout Simple", 2019

2. Auflage 2024

Entwürfe: Isabelle Guiot-Hullot
Fotos: Didier BARBECOT
Gestaltung: LV.Buch im Landwirtschaftsverlag GmbH
Satz: Imke Einnolf, LV MediaPro im Landwirtschaftsverlag GmbH
Übersetzung: Petra Bös, www.petraboes.eu
Herstellung: LV MediaPro im Landwirtschaftsverlag GmbH
Anja Luszek-Hoffmann (Ltg.), Ingo Feyka
Druck: Westermann Druck Zwickau GmbH

ISBN: 978-3-7843-5674-7

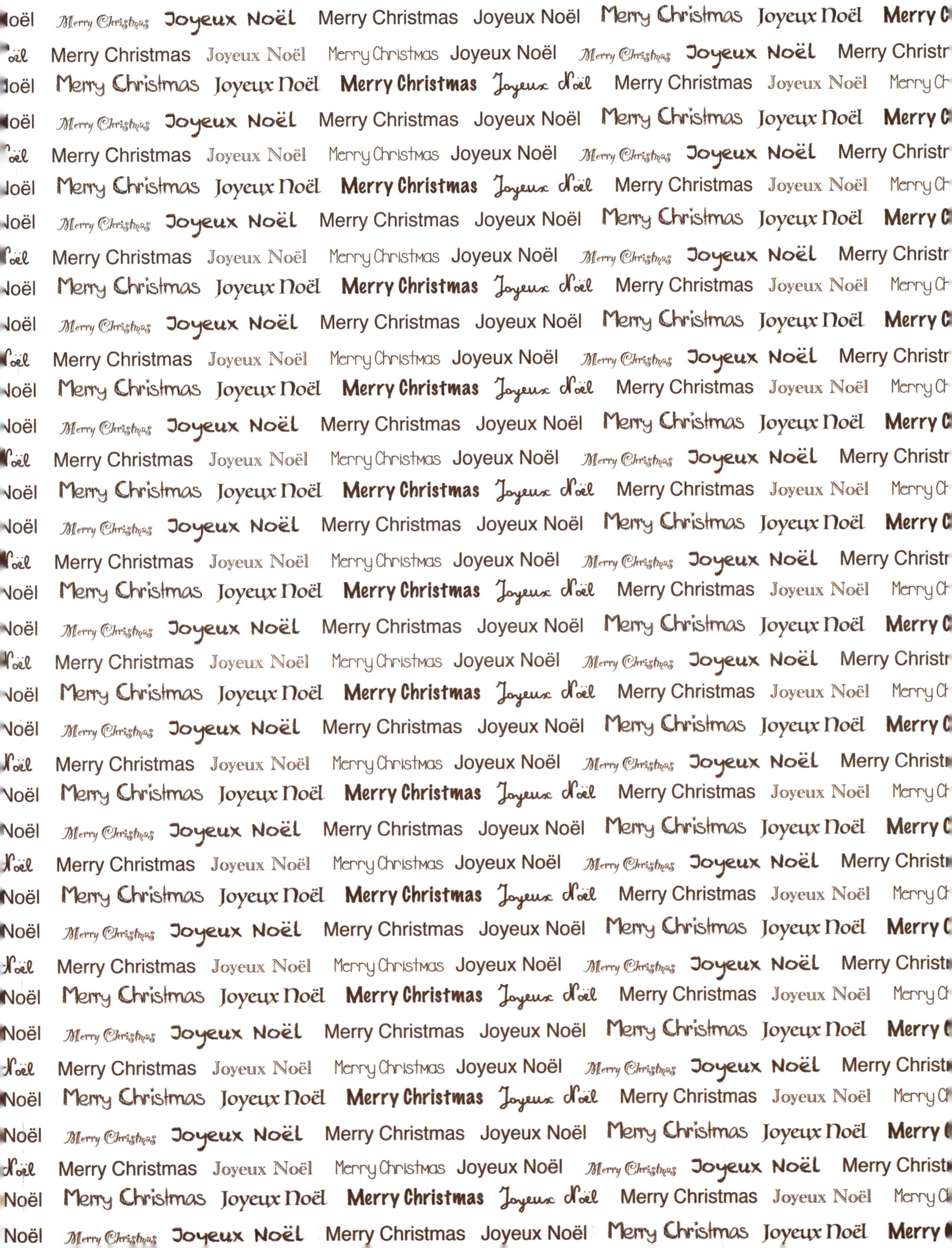
Noël Merry Christmas Joyeux Noël Merry Christmas Joyeux Noël Merry Christmas Joyeux Noël Merry C
Noël Merry Christmas Joyeux Noël Merry Christmas Joyeux Noël Merry Christmas Joyeux Noël Merry Christ
Noël Merry Christmas Joyeux Noël Merry Christmas Joyeux Noël Merry Christmas Joyeux Noël Merry Ch
Noël Merry Christmas Joyeux Noël Merry Christmas Joyeux Noël Merry Christmas Joyeux Noël Merry C
Noël Merry Christmas Joyeux Noël Merry Christmas Joyeux Noël Merry Christmas Joyeux Noël Merry Christ
Noël Merry Christmas Joyeux Noël Merry Christmas Joyeux Noël Merry Christmas Joyeux Noël Merry Ch
Noël Merry Christmas Joyeux Noël Merry Christmas Joyeux Noël Merry Christmas Joyeux Noël Merry C
Noël Merry Christmas Joyeux Noël Merry Christmas Joyeux Noël Merry Christmas Joyeux Noël Merry Christ
Noël Merry Christmas Joyeux Noël Merry Christmas Joyeux Noël Merry Christmas Joyeux Noël Merry Ch
Noël Merry Christmas Joyeux Noël Merry Christmas Joyeux Noël Merry Christmas Joyeux Noël Merry C
Noël Merry Christmas Joyeux Noël Merry Christmas Joyeux Noël Merry Christmas Joyeux Noël Merry Christ
Noël Merry Christmas Joyeux Noël Merry Christmas Joyeux Noël Merry Christmas Joyeux Noël Merry Ch
Noël Merry Christmas Joyeux Noël Merry Christmas Joyeux Noël Merry Christmas Joyeux Noël Merry C
Noël Merry Christmas Joyeux Noël Merry Christmas Joyeux Noël Merry Christmas Joyeux Noël Merry Christ
Noël Merry Christmas Joyeux Noël Merry Christmas Joyeux Noël Merry Christmas Joyeux Noël Merry Ch
Noël Merry Christmas Joyeux Noël Merry Christmas Joyeux Noël Merry Christmas Joyeux Noël Merry C
Noël Merry Christmas Joyeux Noël Merry Christmas Joyeux Noël Merry Christmas Joyeux Noël Merry Christ
Noël Merry Christmas Joyeux Noël Merry Christmas Joyeux Noël Merry Christmas Joyeux Noël Merry Ch
Noël Merry Christmas Joyeux Noël Merry Christmas Joyeux Noël Merry Christmas Joyeux Noël Merry C
Noël Merry Christmas Joyeux Noël Merry Christmas Joyeux Noël Merry Christmas Joyeux Noël Merry Christ
Noël Merry Christmas Joyeux Noël Merry Christmas Joyeux Noël Merry Christmas Joyeux Noël Merry Ch
Noël Merry Christmas Joyeux Noël Merry Christmas Joyeux Noël Merry Christmas Joyeux Noël Merry C
Noël Merry Christmas Joyeux Noël Merry Christmas Joyeux Noël Merry Christmas Joyeux Noël Merry Christ
Noël Merry Christmas Joyeux Noël Merry Christmas Joyeux Noël Merry Christmas Joyeux Noël Merry Ch
Noël Merry Christmas Joyeux Noël Merry Christmas Joyeux Noël Merry Christmas Joyeux Noël Merry C
Noël Merry Christmas Joyeux Noël Merry Christmas Joyeux Noël Merry Christmas Joyeux Noël Merry Christ
Noël Merry Christmas Joyeux Noël Merry Christmas Joyeux Noël Merry Christmas Joyeux Noël Merry Ch
Noël Merry Christmas Joyeux Noël Merry Christmas Joyeux Noël Merry Christmas Joyeux Noël Merry C
Noël Merry Christmas Joyeux Noël Merry Christmas Joyeux Noël Merry Christmas Joyeux Noël Merry Christ
Noël Merry Christmas Joyeux Noël Merry Christmas Joyeux Noël Merry Christmas Joyeux Noël Merry Ch
Noël Merry Christmas Joyeux Noël Merry Christmas Joyeux Noël Merry Christmas Joyeux Noël Merry C
Noël Merry Christmas Joyeux Noël Merry Christmas Joyeux Noël Merry Christmas Joyeux Noël Merry Christ
Noël Merry Christmas Joyeux Noël Merry Christmas Joyeux Noël Merry Christmas Joyeux Noël Merry Ch
Noël Merry Christmas Joyeux Noël Merry Christmas Joyeux Noël Merry Christmas Joyeux Noël Merry C
Noël Merry Christmas Joyeux Noël Merry Christmas Joyeux Noël Merry Christmas Joyeux Noël Merry Christ
Noël Merry Christmas Joyeux Noël Merry Christmas Joyeux Noël Merry Christmas Joyeux Noël Merry Ch
Noël Merry Christmas Joyeux Noël Merry Christmas Joyeux Noël Merry Christmas Joyeux Noël Merry C

eux Noël Merry Christmas Joyeux Noël Merry Christmas Joyeux Noël Merry Christmas Joyeux Noël Me
ux Noël Merry Christmas Joyeux Noël Merry Christmas Joyeux Noël Merry Christmas Joyeux Noël Merry Ch
eux Noël Merry Christmas Joyeux Noël Merry Christmas Joyeux Noël Merry Christmas Joyeux Noël Mer
eux Noël Merry Christmas Joyeux Noël Merry Christmas Joyeux Noël Merry Christmas Joyeux Noël Me
ux Noël Merry Christmas Joyeux Noël Merry Christmas Joyeux Noël Merry Christmas Joyeux Noël Merry Ch
eux Noël Merry Christmas Joyeux Noël Merry Christmas Joyeux Noël Merry Christmas Joyeux Noël Mer
eux Noël Merry Christmas Joyeux Noël Merry Christmas Joyeux Noël Merry Christmas Joyeux Noël Me
ux Noël Merry Christmas Joyeux Noël Merry Christmas Joyeux Noël Merry Christmas Joyeux Noël Merry Ch
eux Noël Merry Christmas Joyeux Noël Merry Christmas Joyeux Noël Merry Christmas Joyeux Noël Mer
eux Noël Merry Christmas Joyeux Noël Merry Christmas Joyeux Noël Merry Christmas Joyeux Noël Mer
ux Noël Merry Christmas Joyeux Noël Merry Christmas Joyeux Noël Merry Christmas Joyeux Noël Merry Ch
eux Noël Merry Christmas Joyeux Noël Merry Christmas Joyeux Noël Merry Christmas Joyeux Noël Mer
eux Noël Merry Christmas Joyeux Noël Merry Christmas Joyeux Noël Merry Christmas Joyeux Noël Mer
ux Noël Merry Christmas Joyeux Noël Merry Christmas Joyeux Noël Merry Christmas Joyeux Noël Merry Ch
eux Noël Merry Christmas Joyeux Noël Merry Christmas Joyeux Noël Merry Christmas Joyeux Noël Mer
eux Noël Merry Christmas Joyeux Noël Merry Christmas Joyeux Noël Merry Christmas Joyeux Noël Mer
ux Noël Merry Christmas Joyeux Noël Merry Christmas Joyeux Noël Merry Christmas Joyeux Noël Merry Ch
eux Noël Merry Christmas Joyeux Noël Merry Christmas Joyeux Noël Merry Christmas Joyeux Noël Mer
eux Noël Merry Christmas Joyeux Noël Merry Christmas Joyeux Noël Merry Christmas Joyeux Noël Mer
ux Noël Merry Christmas Joyeux Noël Merry Christmas Joyeux Noël Merry Christmas Joyeux Noël Merry Ch
eux Noël Merry Christmas Joyeux Noël Merry Christmas Joyeux Noël Merry Christmas Joyeux Noël Mer
eux Noël Merry Christmas Joyeux Noël Merry Christmas Joyeux Noël Merry Christmas Joyeux Noël Mer
ux Noël Merry Christmas Joyeux Noël Merry Christmas Joyeux Noël Merry Christmas Joyeux Noël Merry Ch
eux Noël Merry Christmas Joyeux Noël Merry Christmas Joyeux Noël Merry Christmas Joyeux Noël Mer
eux Noël Merry Christmas Joyeux Noël Merry Christmas Joyeux Noël Merry Christmas Joyeux Noël Mer
ux Noël Merry Christmas Joyeux Noël Merry Christmas Joyeux Noël Merry Christmas Joyeux Noël Merry Ch
eux Noël Merry Christmas Joyeux Noël Merry Christmas Joyeux Noël Merry Christmas Joyeux Noël Mer
eux Noël Merry Christmas Joyeux Noël Merry Christmas Joyeux Noël Merry Christmas Joyeux Noël Mer
ux Noël Merry Christmas Joyeux Noël Merry Christmas Joyeux Noël Merry Christmas Joyeux Noël Merry Ch
eux Noël Merry Christmas Joyeux Noël Merry Christmas Joyeux Noël Merry Christmas Joyeux Noël Mer
eux Noël Merry Christmas Joyeux Noël Merry Christmas Joyeux Noël Merry Christmas Joyeux Noël Mer
ux Noël Merry Christmas Joyeux Noël Merry Christmas Joyeux Noël Merry Christmas Joyeux Noël Merry Ch
eux Noël Merry Christmas Joyeux Noël Merry Christmas Joyeux Noël Merry Christmas Joyeux Noël Mer
eux Noël Merry Christmas Joyeux Noël Merry Christmas Joyeux Noël Merry Christmas Joyeux Noël Mer
ux Noël Merry Christmas Joyeux Noël Merry Christmas Joyeux Noël Merry Christmas Joyeux Noël Merry Ch
eux Noël Merry Christmas Joyeux Noël Merry Christmas Joyeux Noël Merry Christmas Joyeux Noël Mer
eux Noël Merry Christmas Joyeux Noël Merry Christmas Joyeux Noël Merry Christmas Joyeux Noël Mer

LA SÉRÉNADE

e Paolo TOSTI

Orchestrée par
E. TAVAN

CONTREBASSE

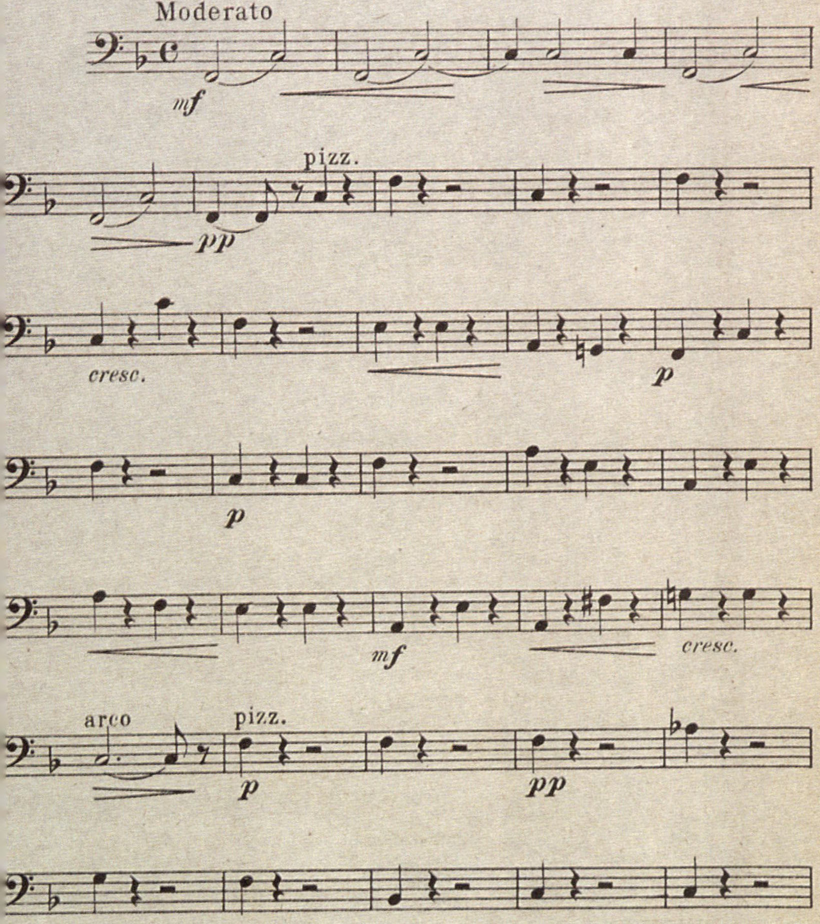

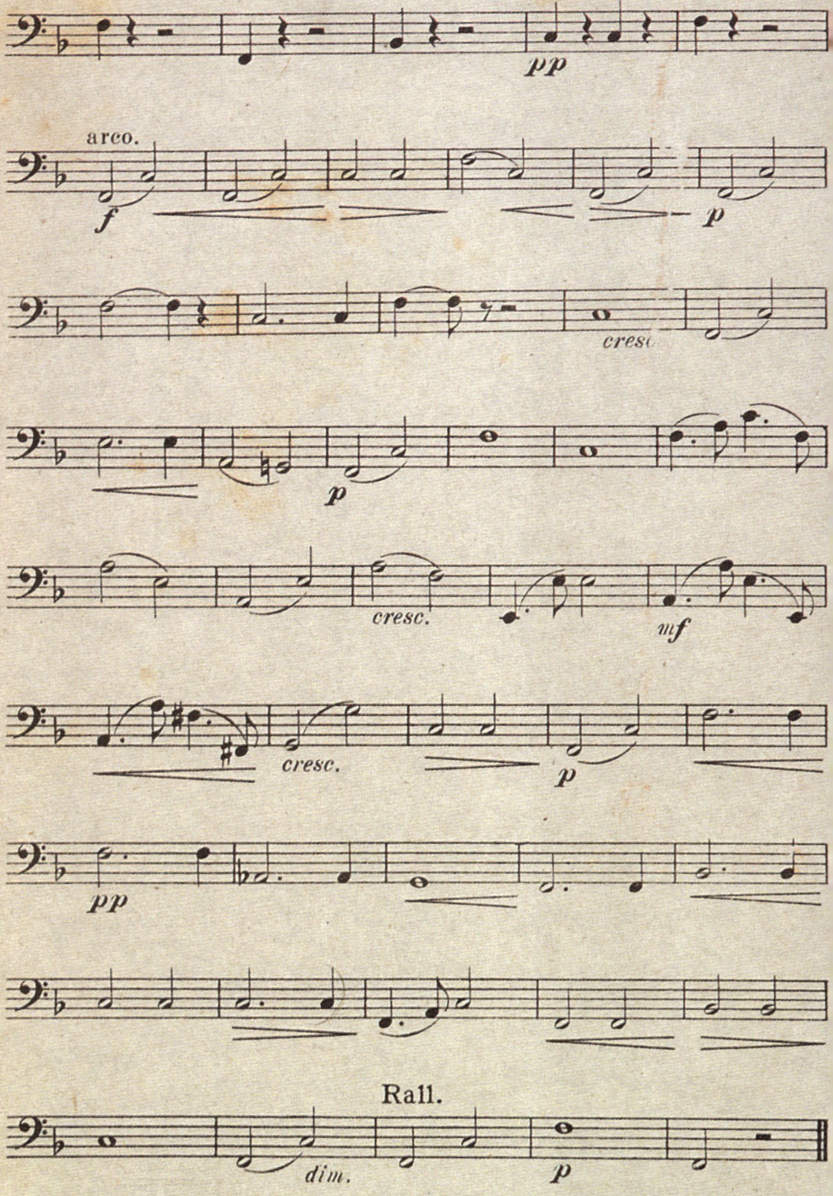

[SUF]FOLK [*sœfolk*], comté de l'E. de l'Angleterre, sur la Manche, divisé en *Suffolk-Est*, ch.-l. *Ipswich*, et *Suffolk-Ouest*, ch.-l. *Bury-Saint-Edmunds*.

[SUF]FOLK (William, *duc de*), né à Cotton, capitaine anglais qui fut forcé par Jeanne d'Arc de lever le siège d'Orléans; il fut plus tard le principal ministre de Henri VI (…-1450).

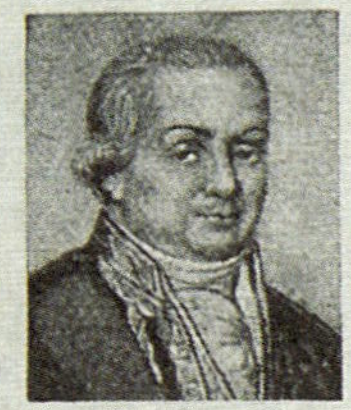
Suffren.

[SUF]FREN [*èn'*] (Pierre-André de), *bailli de*, marin français, né à Saint-Cannat (Bouches-du-Rhône); il combattit brillamment aux Indes contre les Anglais. Ce hardi marin était bailli dans l'ordre de Malte, de là le titre sous lequel il est désigné généralement (1726-1788).

[SUG]ER [*jèr*], abbé de Saint-Denis, ministre et conseiller de Louis VI et de Louis VII. Il entreprit la reconstruction de l'église de Saint-Denis. Pendant la croisade, il fut régent du royaume et mérita le nom de *Père de la patrie*. Il a écrit une *Vie de Louis VI* (vers 1081-1151).

[SUI]DAS [*dâss*], grammairien et lexicographe grec du Xe siècle de notre ère.

[SUI]PPES, ch.-l. de c. (Marne), arr. de Châlons-sur-Marne; 4.196 h. Ch. de f. Filatures.

[SUI]SSE ou CONFÉDÉRATION HELVÉTIQUE. GÉOGRAPHIE. République fédérale de l'Europe centrale; 41.298 km²; 4.200.000 h. (*Suisses*). Capit. *Berne*, siège du gouvernement fédéral; v. princ. *Zurich, Genève, Bâle, Lausanne, Saint-Gall, Lucerne, Winterthur*. La Suisse, couverte par le principal massif des Alpes, dont les chaînes divergent autour du Saint-Gothard, est arrosée par le Rhône, le Rhin, le Tessin, l'Aar, la Reuss, l'Inn, etc., qui traversent, avant de sortir des montagnes, de nombreux et pittoresques lacs (Neuchâtel, Morat, Quatre-Cantons, Zurich, Genève). Bien cultivée au fond des vallées fertiles, elle contient, au sein des montagnes, de riches pâturages. Céréales, vins, fromages. Industries très actives : métallurgie, constructions métalliques, filatures, horlogerie; produits alimentaires : chocolat, lait, etc. Politiquement, elle se divise en 19 cantons et 6 demi-cantons. (V. carte page précéd.)

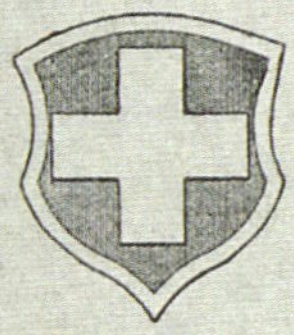
Armes de la Suisse.

HISTOIRE. Primitivement habitée par les *Helvètes* de race celtique, la Suisse passa successivement au pouvoir des Romains, des Burgondes, des Francs, et, après avoir fait partie de l'Empire germanique, devint en 1218 dépendance immédiate de l'Empire, tout en étant partagée en un grand nombre d'Etats, de cantons, etc. Les *avoyers* des cantons se firent remarquer par leur tyrannie. La résistance des populations aux excès des avoyers, personnifiée dans la légende de Guillaume Tell, amena la formation d'une ligue des cantons de Schwyz, Uri, Unterwald (1291), et aboutit à l'expulsion des avoyers. La lutte continua les années suivantes; les cantons de Lucerne, de Zurich, de Glaris, de Zoug et de Berne entrèrent l'un après l'autre dans la Confédération helvétique. Celle-ci eut à se défendre au XVe siècle contre Charles le Téméraire, l'empereur Maximilien, lequel dut, enfin, par le traité de Bâle, reconnaître l'indépendance des Suisses, portés à treize par des adjonctions subséquentes. Au XVIe siècle, les Suisses conclurent avec la France la *paix perpétuelle* (1516) et certains cantons adoptèrent la Réforme, prêchée chez eux par Zwingle. La Suisse fut reconnue comme Etat souverain au traité de Westphalie (1648). Sous la Révolution, en 1798, Brune la proclama *République helvétique*, et la Suisse devint le théâtre de la guerre entre les Français et les Austro-Russes. Ces derniers furent défaits à Zurich (1799). Napoléon, en 1803, rendit à la République helvétique unitaire une République fédérative; le congrès de Vienne respecta cet état de choses, qui fut modifié en 1848, puis en 1874.

Le pouvoir exécutif est exercé en Suisse par un conseil fédéral (*Bundesrat*), dont le président est en même temps président de la Confédération helvétique; le pouvoir législatif est aux mains d'une Assemblée fédérale composée d'un conseil national et d'un conseil des Etats. Chaque canton a en outre son gouvernement particulier pour les matières qui ne sont pas d'intérêt fédéral. La Suisse est un Etat neutre, qui profite de sa neutralité pour soulager les catastrophes humaines; elle est le siège de la Croix-Rouge internationale et de la Société des nations.

SULLIVAN [*sœlivœn*] (Arthur), compositeur anglais, né à Londres, auteur de nombreuses et agréables opérettes (1842-1900).

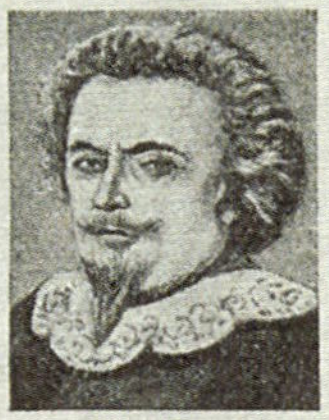
Sully.

SULLY (Maximilien DE BÉTHUNE, *duc de*), baron DE ROSNY, ministre et ami de Henri IV, né au château de Rosny (Seine-et-Oise). Protestant, après avoir combattu aux côtés de Henri IV, devint son conseiller et son ministre, administra les finances avec économie et protégea l'agriculture. Il avait coutume de dire : « Le labourage et le pastourage, voilà les deux mamelles dont la France est alimentée, les vrayes mines et trésors du Pérou. » Il a composé un livre remarquable sur les *Œconomies royales* (1559-1641).

Sully (*hôtel de*), situé à Paris, rue Saint-Antoine et place des Vosges; un des plus remarquables spécimens de l'architecture civile du XVIIe siècle. Il fut construit par Androuet du Cerceau, en 1624.

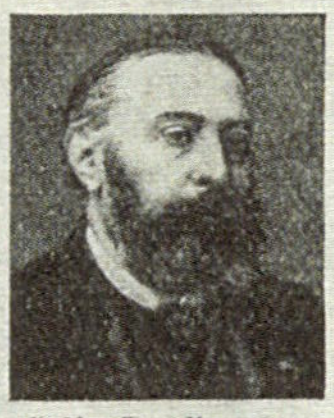
Sully Prudhomme.

SULLY PRUDHOMME (Armand), poète français, né à Paris (1839-1907); auteur des *Solitudes*, des *Vaines tendresses*, etc. Il a excellé à traduire les sentiments les plus délicats de la vie intime du cœur et, dans ses poèmes philosophiques (*la Justice, le Bonheur*), les plus nobles soucis de la pensée.

SULLY-SUR-LOIRE, ch.-l. de c. (Loiret), arr. d'Orléans; 2.481 h. (*Sullinois*). Ch. de f. Château ayant appartenu à Sully.

SULPICE (*saint*), évêque de Bourges, m. en 591. Fête le 19 janvier.

SULPICE-SÉVÈRE, historien ecclésiastique, auteur d'une *Histoire sacrée* (vers 360-vers 406).

SUMATRA, la plus grande des îles de la Sonde; 8.000.000 d'h. Sol fertile, café, riz, poivre. V. princ. *Padang, Palembang*. Aux Pays-Bas.

SUMBAVA [*soum*], île de la Sonde, au S. de Célèbes; 25.000 h. Aux Pays-Bas. Sucre, tabac.

SUMÈNE, ch.-l. de c. (Gard), arr. du Vigan, près de l'Hérault; 2.286 h. Ch. de f. Bonneterie.

SUMÉRIENS, peuple qui s'établit dans la basse vallée de l'Euphrate vers le Ve millénaire avant J.-C. et y fonda l'une des deux plus anciennes civilisations historiques.

SUND, détroit entre la Suède et l'île de Seeland, faisant communiquer la Baltique et la mer du Nord.

SUNDERLAND [*sœnderlan'd'*], v. d'Angleterre (Durham), sur la mer du Nord; 159.000 h. Houille.

SUNDERLAND (Robert SPENCER, *comte de*), homme politique anglais, né à Paris (1640-1702).

Sunnite n. m. Adepte de l'islamisme orthodoxe.

SUN YAT-SEN, homme d'Etat chinois, né près de Canton. Il suscita la révolution de 1911, fut dictateur des sept provinces du Sud (1918), président de la République chinoise en 1921 (1868-1925).

SUOMI. V. FINLANDE.

SUPERBAGNÈRES, station d'altitude, au S. de Bagnères-de-Luchon. Sports d'hiver.

SUPÉRIEUR (*lac*), le plus considérable des cinq grands lacs de l'Amérique du Nord, dans le bassin du Saint-Laurent, entre les Etats-Unis et le Canada,

(Phot. Larousse, Giraudon, P. Petit.)

STOCKHOLM, capit. de la Suède, à 1.922 kil. N.-E. de Paris, formée d'îles et de presqu'îles, sur le lac Mælar et la Baltique; 625.000 h. Résidence du roi et des administrations centrales; académies, musées, école militaire; fonderie de canons. Industrie active.

STOCKPORT [*pôrt*], v. d'Angleterre (Chester et Lancaster), sur la Mersey, limite des deux comtés; 125.000 h. Filatures de coton.

STOCKTON [*ten*], v. d'Angleterre (Durham), sur le Tees; 67.000 h.

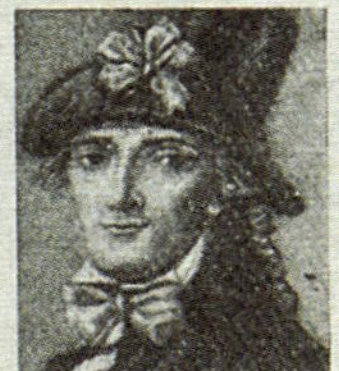
Stofflet.

STOFFLET [*flè*] (Jean-Nicolas), général vendéen, né à Lunéville, fusillé à Angers (1751-1796).

STOKE-UPON-TRENT [*stouk-œpon'-trèn't*], v. d'Angleterre (Stafford), près de Newcastle; 276.000 h. Porcelaines.

STOLP [*chtolp*], v. d'Allemagne (Poméranie); 40.000 h.

Storting (*le*), le Parlement norvégien, composé de deux Chambres : le *Lagting* (Chambre haute), et l'*Odelsting* (Chambre populaire).

STOTHARD (Charles), peintre anglais, né à Londres (1786-1821).

STOURDZA, famille roumaine, qui a fourni plusieurs princes de Moldavie.

STRABON, géographe grec, né à Amasya, en Cappadoce, vers 58; auteur d'une précieuse *Géographie* (vers 58 av. J.-C.-vers 25 ap. J.-C.).

STRADELLA (Alessandro), compositeur et chanteur italien, né à Naples (1645-1682).

STRADIVARIUS [*uss*] (Antoine), né à Crémone; le plus fameux luthier italien (1644-1737).

STRAFFORD (Thomas WENTWORTH, *comte de*), homme d'Etat anglais, né à Londres en 1593, exécuté en 1641. Il seconda, avec l'archevêque Laud, la politique autoritaire de Charles Ier qui, plus tard, l'abandonna.

STRAITS SETTLEMENTS [*stréïts' sètl'men'ts'*] ou **Etablissements des Détroits**, colonie anglaise, dans la presqu'île et le détroit de Malacca; 1.200.000 h. Cap. *Singapour*; v. pr. *Georgetown*.

STRALSUND [*chtralsoun'd'*], v. de Prusse (Poméranie), sur la Baltique; 40.000 h. Commerce actif. Charles XII y soutint un siège en 1713-1715.

STRASBOURG [*bour*], cap. de l'Alsace, ch.-l. du dép. du Bas-Rhin; à 503 kil. de Paris; 181.465 h. (*Strasbourgeois*); sur l'Ill, et près du Rhin. Ch. de f. Place de guerre. Magnifique cathédrale. Palais de Rohan. Produits alimentaires, tannerie, produits chimiques, électricité, métallurgie. Strasbourg a soutenu un siège et un bombardement terrible du 13 août au 26 septembre 1870. Patrie de Kléber. Strasbourg forme 2 arr. : *Strasbourg-Campagne*, avec 4 cant., 102 comm., et 102.842 h.; *Strasbourg-Ville*, avec 4 cant.

STRATFORD-SUR-AVON, v. d'Angleterre (Warwick); 9.400 h. Patrie de Shakespeare.

STRATON de Lampsaque, physicien et péripatéticien grec, qui séjourna longtemps à la cour de Ptolémée Philadelphe; m. en 269 av. J.-C.

STRATONICE, princesse grecque d'une grande beauté, fille de Démétrios Poliorcète, épouse de Séleucos Nicator, roi de Syrie, qui divorça pour permettre à son fils Antiochos, violemment épris d'elle, de l'épouser.

STRAUSS [pr. allem. *chtraouss*] (David), théologien allemand, né à Ludwigsbourg; auteur d'une *Vie de Jésus*, où il considère l'histoire évangélique comme un véritable mythe (1808-1874).

STRAUSS (Johann), compositeur autrichien, auteur de *valses* célèbres; né à Vienne (1825-1899).

STRAUSS (Richard), compositeur allemand, né à Munich en 1864; auteur de *Salomé, Elektra*, du poème *Mort et Transfiguration*.

Strélitz, corps de troupes d'élite formant la garde du tsar, détruit par Pierre le Grand en 1705.

STRÉLITZ. V. MECKLEMBOURG.

STRÉPY-BRACQUEGNIES, comm. de Belgique (Hainaut); 8.300 h.

(Phot. Larousse.)

STRESA, v. d'Italie, sur le lac Majeur; 1.900 Conférence économique internationale en 1932. C férence entre la France, l'Angleterre et l'Italie la suite du rétablissement, en Allemagne, du serv militaire obligatoire (1935).

STRESEMANN [*chtré*] (Gustave), ministre affaires étrangères allemand (1923-1929); né à B lin (1878-1929); signa les accords de Locarno e pacte Briand-Kellogg.

STRINDBERG [*in'd*] (Jean-Auguste), roman et auteur dramatique suédois, né à Stockho auteur de *la Chambre rouge* (1849-1912).

STROMBOLI, île volcanique de la mer Tyr nienne, la plus septentrionale des îles Lipari, nommée *le Fanal de la Méditerranée*.

STROZZI (Philippe), homme d'Etat italien à Florence, adversaire des Médicis (1488-1538); PIERRE, maréchal de France, tué au siège de Th ville (1558); — LÉON, amiral de France, né à rence; il essaya de délivrer Marie Stuart (1 1554).

STRUENSÉE (Jean-Frédéric), homme d'Etat nois, né à Halle en 1737, décapité en 1772. A de la reine Caroline-Mathilde, il accomplit de n breuses réformes libérales, mais tomba devan coalition des privilégiés.

STRYMON, nom. anc. de la *Strouma*, fl. de garie.

STUART [*ar'*, pr. angl. *stiouart'*], grande mille d'Ecosse, à laquelle appartiennent plus souverains d'Ecosse et d'Angleterre : Marie St Jacques Ier, Charles Ier, Charles II, Jacques

STUERBOUT, nom donné à tort (mais c'es plus connu) à Thierri **Bouts** dit **Bouts de L vain**, peintre de l'école des Pays-Bas (vers 1 1475).

STURDEE [*stœrdi*] (Frederick), amiral ang né à Charlton (1859-1925); vainquit von Spee îles Falkland (1914).

STURM [pr. allem. *chtourm*] (Jean), huma et réformateur allemand, né à Schleiden (1507-1

STURM (Charles), géomètre français, né à nève; on lui doit des travaux sur les équations d rentielles, l'optique et la mécanique (1803-185

STUTTGART [*chtout'gart'*], v. d'Allem (Wurtemberg), près du Neckar; 415.000 h. Li rie, machines, textiles, produits chimiques.

Style (*Discours sur le*), prononcé par Buffon sa réception à l'Académie (1753) et où se trou fameuse phrase : « Le style est l'homme mên

STYMPHALE (*lac*), lac de l'anc. Grèce (die); sur ses bords, selon la mythologie, He extermina les grues à bec de fer.

STYRIE, pays d'Autriche; 16.381 km²; 980.0 (*Styriens*). Cap. *Graz*. La partie S. de l'anc. St de race slovène, avec *Maribor* et *Celj*, est dev yougoslave en 1919.

STYX [*stiks*], fleuve des Enfers, dont il fa sept fois le tour. C'est par le Styx que Jupit les autres dieux avaient coutume de jurer, et serment était alors irrévocable. Ses eaux rend invulnérable. Thétis, mère d'Achille, y plong jeune héros, qu'elle tenait par le talon, seul en par où il put être blessé dans la suite. (*Myth.*)

SUARD (Jean-Baptiste), critique et journ français, né à Besançon (1733-1817); auteur d' ressants *Mémoires*.

SUAREZ [*souarèz*] (Francisco), jésuite et logien espagnol, né à Grenade (1548-1617).

SUBERVIE (Jacques-Gervais), général fran né à Lectoure, ministre de la guerre en 1848 (1856).

SUBOTICA [*sou, tsa*], v. de Yougoslavie, frontière hongroise; 91.000 h.

Sublime (*Traité sur le*), ouvrage de rhéto transcendante, attribué à tort à Longin.

Succession d'Autriche (*guerre de la*), dét née par les compétitions au trône impérial q produisirent après la mort de Charles VI, et su par l'ambition de Frédéric II, qui cherchait à parer de la Silésie; elle dura de 1741 à 174 France abandonna Marie-Thérèse et prit, com Prusse, le parti de l'électeur de Bavière, pro sous le nom de Charles VII (1742), tandis que déric II envahissait la Silésie, qu'il garda de Breslau. Charles VII étant mort en 1745, reconnut les droits de Marie-Thérèse, mais re continua avec la France dans les Pays-Bas noy, 1745; Raucoux, 1746; Lawfeld, 1747), en gne, en Italie et aux colonies, car les Anglais nt, dès le début, unis à Marie-Thérèse. La Aix-la-Chapelle (1748) fut avantageuse pour monde, sauf pour la France. Louis XV, très emment, avait « traité en roi, non pas en nd ».

ession d'Espagne (*guerre de la*), causée par ment de Philippe V au trône d'Espagne 713). La France, déjà épuisée par les pre- guerres du règne de Louis XIV, dut com- à la fois contre l'Autriche, l'Angleterre et la de. La lutte fut signalée d'abord par les suc- duc de Vendôme sur le prince Eugène en les victoires de Villars à Friedlingen (1702) chstædt (1703), mais bientôt les revers de ies (1706) et de Turin, l'invasion de l'Espa- l'archiduc Charles (1707), la défaite d'Ou- e, la défense de Lille par Boufflers (1708), la de Malplaquet (1709) amenèrent la France à la veille d'un désastre, que Villars conjura taille de Denain (1712). La coalition formée la France s'étant alors désagrégée, la guerre par les traités d'Utrecht, de Rastadt et de e premier de ces actes diplomatiques fondait sance maritime de l'Angleterre (1714).

ession de Pologne (*guerre de la*). A la mort ste II, roi de Pologne, l'empereur Charles VI issie prétendirent intervenir par la force dans on d'Auguste III. Louis XV, roi de France et de Stanislas Leszczinski, déclara que l'élec- ait libre, et Stanislas, accourant à Varsovie, lamé roi de Pologne (1733). Mais Auguste III, par les Impériaux et les Russes, chassa son teur. La France dut intervenir; elle gagna oires de Parme et de Guastalla, mais elle nsentit pas moins, par la paix de Vienne à reconnaître Auguste III. Stanislas eut les de Lorraine et de Bar, qui, à sa mort, faire retour à la couronne de France.

HET [*chè*] (Louis-Gabriel), *duc* D'ALBUFERA, al de France, né à Lyon; victorieux en 1811 te (1772-1826).

RE [*soukré*] (Antonio José), lieutenant de né à Cumana, président de la République ne (1793-1830).

RE [*soukré*], **CHUQUISACA** ou **LA PLATA**, Bolivie, sur le Cachimayo; 35.000 h.

-EN-BRIE, comm. de Seine-et-Oise, arr. eil; 6.113 h. Ch. de f.

AFRICAINE (*République*). V. TRANSVAAL.

RMANN [*sou*] (Hermann), auteur drama- romancier allemand, né à Matziken (1857- Ses meilleurs drames sont : *l'Honneur* (1890) *yer* (1893).

ETES (*monts*), montagnes de l'Europe cen- ntre Bohême et Silé- i s'étendent des Kar- ux rives de l'Elbe. Lon- 200 kil. Belles forêts, ressources minérales. tes. V. CONFÉDÉRÉS.

OUEST AFRICAIN, olonie allemande de e australe, sous man- l'Union Sud-Africaine 920. Ch.-l. *Windhoek*. diamants.

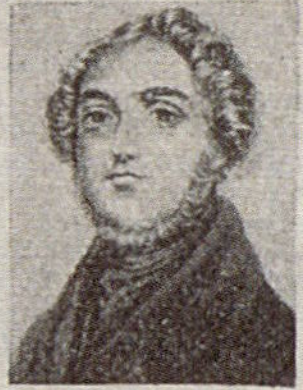

E. Sue.

(Eugène), romancier , né à Paris, auteur *stères de Paris*, du *rant*, des *Sept péchés* , etc., œuvres d'un style souvent lâché, mais rande puissance d'imagination (1804-1857).

E, Etat de l'Europe septentrionale, partie e de la péninsule scandinave, entre la Nor- la Baltique; 448.300 km²; 6.200.000 h. s). Cap. *Stockholm*. Elle est consti- r une série de terrasses descendant des Kjœlen vers la Baltique, arrosées par de x fleuves : Dal, Umé, Pité, Torné, et ren- de grands lacs : Mælar, Vener, Vetter.

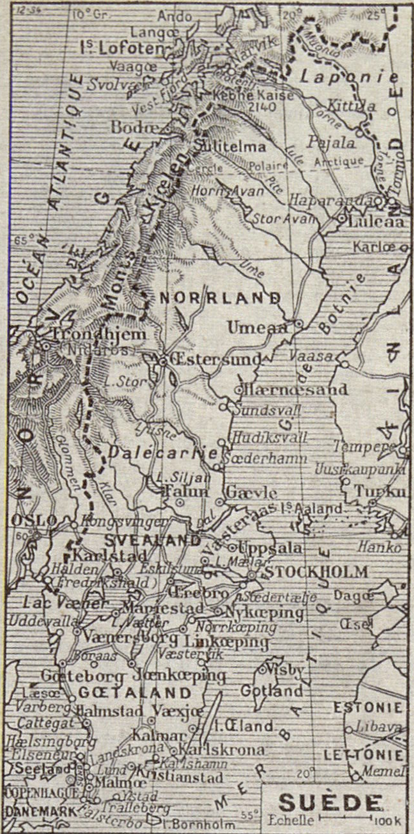

Grandes richesses forestières et minières (fer, cuivre); agriculture active dans le S.; industrie métallurgique; industrie du bois, du papier, des allumettes; construction mécanique. Instruction publique très développée. Unie avec la Norvège depuis 1814 sous un souverain commun, la Suède est redevenue une monarchie séparée depuis 1905. V. SCANDINAVES (*Etats*).

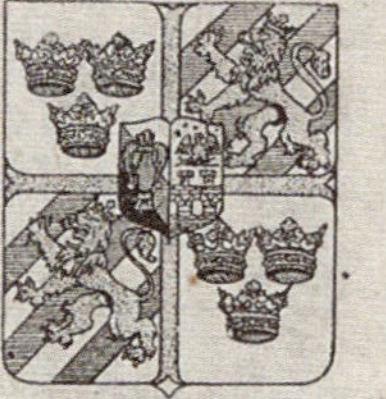

Armes de la Suède.

SUESS (Edouard), géologue autrichien, né à Londres (1831-1914).

SUÉTONE, historien latin, auteur de biographies des *Douze Césars*, recueil d'anecdotes d'un intérêt documentaire considérable, mais sans grande hauteur de vues (vers 69-vers 141).

SUÈVES, peuple de Germanie fixé au IIIe siècle de notre ère entre le Rhin, la Souabe et le Danube; ils passèrent en partie en Espagne au ve siècle.

SUEZ [*èz'*] (*isthme de*), entre la mer Rouge et la Méditerranée, traversé par un canal dont Ferdinand de Lesseps fut le promoteur, inauguré en 1869. — La ville de **Suez** (anc. *Arsinoé*), port sur la mer Rouge; 40.000 h.

(Phot. Larousse.)

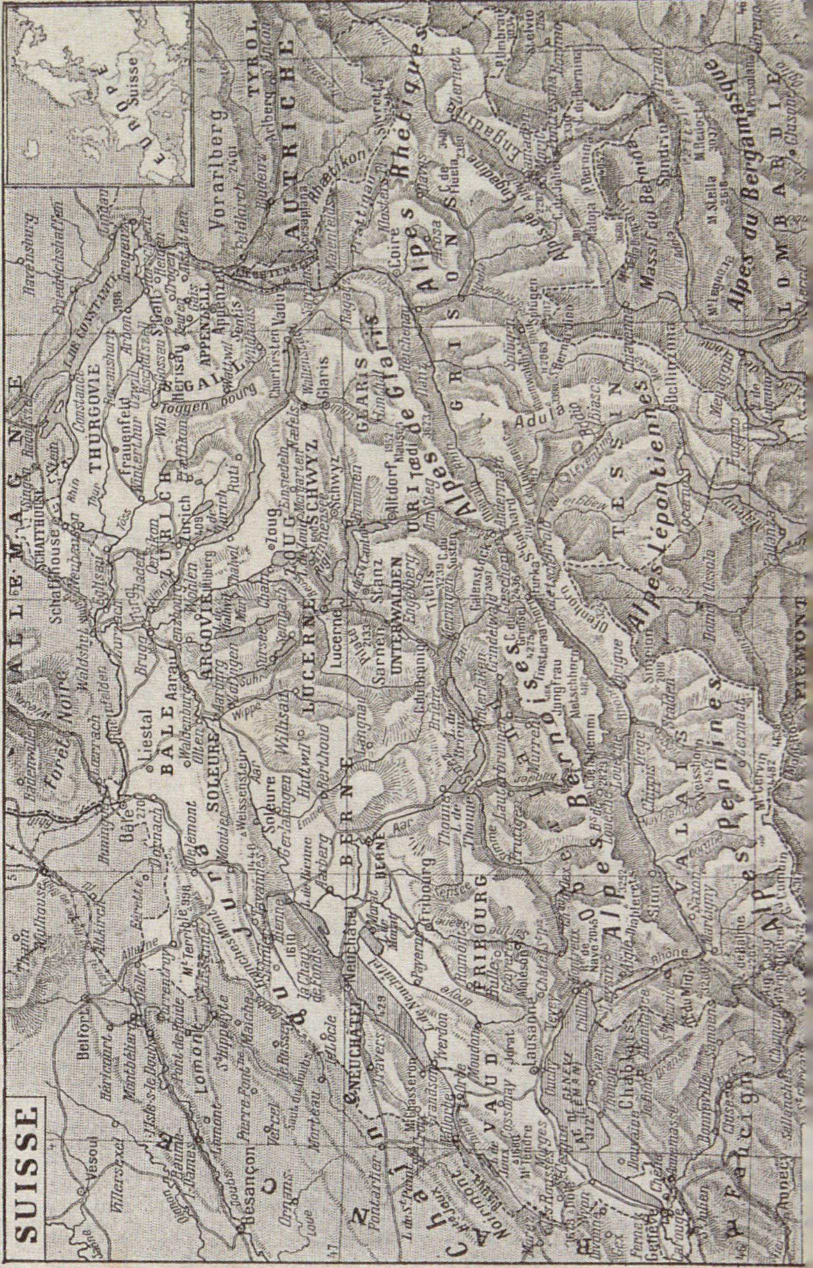

§ 39. — Die drei Aexte.

in armer Holzhauer wollte Weiden fällen, die dicht an dem Ufer tiefen Flusses standen. Aber gleich beim ersten Hiebe glitt die Axt Stiele und flog ins Wasser. Da jammerte der Holzhauer : " Ach, ich r Mann! Womit soll ich nun meinen hungrigen Kindern Brot ver-n! " Plötzlich rauschte ein Greis mit schneeweissem Barte und ıelblauen Augen aus dem Wasser empor. Er hielt eine silberne Axt Höhe und fragte : " Ist das deine Axt? " Der arme Mann weinte und ıerte : " Ach nein, das ist nicht die rechte! " Da holte der Greis eine ne Axt aus dem Wasser hervor und fragte : " Das ist wohl die e? " Der Holzhauer aber sagte : " Nein, das ist die rechte auch ! " Da tauchte der Greis zum drittenmal unter und holte eine eiserne ıus dem Wasser hervor. Als die der arme Mann sah, rief er voller le : " Ja, das ist die rechte! Das ist meine Axt! " Erfreut sprach der : " Nimm sie alle drei! Sie sollen der Lohn für deine Ehrlichkeit " Mit diesen Worten warf er ihm die eiserne, die silberne und die ne Axt ans Ufer.

Spruch : Ehrlich währt am längsten.

§ 40. — Spätherbst.

I

die Wälder, durch's Gesträuch
Nebel streichen,
s hängen, Tränen gleich,
n an den Zweigen :

II

Müde Tränen, wie dem Kind
An den Wimpern blinken,
Wenn die Glieder schlaffer sind
Und in Schlummer sinken.

III

Müde weint auch ihr im Traum,
Bäume rings im Walde;
Betten wird in weissen Flaum
Euch der Winter balde.

CH. SCHWEITZER.

Zweiter Teil.

Der Winter. — Gewerbe in der Stadt und im Dorf.

I. — **Beschreibung des Winters.**

II. — **Die Not im Winter.**

III. — **Winterfreuden.**

IV. — **Der Winter im Dorf.**

V. — **Gewerbe in der Stadt und im Dorf.**

VI. — **Die Stadt und das Dorf als Gemeinde.**

Grammatik : **Satzbau und Satzgefüge.**

Der Winter.

I. Beschreibung des Winters.

§ 41. — **Der Winter** (nach dem 4. Bilde; 1. und 3. Scene).

Nach dem Kalender beginnt der Winter am 21. Dezember und ist am 21. März zu Ende. Oft aber tritt der Winter früher ein.

Der Winter ist die kälteste Jahreszeit. Wenn der Himmel hell ist, so bläst der rauhe Nordwind; das Wasser friert zu Eis. Bäche, Flüsse, Teiche und Seen überziehen sich mit einer harten Decke. An den Dächern und Brunnen hängen lange Eiszapfen. Die Bäume sind mit Reif bedeckt.

Wenn der Himmel trübe ist, so gibt es Nebel, Regen und Schnee. Wird aber die Luft gelind, so taut es; der Schnee schmilzt, das Eis zerrinnt zu Wasser: es ist Tauwetter.

Auf dem Felde ist alles öde und still. Die Bäume haben keine Blätter mehr; sie sind kahl; sie sind entlaubt. Die Blumen sind verblüht. Es ist kein Ackersmann zu sehen. Die Vögel sind fortgezogen, nur Spatzen und Rotkehlchen fliegen vor das Fenster und bitten um ein bischen Brot. Über die schneebedeckten Felder fliegen die Raben.

§ 42. — **Satzbau: Hauptsatz mit einem Verb in einfacher Form.**

I. Hauptsatz mit direkter Wortfolge.

Merksätze.

Subjekt.	Verb.	Ergänzungen.
Die Blumen	verblühen	im Herbst.
Der Winter	**beginnt**	am 21. Dezember.
Das Wasser	friert	zu Eis.
Die Vögel	ziehen	im Herbst fort.
Der Greis	rauschte	aus dem Wasser empor.
Der Jäger	legte	seine Flinte an.

Anmerkungen: I. Die Partikeln (**fort, empor, an,** u. s. w.) sind eigentliche Ergänzungen; sie nehmen im Satz immer dieselbe Stelle ein, nämlich die der letzten Ergänzung. Sie haben immer den Hochton [1].

1. Die hauptsächlichsten (trennbaren) Partikeln sind: **ab, an, auf, aus, bei, entgegen, ein, mit, ach, vor, empor, zu, dar, — hin, her (hinab, herauf,** u. s. w.), **fort, nieder, weg, vorüber, zurück, zusammen,** u. s. w.

VIII. Der Wald im Herbst.

§ 37. — **Beschreibung des Waldes** (nach dem 4. Bild).

Im Herbst ist der Wald mit den buntesten Farben geschmückt und ist fast ebenso schön wie im Frühling. Das Laub der Eichen, der Buchen und der Birken hat sich gefärbt. Einige Bäume haben rotes, andere braunes, wieder andere gelbes Laub. Ihre roten Blätter fallen zu Boden und bilden eine dichte Decke. Nur die Tannen sind immer noch grün.

* * *

Im Herbst ertönt der Wald von lautem Hörnerklang, vom Gebell der Jagdhunde, von dem Knall der Flinten. Hin und wieder erklingen die Axtschläge der Holzhauer, welche Bäume fällen. Auf unserem Bilde sehen wir einen Holzhauer rechts und weiter hinten einen Arbeiter, der Kohlen brennt: es ist der Köhler oder Kohlenbrenner.

* * *

Ganz vorn steht eine alte Frau mit ihrer Tochter; beide sammeln dürres Holz; sie brechen Äste mit dem Fuß und machen Reisigbündel, welche sie dann auf dem Rücken nach Hause tragen, um sich im Winter zu wärmen. Die Frau hat Tritte gehört; sie richtet den Kopf auf, sie sieht einen Mann kommen. Dieser trägt eine grüne Kleidung; eine Flinte hängt über seiner rechten Schulter und eine Jagdtasche an der rechten Seite. Er führt die Aufsicht über den Forst: es ist der Förster.

Dieser ist sehr streng gegen Leute, welche während der Nacht das Wild des Waldes schießen, ohne daß sie eine Erlaubnis oder einen Jagdschein haben; das sind die Wilddiebe. Gegen die armen Leute ist der Förster nachsichtig, sie dürfen aber kein grünes Holz aus dem Walde stehlen.

§ 38. — **Der Holzhauer fällt einen Baum** (Satzreihe).

Präsens.	Präterit.	Partizip.
1. Der Holzhauer geht an den Baum.	ging	gegangen
2. Er faßt seine Axt beim Stiel.	faßte	gefaßt
3. Er schwingt sie in die Höhe.	schwang	geschwungen
4. Er haut damit in den Stamm.	hieb	gehauen
5. Der Baum fällt auf den Boden.	fiel	gefallen
6. Der Holzhauer schneidet die Zweige ab.	schnitt	geschnitten
7. Er sägt den Stamm mit der Säge entzwei.	sägte	gesägt
8. Er spaltet die Stücke.	spaltete	gespalten
9. Er setzt die Holzscheite zu Haufen zusammen.	setzte	gesetzt

RÉPARTITION PAR RÉGION

Étant donné la difficulté qu'il y a à assurer une mise en circulation simultanée des diverses séries de vignettes dans toutes les régions, nous avons décidé, pour mettre les collectionneurs sur un pied d'égalité, de faire le classement par région. Voici comment sera faite cette répartition :

Algérie .... 5-50[e]
Les primes destinées à l'Algérie seront réparties également entre les départements d'Alger, de Constantine et d'Oran.

Région d'Alsace (Bas-Rhin, Haut-Rhin) .... 2-50[e]

Région de Bordeaux (Charente, Charente-Inférieure, Corrèze, Creuse, Dordogne, Gironde, Haute-Vienne, Landes, Lot-et-Garonne) .... 3-50[e]

Région de Lille (Aisne, Ardennes, Nord, Pas-de-Calais, Somme) .... 3-50[e]

Région de Lyon (Ain, Allier, Ardèche, Drôme, Haute-Loire, Haute-Savoie, Isère, Loire, Lozère, Puy-de-Dôme, Rhône, Saône-et-Loire, Savoie) .... 6-50[e]

Région de Marseille (Basses-Alpes, Bouches-du-Rhône, Corse, Hautes-Alpes, Vaucluse, Var) .... 4-50[e]

Région de Nancy (Aube, Côte-d'Or, Haute-Marne, Haute-Saône, Marne, Meurthe-et-Moselle, Meuse, Moselle, Vosges, Territoire de Belfort) .... 4-50[e]

Région de Nantes (Côtes-du-Nord, Deux-Sèvres, Finistère, Ille-et-Vilaine, Indre-et-Loire, Loire-Inférieure, Maine-et-Loire, Mayenne, Morbihan, Vendée, Vienne) .... 3-50[e]

Région de Nice (Alpes-Maritimes) .... 2-50[e]

Région de Nimes (Aude, Gard, Hérault, Pyrénées-Orientales) .... 3-50[e]

Région d'Orléans (Cher, Indre, Loiret, Loir-et-Cher, Nièvre, Yonne) .... 2-50[e]

Région de Paris (Oise, Seine, Seine-et-Oise, Seine-et-Marne) .... 5-50[e]

Région de Pontarlier (Doubs, Jura) .... 2-50[e]

Région de Rouen (Calvados, Eure, Eure-et-Loir, Manche, Orne, Seine-Inférieure, Sarthe) .... 3-50[e]

Région de Toulouse (Ariège, Aveyron, Basses-Pyrénées, Cantal, Gers, Haute-Garonne, Hautes-Pyrénées, Tarn, Lot, Tarn-et-Garonne) .... 3-50[e]

CONDITIONS A REMPLIR

Les primes seront réparties entre les collectionneurs qui, les premiers et avant le 30 juin 1932, nous auront envoyé le volume n° 1 de l'Album « Les Merveilles du Monde » contenant les 35 séries de vignettes complètes. (Il est inutile d'envoyer des albums incomplètement remplis.)

Les vignettes devront être collées en place très exactement et avec beaucoup de soin. Seules sont valables celles des séries en circulation en France et Algérie. Les vignettes avec marge découpée ne seront valables qu'à condition que les numéros d'ordre et de série restent visibles.

Les 35 séries seront mises en circulation petit à petit; les dernières vignettes paraîtront au plus tard en mai 1932.

L'album devra être envoyé à la Société Nestlé, 25, avenue Michelet, Saint-Ouen (Seine), comme imprimé recommandé et sous emballage soigné. Nous déclinons, en effet, toute responsabilité au sujet des albums envoyés non recommandés, qui seraient égarés par la poste, ou pour ceux qui nous parviendraient en mauvais état.

Inscrivez lisiblement vos nom, et adresse sur le paquet et sur la première page (non imprimée) de l'album même.

La répartition des primes sera faite non d'après l'ordre d'arrivée, mais d'après la date d'expédition de l'album. Entre plusieurs envois datés du même jour, la préférence sera donnée aux albums les plus propres.

Le classement sera fait sous le contrôle d'un jury de quatre membres composé de :

MM. R. Brègre, directeur de la Société Nestlé; Henry Roy, sénateur, ancien ministre; L. Lorin, maire du XVe arrondissement de Paris; Tony Burnand, publicitaire.

Le classement sera constaté par Me Penière, huissier près le Tribunal civil de la Seine, 116, rue Saint-Denis, qui en dressera procès-verbal. Les décisions du jury, contrôlées par l'huissier seront sans appel.

Après vérification, votre volume vous sera retourné sous pli recommandé. Ne vous impatientez pas si nous le conservons quelque temps; vous pouvez être assuré qu'il vous reviendra en bon état. Nous vous indiquerons en même temps votre numéro de classement et, éventuellement, la prime que vous aurez méritée.

Des extraits du procès-verbal de Me Penière, huissier, donnant par région la liste des collectionneurs bénéficiaires des différentes primes, seront publiés après le 30 juin 1932. Vous pourrez les consulter chez votre fournisseur de chocolat ou les demander à la Société Nestlé (France), service des Albums, 25, avenue Michelet, Saint-Ouen (Seine), (envoi contre 0 fr. 50 en timbres-poste).

LES ÉCHANGES

Tous les collectionneurs ont droit à une vignette au choix des séries échangeables contre six vignettes quelconques (anciennes ou nouvelles) ou encore contre une étiquette blanche de Lait concentré sucré ou de Farine lactée Nestlé ou de Lait concentré non sucré " Idéal " (les étiquettes blanches collées sur les boîtes sont seules valables, à l'exclusion des enveloppages gris ou jaunes et des banderoles flottantes).

Les collectionneurs sont priés d'utiliser, pour leurs demandes, les feuilles spéciales mises à leur disposition.

SÉRIES ÉCHANGEABLES

Séries de « *Mon Album* » (ancien album) : toutes les séries seront échangeables sans exception à partir du 15 janvier 1931 et jusqu'au 30 juin 1931.

Séries des « Merveilles du Monde » (nouvel album) :

Les séries 1 à 4 seront échangeables à partir du 1er janvier 1931.

Les séries 1 à 10 à partir du 1er mai 1931. Les séries 1 à 16 à partir du 1er août 1931. Les séries 1 à 20 à partir du 1er novembre 1931. Les séries 1 à 24 à partir du 1er février 1932. Les séries 1 à 28 à partir du 1er mai 1932.

Les séries 29 à 35 ne sont pas échangeables. Elles ne seront, en aucun cas, délivrées par notre " Service des échanges " avant le 15 juillet 1932.

AVIS IMPORTANTS

1° **J**oindre aux demandes d'échanges 0 fr. 50 pour l'envoi des vignettes sous pli fermé, ou 0 fr. 75 pour envoi comme imprimé recommandé. A défaut, l'envoi sera fait comme imprimé ordinaire aux risques et périls du destinataire.

2° Etant donné le nombre considérable des demandes qui arrivent chaque jour, nous prions instamment les collectionneurs de lire très attentivement les indications ci-dessus, très complètes, pour éviter toute correspondance inutile. Nous ne pourrons du reste répondre par lettre qu'aux questions justifiées, c'est-à-dire dont la solution ne se trouverait pas dans les pages ci-dessus.

3° Toutes réclamations ou demandes de renseignements devront être accompagnées de 0 fr. 50 et porter l'adresse bien lisible de l'expéditeur.

4° Les collectionneurs, qui envoient en paquet séparé des vignettes ou étiquettes à échanger, sont priés d'inscrire très lisiblement sur le paquet leur nom et leur adresse complète, faute de quoi il serait impossible de donner suite à leur demande.

5° Seules les vignettes et étiquettes parfaitement intactes et propres seront acceptées.

Nous attirons l'attention des collectionneurs sur le fait qu'ils peuvent se procurer des vignettes non seulement dans les paquetages des chocolats

NESTLÉ, " GALA " PETER, CAILLER, KOHLER

mais encore dans les boîtes de fromage

PETIT GRUYÈRE NESTLÉ

et dans toutes les boîtes de

NESCAO

l'exquis déjeuner sucré que Nestlé vient de mettre en vente.

L'album des « Merveilles du Monde » (volume 1) est en vente, au prix de 3 francs, chez votre fournisseur. Au cas où il en serait démuni, adressez-vous à la Société Nestlé (France), 6, avenue Portalis, à Paris, qui vous l'adressera contre envoi préalable de 4 francs en timbres-poste.

Paris, le 15 décembre 1930.

QUELQUES MOTS SUR NOS PRIMES

200

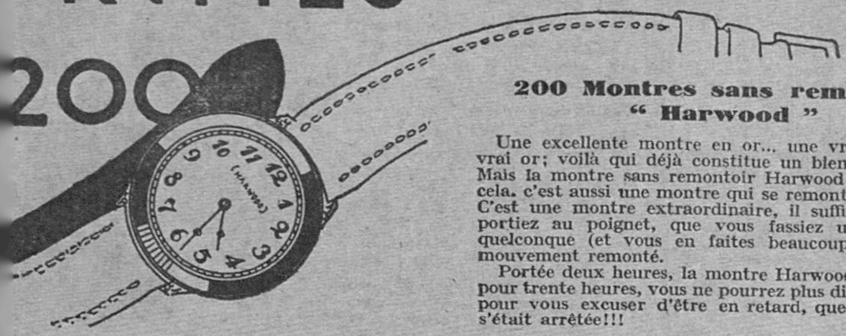

200 Montres sans remontoir « Harwood »

Une excellente montre en or... une vraie montre en vrai or; voilà qui déjà constitue un bien beau cadeau. Mais la montre sans remontoir Harwood n'est pas que cela. c'est aussi une montre qui se remonte toute seule!! C'est une montre extraordinaire, il suffit que vous la portiez au poignet, que vous fassiez un mouvement quelconque (et vous en faites beaucoup!) et voilà le mouvement remonté.

Portée deux heures, la montre Harwood est remontée pour trente heures, vous ne pourrez plus dire dorénavant, pour vous excuser d'être en retard, que votre montre s'était arrêtée!!!

350 Bicyclettes « Griffon »

ous connaissez les Griffon de réputation, c'est ent! Mais en avez-vous touché, essayé une? t un amour de bicyclette, robuste, souple, obéis- e, qui glisse plutôt qu'elle ne roule et qui supporte usement toutes les petites misères que la jeunesse ose sans pitié à ses serviteurs muets.
t si vous avez un jour une auto, vous ferez faire os enfants leurs « premiers pas » sur la vieille riffon » toujours jeune, toujours allante malgré années.

350

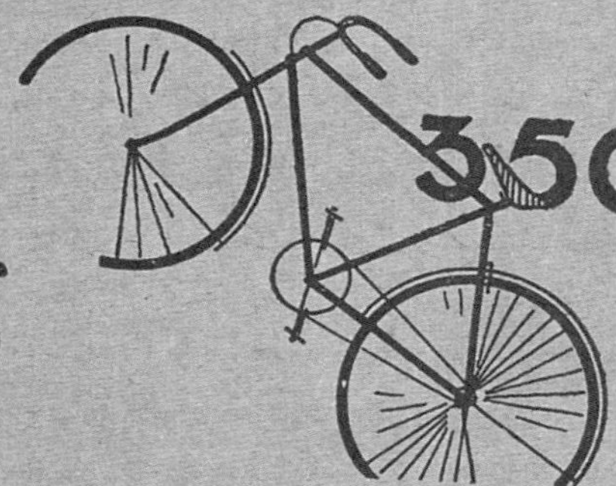

700

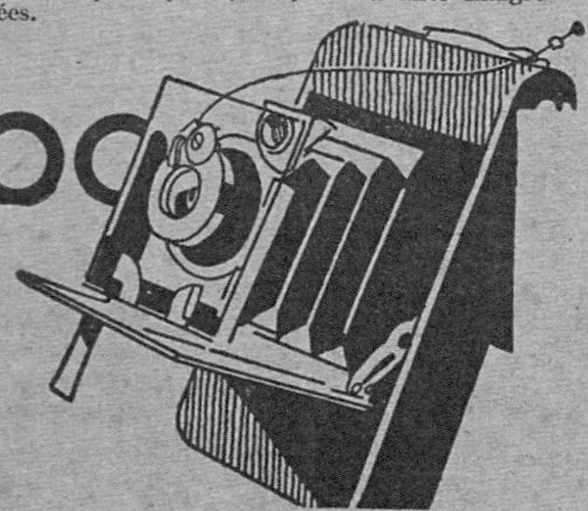

700 Appareils Photo « Lumière »

Un petit clic... et voilà fixés pour toujours le visage que vous aimez, le panorama qui vous enchante.

Ce petit appareil pliant avec objectif anastigmat, plus précis qu'un œil, vous servira de mémoire visuelle; une mémoire en format 6×9 où le moindre détail reste inscrit. Pratique, précis, solide, votre petit « Lumière » sera le compagnon de toutes vos joies et quand vous serez vieux, vous reverrez avec délices ces mille images, comme mille lumières éclairant le passé.

3.500 Stylos « Météore »

n « Météore » est un phénomène lumineux particulière- t brillant... et fugitif. Le stylo « Météore », tel l'Etoile te au firmament, glisse sur le papier sans l'accrocher. s là s'arrête la comparaison, puisque avec ses pointes idium natif, sa plume peut durer toute une vie. Vous rez plus les doigts sales, vous ne serez plus pris au ourvu, un petit tour de vis et vous serez prêt à coucher le papier les pensées les plus terre à terre ou les plus imes. Le stylo « Météore » c'est le stylo qui dure.

3500

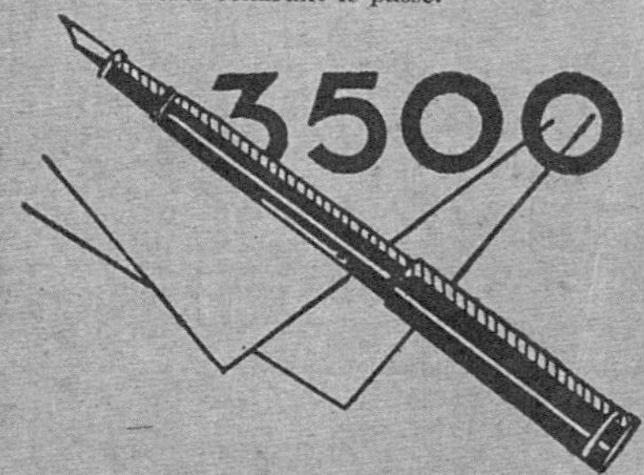

7250

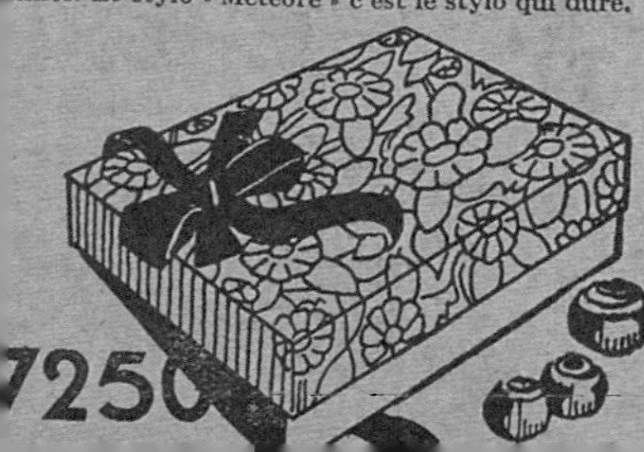

7.250 Boites de Chocolat « Kohler »

7.250 prix de consolation pour les collectionneurs qui se sont laissé distancer, mais quelle agréable consolation! Vous avez, pour trouver les vignettes, mangé bien des tablettes de chocolat, vous allez être bien content de trouver dans la jolie boite des bonbons pralinés, au nougat, au moka, etc. Vous les garderiez volontiers pour

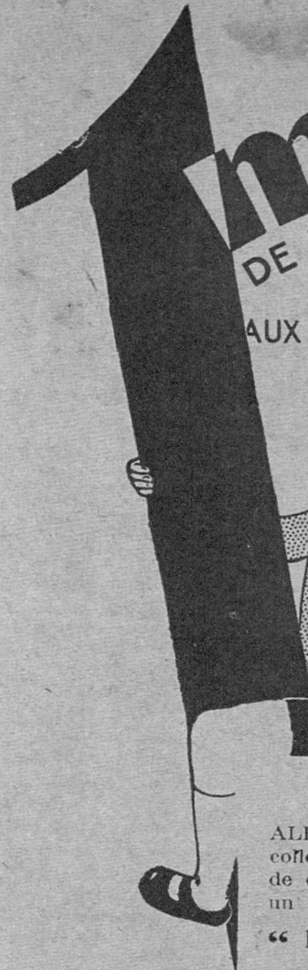

1 million DE FRANCS DE Primes AUX COLLECTIONNEURS DE VIGNETTES

NESTLÉ

„GALA" PETER

Cailler

KOHLER

Devant l'immense succès remporté par MON ALBUM, et pour donner satisfaction aux nombreux collectionneurs de timbres-vignettes, nous avons décidé de créer de nouvelles séries, qu'ils pourront réunir dans un album nouveau intitulé :

« LES MERVEILLES DU MONDE »

(Volume n° 1)

Cet album sera composé de plusieurs volumes et nous avons prévu *pour le volume n° 1* une distribution de **12.000 primes** réparties comme suit :

200 Montres en Or sans remontoir « HARWOOD » **1.175 fr.**

350 Bicyclettes de luxe, fillette ou garçon, **« GRIFFON »** **480 fr.**

Les gagnants pourront, en payant la différence, obtenir une bicyclette du modèle adulte.

700 Appareils photographiques pliants « LUMIÈRE » objectif anastigmat .... **350 fr.**

3.500 Porte-plume à réservoir « MÉTÉORE » ou au choix, porte-mine gainés argent .... **60 fr.**

7.250 Boites de bonbons chocolat « KOHLER » **20 fr.**

valant la somme formidable de

un million de francs

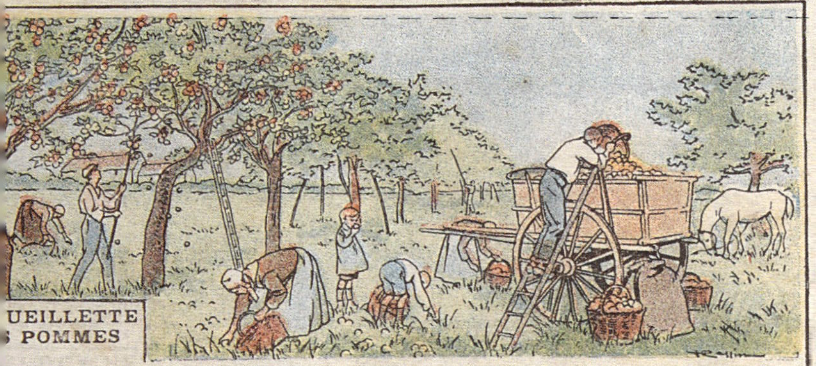

UEILLETTE
POMMES

ation et Langage. — 1. Où ces pommiers sont-ils plantés? — 2. Examinez-les. Que remar-vous? — 3. Pourquoi une échelle est-elle appuyée à l'un des pommiers? — 4. Que font eux hommes avec leur longue gaule? — 5. Que font les femmes et les enfants? — 6. voyez-vous près de la charrette? — 7. Que fait l'homme qui est monté sur une échelle?

TURE — La cueillette des pommes.

s les prairies s'alignent les pommiers aux troncs us. Des milliers de pommes rouges sont suspendues branches qui se courbent sous le poids des fruits. c une longue gaule, des hommes abattent les pommes; s tombent sur le sol avec un bruit sourd. Des femmes es enfants les ramassent; ils en remplissent des sacs es paniers. La charrette sera vite pleine et l'on portera ommes au pressoir. On boira bientôt du cidre nouveau.

onnaire. — 1. Où et comment les pom-s sont-ils plantés? — 2. Pourquoi leurs ches sont-elles courbées? — 3. Com-t fait-on la cueillette des pommes? — 4. Dans quoi les ramasse-t-on? — 5. Dans quoi les verse-t-on? — 6. Où portera-t-on les fruits? — 7. Qu'en fera-t-on? — 8. Quelles bonnes choses peut-on faire avec les pommes?

ABULAIRE

.es noms. — Lire, épeler et copier les noms suivants. (On fera entrer chaque nom, ment, dans une petite phrase.)

Un herbage, des pommiers, des pommes à cidre;
e échelle, une gaule, des sacs, des corbeilles;
fruit, la peau, les pépins, du cidre,
la marmelade, une tarte aux pommes.

II. — **Les adjectifs.** — Lire et épeler les adjectifs suivants et copier l'exercice en le complé

doux, tordu, — pleine, longue, — chargés, — rouges, courbées.

Le tronc... des pommiers; des milliers de pommes ...; des arbres ... fruits; des branches ...; une ... gaule; une corbeille ...; du cidre

III. — **Les verbes.** — Lire et épeler les verbes suivants et copier l'exercice en le complé

(on) secoue, écrase, récolte, abat, cueille, — conserver.

En automne, on r ... les pommes. On c ... avec précaution les fruits l'on veut ... Pour les autres, on ... les arbres et l'on ... avec une ga les fruits qui restent. On porte les pommes au pressoir et on le

PRÉPARATION

RÉDACTI

Rédiger de petites phrases sur le sujet : **La cueillette des pommes.**

1° *Décrivez les pommiers de la gravure* — 2° *Que fait l'homme avec gaule?* — 3° *Que font les femmes et les enfants?* — 4° *Que fait l'hom qui est monté sur une échelle?*

ORTHOGRAP

1. — **Les équivalents** *euil, euille, ueil.* Lire, épeler et copier les mots suiva en remplaçant les points par le son qui convient.

mon fauteuil	du chèvrefeuille	un cercueil	la cueillette
le bouvr...	on eff... une rose	un acc...	un écueil
un chevr...	je feuillette un livre	l'org...	un recueil

2. — **Les terminaisons** *eil, eille.* Copier l'exercice en le complétant.

eil. — La lumière du sol...; le gros ort...; un teint verm...; un cons...; un somm... paisible; on a donné l'év...; mon sac est par... au vô *eille.* — Une corb... d'osier; une boucle d'or...; du sirop de gro l'ab... butine; le maître surv... la sortie; je vous cons... de partir ce s

3. — Copier l'exercice en soulignant les mots en *italique*.

Voici le *vieil* arbre, la *vieille* tour. Ce *vieillard* est encore robu Je *veille*. Une *veillée*. Le *veilleur* est passé. Allumez la *veille* Le *réveil* a sonné. Léon était *réveillé*. Nous ferons un bon *réveil* J'ai vu des *merveilles*. Ce conte est *merveilleux*. Édouard était *émerve*

4. — **Dictée** (*à préparer*) : **La cueillette des pommes.**

Les pommes sont mûres. Elles font des taches vermeilles dans feuilles. Un homme cueille les plus belles. Il abat les autres avec gaule. On en remplit des corbeilles. La récolte est merveille

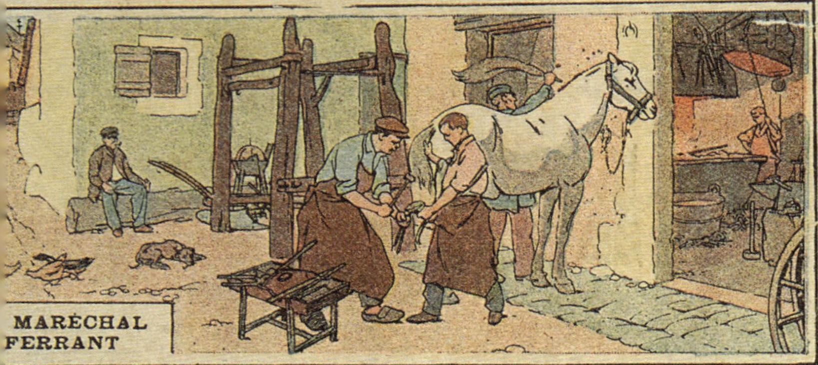

…ation et Langage. — 1. Que voyez-vous à l'intérieur de la boutique du maréchal? — …aminez attentivement le cheval et décrivez-le. — 3. Que fait le maréchal? — 4. Que fait …pprenti? — 5. Comment sont-ils habillés? — 6. Que fait le propriétaire du cheval? — 7. Que …-vous de plus sur la gravure (la boîte à outils, le travail, la meule, une charrue, etc.)?

…TURE

Le maréchal ferrant.

…orge est rouge. Un ouvrier tire la chaîne du soufflet …r faire chauffer un morceau de fer qu'il travaillera sur …lume. Devant la boutique est attaché un cheval. Un …renti lui soutient un pied à l'aide d'une lanière de cuir. …maréchal ferre l'animal. Il vient de poser un fer sur …abot. De la main droite, il enfonce un clou; de la …n gauche, il tient ses tenailles. Le propriétaire …sse les mouches qui pourraient agacer le cheval.

…onnaire. — 1. Pourquoi la forge est-elle …? — 2. A quoi sert le soufflet? — 3. A …sert l'enclume? — 4. Pourquoi le cheval …attaché? — 5. Pourquoi lui soutient-on le pied avec une lanière de cuir? — 6. Indiquez toutes les actions que fait le maréchal pour ferrer le cheval. — 7. A quoi servent les fers? le marteau? les clous?

…ABULAIRE

…es noms. — Lire, épeler et copier les noms suivants. (On fera entrer chaque nom, …ment, dans une petite phrase.)

…a forge, le soufflet, l'enclume, le maréchal,
… apprenti, le cheval, un sabot, de la corne,
… tablier de cuir, la boîte à outils,
… tenailles, un fer, des clous, le marteau.

II. — **Les adjectifs.** — Lire et épeler les adjectifs suivants et copier l'exercice en le comp…

luisant, lourd, labouré, — *droits, chimiques, agricoles,* — *pointues.*

Les travaux a… ; un champ … ; le soc lui… de la charrue; des si… bien … ; des engrais … ; les dents … de la herse; le vol … du corb…

III. — **Les verbes.** — Lire et épeler les verbes suivants et copier l'exercice en le compl…

(*on a*) *labouré, semé, fumé, ensemencé, hersé.*

On a … le champ avec du bon fumier, puis il a été … avec la cha… On l'a … avec une herse pour briser les mottes et enlever les herbes… a … le blé avec un semoir ou à la main. On dit alors que le champ es…

PRÉPARATIO…
RÉDACT…

Rédiger de petites phrases sur le sujet suivant : **Le semeur.**

1° *Où marche-t-il?* (voir la gravure). — 2° *Comment est-il habillé…*
3° *Que fait-il?* — 4° *Pourquoi sème-t-il du blé?*

ORTHOGRA…

1. — **La terminaison** ***ailles.*** Lire, épeler et copier, en les complétant, les noms sui…

les sem**ailles**	des roc**ailles**	les entr**ailles**	des sonn**ail…**
des fut…	des cis…	les fianç…	les brouss…
des ten…	des funér…	des victu…	des pierr…

2. — Lire et épeler les mots en *italique* et copier l'exercice en le complétant.

aille. — un *mur*, une mur… ; une *lime*, de la … ; du *fer*, un tas de fe…
ail. — une *bête*, le … de la ferme; la *porte*, le … de l'église; du …
l'é… de la danseuse; je *soupire*, le … de la cave; je *gouverne*, le …
bateau; une *épouvante*, un … à moineaux; la *poitrine*, le *poitrail* du che…

3. — Lire et épeler les mots en *italique* et copier l'exercice.

Un *rail*. Notre train *dérailla*. La locomotive et le tender ont *dér…* De l'*émail*. Le potier *émaille* la porcelaine. J'ai acheté un plat *ém…* Un *détail*. L'épicier *détaille* sa marchandise. C'est un marchand *détail…* Du *travail*. Robert *travaille* en classe. Le maître aime les *travaille…*

4. — **Dictée** (*à préparer*) : LES SEMAILLES.

Plus de broussailles ni de pierrailles : les bœufs ont bien travaillé. M… tenant un semeur de haute taille lance le grain dans les sillons labou… Dans un champ voisin, un cheval tire une herse; son poitrail fu…

serves the very best. She was delighted with the pair of gloves I
ught. Then there was a pipe for Dad and a book for Joan who is two
ars older than I am and goes to the Comprehensive School. John on
e other hand is just as much younger than I am, and a football was
st the present for him. David who is eight, and four years younger
an John, had a model aeroplane. Susan, the younger of the two girls
our family, had a game. Now guess what I had. I will give you a
ue. It was either a new dress or a track suit. Which was it? (*I am
e eldest boy.*)

present did I get?

the track suit   the dress

I cannot tell

is the loveliest time of the year?

the summer holidays   Christmas   Easter   summer

s especially good fun?

giving presents   receiving them

buying presents on the sly so that they will be surprises

s the double pleasure of Christmas?

you get twice as much at Christmas

you get what you expect and surprises

the pleasure of giving as well as receiving

sentence *I don't know which is the greater*, is the word *greater* correct?

no, it should be greatest   yes, because it is the greater of two things

did the writer say was the greater pleasure?

giving   receiving

buying presents for surprises   he did not know

as most care taken over my mother's present?

she was fussy   she did not like many presents

she deserved most

id Dad get?

a pair of gloves   a stick   a pipe

as at the Comprehensive School? Joan

d is Joan?

10   12   14   16   18   8   6

Read the following carefully then answer the questions. Where several possible answers are given, underline the correct answer.

In one corner of the garden with trim hedges and trees laden with fruit stood a garden seat in the shade of an old apple-tree. A ma tree it was, a Bramley, the pride of the old gardener's heart. The gardener himself, his day's work done, would sit there contentedly at his pipe and survey his domain. He saw much to satisfy him i neat rows of vegetables, the glorious banks of flowers and the tree their abundant harvest.

'A garden's a grand thing,' murmured the old gardener. Pre knew he would hear the voice of his grand-daughter calling him i his supper.

51 Where did the tree stand?

near the house   in the middle of the garden   in the hedge

in the corner of the garden

52 What kind of a tree was it? Underline all the correct answers.

an apple-tree   a barren tree   a Bramley

a massive tree   a young tree

53 What was the gardener doing?

dreaming   smoking   working   waiting for his supper

54 What do you know of the gardener?

he was hard-working   he was old

he was hale and hearty   he was dissatisfied

55 What was he expecting to hear soon?

an owl   the supper bell

his friends   the voice of his grand-daughter

56 Three things are given as reasons why the gardener should have felt satisfied. Write one of them in each space.

(1) neat rows of vegetables   (2) glorious banks of flowers

(3) trees with abundant harvest

57 Give what you think would be the exact words of his grand-daughter when she called him to supper.

'Grandpa, your supper is ready.'

58 Give the words of the gardener in indirect speech. The gardener sai

a garden was a grand thing

3]

h of the following lists of words underline the words meaning the same word in capitals:

[illegible]	straggling	straight	neat	untidy	crooked
IOUS	young	healthy	sweet	red	rosy
SIVE	frail	tender	large	huge	strong
VEY	look	measure	pace	inspect	count
NDANT	scanty	plentiful	average	usual	good

5]

underline the *opposite* of:

NDANT	plentiful	teeming	meagre	fair	average
T	untidy	careless	crooked	beautiful	trim

9]

CONTENTED we have the noun CONTENTMENT. Now give the from the following adjectives:

NDANT ......abundance...... 67 NEAT ......neatness......

SFY ......satisfaction...... 69 MASSIVE ......massiveness......

7]

s a list of words. Each word from the list should go into one of the spaces below, and no word should be used twice.

ind ink sunshine snow air bread blood dust

th of ......air...... 71 a crumb of ......bread......

of ......sunshine...... 73 a speck of ......dust......

of ......snow...... 75 a drop of ......blood......

of ......ink...... 77 a gust of ......wind......

3]

line two rhyming words in each of the following lines:

screen	sign	blend	rhyme	lined
great	write	sweat	bright	breathe
wood	mould	load	could	soiled
rose	cows	snows	dose	does
haste	lest	least	chased	list
mere	may	mire	lie	lyre

31 DEEP Owing to the great ......depth...... of the river it coul forded.

32 ILL The ......illness...... of the child caused much an

33 GRAND The scene was one of striking ......grandeur...... .

34 YOUNG In his ......youth...... he had been a great athlete

[35–41]

Complete the following sentences by underlining the correct word in brackets:

35 (Them, These, Those) pigeons that nested in the roof have been caug

36 The horse (who, what, that) broke its leg was shot.

37 Neither Tom (or, nor) John can play as they are (two, both, each) il

38 Though some people say they (has, have) I don't believe anybody ha never) seen a ghost.

39 She is not as old as (me, I).

40 The (older, oldest) of the two boys was also the (tallest, taller).

41 If you (was, were) to skate on thin ice you (will, would, might) almo certainly go through.

[42–47]

Give the comparative and superlative forms of the following adjecti

		Comparative	*Superlative*
42	good	better	best
43	small	smaller	smallest
44	far	farther	farthest
45	little	less	least
46	beautiful	more beautiful	most beautiful
47	much	more	most

[48–62]

Read the following, then answer the questions. Where several poss answers are given, underline the correct answer.

Christmas is the loveliest time of the year, and buying Christm is great fun, especially buying them on the sly so that they will surprises.

There is a double pleasure in Christmas, the pleasure of giv pleasure of receiving, and I don't know which is the greater.

‑uites à l'échelle, peuvent être reproduites sur la carte de la contrée; un ‑nbre placé sur chacune d'elles donne sa hauteur par rapport aux courbes voisines.

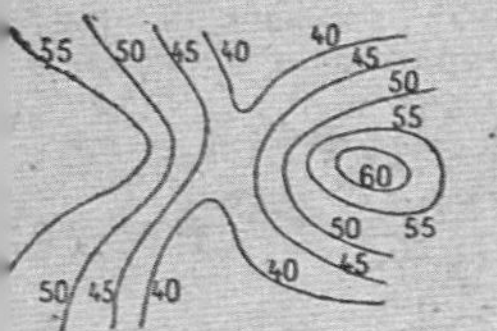

Courbe de niveau. ‑nombre inscrit sur chaque ‑ne indique l'altitude, c'est-‑dire sa hauteur au-dessus ‑ niveau de la mer.)

Pratiquement, il suffit de savoir, avec le niveau d'eau, déterminer la différence de niveau entre deux points; si l'on connaît la *cote* (hauteur au-dessus d'un point conventionnel) ou l'*altitude* (hauteur au-dessus du niveau de la mer), de l'un des points, on connaîtra la cote de tous les autres; en joignant tous les points de même cote, on aura une *courbe de niveau.*

Déterminer la différence de niveau entre deux points A, B.

Pour cela on place le niveau d'eau C à peu près au milieu de la distance des deux points; puis, se plaçant en D, on dirige le niveau sur le *voyant* E, que l'on fait hausser ou baisser ‑qu'à ce que la ligne hori‑ ‑tale qui partage la mire soit ‑faitement à la hauteur don‑ ‑ par l'eau du niveau; on ‑ la hauteur du voyant E. ‑ l'on trouve de 0m,60. En‑ ‑te on se place du côté ‑osé à D, et on opère de ‑me sur la mire transportée ‑ F, le *voyant* étant par ‑mple à la hauteur de 1m,70; ‑ù il résulte que la diffé‑ ‑ce de niveau entre les points A et B est de 1m,70 — 0m,60 = 1m,10.

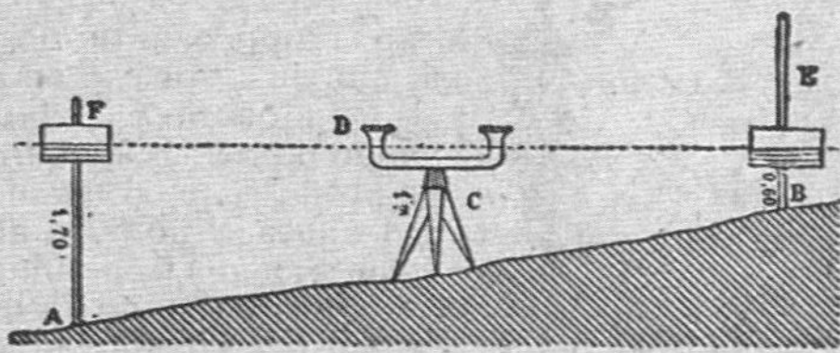

Niveler d'une seule station plusieurs points visibles, dont la différence de ‑e est comprise entre la hauteur de niveau d'eau et la hauteur de la mire ‑eloppée.

On peut, par l'opération précédente, obtenir les hauteurs relatives d'autant ‑points A, B, C, D, E, F qu'on veut, en plaçant le niveau d'eau au milieu G.

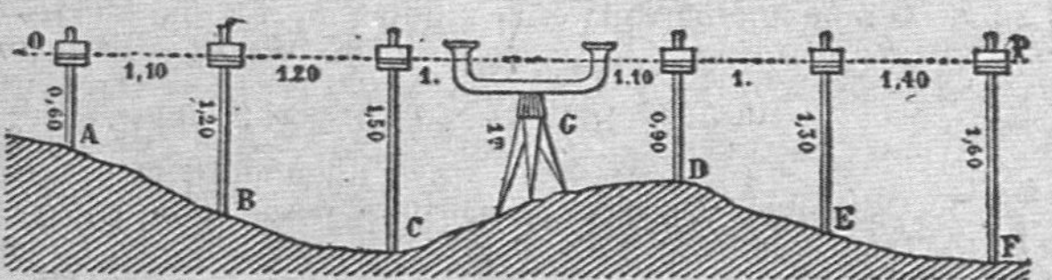

‑obtient ainsi sept hauteurs, que l'on écrit sur un croquis, comme l'indique ‑igure. On mesure la distance entre chaque voyant, et on trace, sur le papier, ‑c l'échelle, la coupe verticale du terrain, suivant la direction OP.

La planimétrie. — A l'aide des instruments qui ont été décrits, on ‑rra donc mesurer sur le terrain les longueurs et les angles et en même ‑ps établir le profil de ce terrain dans les différents sens; dans ces condi‑ ‑s, on peut tracer un modèle réduit de terrain : on a alors un *plan en relief.* ‑ tel plan n'est pas facilement transportable, on préfère généralement repré‑ ‑ter la carte de la contrée sur une feuille de papier : c'est l'objet de la ‑*nimétrie;* à cet effet, il est nécessaire d'employer un certain nombre de ‑*es conventionnels* dont nous donnons les principaux pages 400 et 401. En ‑éral, la dimension des signes employés varie avec l'échelle.

La carte de l'état-major français est à l'échelle de $\frac{1}{80\,000}$, c'est-à-dire qu'à une ‑gueur de 80 kilomètres correspond une longueur de 1 mètre sur la carte.

Solutions simples de quelques problèmes se rapportant à la topographie et à l'arpentage.

Prolonger une ligne droite au delà d'un obstacle.

Soit une droite AB à prolonger au delà de l'obstacle O. On jalonnera en la perpendiculaire BC à AB; au point C on prendra la direction de la perpendiculaire CD à BC; enfin, en C on élèvera la perpendiculaire à CD sur laquelle on portera une longueur DE égale à CB; il suffira d'élever en E la perpendiculaire à DE pour avoir le prolongement de AB.

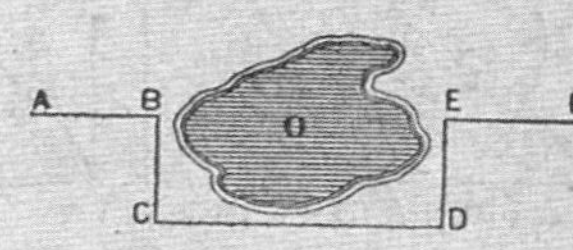

Mesurer, à la chaîne seulement, un angle quelconque sur le terrain.

Proposons-nous de mesurer l'angle ABC; sur BA et sur BC prenons d‑ longueurs égales, BE, BD, de 20 mètres ch‑ cune, par exemple; puis, après avoir jalon‑ la ligne droite DE, mesurons-la, nous connaîtro‑ ainsi les trois côtés du triangle EBD; on pour‑ le tracer sur le papier à l'aide du compas et d'u‑ échelle de proportion, ce qui permettra, av‑ l'aide du rapporteur, d'évaluer B.

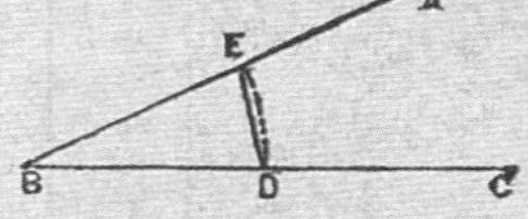

Mesurer avec le graphomètre la distance d'un lieu à un autre lieu inaccessible.

Soit à mesurer la distance du point A au point C, inaccessible à cau‑ d'une rivière EF. On jalonne une droite quelconque AB; on place le graph‑ mètre au point A, de manière que la ligne de foi soit dans la direction AB; on dirige l'alidade mobile vers le point C. Supposons que l'on ait pour mesure de l'angle A, 55 degrés; on porte le graphomètre au point B; on place la ligne de foi dans la direction de BA, et on dirige l'alidade mobile vers le point C. Supposons que l'on obtienne ainsi 60 degrés pour la mesure de B; on chaîne la distance de B en A, que l'on trouve de 27 mètres, par exemple. Cela fait, on trace sur le papier, avec le rapporteur et l'échelle de proportion, un triangle *abc*, semblable à ABC. On mesure *ac*, que l'on trouve de 24 mètre‑ c'est la distance de A à C demandée.

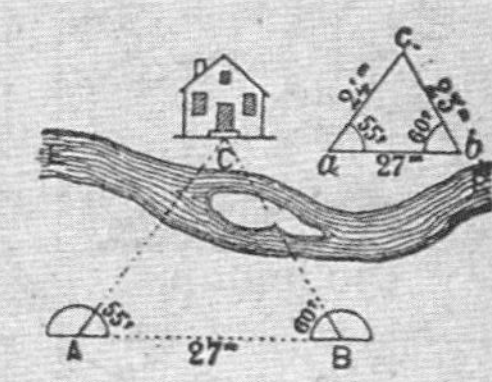

Mesurer la largeur d'une rivière BA *avec l'équerre d'arpenteur.* — C‑ plante un jalon en B, et, dans la direction de AB, ‑ prend un point quelconque C, où l'on place l'équer‑ d'arpenteur; on élève à AC la perpendiculaire CD, ‑ faisant planter un jalon au point D : on a ainsi l'ang‑ droit ACD; on prend sur la ligne CD une longue‑ arbitraire de 36 mètres, par exemple; on fait plant‑ un jalon au point F, milieu de CD; au point D, on fa‑ un angle droit avec l'équerre; on jalonne AF, dont ‑ prolongement coupe la perpendiculaire élevée en D ‑ point E. On mesure la longueur DE, que l'on trou‑ de 17 mètres; elle est égale à la distance CA, pui‑ que les deux triangles rectangles ACF et EDF so‑ égaux. On mesure la distance CB, que l'on trouve de 8 mètres; d'où ‑ suit que la largeur AB de la rivière est de 17 mètres moins 8 mètres, ‑ de 9 mètres.

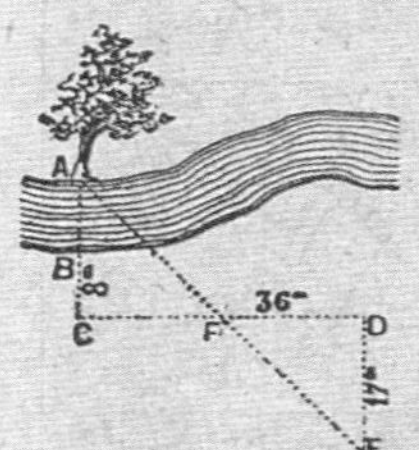

Mesurer avec le graphomètre la distance de deux objets A *et* B *inacce‑ sibles.* — On jalonne une droite CD; on place le graphomètre au point C; o‑ prend la mesure de l'angle BCD et celle de l'angle BCA; on porte le graph‑ mètre au point D, et on mesure les deux angles ADC et ADB; on mesure ‑

longueur DC. Ensuite, sur le papier, avec le rapporteur et l'échelle de proportion, on fait la même opération que sur le terrain, et on obtient ainsi les triangles *adc*, correspondant à ADC; *adb*, *bcd*, *bca*, correspondant à ADB, BCD, BCA. On mesure *ab*, que l'on trouve de 28 mètres; cette longueur est celle de AB.

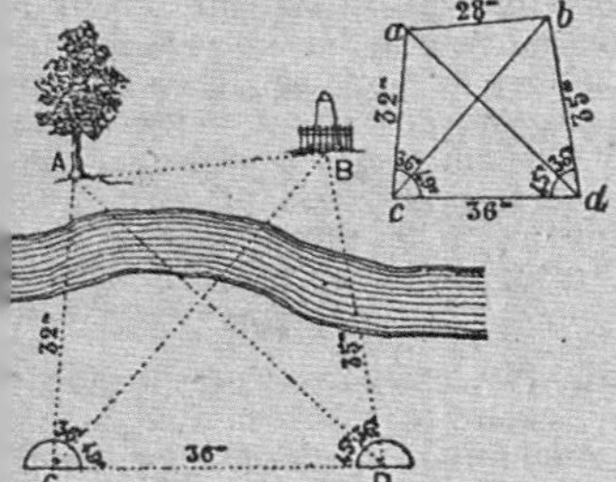

Mesurer la hauteur H *d'un arbre* AB *au moyen de l'ombre.* — On plantera verticalement un piquet ED; supposons que ce piquet ait une hauteur de 2 mètres au-dessus du sol, qu'il projette une ombre DF de 3 mètres, que l'arbre projette une ombre CA de 15 mètres de longueur, on écrira que le rapport des longueurs des ombres est égal au rapport des hauteurs, et on formera la proportion :

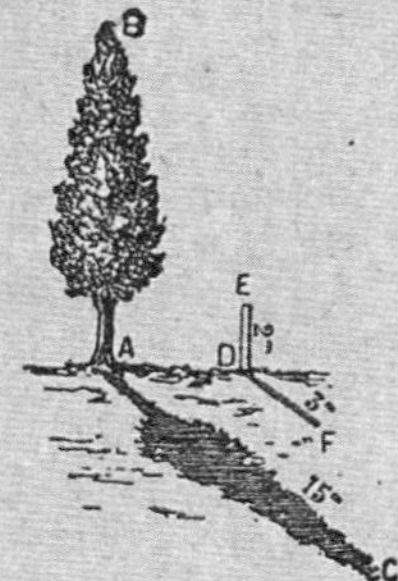

$$\frac{3}{15} = \frac{2}{H} \text{ d'où } 3 \times H = 2 \times 15 \text{ et } H = 10 \text{ m.}$$

Mesurer la hauteur d'un arbre AB *à l'aide d'un bâton.* — On plantera le bâton CD verticalement et on déterminera le plus exactement possible le point E où la direction AD va rencontrer le sol, on mesurera CD, CE, BE; par analogie avec le problème précédent, si CD = 1m,50, CE = 3 m. et BE = 15 m., H étant la hauteur, on aura :

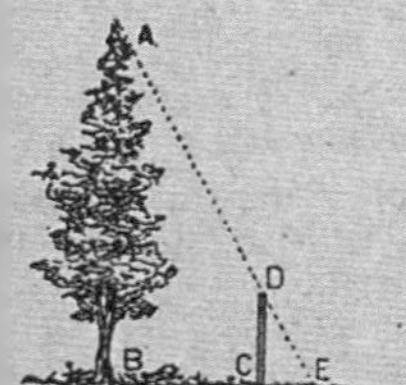

$$\frac{3}{15} = \frac{1,5}{H}, \text{ et par suite } H = \frac{15 \times 1,5}{3} = 7^{m},50.$$

Mesurer la hauteur d'un arbre ou d'un édifice avec une équerre de 45°. — Une équerre de 45° a la forme d'un triangle rectangle isocèle; les deux angles aigus valent respectivement 45°. En se retirant, muni de l'équerre, dans la direction BC, on cherche par tâtonnement un point C tel qu'en plaçant l'équerre verticalement on aperçoive en même temps le pied B de l'arbre, suivant la direction horizontale CD, et le sommet A de l'arbre, suivant la direction CE de l'hypoténuse; on mesure alors la distance CB : ce sera la hauteur de l'arbre, car le triangle CAB est isocèle.

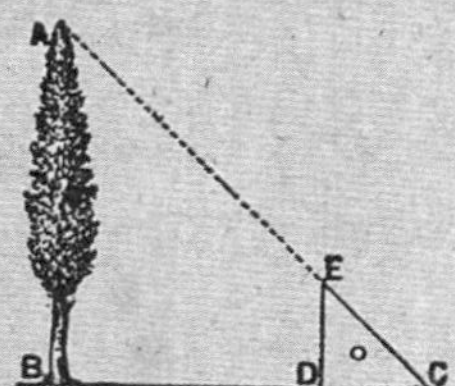

Mesurer la hauteur d'un mur, d'une tour dont la base est inaccessible. — On place le graphomètre en un point C et on le redresse verticalement sur son genou, la ligne de foi étant horizontale; on jalonne la direction CD donnée par la ligne de foi; on dirige l'alidade mobile vers le sommet de l'édifice; supposons que l'on trouve 73 degrés pour la mesure de l'angle ACB; on reporte le graphomètre en D, et on prend la mesure de l'angle ADC; supposons que l'on trouve 58 degrés. On mesure la distance CD et on fait avec le rapporteur et l'échelle le triangle *adc*; du sommet *d* on abaisse la perpendiculaire *ab*, on la mesure, et l'échelle donne 62 mètres pour la hauteur de la tour AB; à cette hauteur on ajoute la hauteur du pied du graphomètre.

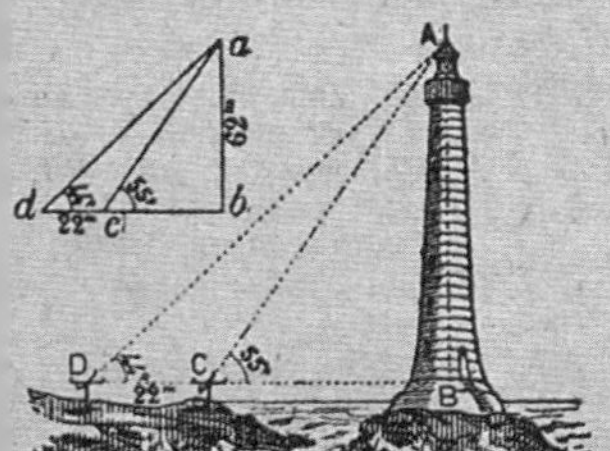

SIGNES TOPOGRAPHIQUES.

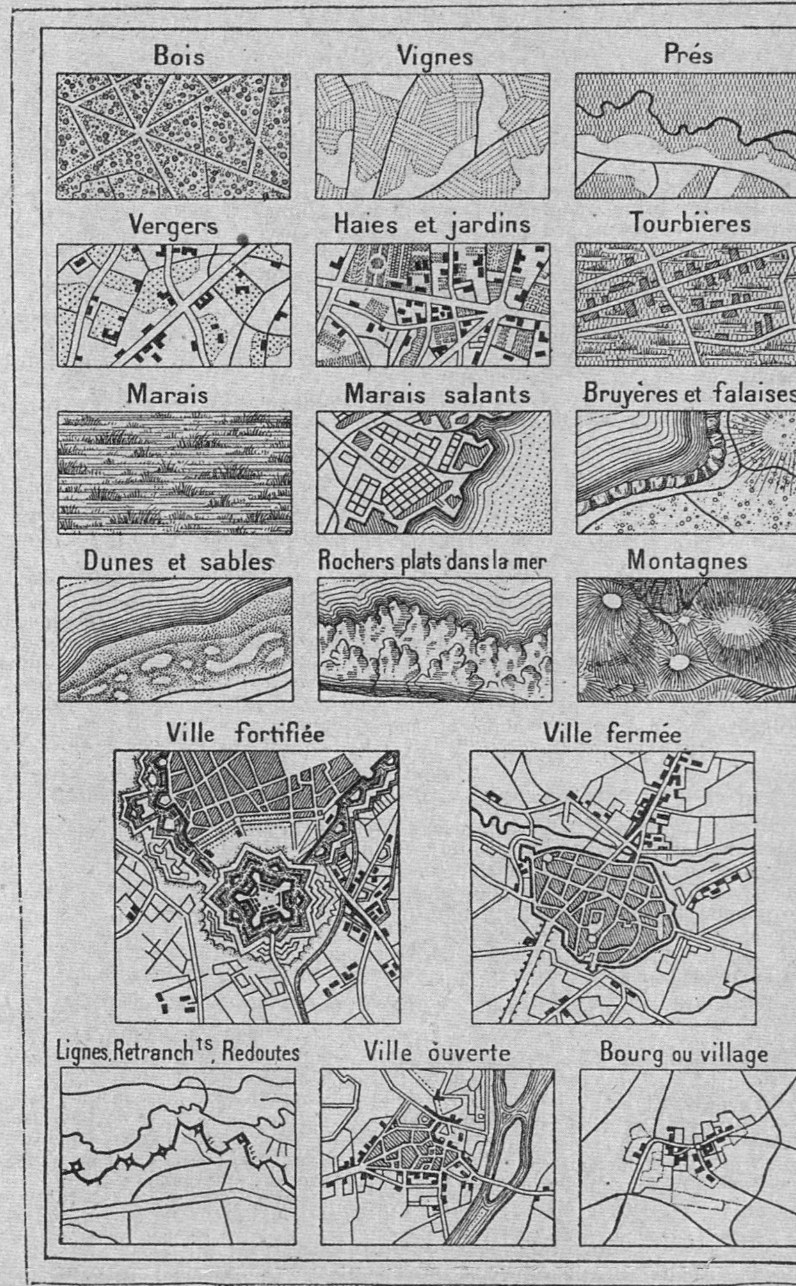

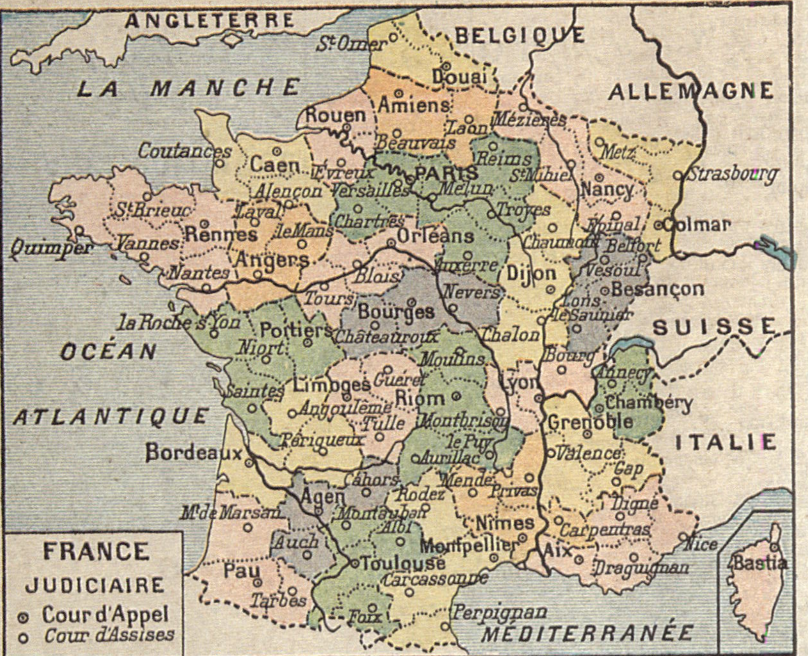
FRANCE
JUDICIAIRE
Cour d'Appel
Cour d'Assises
ANGLETERRE
BELGIQUE
ALLEMAGNE
LA MANCHE
OCÉAN
ATLANTIQUE
SUISSE
ITALIE
MÉDITERRANÉE
Paris
Bordeaux
Toulouse
Lyon

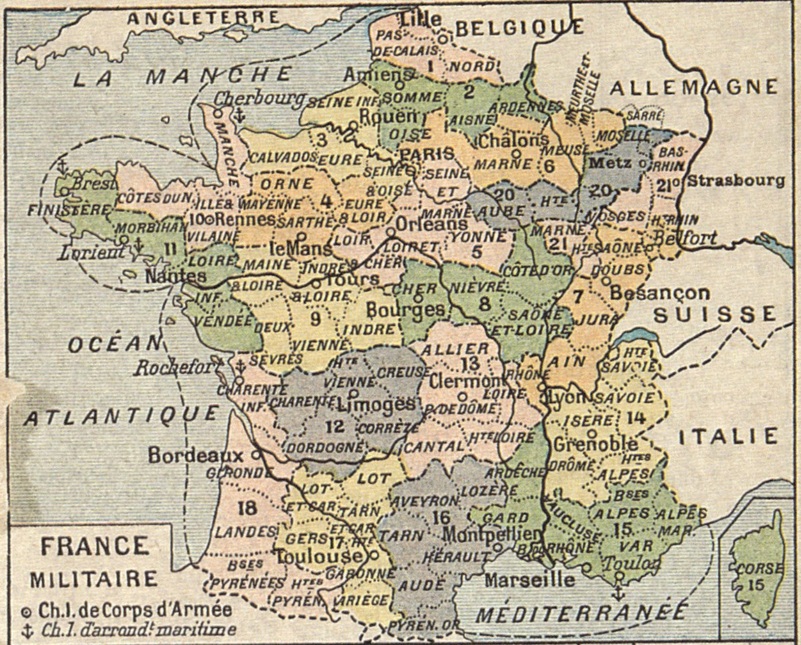
FRANCE
MILITAIRE
Ch.l. de Corps d'Armée
Ch.l. d'arrond^t maritime
ANGLETERRE
BELGIQUE
ALLEMAGNE
LA MANCHE
OCÉAN
ATLANTIQUE
SUISSE
ITALIE
MÉDITERRANÉE
CORSE 15

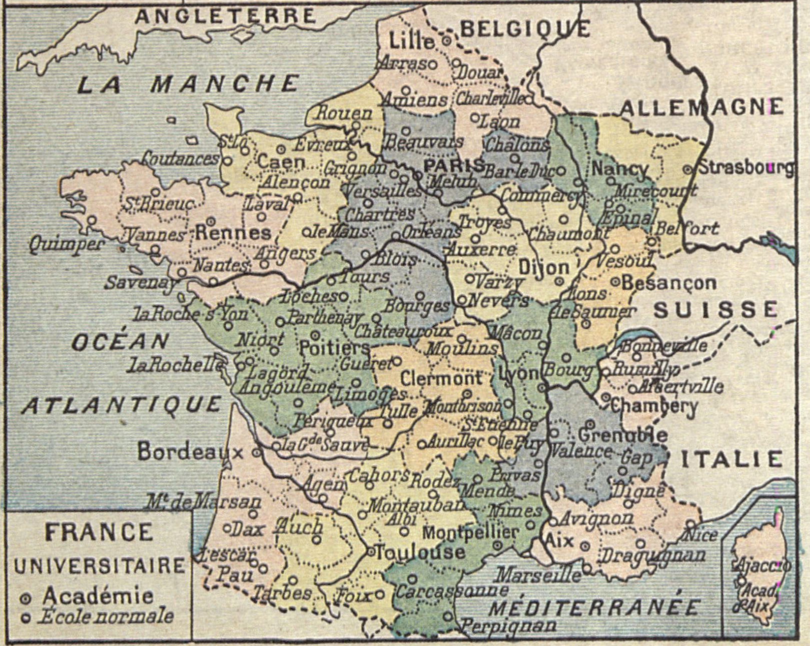
FRANCE
UNIVERSITAIRE
Académie
École normale
ANGLETERRE
BELGIQUE
ALLEMAGNE
LA MANCHE
OCÉAN
ATLANTIQUE
SUISSE
ITALIE
MÉDITERRANÉE

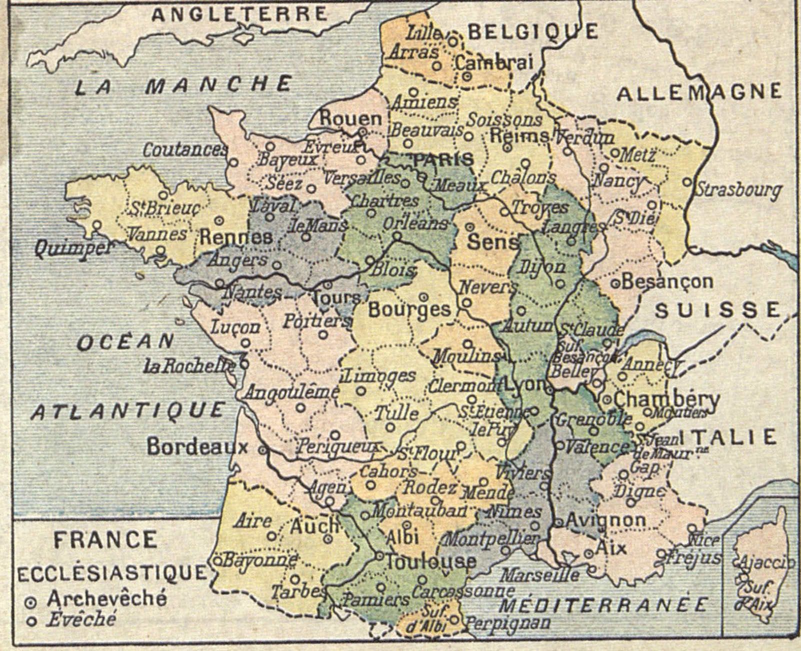
FRANCE
ECCLÉSIASTIQUE
Archevêché
Évêché
ANGLETERRE
BELGIQUE
ALLEMAGNE
LA MANCHE
OCÉAN
ATLANTIQUE
SUISSE
ITALIE
MÉDITERRANÉE

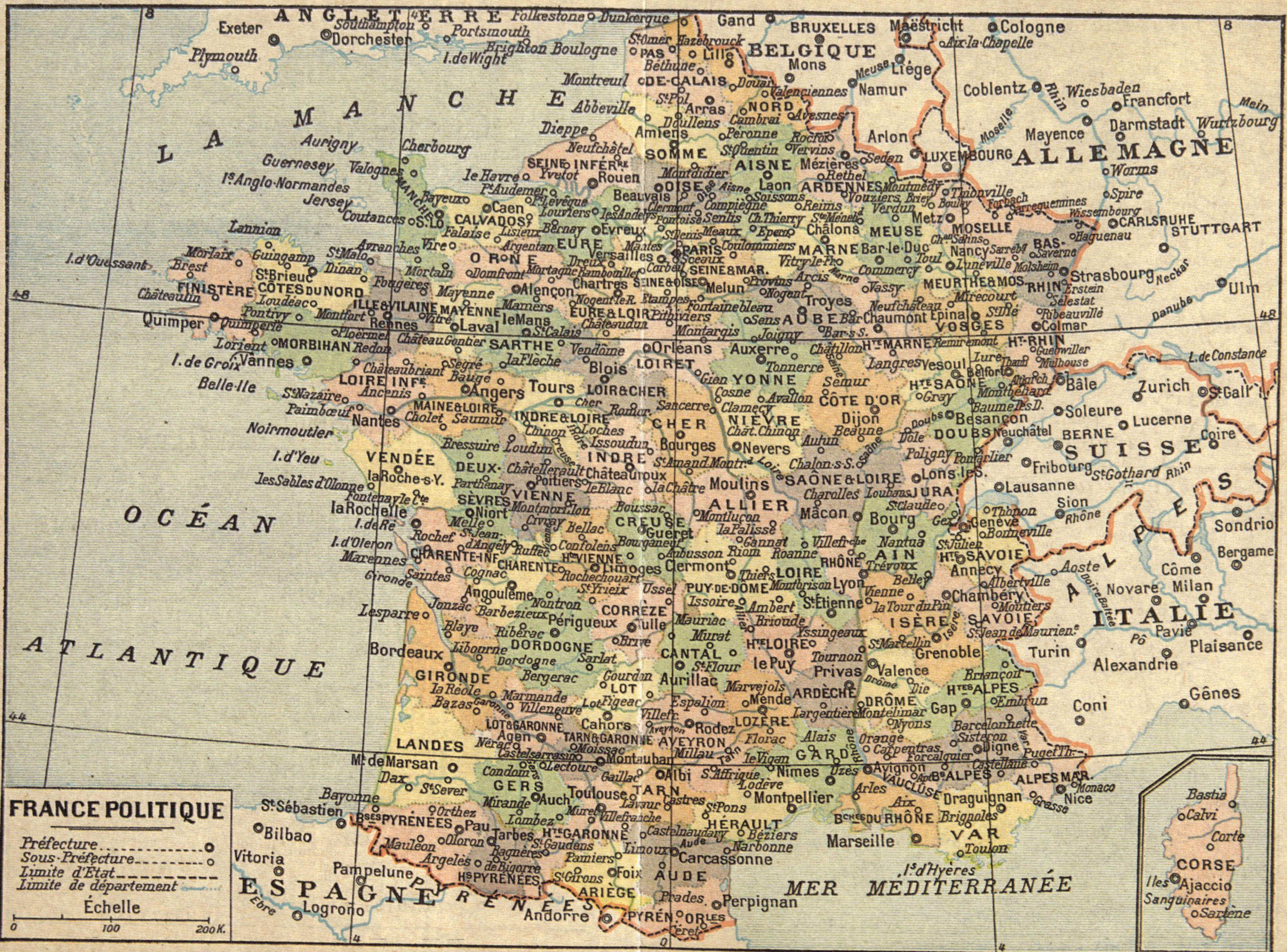
FRANCE POLITIQUE
Préfecture
Sous-Préfecture
Limite d'État
Limite de département
Échelle
0
100
200 K.
ANGLETERRE
BELGIQUE
ALLEMAGNE
SUISSE
ITALIE
ALPES
ESPAGNE
PYRÉNÉES
LA MANCHE
OCÉAN ATLANTIQUE
MER MÉDITERRANÉE
CORSE
Bastia
Calvi
Corte
Ajaccio
Iles Sanguinaires
Sartène
Exeter
Plymouth
Dorchester
Southampton
Portsmouth
Brighton
Folkestone
I. de Wight
Dunkerque
Boulogne
Gand
BRUXELLES
Mons
Namur
Liège
Maëstricht
Aix-la-Chapelle
Cologne
Coblentz
Wiesbaden
Francfort
Mayence
Darmstadt
Wurtzbourg
Arlon
LUXEMBOURG
Worms
Spire
CARLSRUHE
STUTTGART
Ulm
Aurigny
Guernesey
Iles Anglo-Normandes
Jersey
I. d'Ouessant
Belle-Ile
Noirmoutier
I. d'Yeu
I. de Ré
I. d'Oléron
Bâle
Zurich
St Gall
Lucerne
Soleure
BERNE
Fribourg
Lausanne
Genève
Sion
Aoste
Turin
Novare
Milan
Côme
Bergame
Sondrio
Pavie
Plaisance
Alexandrie
Coni
Gênes
Bilbao
Vitoria
St Sébastien
Pampelune
Logrono
Andorre
PAS-DE-CALAIS
NORD
SOMME
AISNE
ARDENNES
MEUSE
MOSELLE
BAS-RHIN
HT-RHIN
SEINE INFÉRE
OISE
MARNE
MEURTHE & MOS.
VOSGES
MANCHE
CALVADOS
EURE
ORNE
SEINE & OISE
SEINE & MAR.
AUBE
HTE MARNE
HTE SAÔNE
DOUBS
JURA
FINISTÈRE
CÔTES DU NORD
MORBIHAN
ILLE & VILAINE
MAYENNE
SARTHE
EURE & LOIR
LOIRET
YONNE
CÔTE D'OR
LOIRE INFÉ
MAINE & LOIRE
INDRE & LOIRE
LOIR & CHER
CHER
NIÈVRE
SAÔNE & LOIRE
AIN
HTE SAVOIE
SAVOIE
VENDÉE
DEUX-SÈVRES
VIENNE
INDRE
CREUSE
ALLIER
LOIRE
RHÔNE
CHARENTE-INF
CHARENTE
HTE VIENNE
CORRÈZE
PUY-DE-DÔME
HTE LOIRE
ISÈRE
GIRONDE
DORDOGNE
LOT
CANTAL
ARDÈCHE
DRÔME
HTES ALPES
LANDES
LOT & GARONNE
TARN & GARONNE
AVEYRON
LOZÈRE
GARD
VAUCLUSE
BSES ALPES
ALPES MAR.
GERS
HTE GARONNE
TARN
HÉRAULT
BCHES DU RHÔNE
VAR
BSES PYRÉNÉES
HTES PYRÉNÉES
ARIÈGE
AUDE
PYRÉN. OR.
Lille
Arras
Amiens
Laon
Mézières
Rouen
Beauvais
Caen
St Lô
Cherbourg
Evreux
Versailles
PARIS
Melun
Châlons
Bar-le-Duc
Metz
Nancy
Épinal
Strasbourg
Colmar
Troyes
Chaumont
Vesoul
Besançon
Lons-le-S.
Quimper
Brest
St Brieuc
Vannes
Rennes
Laval
Alençon
Le Mans
Chartres
Orléans
Auxerre
Dijon
Nantes
Angers
Tours
Blois
Bourges
Nevers
Mâcon
Bourg
Annecy
Chambéry
la Roche-s-Y.
Niort
Poitiers
Châteauroux
Guéret
Moulins
St Étienne
Lyon
Grenoble
La Rochelle
Angoulême
Limoges
Tulle
Clermont
le Puy
Privas
Valence
Gap
Bordeaux
Périgueux
Cahors
Aurillac
Mende
Mt de Marsan
Agen
Montauban
Rodez
Nîmes
Avignon
Digne
Nice
Auch
Toulouse
Albi
Montpellier
Marseille
Draguignan
Toulon
Pau
Tarbes
Foix
Carcassonne
Perpignan
Bayonne
Is d'Hyères

EXERCICES D'APPLICATION oraux et écrits.

218. — **Suffixe** *ée, er, ier, erie. — Trouvez des noms dérivés formés avec les noms suivants.* Exemple : *Assiette, assiettée. — Expliquez oralement les mots ainsi formés.*

ée. — Assiette, bouche, bras, botte, pelle.

er, ier. — Orange, abricot, cerise, coche, corde, botte, hôtel, lait, chiffon, papier.

erie. — Boucher, mercier, épicier, coutelier, cavalier, gendarme.

219. — *Mettez le mot qu'il faut.*

Celui qui fait des *serrures* est un ... ; son atelier est une ... — Celui qui fabrique le *verre* est un ... ; l'usine où il le fabrique est une ... ; tous les objets en *verre* sont des articles de ... — Celui qui soigne les malades, les *infirmes* est un ..... — Un enfant *étourdi* commet des ... ; un enfant *espiègle* fait des ... — Celui qui trompe est un ... et ce qu'il fait est une .....

* 220. — **Suffixe** *eur. — Trouvez des noms formés avec les verbes :* relier, graver, fondre, ajuster, cultiver, labourer, moissonner, battre, *et expliquez ces noms.* Ex. : L'ouvrier qui relie des livres est un relieur.

* 221. — **Suffixes** *ien, iste, eur. — Même exercice avec les noms :* dent, pharmacie, musique, comédie, mode, lampe, liqueur, parfum.

IV. — *RÉDACTION*

222. — *Un moineau héroïque.*

Décrivez la gravure de la page 62.

223. — *Votre poupée (ou un jouet).*

Décrivez votre poupée ou votre jouet préféré, et dites pourquoi vous l'aimez.

*224. — *L'enfant gâté.*

Un de vos camarades (ou une de vos compagnes), brave enfant, a été gâté par sa grand'mère et il est devenu insupportable. Faites le portrait de cet enfant et montrez comment il se conduit en classe, pendant la récréation, à la maison et chez les autres.

I. — *GRAMMAIRE*

LE PRONOM

La poule. — Pattes jointes, elle saute du poulailler dès qu'on lui ouvre la porte. *Éblouie* de lumière, elle fait quelques pas, *indécise,* dans la cour. Elle voit d'abord le tas de cendres où chaque matin elle a coutume de s'ébattre. Elle s'y roule, s'y trempe... puis elle va boire au plat creux, à ce plat qui est le sien, et que la dernière averse a rempli. Elle boit par petits coups et dresse le col, en équilibre sur le bord du plat.

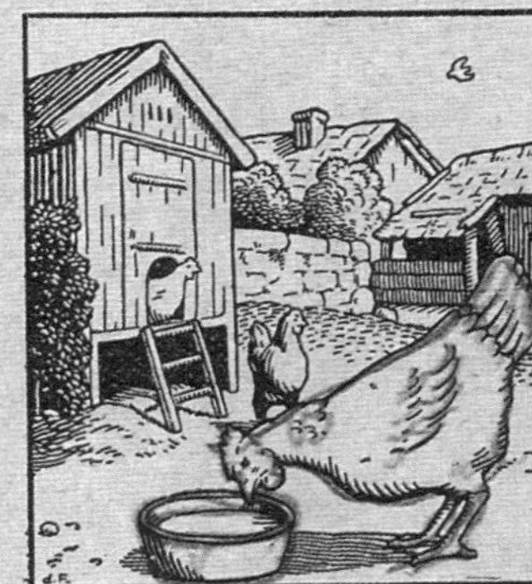

Jules Renard, *Histoires naturelles* (Librairie Ernest Flammarion).

Éblouie : dont les yeux sont frappés d'une lumière si vive qu'ils paraissent ne pouvoir la supporter.

Indécise : ne sachant pas bien ce qu'elle veut faire.

PRÉPARATION DE LA LEÇON

1. *Elle saute :* **elle**, c'est la poule ; *dès qu'on lui ouvre la porte :* **on,** c'est quelqu'un de la maison ; **lui** (à elle), c'est encore la poule ; **le sien,** c'est son plat.

Ces mots *elle, on, lui, le sien,* qui remplacent un nom, sont des **pronoms.**

Elle s'y roule : **s'** mis pour **se** qui rappelle le pronom *elle,* est aussi un pronom.

2. Les pronoms *elle* et *lui,* qui remplacent *la poule,* sont, comme le nom *poule,* du féminin singulier.

3. *Elle fait quelques pas, indécise... : indécise,* adjectif qualificatif, est du féminin singulier comme le pronom **elle**.

*4. Dans : *Êtes-vous malade? — Oui, je le suis. — Cela me fait peine.* **Le** est mis pour l'adjectif *malade.* **Cela** est mis pour *vous êtes malade.* **Le** et **cela** sont aussi des pronoms dans ces phrases bien qu'ils ne remplacent pas un nom. Dans ce cas, les adjectifs et les verbes qui s'y rapportent s'écrivent comme si ces pronoms étaient du masculin singulier : *cela est beau.*

27e LEÇON

1. Le **pronom** remplace un nom ou rappelle un autre pronom : *la poule voit le tas de cendres ;* **elle s'***y roule.*

2. Le pronom a le genre et le nombre du nom qu'il remplace.

3. Le pronom, comme le nom, donne son genre et son nombre à l'adjectif qui s'y rapporte.

EXERCICES D'APPLICATION oraux et écrits.

225. — *Copiez sans faute le texte :* La poule, *et soulignez les pronoms.*

226. — *Dans un texte déjà lu du livre de lecture, cherchez dix pronoms et dites le nom qu'ils remplacent (Renouveler cet exercice oralement plusieurs fois : il est très important).*

*227. — *Copiez le texte suivant et soulignez les pronoms.*

Nos soldats de la grande guerre. — Pour louer nos soldats, les mots sont impuissants, et seul mon cœur, s'il pouvait laisser déborder l'admiration dont il est pénétré pour eux, traduirait l'émotion que j'éprouve en en parlant. Je les ai vus couverts de poussière et de boue, par tous les temps et dans tous les secteurs, dans les neiges des Vosges, dans les boues de l'Artois, dans les marécages des Flandres, toujours égaux à eux-mêmes, bons et accueillants, affectueux et gais, supportant les privations avec bonne humeur, faisant sans hésitation et toujours simplement le sacrifice de leur vie.

Maréchal JOFFRE, *Discours à l'Académie Française.*

228. — *Indiquez oralement les noms qui sont remplacés par les pronoms du texte ci-dessus.*

229. — **Revision.** — *Analysez les dix premiers adjectifs du texte ci-dessus (qualificatifs, possessifs, indéfinis).*

EXERCICES D'APPLICATION oraux et écrits.

212. — *Copiez le texte :* Un moineau héroïque ; *soulignez d'un trait les verbes au passé simple, de deux traits les verbes à l'imparfait.*

213. — *Mettez à la 1re personne du singulier, à la 1re et à la 3e personne du pluriel les verbes soulignés dans l'exercice ci-dessus.* Exemple : je revenais, nous revenions, ils revenaient.

*214. — *Dans le texte ci-après, mettez le verbe au temps convenable.*

L'aéroplane. — Lorsque je (voir, passé simple) pour la première fois un aéroplane, je (être) bien surpris. J' (être, impárf.) à la campagne; je (revenir) des champs. Tout à coup j' (entendre) un ronflement de moteur. Je (lever, passé simple) la tête, je (chercher) dans le ciel et bientôt j'(apercevoir), volant dans l'air comme un oiseau rapide, un biplan qui (briller) au soleil. J' (être, imparf.) enchanté et je (pousser) des cris d'admiration.

*215. — *Reproduisez le texte :* L'aéroplane, *en commençant ainsi :* Lorsque mon frère...

216. — DICTÉE : ***Un moineau héroïque.***

*217. — *Conjuguez :* Un jour que je courais étourdiment, je glissai et je tombai.

III. — *VOCABULAIRE*

Les suffixes *ée; — er, ier; — erie; — eur, ien, iste*

Une *assiettée* est le contenu d'une *assiette ;* un *pêcher* est l'arbre qui produit des *pêches;* un *cerisier* est l'arbre qui produit des *cerises ;* un *horloger* est celui qui fait ou répare des *horloges ;* un *verrier* est l'ouvrier qui produit le *verre ;* une *verrerie* est l'usine où l'on fabrique le *verre ;* la *verrerie* est aussi la profession du *verrier*. Les noms *blanchisseur, pharmacien, modiste* désignent également des professions.

Le suffixe *ée* forme des noms qui désignent le contenu ; — *er, ier* ajoutés à un nom de fruit forment le nom de l'arbre qui produit ce fruit; ils servent aussi à former le nom de celui qui fabrique ou vend un produit ; — *erie* forme des noms qui désignent une profession et le lieu où elle s'exerce ; — *eur, ien, iste* forment des noms qui désignent aussi une profession.

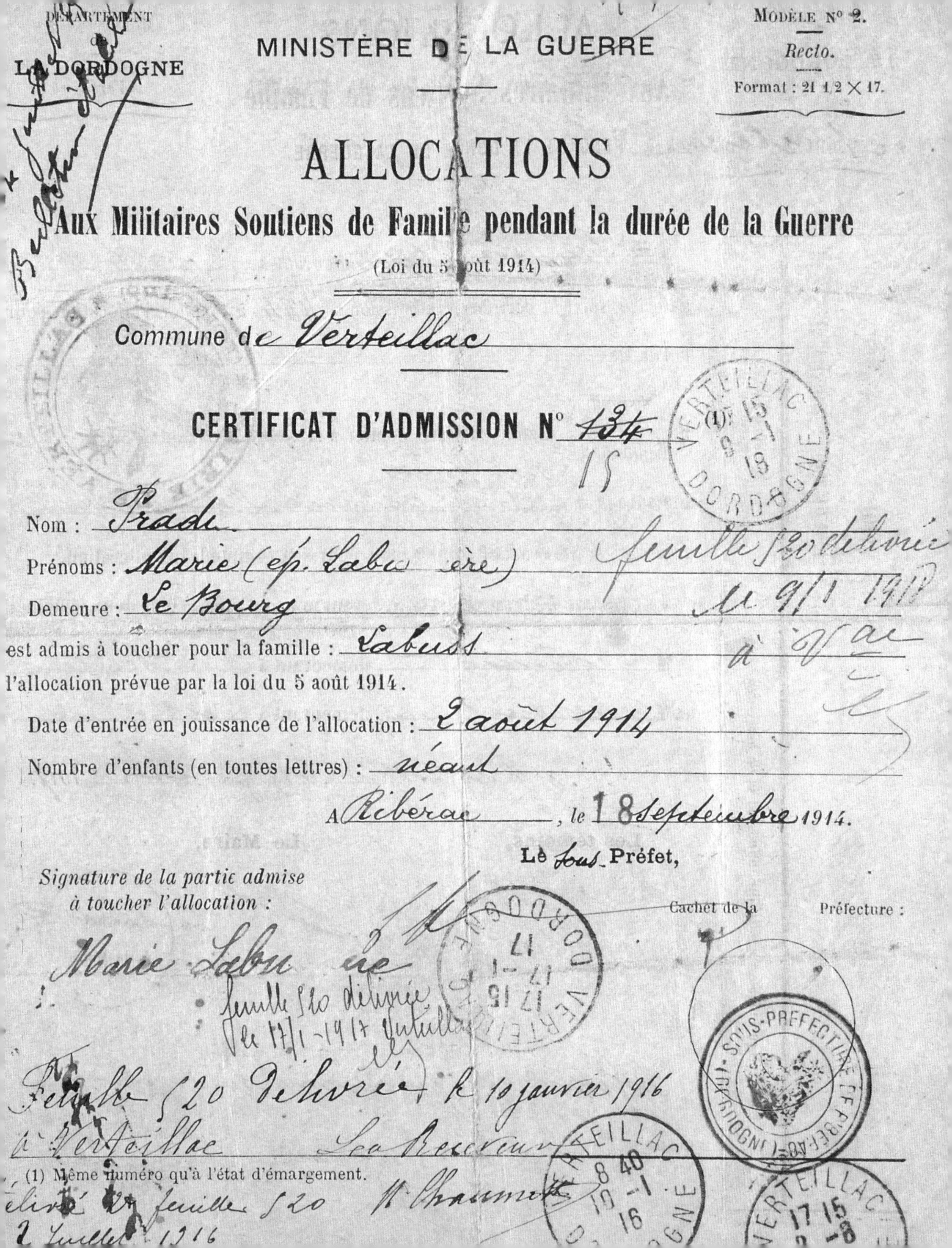

DÉPARTEMENT de LA DORDOGNE

MINISTÈRE DE LA GUERRE

MODÈLE N° 2.
Recto.
Format : 21 1/2 × 17.

ALLOCATIONS

Aux Militaires Soutiens de Famille pendant la durée de la Guerre

(Loi du 5 août 1914)

Commune de Verteillac

CERTIFICAT D'ADMISSION N° ~~134~~ (1) 15

Nom : Prade

Prénoms : Marie (ép. Labu[illegible]ère)

Demeure : Le Bourg

est admis à toucher pour la famille : Labuss[illegible]

l'allocation prévue par la loi du 5 août 1914.

Date d'entrée en jouissance de l'allocation : 2 août 1914

Nombre d'enfants (en toutes lettres) : néant

A Ribérac, le 18 septembre 1914.

Le Sous-Préfet,

Signature de la partie admise à toucher l'allocation :

Marie Labu[illegible]ère

Cachet de la Préfecture :

SOUS-PRÉFECTURE DE RIBÉRAC (DORDOGNE)

VERTEILLAC 15 9-1 18 DORDOGNE

VERTEILLAC 17 15 17-1 17 DORDOGNE

VERTEILLAC 8 40 10-1 16 DORDOGNE

feuille 520 délivrée le 9/1 1918 à V[illegible]

feuille 520 délivrée le 17/1-1917 Verteillac

Feuille 520 délivrée le 10 janvier 1916 à Verteillac Le Receveur

(1) Même numéro qu'à l'état d'émargement.

délivré 2e feuille 520 [illegible] 2 Juillet 1916

DÉPARTEMENT
de
LA DORDOGNE

COMMUNE
de Verteillac

Modèle N° 2.

Verso.

ALLOCATIONS
Aux Militaires Soutiens de Famille
PENDANT LA DURÉE DE LA GUERRE

Procuration jointe à l'état du mois d 6 1914

Partie à remplir par le comptable chargé du paiement.

Mme Tradier Marie épouse Labussière demeurant à Verteillac

autorisé, suivant certificat d'admission n° 134 à toucher l'allocation pour

la famille

ne { ~~sachant~~ — pouvant } signer, déclare donner à M. Tradier [illegible] son frère

demeurant à St Martial-Viveyrol,

procuration de toucher chaque mois pour son compte ladite allocation.

La présente déclaration est faite devant nous, en présence de deux témoins:

M Durieux [illegible], demeurant à Verteillac

et M. Dussolier [illegible], demeurant à Verteillac

A Verteillac, le 4 juin 1917.

Les témoins, Durieux Dussolier

Le Maire, [illegible]

Cachet de la Mairie.

Signature de la personne autorisée à toucher l'allocation. Tradier

Infirme - ne pouvant se déplacer

Le maire

[illegible]

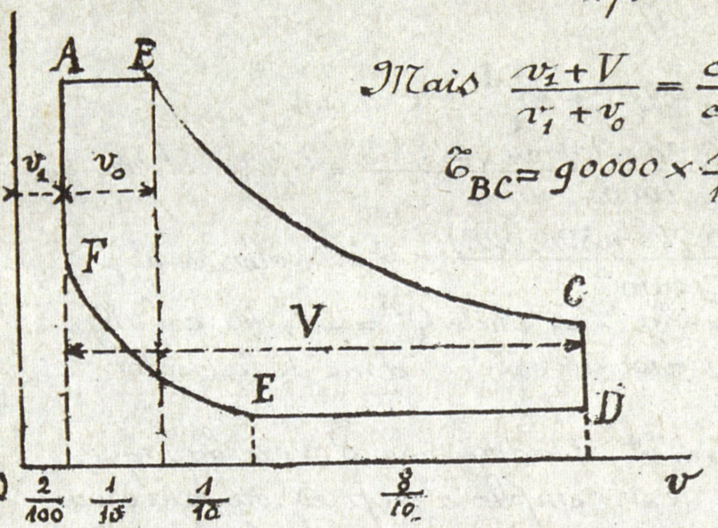

Mais $\dfrac{v_1+V}{v_1+v_0} = \dfrac{c_1+C}{c_1+c_0} = \dfrac{102}{12}$. Donc

$$\mathcal{T}_{BC} = 90000 \times \frac{12}{100} \times 0{,}03534 \times (4{,}625 - 2{,}485) = 816{,}8 \text{ Kgm.}$$

Le travail pendant l'émission DE est, en désignant par $p' = 1250$ la pression correspondant, d'après les données de l'énoncé, à 50°, température de l'eau à la sortie du condenseur.

$$\mathcal{T}_{DE} = -p'\frac{8V}{10} = -1250 \times 8 \times 0{,}003534 = -35{,}3 \text{ Kgm.}$$

Calculons enfin le travail $\mathcal{T}_{EF}$ pendant la compression EF. L'hyperbole équilatère a pour équation $pv = p'\frac{22V}{100}$. Donc

$$\mathcal{T}_{EF} = -\int_{2V:100}^{22V:100} p\,dv = -p'\frac{22V}{100}\int_{2V:100}^{22V:100}\frac{dv}{v} = -p'\frac{22V}{100}\,\text{Log}\,\frac{22}{2} = -23{,}3 \text{ Kgm.}$$

2° Le travail effectué par cycle est $\mathcal{T} = \mathcal{T}_{AB} + \mathcal{T}_{BC} + \mathcal{T}_{DE} + \mathcal{T}_{EF} = 1076{,}3$ Kgm. La machine étant à double effet et tournant à 150 t/m, sa puissance est $P = 2 \times \frac{150}{60} \times \frac{1076{,}3}{75} = 71{,}75$ chevaux.

La consommation de vapeur est de $2 \times 22 = 44$ gr par tour, soit $0{,}044 \times 150 \times 60 = 396$ Kgs par heure. La consommation spécifique est donc de $\frac{396}{71{,}75} = 5^{k},52$ par cheval-heure.

3°, 4° et 5°. <u>Compression EF</u>. — Nous admettons l'hypothèse de Hirn, à savoir que la vapeur en E est sèche à la fin de l'émission, au moment où la compression commence. Cette hypothèse découle d'ailleurs de l'énoncé qui spécifie que l'eau condensée sur la paroi à la fin de la détente est réévaporée pendant l'émission.

Nous comptons positivement les chaleurs R échangées entre le fluide et la paroi quand elles sont <u>fournies</u> par la paroi, négativement quand elles sont absorbées par elle. En E, le volume est $\frac{22}{100} \times 0{,}03534$ m³, la température est 50°, température de l'eau à la sortie du condenseur. Le volume spécifique étant 12,17, le poids de la vapeur résiduelle est $m = \frac{22}{100} \times \frac{35{,}34}{12{,}17} = 0{,}64$ gr. Si R_{EF} est l'effet de paroi, l'équation de Clausius donne en posant $A = \frac{1}{E}$ et en désignant l'énergie interne (en calories) par le symbole U,

(1) $R_{EF} = m(U_F - U_E) + A\,\mathcal{T}_{EF}$. Pour calculer U_F, il faut connaître

$$Q_C^A = m(U_A - U_C) + \mathcal{T}_C^A \text{ . On a}$$

$$m\,U_A = \frac{11{,}074 \times 116{,}30 + 10{,}004 \times 483{,}416}{1000} = 6{,}124 \text{ calories-Kg.}$$

$$m\,U_C = \frac{11{,}074\,(68{,}74 + 521{,}028)}{1000} = 6{,}530 \text{ calories-Kg,}$$

$\mathcal{T}_C^A = -316 : 427 = -0{,}740$ cal.-Kg. Par suite $Q_C^A = -1{,}146$ cal-Kg.

Cette valeur est négative; la paroi absorbe donc de la chaleur [...]dant la compression.

vap[...] 2° Admission. – Au point A, l'admission s'ouvre brusque-
sur la[...] l'espace mort achève de se remplir à la pression de la chau-
admise da[...] peut admettre [...] [...]plissage a lieu instantanément.
tion de la co[...], on suppose que [...] de vapeur saturée et sèche,
0,11 et que la température à la sortie [...] produits à ce moment
même, comment variera le titre de la vapeur [...]ssion vient se
On suppose que le type de diagramme ne change [...]it une quan-
variation serait-elle la même si c'était la quantité d'ea[...] la
au condenseur et sa température initiale (15°) qui demeuraient
mêmes?

Données numériques.

Température centigrade t	174,4	101,2	50
Tension maxima de vapeur p en Kilogrammes par m².	90.000	10588	1250
$dp : dt$	"	+375	+62
Chaleur interne de vaporisation ρ en grandes calories par Kg	437,4	495,8	535,8
$d\rho : dt$	"	−0,79	−0,79
Volume spécifique de la vapeur u en m³ par Kg.	0,215	1,694	12,17
$du : dt$	"	−0,055	−0,58

On suppose que la chaleur de l'eau liquide a pour valeur le produit de son poids par la température. On donne $E = 425$, puis Log.102 = 4,625 ; Log 22 = 3,091 ; Log 13 = 2,565 ; Log 12 = 2,485 ; Log 2 = 0,693.

On rappelle que toute fonction $f(t)$ dans le voisinage de la valeur t_0 de la variable a pour valeur $f(t_0) + \left(\frac{df}{dt}\right) \Delta t_0$.

(Méca[n]ique, physique, Paris, 1925).

Soit V le volume de la cylindrée, v_1 le volume de l'espace mort, v_0 le volume de l'admission, C la course du piston c_1 et c_0 les

I. Le commencement des grandes manœuvres.

15 septembre.

Ma Mère chérie,

Je commence pour vous aujourd'hui un journal (fig. 64); nous sommes ici pour les grandes manœuvres* : tous les soirs, je viendrai causer avec vous, ne fût-ce que quelques minutes. Je ne vous parlerai pas des manœuvres elles-mêmes : un simple soldat d'infanterie* comme moi n'a pas à se mêler de la conduite d'une armée; cela regarde nos généraux, mais je vous dirai toutes les idées qui me viennent en tête, à propos de mon métier de soldat.

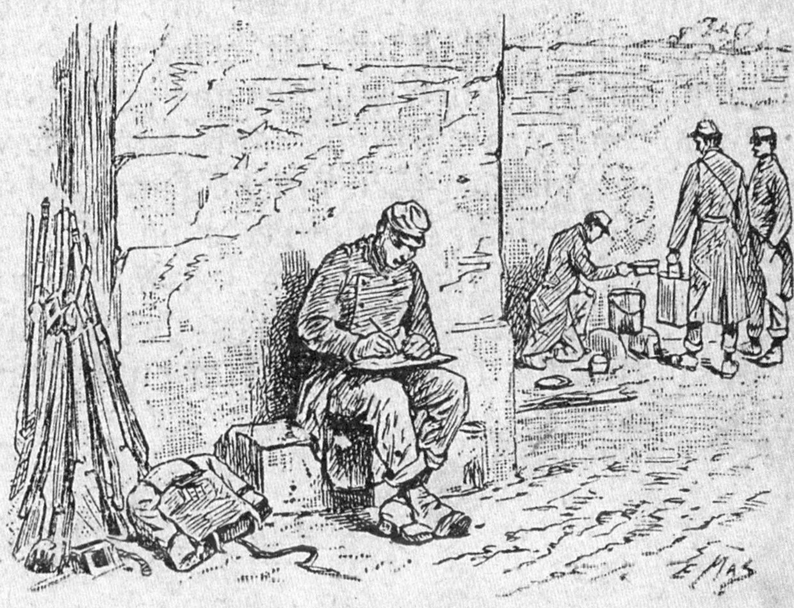

Fig. 64. — Je commence pour vous aujourd'hui un journal.

Nous sommes ici un corps* d'armée tout entier, tout le sixième corps; nous avons donc de l'infanterie*, de la cavalerie*, de l'artillerie*, du génie*, nous sommes une vraie armée; nous marchons, nous logeons, nous campons* comme si nous allions vraiment attaquer l'ennemi. C'est une vraie image de la guerre que nous avons là, mère chérie, et je ne vous cache pas que cette vie de campagne* me plaît infiniment.

II. Pourquoi il faut savoir supporter la fatigue.

16 septembre.

Chère maman,

Je viens de recevoir votre lettre; vous me plaignez beaucoup, vous avez bien tort. Vous dites que nous nous fatiguons beaucoup, que cette fin de septembre est bien chaude, vous parlez aussi des

présent ; elle a un toit en ardoises, au lieu d'un toit de chaume. Jadis on y marchait sur la terre nue : elle est carrelée aujourd'hui. Jadis on y dormait sur la paille : nous avons aujourd'hui de bons lits. Jadis il fallait porter au marché, sur une hotte pendue au dos ou dans un panier campé sur la hanche, les produits de la ferme : aujourd'hui nous avons à l'écurie un âne solide, et sous le hangar une bonne charrette. Pourtant nous sommes de pauvres paysans, nous ! Quel luxe ! que de commodités chez les gens aisés ou riches ! Et le luxe rend mou, les commodités rendent difficile. Ce n'est pas ainsi que l'on vit aujourd'hui dans les misérables villages de l'Allemagne du Nord. Là, l'existence est pénible encore ; les soldats sont d'avance résignés aux privations, rompus à la fatigue.

Je ne veux pas dire que notre salut serait de devenir pauvres mais notre salut est assurément d'être robustes et forts. Le régiment, mère chérie, est une école de santé, une école de force. Je n'ai jamais eu meilleure mine, le teint plus coloré, les jambes plus solides, les épaules plus carrées. Je marche sous le soleil, sac au dos, sans faiblir. J'étais encore un enfant en arrivant au régiment. Aujourd'hui je suis un homme.

III. Les réservistes.

17 septembre.

Nous avons dans notre régiment un grand nombre d'hommes de la réserve (fig. 65) ; ils ont fait leurs deux ans et ils ont été rappelés

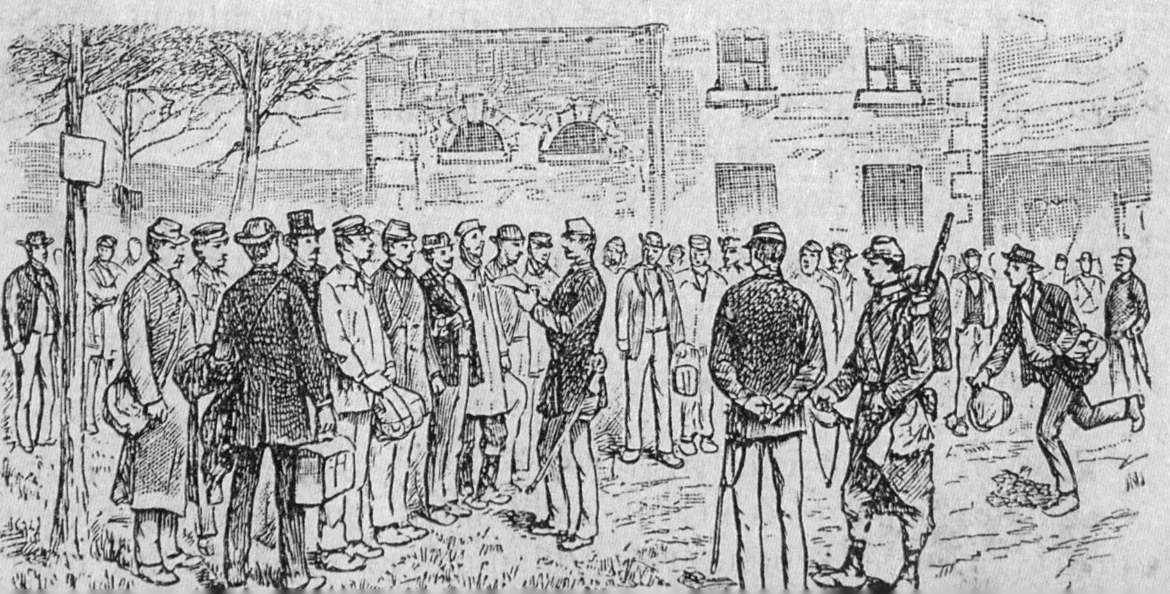

la bibliothèque communale; sinon, achetez-les.

194. Si vous le pouvez, instruisez-vous dans une **école d'agriculture** ou dans les **fermes*-écoles**.

195. Il y a dans les départements des **comices* agricoles**, et des **concours* régionaux** : ne manquez pas d'y assister.

196. Regardez les machines agricoles qui y sont exposées; étudiez-les; faites-vous-en expliquer le mécanisme.

197. Instruisez-vous encore en consultant les cultivateurs habiles.

198. Tenez bien votre **comptabilité**. (RÉCIT XVII, p. 73.)

II. — Propriétaire, fermier et métayer.

199. Le cultivateur est **propriétaire** du sol, ou bien il est **fermier**, ou bien encore **métayer**.

200. Le **fermier** cultive une terre qui ne lui appartient pas, et dont il paie la location au propriétaire.

201. Le prix de la location est fixé par le **bail à ferme**, qu'on appelle d'ordinaire simplement un **bail**.

---

193. Que faut-il lire?

194. Où doit-on s'instruire si on le peut?

195. Que faut-il visiter?

196. Que faut-il regarder et étudier?

197. Auprès de qui faut-il s'ins-

198. Que faut-il tenir soigneusement?

199. Quelles sont les trois conditions du cultivateur?

200. Qu'est-ce qu'un fermier?

201. Par quoi est fixé le prix de la

204. Le **métayer** ne fournit que le travail de ses bras.

205. Le propriétaire lui procure les bestiaux et les instruments. C'est ce qu'on appelle *louer à cheptel* (prononcez *chetel*).

206. Les produits sont partagés entre le métayer et le propriétaire, ordinairement par moitié.

Il y a dans l'agriculture de simples ouvriers comme dans l'industrie, et qui reçoivent un salaire.

Le propriétaire, le fermier ou le métayer qui emploie des ouvriers agricoles a les mêmes droits et les mêmes devoirs que le patron industriel.

L'ouvrier agricole a les mêmes droits et les mêmes devoirs que l'ouvrier industriel.

RÉSUMÉ

1. Si je suis cultivateur, je m'instruirai dans ma profession; je me défierai de la routine.

2. Si je suis propriétaire et si je loue ma propriété, je tiendrai les engagements que j'ai pris envers mon fermier et qui sont inscrits dans mon bail.

3. Si je suis fermier, je tiendrai les engagements que j'ai pris envers mon propriétaire et qui sont inscrits dans mon bail.

SUPPLÉMENT. — Lire et copier les articles suivants : Épizootie (p. 186); — Animaux (p. 176); — Arbres (p. 176); — Vices rédhibitoires (p. 204); Échenillage (p. 184); — Éclairage des voitures (p. 185).

DEVOIRS DE RÉDACTION. — Dites ce que doit faire un bon cultivateur. Expliquez ce qu'est un fermier, un métayer.

---

202. Qu'est-ce qui est marqué dans le bail?

203. Que doit fournir un fermier?

204. Qu'apporte le métayer?

205. Que lui procure le propriétaire?

206. Comment sont partagés les produits?

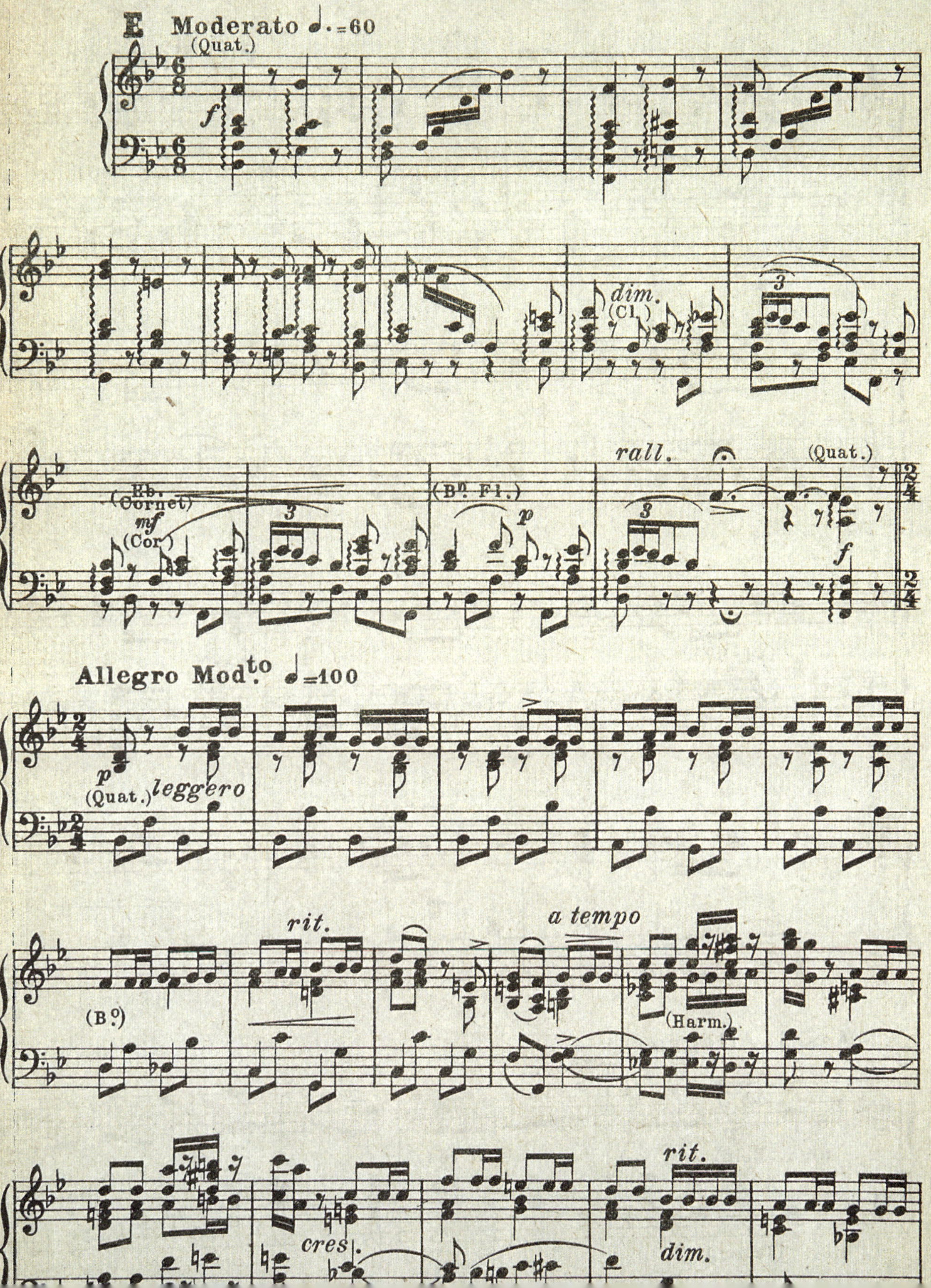
E
Moderato ♩. = 60
(Quat.)
f
dim.
(Cl.)
Eb. Cornet
mf
(Cor)
(Bn. Fl.)
p
rall.
(Quat.)
f
Allegro Modto ♩ = 100
p
(Quat.) leggero
rit.
a tempo
(Bo)
(Harm.)
rit.
cres.
dim.

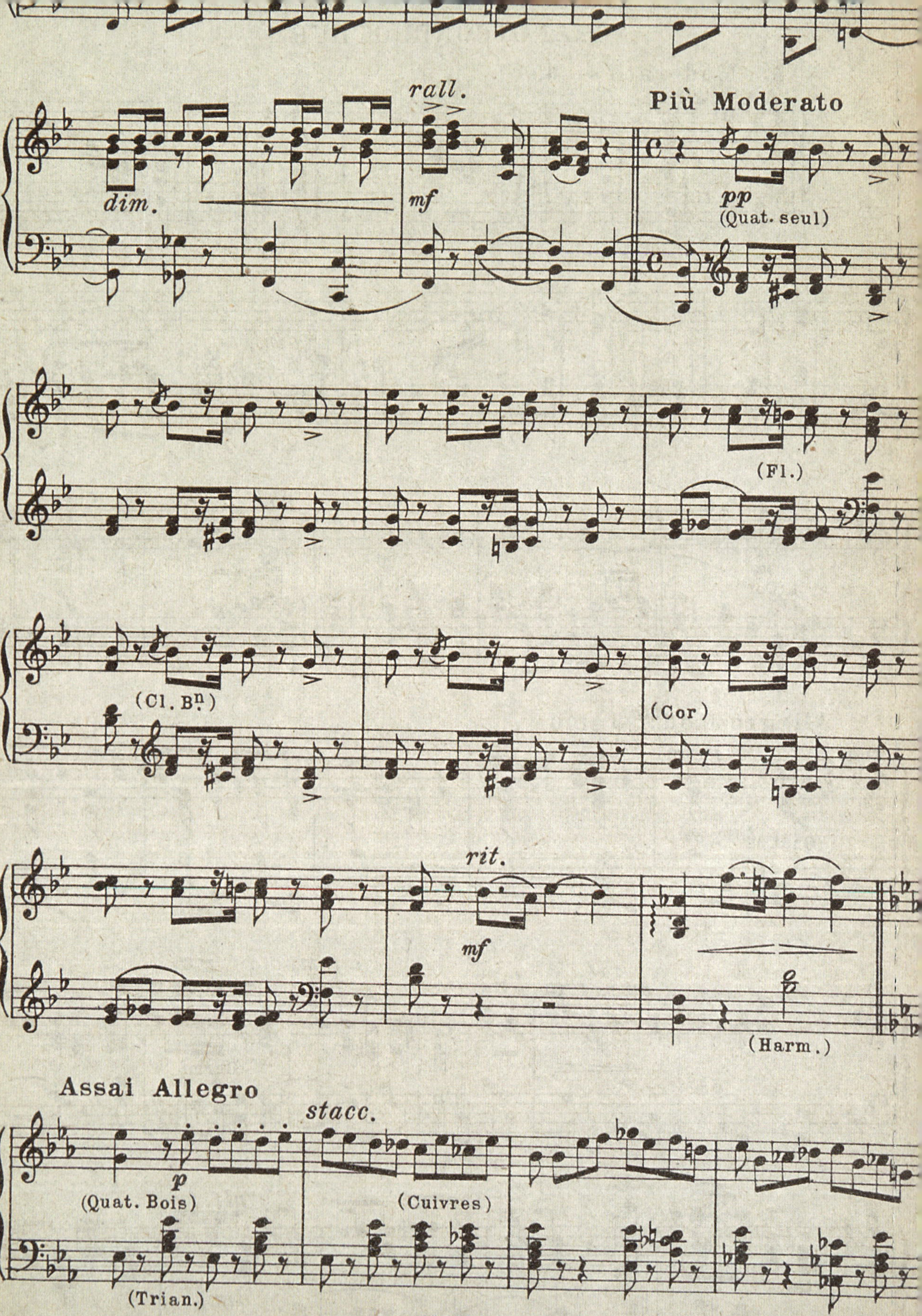
rall.
Più Moderato
dim.
mf
pp
(Quat. seul)
(Fl.)
(Cl. Bn.)
(Cor)
rit.
mf
(Harm.)
Assai Allegro
stacc.
p
(Quat. Bois)
(Cuivres)
(Trian.)

是“在爱情之外”,人们不习惯寄出情书。假如他已习惯叫这些女人的名字,也许他会记得住,可是,自从婚礼之夜发生那件不称心的事以来,他强制自己只使用普通的亲热的绰号,任何时候所有女人都会毫不怀疑地接受。

因此,他用铅笔涂了半页纸(试验不需要一张完整的清单),用清晰的标记代替名字(“雀斑”或者“小学女教师”,诸如此类),然后他竭力恢复每个女人的履历表。失败得更惨!他对她们的生平一无所知!为了简化起见,他只限于惟一的问题:她们的父母是谁?除了一个例外(他先认识父亲,后认识女儿),他一点没有概念。然而,双亲在她们的生活中必然占据一个举足轻重的位置!她们一定对他谈过她们的父母亲!因此,如果他连女友们最基本的情况都记不住,他又如何重视她们的生活呢?

他最终承认(不无尴尬),女人对他来说,只代表一种简单的色情体验。至少他竭力要回忆起这种体验。他偶然在一个女人(没有名字)上面停住了笔,他在纸上标明为“女大夫”。他们第一次做爱时,发生了些什么?他在想像中重新看到当时的那套房间。他们一走进房间,她就朝电话机走去;然后当着鲁本斯的面,她对一个人表示歉意,今晚她有一件意外的事务,不能脱身。他们笑了,然后做爱。奇怪的是,他总是听到这笑声,可是却看不到性交的情景:在哪儿性交的呢?在地毯上?在床上?在沙发上?做爱时她什么模样?后来他们见过几次面?三次还是三十次?在何种情况下他们不再见面？他只记得一小段他们的谈话，他们的谈话加起来约有二十来个钟头，还是有一百多个钟头？他模模糊糊地记得，她常常提到一个未婚夫(至于她提供的情况，他显然忘却了)。古怪的是，他只记得这个未婚夫。对他来说，做爱远不如给一个男人戴绿帽子这令人得意的微不足道的想法重要。

他艳羡地想到卡萨诺瓦①。并非想到他的艳遇，很多男人毕竟都做得到，而是想到他无可比拟的记忆力。将近一百三十个女人不致湮没无闻，恢复了她们的名字、面影、姿态、言谈！卡萨诺瓦：记忆力的乌托邦。互相对照，鲁本斯的总结多么可怜啊！他刚刚成年便放弃绘画时，他这样聊以自慰：对他来说，了解人生比为权力而斗争更加重要。他所有的朋友追逐名缰利锁的生活，他觉得既咄咄逼人，又单调空虚。他认为艳遇会把他引导到真正的生活中心，真正充实、丰富而又神秘、诱人而又具体的生活的中心，他渴望拥抱这种生活。他猛然看到自己的错误：尽管他有无数艳遇，但是他仍像十五岁时那样对人类不甚了解。他一直庆幸自己生活充实；可是，“充实地生活”这个词组纯粹是一种概括；在寻找“充实”的具体内容时，他只发现一片狂风呼啸的沙漠。

时钟的指针向他宣告，今后他要被往昔所烦扰。然而，如果在

---

① Giacomo Casanova(1725—98)，意大利冒险家，用法文写作《回忆录》(一九六〇年代初期才全文发表)。

L'OPÉRA SYMPHONIQUE

Fantaisies-Mosaïques

(POUVANT S'ADAPTER A TOUS LES ORCHESTRES

SUR LES

OPÉRAS, BALLETS et OPÉRETTES en vogue

1. **MIGNON** (A. THOMAS).
2. **MANON** (J. MASSENET).
3. **LAKMÉ** (LÉO DELIBES).
4. **WERTHER** (J. MASSENET).
5. **CAVALLERIA RUSTICANA** (MASCAGNI).
6. **HÉRODIADE** (J. MASSENET).
7. **SIGURD** (E. REYER).
8. **HAMLET** (A. THOMAS).
9. **COPPÉLIA** (LÉO DELIBES).
10. **UN BALLO IN MASCHERA** (VERDI).
11. **SYLVIA** (LÉO DELIBES).
12. **LE ROI D'YS** (E. LALO).
13. **PAUL ET VIRGINIE** (V. MASSÉ).
14. **THAÏS** (J. MASSENET).
15. **LA NAVARRAISE** (J. MASSENET).
16. **LE CID** (J. MASSENET).
17. **LE JONGLEUR de NOTRE-DAME** J. Massenet.
18. **LE CAÏD** (A. THOMAS).
19. **ARIANE** (J. MASSENET).
20. **LA KORRIGANE** (CH.-M. WIDOR).
21. **SAPHO** (J. MASSENET).
22. **CENDRILLON** (J. MASSENET).
23. **GRISÉLIDIS** (J. MASSENET).
24. **CHÉRUBIN** (J. MASSENET). *(A suivre.)*

Parties séparées et piano conducteur, *net :* **6** francs.
La partie de 1er violon seule, *net :* **0** fr. **60**. — Chacune des autres parties, *net :* **0** fr. **30**.
La partie de piano conducteur, seule, *net :* **2** francs.

OPÉRETTES CÉLÈBRES

I. **ORPHÉE AUX ENFERS** (OFFENBACH).
II. **MAM'ZELLE NITOUCHE** (HERVÉ).
III. **LA BELLE HÉLÈNE** (OFFENBACH).
IV. **LE PETIT FAUST** (HERVÉ).
V. **BARBE-BLEUE** (OFFENBACH).
VI. **LA CHAUVE-SOURIS** (J. STRAUSS).

Parties séparées et piano conducteur, *net :* **5** francs.
La partie de 1er violon seule, *net :* **0** fr. **50**. — Chacune des autres parties, *net :* **0** fr. **25**.
La partie de piano conducteur, seule, *net :* **2** francs.

PAR

E. TAVAN

CHEZ LES MÊMES ÉDITEURS :

LOUISE (G. CHARPENTIER), Grande suite symphonique pour tous orchestres (grands et petits) par FRANCIS CASADESUS.

1. Prélude du premier acte, Air du père, Duo et Final.
2. Prélude du 2e acte. — 3. Interlude du 2e acte. — 4. Sérénade et Final du 2e acte.
5. Prélude du 3e acte et Air de Louise.
6. Entrée des Bohêmes, Ballet du Plaisir et Marche du Couronnement de la Muse.
7. Prélude du 4e acte, Berceuse et Final.

56.	—	TANNHAUSER, Marche	6 »	4 50	1 »	2 »	3 50
57.	—	TANNHAUSER, Introduction du 3e acte	4 »	3 »	» 75	1 25	2 50
58.	—	TANNHAUSER, Romance de l'Étoile	3 »	2 »	» 50	1 »	1 50
59.	—	LE VAISSEAU-FANTOME, Ouverture	10 »	7 50	1 »	2 50	5 »
60.	—	LE VAISSEAU-FANTOME, Chœur des Fileuses	5 »	4 »	» 75	1 50	3 »
61.	—	LES MAITRES-CHANTEURS, Ouverture	10 »	7 50	1 »	2 50	5 »
62.	—	LES MAITRES-CHANTEURS, Prélude du 3e acte	4 »	3 »	» 75	1 25	2 50
63.	—	L'OR DU RHIN, Le Walhalla	10 »	7 50	1 »	2 50	5 »
64.	—	LA VALKYRIE, La Chevauchée	7 50	6 »	1 »	2 50	4 »
65.	—	LA VALKYRIE, Adieux de Wotan et Incantation du Feu	10 »	7 50	1 »	2 50	5 »
66.	—	LA VALKYKIE, Le Chant d'Amour	5 »	4 »	» 75	1 50	3 »
67.	—	SIEGFRIED, Les Murmures de la Forêt	7 50	6 »	1 »	2 50	4 »
68.	—	SIEGFRIED, Le Chant de la Forge	6 »	4 50	1 »	2 »	3 50
69.	—	SIEGFRIED-IDYLLE	7 50	6 »	1 »	2 50	4 »
70.	—	LE CRÉPUSCULE DES DIEUX, Marche funèbre	6 »	4 50	1 »	2 »	3 50
71.	—	LE CRÉPUSCULE DES DIEUX, Les Filles du Rhin	7 50	6 »	1 »	2 50	4 »
72.	—	PARSIFAL, Prélude	6 »	4 50	1 »	2 »	3 50
73.	—	PARSIFAL, L'Enchantement du Vendredi-Saint	6 »	4 50	1 »	2 »	3 50
74.	—	PARSIFAL, Les Filles-Fleurs	7 50	6 »	1 »	2 50	4 »
75.	—	TRISTAN ET YSEULT, Prélude et Mort d'Yseult	7 50	6 »	1 »	2 50	4 »
75 *bis*.	—	TRISTAN ET YSEULT, Le Prélude seul	5 »	4 »	» 75	1 50	3 »

L'OPÉRA CONCERTANT

TRIOS sur les Opéras en vogue

composés par

E. ALDER, H. MOUTON ET E. TAVAN

Chaque Trio, *Prix net* : **5** Francs

Édition A POUR PIANO, VIOLON & VIOLONCELLE

Édition B POUR PIANO, VIOLON & FLUTE

Édition C POUR PIANO, FLUTE & VIOLONCELLE

Une partie de CONTREBASSE ad libitum est jointe à chacune des Éditions A B C

Pour chaque numéro de la 5e série, il existe une partie d'**HARMONIUM** *(ad libitum)* au prix de **1** fr. **50**.

PREMIÈRE SÉRIE

1. **Mignon** . . . . A. Thomas.
2. **Sigurd** . . . . E. Reyer.
3. **Hérodiade** . . . . J. Massenet.
4. **Hamlet** . . . . A. Thomas.
5. **Werther** . . . . J. Massenet.
6. **Coppélia** . . . . Léo Delibes.

DEUXIÈME SÉRIE

7. **Manon** . . . . J. Massenet.
8. **Le Roi d'Ys** . . . . E. Lalo.
9. **Un Ballo in Maschera** . . . . G. Verdi.
10. **Lakmé** . . . . Léo Delibes.
11. **Le Caïd** . . . . A. Thomas.
12. **Sylvia** . . . . Léo Delibes.

TROISIÈME SÉRIE

13. **Paul et Virginie** . . . . . . Victor Massé.
14. **Thaïs** . . . . J. Massenet.
15. **La Navarraise** . . . . J. Massenet.

QUATRIÈME SÉRIE

19. **Ariane** . . . . J. Massenet.
20. **Le Jongleur** . . . . J. Massenet.
21. **Grisélidis** . . . . J. Massenet.
22. **La Korrigane** . . . . Ch.-M. Widor
23. **Cendrillon** . . . . J. Massenet.
24. **Chérubin** . . . . J. Massenet.

CINQUIÈME SÉRIE

25. **Marie-Magdeleine** . . . . . . J. Massenet.
26. **Le Songe d'une Nuit d'été** . . . A. Thomas.
27. **Thérèse** . . . . J. Massenet.
28. **Monna Vanna** . . . . H. Février.
29. **La Glu** . . . . Gabriel Dupont
30. **Le Roi de Lahore** . . . . . . J. Massenet.

SIXIÈME SÉRIE

$\{A = B \text{ et } B = C\} \implies A = C$		Définition du signe
(1) $A \cap A = A$	(1′) $A \cup A = A$	Idempotence
(2) $A \cap B = B \cap A$	(2′) $A \cup B = B \cup A$	Commutativité
(3) $(A \cap B) \cap C = A \cap (B \cap C)$	(3′) $(A \cup B) \cup C = A \cup (B \cup C)$	Associativité
(4) $A \cap (B \cup C) = (A \cap B) \cup (A \cap C)$		Double distributivité
(4′) $A \cup (B \cap C) = (A \cup B) \cap (A \cup C)$		
(5) $A \cap \varnothing = \varnothing$	(5′) $A \cup E = E$	Définitions de $\varnothing$ et E
(6) $A \cap \complement A = \varnothing$	(6′) $A \cup \complement A = E$	Complémentarité

Adjoignons les règles de déduction logique :

(8) $A = B \implies A \cap M = B \cap M$	(9) $\left\{\begin{matrix} A \cup B = A \\ A \cap B = A \end{matrix}\right\} \implies B = A$
(8′) $A = B \implies A \cup M = B \cup M$	
(8″) $A = B \implies \complement A = \complement B$	

Dans tout ceci une idée essentielle est sous-entendue et il nous faut l'expliciter : c'est que les lettres A, B, ... M, ..., dans ces formules, ne représentent pas des éléments particuliers de l'ensemble des lettres dont nous parlons, mais des éléments *quelconques*. Par exemple, A peut désigner *n'importe quel* élément de $\mathcal{P}$ (E), c'est l'élément explorateur de l'ensemble des lettres. Le terme propre est « *élément générique* » de l'ensemble.

Dans la phrase : « Quels que soient A et B, l'intersection est commutative », nous avons formalisé la dernière partie (« l'intersection est commutative ») en écrivant : $A \cap B = B \cap A$; mais il est nécessaire de souligner et de formaliser *aussi* la première partie. « Quels que soient A et B appartenant à $\mathcal{P}$ (E) » s'écrira : $\forall A \in \mathcal{P}(E)$, $\forall B \in \mathcal{P}(E)$. Tout le tableau ci-dessus doit donc être précédé de l'écriture :

$$\forall A \in \mathcal{P}(E), \qquad \forall B \in \mathcal{P}(E), \qquad \forall C \in \mathcal{P}(E).$$

Si le lecteur veut bien reprendre les explications données dans les pages précédentes, il verra combien de fois nous avons utilisé cette idée : « ce que nous disons est vrai pour tous les éléments de l'ensemble ». Le symbole $\forall$ qui indique de combien d'éléments nous parlons en précisant « *de tous* » se nomme le *quantificateur universel* (nous dirions plutôt *quantificateur référentiel,* mais l'ensemble de référence était naguère nommé *univers,* terme encore en usage en théorie de la probabilité.)

Le calcul ensembliste

Donnons en exemple la démonstration d'une formule nouvelle, c'est-à-dire d'un *théorème* de l'algèbre des ensembles.

Démontrer la double *formule d'absorption*

$$(10) \quad \left\{\begin{matrix} \forall A \in \mathcal{P}(A) \\ \forall B \in \mathcal{P}(B) \end{matrix}\right. \qquad \boxed{A \cap (A \cup B) = A \cup (A \cap B) = A}$$

$$\Downarrow (8) \qquad\qquad \Downarrow (8')$$

$$\boxed{A \cap X = A \cap [A \cap (A \cup B)]} \qquad \boxed{A \cup X = A \cup [A \cup (A \cap B)]}$$

$$\Downarrow (3) \qquad\qquad \Downarrow (3')$$

$$\boxed{A \cap X = (A \cap A) \cap (A \cup B)} \qquad \boxed{A \cup X = (A \cup A) \cup (A \cap B)}$$

$$\Downarrow (1) \qquad\qquad \Downarrow (1')$$

$$\boxed{A \cap X = A \cap (A \cup B)} \qquad \boxed{A \cup X = A \cup (A \cup B)}$$

$$\Downarrow (\text{Déf. de } x) \qquad\qquad \Downarrow (\text{Déf. de } x)$$

$$\boxed{A \cap X = X} \qquad \boxed{A \cup X = X}$$

$$\Downarrow (9)$$

$$\boxed{X = A}$$

Nous laissons au lecteur le soin de démontrer, par exemple, les *lois de complémentarité* :

(11) $\forall A, \forall B \qquad \complement(A \cap B) = \complement A \cup \complement B, \qquad \complement(A \cup B) = \complement A \cap \complement B$

Ces exemples suffisent pour convaincre de la possibilité des calculs dans l'algèbre des ensembles.

Les deux quantificateurs

Avec le *quantificateur universel* $\forall$, il est utile d'introduire le *quantificateur existentiel* $\exists$. Nous lisons :

$\forall x \in E$ signifie « pour tout x élément de E ... »

$\exists x \in E$ signifie « Il existe au moins un élément x de E tel que ... »

Ainsi, Q étant l'ensemble des fractions,

$\forall x \in Q, \exists y \in Q : xy = 1$ (C'est vrai; à $x = \frac{p}{q}$ correspond $y = \frac{q}{p}$)

$\exists y \in Q : \forall x \in Q, xy = 1$ (C'est faux : aucun y ne convient pour tout x).

On voit que l'ordre des quantificateurs intervient; il n'est pas indifférent.

Réflexion sur l'exposé axiomatique en général

L'axiomatique est nécessaire. Évidemment, toutes les affirmations qui précèdent relativement aux collections d'objets sont évidentes sur le diagramme de Venn, mais les mathématiques exigent que les théories soient élevées par des déductions logiques. Il faut donc énoncer une fois pour toutes les affirmations de départ : ce sont les axiomes.

Le choix des axiomes. Parmi ce que l'observation fournit, on choisit les affirmations qui sont jugées les plus fondamentales pour la théorie que l'on veut édifier et qui, naturellement, est déjà esquissée intuitivement. Quelles sont les règles à respecter ? Avant tout, la *non-contradiction* des axiomes; malheureusement celle-ci n'est pas toujours facile à démontrer. Dans notre exemple, notre expérience des collections d'objets nous donne un modèle qui ne nous a jamais trompé et qui nous fait espérer la non-contradiction. Des recherches théoriques sur ces questions appartiennent aux « métamathématiques ».

capitalisme industriel... Les mêmes hommes qui établissent les rapports sociaux conformément à leur productivité matérielle, produisent aussi les principes, les idées, les catégories conformément à leurs rapports sociaux...

Karl MARX, *Misère de la philosophie.*

(144) Sur les différentes formes de propriétés, sur les conditions sociales d'existence, s'élève toute une superstructure de sensations, d'illusions, de manières de penser et conceptions de la vie qui sont différentes et possèdent un aspect particulier. La classe tout entière les crée et les forme de ses conditions matérielles et des rapports sociaux qui correspondent à celles-ci. L'individu isolé qui les reçoit de la tradition ou de l'éducation peut s'imaginer qu'elles forment les raisons déterminantes propres à l'origine de son action.

MARX, *Lutte des classes en France de 1848 à 1850.*

2. La volonté et les impératifs sociaux.

Mais ce sont les sociologues de l'école de Durkheim qui ont poussé à l'extrême la théorie du déterminisme social, réduisant la volonté individuelle à ne plus être qu'obéissance aux « impératifs sociaux ».

(145) Si notre conception est juste, le *fiat* ne serait plus, comme le veut James, l'appoint que la conscience tirerait d'une sorte de mystérieuse réserve d'énergie pour l'ajouter aux motifs. Il traduirait à la conscience l'influence exercée, sur la représentation toujours individuelle et particulière en laquelle le motif est engagé, par les impératifs collectifs qui la pénètrent et, avec leur universalité, lui infusent leur inflexibilité et leur force. Mais dans ces conditions le *fiat* est beaucoup moins décision qu'il n'est à proprement parler obéissance, obéissance consentie, si l'on veut, mais néanmoins obéissance, puisque la conscience reçoit sa loi du dehors... La volonté est ainsi avant tout obéissance. Sa fameuse autonomie, si l'on renonce pour les consciences individuelles à la fiction de leur splendide isolement, est une hétéronomie qui s'ignore...

Pour l'immense majorité des hommes la volonté est ainsi obéissance passive aux impératifs collectifs. Livrée à elle-même, initiale aient pour conséquence de la faire disparaître... Il est... vraisemblable que les émotions pénibles auxquelles les réactions substituent des sentiments agréables sont à l'origine du processus volontaire et que l'activité volontaire est initialement fille de la douleur.

De l'activité animale à l'activité humaine il y a continuité parfaite. Le domaine des processus volontaires s'étend chez l'homme à proportion de l'enrichissement de sa conscience en représentations, sentiments et émotions de tout ordre ; mais le mécanisme de l'action reste en son fond identique chez lui à ce qu'il est chez l'animal. Le sentiment, si faible soit-il, fait toujours partie intégrante du processus volontaire, sur lequel les représentations ne peuvent agir que par l'intermédiaire de l'affectivité. Un vouloir purement intellectuel est une contradiction. A toute représentation qui joue le rôle de motif se joint un sentiment qui joue le rôle de mobile, et, dans les liaisons de représentations et de sentiments qui sont les raisons de nos actes, l'importance décisive appartient toujours aux mobiles et aux sentiments.

DUMAS, *Traité de psychologie*,
Tome II, Livre I, Chap. 5.

B. LA VOLONTÉ DANS LA DÉPENDANCE DE LA SOCIÉTÉ.

Bien qu'ils se défendent parfois d'être déterministes, certains économistes ou sociologues soumettent la volonté humaine à ce qu'on pourrait, en gros, nommer le « déterminisme social », c'est-à-dire qu'ils soutiennent que cette volonté est déterminée, plus ou moins, par les conditions sociales dans lesquelles vit l'individu.

1. Les volontés humaines dans la dépendance des faits économiques.

Marx doit être ici cité, car il n'est pas douteux qu'il fait dépendre, du moins en une grande mesure, les conceptions et les volontés des hommes des conditions techniques et économiques dans lesquelles ils se trouvent placés.

(143) Les rapports sociaux sont intimement liés aux forces productives. En acquérant de nouvelles forces productives, les

Quelques jours plus tard, le brodeur apporta la robe couleur de lune. Elle était si belle que la princesse elle-même dut l'admirer, en dépit de sa peine.

La Fée lui conseilla alors de demander une robe couleur de soleil.

Le roi commanda donc à un riche bijoutier une robe faite d'un tissu d'or et de diamants, et peu de jours après, cette robe, dont l'éclat égalait celui du soleil, fut offerte à la princesse !

La Fée donna aussitôt à sa filleule ce conseil :

— Demandez à votre père la peau de cet âne qui, tous les matins, lui donne tant de pièces d'or.

La folie du roi était si grande qu'il ne recula même pas devant cet énorme sacrifice.

Voyant qu'elle était impuissante à sauver la pauvre petite princesse, la Fée prit le parti d'ordonner à sa filleule de s'enfuir. En même temps, elle lui remit une cassette et lui dit :

— Vous mettrez dans cette cassette vos robes couleur du temps, couleur de lune et couleur de soleil.

— Je vous donne ma baguette dont vous vous servirez pour avoir la cassette lorsque vous en aurez besoin. Pour vous enfuir du palais, habillez-vous avec la peau de l'âne, afin qu'on ne vous reconnaisse point.

La princesse, ainsi travestie, s'enfuit du palais de son père. Après trois jours et trois nuits, elle arriva enfin dans une métairie dont la fermière consentit à la prendre comme servante et la surnomma « Peau d'Ane ». Elle n'avait de repos que le dimanche ; elle s'enfermait alors dans sa chambre, touchait le sol de la baguette magique que lui avait prêtée sa marraine et prenait, dans la cassette qui se présentait à elle, ses plus riches parures.

Tantôt elle s'habillait de la robe couleur de lune, tantôt de celle dont l'éclat lui rappelait celui du soleil, tantôt de cette

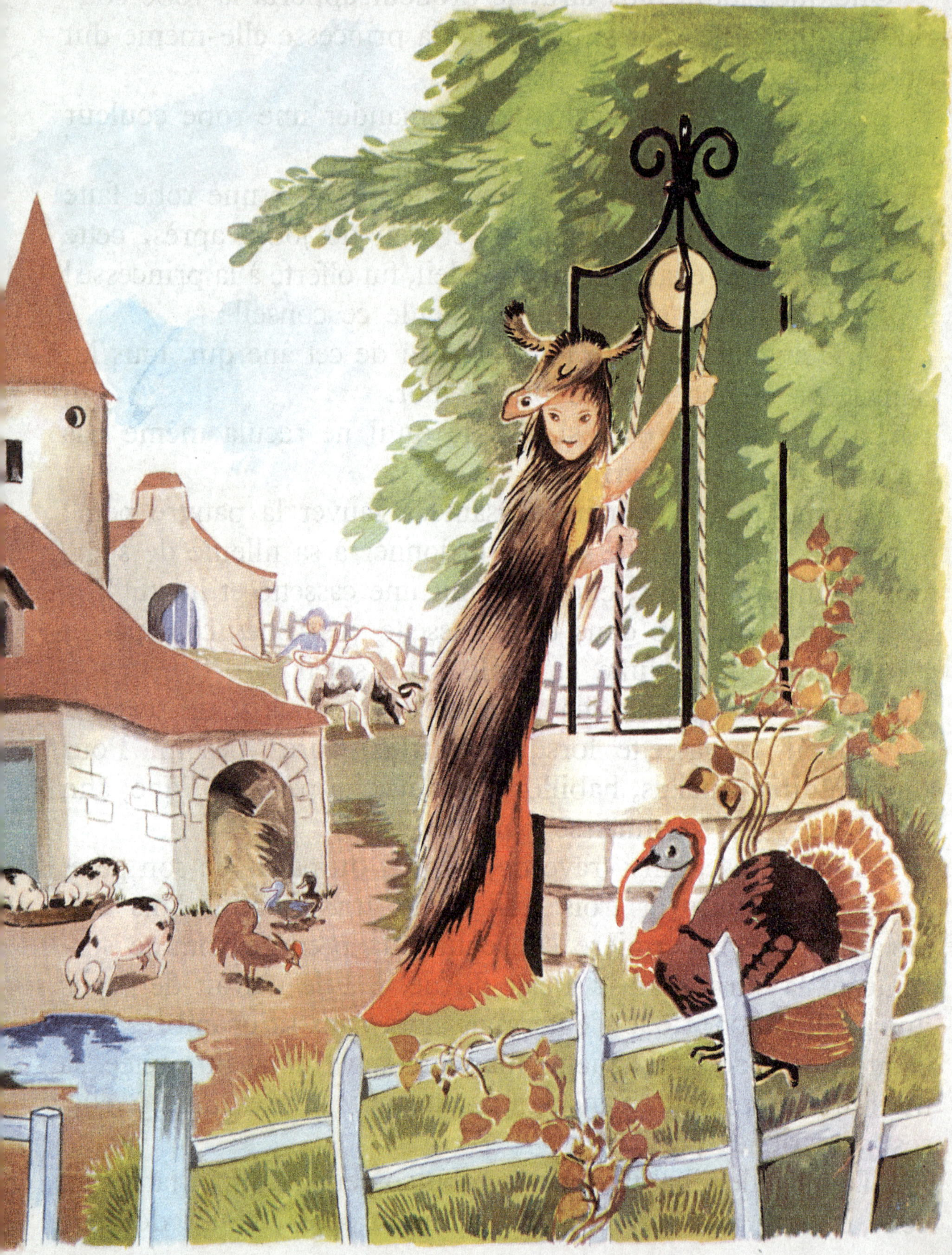

CONSULTATION SANS ENGAGEMENT

Je suis acheteur de :

.... litres à .... degrés
.... » » .... »
.... » » .... »
.... » » .... »

Conseil : Si vous achetez UNE qualité : prenez par 10 ou 20 ou 60 litres
» » plusieurs » » au moins 60 litres

Nous faisons aussi : **Lavande, Violette, Fougère.**

Mon adresse :

Nom :
Rue :
Profession :
Ville :
Département de :

RETOURNEZ CETTE FEUILLE

AUX DISTILLERIES DREVON

CESSIEU (Isère)

ET VOUS RECEVREZ UN DEVIS DE PRIX VOUS DONNANT UN GAIN IMPORTANT VOUS N'AUREZ PAS PERDU VOTRE TEMPS. Vos 0,65 de timbre seront « **d'un gros rapport** ».

LISEZ LES RÉFÉRENCES DE MM. VOS COLLÈGUES. NOUS SOMMES LES SEULS FABRICANTS EN POSSÉDANT DES MILLIERS.

DÉBOUCHEUR D. A.

DÉBOUCHE CANALISATIONS OBSTRUÉES
(Lavabos, salles de bains, éviers, etc.)

FRANCO PORT et EMBALLAGE

n boîtes de 670 cm³ : La boîte
ar 6 : **7** fr. **60** – Par 12 : **6** fr. **35** – Par 24 : **6** fr. **10**
n boîte de 4 kgs : **52** fr. les 4 kgs
» » 15 » : **105** fr.

FAIFUNEUF :

Même prix que le DÉBOUCHEUR

REMET A NEUF FUTS MOISIS OU PIQUÉS

DENTIFRICE DREVON

ar :	10 litres	20 litres
50°	**16,50**	**16**
60°	**19**	**18,50**
80°	**25**	**24,50**

Taxe comprise. — Départ et Nu.
Produit étudié et mis au point par épreuves avec des

VIDE-TOURIES

Pour Bonbonne de	Franco Port	Gare départ
30 lit.	99 fr.	86 fr.
60/70 lit.	131 fr.	116 fr.

PLUS DE CASSE, PLUS DE PERTE de liquide.

95° Alcooliques pour Coiffure

Se livre par 5, 10, 20, 50 litres
Nous questionner

EXTRAIT DE NOTRE TARIF
PROUVANT LES PRIX SANS CONCURRENC

Par 50 l. / 60 l.

Gare départ et Nu

30° : Supprimé par décret ministériel
(le minimum est 50°)

50° : 12 fr. ,65

60° : 15 fr. ,10

70° : 17 fr. ,25

80° : 20 fr. ,55

COLOGNE FLEURIE LUXE

Paiement réception facture, ou traite 30 jours pour 0,30 en sus par litr

QUESTIONNEZ NOUS

AVEC LA FORMULE AU VERSO

Votre intérêt est de la retourner sous enveloppe fermée: évitez l indiscrétions dues aux demandes par cartes postales.

NOUS SOMMES LES SEULS

DISTILLATEURS D'ALCOOLS

FAISANT DES COLOGNES

CI-JOINT : RÉFÉRENCES de MM. VOS COLLÈGUES

PAYEZ PAR CHEQUE POSTAL :

dans le délai indiqué.

VOUS GAGNEREZ { les nouveaux frais bancaires
les timbres de traite

SUSPENDEZ VOS ORDRES :

Dans VOS emballages : 15 jours
» NOS » : 8 jours

AVANT { PAQUES
PENTECOTE
14 JUILLET
15 AOUT

Sinon l'envoi n'est pas garanti avant les fêtes

PENSEZ UN MOIS AVANT A VOS BESOINS

A L'ARRIVÉE TRANSVASEZ SOUS VERRE LES PRODUITS REÇUS EN BIDONS

NOS PRODUITS SONT CONCENTRÉS MAXIMUM

En cas de trouble par le froid, ils reviennent limpides, dans une pièce chaude.

Attention : *laissez-les loin du feu! car l'alcool est inflammable.*

PRODUITS GARANTIS SANS ALCOOL DE VIN

LE MOUSSEUR D. A.

(Sous produits de nos distillations) vous permet :

I°) DE FAIRE MOUSSER avec ABONDANCE et PERSISTAN

(Eaux de Cologne et Lotions)

Mettre le mousseur avec une pointe de couteau da votre litre. La boîte permet de traiter selon l'intens de mousse voulue de 30 à 50 litres.

II°) DE FAIRE DES CHAMPOINGS

La boîte permet de faire 10 à 15 litres.

La boîte : Frs 13 en Timbres-poste

ETHER ININFLAMMABL

PARFUMÉ POUR LES CHEVEU

FRANCO PORT ET EMBALLAGE. Le litre

Par bidon : 5 litres : 14 fr. - 10 litres : 12 fr. 5

Taxes comprises.

QUAND VOUS SEREZ ACHETEUR

NOUS QUESTIONNER EN INDIQUANT { LA QUANTITÉ
LE ou LES DEGRÉS } en un seul envoi

L'ACTION CLAIRVOYANTE DES COMMUNISTES pour empêcher la Guerre désastreuse de 1939-40

En ce tragique mois d'Août 1939, devant cette politique d'isolement de la France pratiquée par Bonnet, sachant la faiblesse durable de la Grande-Bretagne en moyens terrestres et aériens, connaissant l'insuffisance visible et le *sabotage de la Défense Nationale par les capitalistes réactionnaires fascisants,* les communistes entrevoient la catastrophe et essaient encore de la parer. Jusqu'au dernier moment ils réclament avec tout le peuple qu'une union étroite rassemble la France, l'Angleterre e l'U.R.S.S. dans un pacte de sécurité. — C'est la suprême sauvegarde.

HITLER a exprimé longuement dans « Mein Kamp » que pour acculer l'Allemagne à une défaite, il faut l'obliger à combattre sur les deux fronts, à l'Est et à l'Ouest. Puisque notre pays avait un pacte d'assistance mutuelle avec l'Union Soviétique, il fallait le confirmer, le transformer en conventions militaires précises.

Justement, en Avril 1939, le Gouvernement Soviétique engagea, avec les Cabinets de Londres et de Paris, des négociations qui auraient abouti en quelques jours à la signature d'un acte tripartite, si les représentants de la France et de l'Angleterre avaient eu le désir de conclure un tel accord. Mais ces tartufes, conrairement à l'avis des Etats-Majors Français et Britanniques, émirent la prétention d'empêcher l'Union Soviétique de prendre, en cas d'agression allemande contre la Pologne, les mesure militaires nécessaires au coude à coude avec l'Armée Polonaise sur le front Polono-Allemand. Tout le monde savait pourtant qu'en raison de l'état arriéré de l'armée, des difficultés sociales non résolues depuis vingt ans, de l'hétérogénéité de la population, la Pologne était un Etat faible, tout-à-fait incapable de résister à Hitler par ses seuls moyens. Tout le monde savait que les droits que la France et la Grande-Bretagne refusaient à l'U.R.S.S. par rapport à la Pologne, elles étaient bien résolues d'en faire usage dans une situation analogue par rapport à la Belgique et la Hollande.

Selon Chamberlain et Bonnet, l'armée polonaise n'avait aucun besoin d'une assistance militaire soviétique: un ravitaillement en armes, vivres et munitions suffisait. CE QUE CHAMBERLAIN ET BONNET VOULAIENT, C'ETAIT METTRE CE QU'ILS CONSIDERAIENT COMME CENTRES VITAUX DE L'U.R.S.S. AU POINT DE VUE STRATEGIQUE ET ECONOMIQUE DANS UNE SITUATION INTENABLE, EN OBLIGEANT LES RUSSES A SE BATTRE SUR LEUR PROPRE TERRITOIRE. Voilà pourquoi ils refusaient d'accorder à l'U.R.S.S., l'égalité des droits et des risques; M. THOREZ avertit la France de leur perfidie lors de la session du Comité Central du Parti, le 19 mai 1939.

Tout cela est reconnu aujourd'hui par les pires ennemis de l'Union Soviétique. L'auteur déjà cité, L. Bourgues écrit: « On voulait bien se servir de la Russie pour épauler la Pologne, mais on n'admettait pas qu'elle fut mise franchement dans le jeu... On souhaitait que, en cas de conflit, les Russes fournissent aux Polonais du matériel de guerre, et on ne leur offrait en échange que l'honneur de se battre aux côtés des Alliés, sans même que cette coopération fut sanctionnée par une alliance militaire en règle... La Russie ne pouvait aider la Pologne et affronter l'Allemagne sans assurer son flanc représenté par l'Esthonie, la Lettonie et la Lithuanie. Si l'on voulait aboutir, il importait de comprendre ces nécessités stratégiques. Mais Londres et Paris s'effarouchèrent.

Vers le début d'août 1939, le gouvernement soviétique fit une tentative suprême de conciliation; il proposa la réunion immédiatement d'une conférence militaire-tri-partite. LA MISSION MILITAIRE FRANCO-ANGLAISE A MOSCOU RECONNUT UNE FOIS DE PLUS LE BIEN FONDE DES DEMANDES SOVIETIQUES, MAIS LES GENERAUX FRANÇAIS ET ANGLAIS DURENT AJOUTER QU'ILS N'ETAIENT PAS LES MAITRES, QU'ILS N'AVAIENT AUCUN POUVOIR POUR REGLER LA QUESTION, QU'ILS AVAIENT DES INSTRUCTIONS IMPERATIVES DE LEURS MINISTRES DE NE PRENDRE AUCUNE DECISION. L'accord était saboté. BONNET était parvenu à isoler la France, que l'admirable campagne de vérités de Gabriel PERI dans « l'HUMANITE », jointe aux efforts de tout le Parti Communiste n'avait pas réussi à sauver.

« L'histoire impartiale dira un jour la vérité sur les conditions de la rupture des pourparlers anglo-franco-soviétiques qui survint fin Août 1939. *Elle établira les responsabilités de chacun. Nous savons que l'U. R. S. S. demeura jusqu'au bout rigoureusement fidèle à ses engagements et à la défense de la Paix. Sa loyauté fut irréprochable, mais elle refusa d'être victime et dupe d'une diplomatie retorse qui commit deux erreurs capitales:*

» Celle de subordonner le maintien de ses alliances et de la Paix à des intérêts de classe;

» Celle d'ignorer scandaleusement le rapport des forces en présence.

» L'heure est venue où cette vérité éclate à tous les yeux. »

M. CACHIN.

L'Union Soviétique constate la mauvaise volonté opposée à ses tentatives multiples de réaliser l'alliance des Nations démocratiques et voyant au contraire les gouvernants de ces dernières tenter de réaliser contre elle seule le bloc anti-soviétique mondial derrière l'Allemagne Hitlérienne. Il ne lui reste plus qu'un moyen pour assurer sa défense et tenter de maintenir la Paix, celui de signer le pacte germano-soviétique. Ce pacte ne fut pas, comme les canailles l'ont prétendu, la cause de la guerre, mais justement l'ultime tentative pour sauver la Paix.

51
65
230
60
86
40
30
84
64
117
87
200
90
275
45
23
200
210
107
215
67
82

[illegible]

15
55
5
8
62
20
7
107
82
66
70
10
22
143
20
40

737

~~378~~
2400

1.333

10
37
2
5
52
6
3
90
60
41
52
6
10
98
7
24

5[illegible]0

90
200
210
275
228

1.003

75
8
95
155
67

400

65
5
60
125
34

289

Pour le mois de mars

31
6
44
44
230
48
80
185
70
194
162
85
340
80
827
75
75
65
540
152
490
50
55

3928

2
1
1
1
1
6
3
1
1

SPECIALITES EN PARFUMERIE
OUTILLAGE & ACCESSOIRES

EXCLUSIF DES PRODUCTIONS VALDOR
ROUGE GUITARE tenace & sans traces
ARCANCIL
GUITAROSE
LAIT DE COLOGNE
ET LES PRODUITS ISIS

COMP. CHÈQ. POST.: PARIS 1868-07
R.C. Seine 273-939 B
R.P. 3221 Seine C.A.

M. BLANC

PALITA

Société à responsabilité limitée Capital 1.000.000 Frs
29, RUE JOUBERT
PARIS (9e)

TÉLÉPH.: TRINITÉ 83-61
4 lignes groupées
Adr. Tél.: PALIDUMAND-PARIS

GL/ 2326 BON 94I

Monsieur LA SS ERE - Coif.

PARIS, le 23 AVRIL 19 40

Verteillac - Dordogne DOI

Nº de Con

Cque

Imp. Senn. Paris

Détail	Quantité		Timbre	Of
8.50	3	Pots de Creme diadermine I/I6	6.05	I8.I5
	2	Cartes d Bigoudis Nº I	II.55	23.I0
XX	I2	Filets I6I		25.00
	I2	Resilles Cheveux MP		2I.80
	6	Filets Bonnets Herma double maille	II.I5	5.60
	I2	Filets 38 X 40 3 Pochettes Vids Erreur		I0.90
	6	Resilles Herma Double Maille I2/38	II.I5	5.60
	3	Filets 34 - manquent moment.		
I7	2	Flacons de Reve d'or 55I2	I3.25	26.50
	I2	Brillantine Cristal oil Palita		28.80
9.25	2	Brillantine Fix Piver 2 corps	7.25	I4.50
I8	3	Brillantine hair oil Forvil GM	I2.75	38.25
6	2	" " " PM	4.25	8.50
	4	Montures Vapos Cristal oil Nº 44	4.70	I8.80
II.50	4	Cologne chypre sauzé 4007 I/I6	8.75	35.00
6.75	3	" " " 4006 I/32	5.75	I7.25
3.50	I	Rouges Guitare 50 joint		
	3	Fards Pastel Bourjois Nº 83	3.40	I0.20
6.50	3	Poudres Simon PM	4.55	I3.65
	4	Blaireaux II7 Bis /6	4.55	I8.20
	2	Tubes amyderm PM - manque chez le fabricant.		
		Factices etalage joint		

Clients aux prix de détail imposés par les fabricants, Acceptation des marchandises est un acquiescement absolu à cette clause.

s Usines de Thiers
aux Professionnels...

oirs
iseaux
Tondeuses
Tondeuses Électriques
Lames
Cuirs
Pierres à affûter
etc.

---

it l'Outillage "ACIER" pour Coiffeurs

JTES LES GRANDES MARQUES

GRELOT
69 THIERS-ISSARD
ESCULAPE, STABIL
etc.

Adressez vos Commandes
an Dépôt Central :
C. MERLE
47, Rue des Jacobins, 47
CLERMONT-FERRAND
(P.-DE-D.)

oiffeurs
essayez
LE MERLE BLANC "
Il a été créé pour vous.
Il convient à toutes les barbes.
C'est un outil de professionnel.

LE
MERLE
BLANC
COUPE
et
TIENT
LA
COUPE

THIERS-OUTILLAGE

C/C POSTAL NANTES Nº 310-14

Rasoir Spécial pour Coiffeurs

" LE MERLE BLANC "
Déposé

Clermont-Ferrand (Date de la Poste)

Cher Client,

De tous les Outils employés par le Coiffeur, le plus délicat est sans contredit le rasoir.

Des centaines de types ont été créés par les Fabricants et abandonnés tour à tour.

Pour mettre fin à cet état de choses "GRELOT" dont la réputation n'est plus à faire, a mis sur le marché un Outil de Professionnel s'adressant uniquement aux Coiffeurs.

Le RASOIR
"MERLE BLANC" Spécial pour Coiffeurs

qui concrétise tout ce que vous demandez à un rasoir :

Coupe franche et durable.
Tranchant convenant à toutes les barbes.
Affûtage en quelques coups de cuir.

Essayez le "MERLE BLANC" et vous verrez qu'il réunit toutes ces qualités.

Vous trouverez sur le Cliché joint, servant de Bon de Commande, les Nos et prix suivant les types.

N'oubliez pas surtout qu'un bon Outil n'est jamais cher.

Vos bien dévoués :
THIERS-OUTILLAGE.

— Lundi avec Mardi 17 Mars 1942 —

Au Salon J'ai fais Mardi de Recette 21 francs (Riz)

" Débit " " " De Recette 72 francs Bénéfice 38 francs

Parfumerie Vendu Jour 75,f50 Bénéfice 35,f50

Journée de 93,f50

Mardi encore Débit 100f Bénéfice 50 francs

Lundi Reçu 93,f50 + 50 = 143,f50 (Journée de 143,f50)

Cols de Pélicier grossette à Lyon il se montait à 2.000 francs — Le Mardi fini de couronne mes Dents 13 couronne, une aracher 2 plomb Chez Rogon Ribérac en payé comptant 12.000 fra

— Mercredi 18 Mars 1942 —

Au Salon J'ai fais aujourd'hui 42 francs

" Débit " " " De Recette 50 francs Bénéfice 22 francs

Parfumerie Vente Jour 21 francs Bénéfice 10 francs

Acheter Chez Mrs Louraud Jour 164,f30 de Marchandise

Chez Bretonnet 4 Mts vieux appelation C. de 1941 Journée de 74 francs

à 18,f50 net Jour 92,f50

— Jeudi 19 Mars 1942 — (Foire) seul avec Marie

Au Salon J'ai fais aujourd'hui 109 francs

" Débit " " " De Recette 269 francs B 138 fra (pas allez à Celles)

Parfumerie Vendu Jour 112 francs Bénéfice 45 francs

— Journée de 292 francs

— Vendredi 20 Mars 1942 —

Au Salon J'ai fais aujourd'hui 24 francs

" Débit " " " De Recette 40f Bénéfice 20 francs

Achetez Chez Martin Bretonnet 4 Mts vieux Journée de 44 francs

sans appelation Controlé 1941 à 23,f50 pièce

— Samedi 21 Mars 1942 —

Au Salon J'ai fais aujourd'hui à Vertillac 29 francs
" Débit " " " De Recette 113 F B Celles 55 francs — 50 "
79 francs
Parfumerie Vente à Vertillac 16 F 50 B 7 F (à Celles T 66 F B 2)

— Journée de 170 francs

— Dimanche 22 Mars 1942 —

Au Salon J'ai fais aujourd'hui 80 francs
" Débit " " " De Recette 61 francs B 30 francs
Parfumerie Vendu Jour 43 francs Bénéfice 15 francs

— Journée de 125 francs

— Mardi 24 Mars 1942 —

Au Salon J'ai fais aujourd'hui 9 francs
" Débit " " " De Recette 40 F Bénéfice 20 francs
Parfumerie Vendu Jour 15 F 50 Bénéfice 8 F 50

Journée de 37 F 50

— Mercredi 25 Mars 1942 —

Au Salon J'ai fais aujourd'hui Vertillac 14 francs
" Débit " " " De Recette La Tour Blanche 47 F B 32 francs 66 " "
80 francs
Parfumerie Vertillac Vente Jour 25 F Bénéfice 11 F 50

Marie-Louise — Journée de 123 F 50

Débuté à la Tour Blanche aujourd'hui (Une autre affaire q
J'ai entretenu spécialement Jour d'amis) Je lui est promis 1 franc

LES GRANDS SUCCÈS

DE

PAOLO TOSTI

ARRANGÉS POUR

Petit Orchestre

PAR

E. TAVAN

		Parties réunies (net A)
*114601.	AVRIL (Aprile) *Mélodie*	Fr. 1.50
*114602.	CHANSON DE L'ADIEU. *Mélodie*	" 1.50
*114603.	IDÉALE. *Mélodie*	" 1.50
*114604.	INVANO. *Sérénade*	" 1.50
*114605.	JE PENSE! (Penso) *Souvenir de Naples*	" 1.50
*114606.	JE VEUX MOURIR! (Vorrei morire) *Mélodie*	" 1.50
*114607.	LA SÉRÉNADE	" 1.75
*114608.	MARECHIARE. *Chanson Napolitaine*	" 1.75
**114609.	POUR UN BAISER! *Mélodie*	" 1.25
**114610.	SI TU LE VOULAIS. *Mélodie*	" 1.25

*Chaque partie . . net (A) Fr. 0.20

** — — — — — 0.15

PRODUITS DE BEAUTÉ

Kéva

Quelques spécialités

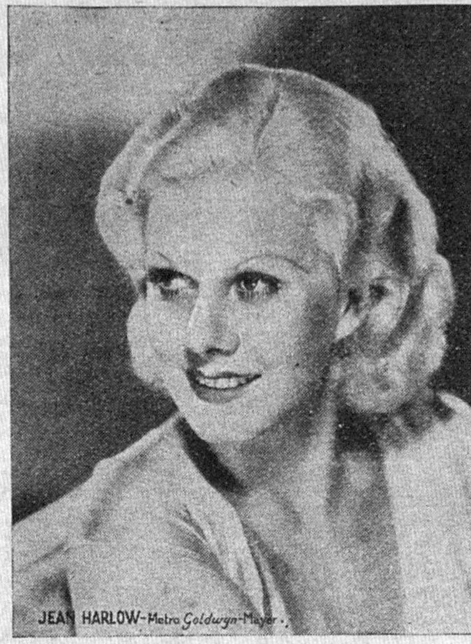

JEAN HARLOW-Metro Goldwyn-Mayer.

Les Yeux, les Cils, les Sourcils

Miretta. — Fait pousser et épaissir les cils et les sourcils. Extrait de plantes arabes, incomparable par ses résultats surprenants. Redonne aux cils appauvris une vitalité intense. Fait également disparaître les pellicules, qui empêchent la croissance des cils et des sourcils. Donne des cils longs et soyeux. Résultat certain. *Miretta* ne teint pas les cils. *Prix imposé.* 20 fr.

Vicolore. — Teinture inaltérable pour les cils et les sourcils. — Produit merveilleux, facile à employer pour teindre les cils et les sourcils. Résiste au lavage ; ne tache pas la peau. Teint instantanément et pour plusieurs semaines les cils et les sourcils. Produit garanti de toute innocuité, très facile à employer soi-même. Existe en noir, brun, châtain. Le mode d'emploi très détaillé accompagne chaque boîte. *Prix imposé.* 28 fr.

Cilkol. — Beauté des cils et des sourcils. — Contenant bâton de pâte avec brosse. Ne pique pas les yeux, résiste à l'humidité. Noir, brun, châtain, blond et bleu. *la boîte.* 12 fr.

Courbecils. — Nouveau produit pour recourber et faire tenir les cils et sourcils. Effet immédiat et très joli. Résiste à l'humidité. *Prix imposé.* 25 fr.

Myrias. — Elixir oriental pour « agrandir » et faire briller les yeux. Cet élixir inoffensif agrandit les yeux, leur communique une expression fascinatrice et leur donne un charme incomparable. Sans rival pour la beauté du regard, qui est embelli par cet élixir d'une manière surprenante. Garanti inoffensif. *Prix imposé.* 26 fr.

Pastel des Yeux. — Donne aux yeux de la profondeur et au regard une expression veloutée et langoureuse. Fait paraître l'ensemble de l'œil plus grand. Se met sur les paupières. Existe en gris-bleu, azur, or, bleu argent, noir, brun, châtain et vert émeraude. *Prix imposé.* 20 fr.

DERNIÈRES CRÉATIONS

Sérum Kéva. — Nouvelle découverte à base d'hormones vivants pour faire disparaître les rides anciennes et tenaces. Ce sérum s'applique pour la nuit, après le nettoyage de la peau, pénètre dans les couches épidermiques très profondément et redonne aux tissus vigueur et élasticité. 20 », 60 fr.

Rides-Yeux Keva. — Spécifique merveilleux contre les rides sous les yeux. Tend et resserre la peau, efface la patte d'oie. Produit d'un effet étonnant visible dès les premières applications. *Prix imposé.* 18 fr.

Contre les taches de rousseurs

qui défigurent tant de femmes, de jeunes filles, et nuisent à leur beauté, employez "PHELIDIS", nouvelle découverte de l'INSTITUT KÉVA qui les fait disparaître radicalement.

On applique "PHELIDIS" pour la nuit, et cette préparation ne provoque aucune excitation ni rougeur de la peau ; elle peut même être employée pour des enfants. *Prix imposé.* 20 fr.

Cours Professionnels pour Elèves (diplôme en fin d'études)

DEMANDEZ ENVOI FRANCO DU CATALOGUE ET CONDITIONS

Institut KÉVA, 23, Rue Tronchet, PARIS (Tél. : Anjou 37-90)

Usine à Neuilly-sur-Seine, 45, rue Ybry (Tél. : Maillot 29-69)

R. C. : Seine 12653

BÉNÉDICTINS (suite)

	Prix de gros	Prix imposés
20 Savon aluminium	29 40	3 50
20 bis — nu	25 80	3 »
16 Poudre, p. m	28 20	3 25
24 — g. m	38 40	4 40
16 bis Pâte, p. m	34 20	4 »
24 bis — g. m	55 20	6 50
1350 — tube p. m	25 80	3 »
18 — — m. m	34 20	4 »
27 — — g. m	42 »	5 »
15 — de savon en tube	25 80	3 »

BIXOL

	Prix de gros	Prix imposés
N° 0, flacon B B	45 »	5 »
N° 1 — 1/16	72 70	8 »
N° 2 — 1/8	119 10	13 »

CARMINA

	Prix de gros	Prix imposés
Carmina Email, tube p. m	36 70	4 60
— — — m. m	52 »	6 90
— — — g. m	91 80	12 50
Nicota Email, tube p. m	36 70	4 60
— — — m. m	52 »	5 90
— — — g. m	76 50	9 75

COLGATE

	Prix de gros	Prix imposés
Dental cream, tube g. m	52 70	6 »

CRESSOL

	Prix de gros	Prix imposés
Elixir, p. m	52 »	6 50
— m. m	85 80	10 »
— g. m	129 »	15 »
— 1/2 litre	263 40	30 »
— litre	514 »	55 »
Pâte tube, p. m	26 40	3 »
— — g. m	36 10	4 »

DOCTEUR PIERRE

	Prix de gros	Prix imposés
)0 Elixir stilligoutte	39 40	4 60
) — —	56 30	6 60
— —	87 30	10 25
bis — —	119 10	14 »
2 ter — —	172 »	20 25
3 bis — —	253 »	29 75
4 — étiquette vitrifiée	389 40	46 »
4 bis — liège	339 40	40 »
5 bis — —	610 70	72 »
7240 — flacon voyage	153 »	18 »
)B Eau pour blanchir les dents	50 10	6 60
3 Savon rond alum.	25 70	3 »
3 bis — — rechange	21 50	2 50
7 Pâte verre, p. m	32 10	3 75
8 — — g. m	51 40	6 »
9 — boîte aluminium	32 10	3 75
0 — tube p. m	25 70	3 »
2 — — g. m	34 30	4 »
08 — double tube	60 »	7 »
0 — tube émail g. m	34 30	4 »
1 — — p. m	25 70	3 »
6 — pour fumeurs	42 80	5 »

DOCTEUR PIERRE (suite)

	Prix de gros	Prix imposés
401 Tube superémail carmin	84 »	12 50
10 Poudre quina carton	34 30	4 »
14 — corail carton	34 30	4 »

DENTOL

	Prix de gros	Prix imposés
Elixir mignon	35 30	4 »
— p. m. still	52 90	6 »
— p. m. émeri	66 10	7 50
— m. m. still	79 40	9 »
— m. m. émeri	97 »	11 »
— g. m. émeri	139 »	16 »
— g. m. still	123 50	14 »
— 1/2 litre émeri	334 80	38 »
— — liège	308 40	35 »
— litre liège	567 »	65 »
Pâte, p. m. alum	33 10	3 75
— g. m. —	44 10	5 »
— alum. mignonne	22 »	2 50
— p. m. verre	39 60	4 50
— g. m. —	70 50	8 »
— p. m. tube	29 »	3 25
— g. m. —	44 10	5 »
Savon en tube	26 40	3 »
— aluminium	29 »	3 25
— nu	21 90	2 50
Poudre verre	35 30	4 »

ÉRASMIC

	Prix de gros	Prix imposés
Savon aluminium, 13/12	27 60	3 25
— nu —	23 50	2 75
Pâte, tube g. m. —	32 60	4 »

GELLÉ

	Prix de gros	Prix imposés
3007 Pâte, porcelaine p. m	43 80	5 »
3016 — — g. m.	67 20	7 75
3010 — tube t. g. m	60 »	7 »
3020 — — g. m.	35 40	4 »
3023 — — p. m.	28 20	3 »
3011 Savon alum	28 20	3 »
3012 — carton	22 80	2 50

GIBBS

	Prix de gros	Prix imposés
60 Savon alum 13/12	29 »	3 50
65 — nu 13/12	24 80	3 »
66 — boîte matière plastique	33 »	4 »
61 — luxe 13/12	61 »	7 50
62 — — rech. par 1 13/12	32 60	4 »
67 — boîte alum. 13/12	41 20	5 »
60 bis — échantillon	8 20	1 »
64 Pâte, tube p. m. 13/12	24 80	3 »
63 — — g. m. 13/12	33 »	4 »
101 Elixir, p. m. liège 13/12	35 05	4 »
104 — m. m. still. 13/12	57 15	6 50
105 — g. m. émeri 13/12	86 25	9 75
106 — 1/4 litre émeri 13/12	164 25	18 50
110 — 1/2 litre liège 13/12	270 70	30 »
109 — litre liège	447 70	50 »
44 Brosse à dents ord.	58 »	7 25
46 — bébé	42 »	5 25
48 — luxe	96 »	12 »
49 —	38 »	4 75

GIBBS (suite)

	Prix de gros	Prix imposés
43 Brosse OTOMATIC	60 »	7 50
45 — manche couleur	48 »	6 »
47 — "Crystal luxe"	72 »	9 »
Brosse interchangeable, métal nickel.	152 »	19 »
— rechange par 3	112 »	14 »
600 Gobelet couleur 13/12	40 »	5 »

PARFUMERIE ESTHETIQUE

	Prix de gros	Prix imposés
Savon dentifrice, Kenott carton	29 35	3 50
— — — alum.	33 65	4 »
— — — tube p. m.	33 65	4 »
* — — — — g. m.	55 10	6 »

KOLYNOS

	Prix de gros	Prix imposés
Crème dentifrice, tube p. m	26 60	3 »
— — — m. m	57 »	6 50
— — — g. m	105 70	12 »

MAO-TCHA

	Prix de gros	Prix imposés
Poudre dentifrice, p. m	33 »	4 »
— — g. m	42 »	5 »
Pâte — tube	30 »	3 75
— — verre	51 »	6 25

MILL

	Prix de gros	Prix imposés
Elixir dentifrice p. m	128 50	13 »
— — g. m	361 »	36 »

ODOL

	Prix de gros	Prix imposés
Elixir dentifrice p. m. Standard	102 80	12 »
— — g. m	214 »	25 »
Savon — métal	29 60	3 50
— — nu	25 70	3 »
Tube — g. m	42 80	5 »
— — p. m	29 60	3 50

ROSÉMAIL

	Prix de gros	Prix imposés
Tube dentifrice p. m., 13/12	40 »	5 »
— — g. m., 13/12	96 »	12 »

SMOKO

	Prix de gros	Prix imposés
Pour fumeurs, tube	36 »	5 »

SUEZ

	Prix de gros	Prix imposés
1 Fil vert, 6 centilitres	93 60	10 »
2 — 12 —	150 »	16 »
3 — 25 —	276 »	30 »
4 — 50 —	468 »	50 »
5 — litre	732 »	78 »
6 Fil rouge, 6 centilitres	93 60	10 »
7 — 12 —	150 »	16 »
10 — litre	732 »	78 »

VIGIER

	Prix de gros	Prix imposés
Savon dentifrice	47 80	5 »
Poudre Charlard, p. m	24 »	2 50
— — m. m	47 80	5 »
— — g. m	98 90	10 60

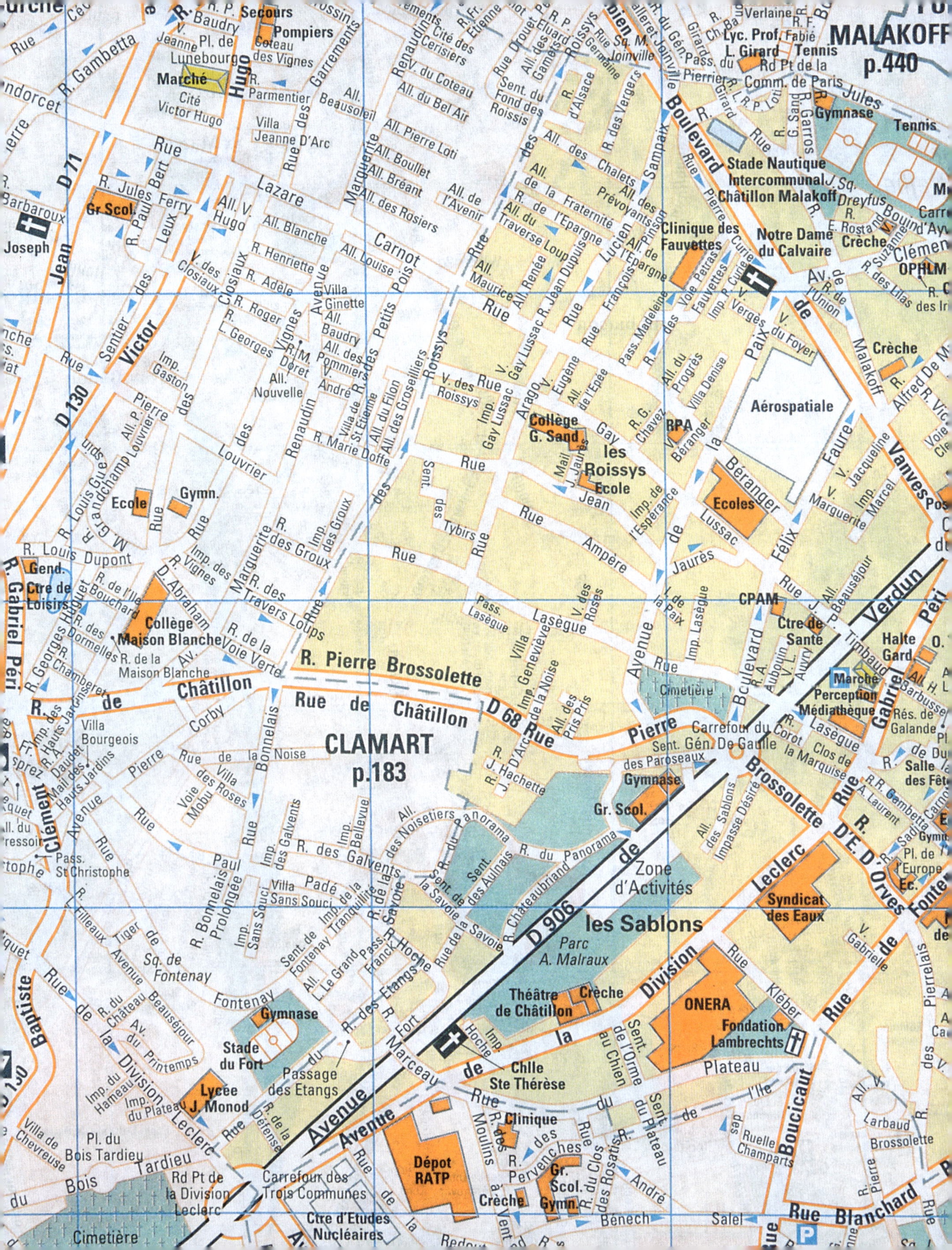

MALAKOFF
p.440
CLAMART
p.183
Secours
Pompiers
Marché
Cité Victor Hugo
Villa Jeanne D'Arc
Rue Lazare Carnot
R. Gambetta
Gr Scol.
Joseph
Jean Victor
D 71
D 130
Boulevard
Stade Nautique Intercommunal Châtillon Malakoff
Gymnase
Tennis
Clinique des Fauvettes
Notre Dame du Calvaire
Crèche
OPHLM
Aérospatiale
Collège G. Sand
les Roissys
Ecole
RPA
Ecoles
CPAM
Ctre de Santé
Marché
Perception
Médiathèque
Halte Gard.
Carrefour du Sent. Gén. De Gaulle
Cimetière
Gymnase
Gr. Scol.
Zone d'Activités
les Sablons
Parc A. Malraux
Théâtre de Châtillon
Crèche
ONERA
Fondation Lambrechts
Syndicat des Eaux
Chlle Ste Thérèse
Clinique
Dépot RATP
Crèche
Gr. Scol.
Gymn.
Ctre d'Etudes Nucléaires
Carrefour des Trois Communes
Cimetière
Lycée J. Monod
Stade du Fort
Gymnase
Collège Maison Blanche
Gend.
Ctre de Loisirs
Gymn.
Ecole
R. Pierre Brossolette
Rue de Châtillon
D 68 Rue
D 906
Avenue de la Division Leclerc
Brossolette
Leclerc
Verdun
Rue Blanchard
Boucicaut
R. Gabriel Péri
Plateau
Avenue Marceau
Sq. de Fontenay
Villa Bourgeois
Rd Pt de la Division Leclerc
Pl. du Bois Tardieu

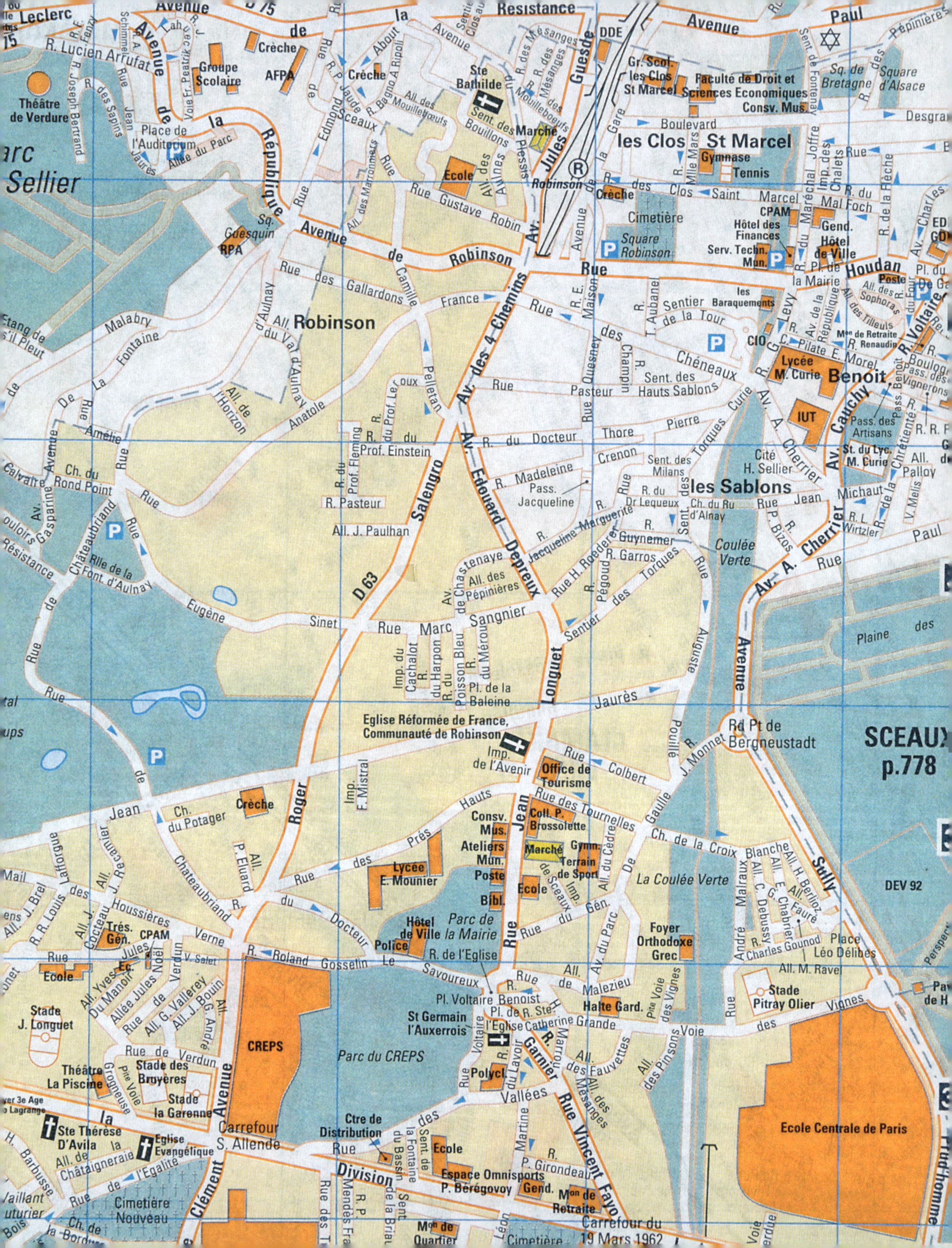

Avenue de la Résistance
Avenue Paul
D 75
R. Lucien Arrufat
Théâtre de Verdure
Groupe Scolaire
Crèche
AFPA
Place de l'Auditorium
Allée du Parc
Avenue de la République
Parc Sellier
Sq. Guesquin
RPA
Ste Bathilde
Sent. des Bouillons
Marché
Ecole
Rue Gustave Robin
Avenue de Robinson
Av. Jules Guesde
Robinson
DDE
Gr. Scol. les Clos St Marcel
Faculté de Droit et Sciences Economiques
Consv. Mus.
Sq. de Bretagne
Square d'Alsace
Boulevard
les Clos St Marcel
Gymnase
Tennis
Crèche
Cimetière
Square Robinson
Rue des Clos Saint Marcel
CPAM
Hôtel des Finances
Serv. Techn. Mun.
Gend.
Hôtel de Ville
Pl. de la Mairie
Rue Houdan
Poste
Rue des Gallardons
Rue de France
Robinson
Rue Malabry
Rue de la Fontaine
Etang de s'il Pleut
All. du Val d'Aulnay
All. de l'Horizon
Rue Anatole France
Av. des 4 Chemins
Rue Pasteur
Rue des Chéneaux
Sentier de la Tour
les Baraquements
CIO
Lycée M. Curie
Benoit
IUT
Av. Cauchy
Pass. des Artisans
St. du Lyc. M. Curie
R. du Docteur Thore
Rue Pierre Curie
R. du Prof. Einstein
R. Pasteur
All. J. Paulhan
Av. Salengro
Av. Edouard Depreux
Pass. Jacqueline
Sent. des Milans
les Sablons
Cité H. Sellier
Av. A. Cherrier
Rue Jean Michaut
Coulée Verte
Rue Paul
Ch. du Rond Point
Av. Gasparine
Rue de Chateaubriand
Rlle de la Font. d'Aulnay
Rue Eugène Sinet
D 63
Rue Marc Sangnier
All. des Pépinières
Rue Longuet
Sentier des Torques
Rue Auguste
Avenue
Plaine des
SCEAUX p.778
Rue Jaurès
Pl. de la Baleine
Eglise Réformée de France, Communauté de Robinson
Imp. de l'Avenir
Office de Tourisme
Rue Colbert
Rd Pt de Bergneustadt
Imp. F. Mistral
Rue Jean
Ch. du Potager
Crèche
Rue Roger
Rue des Hauts Prés
Consv. Mus.
Ateliers Mun.
Coll. P. Brossolette
Rue des Tournelles
Ch. de la Croix Blanche
Marché
Gymn. Terrain de Sport
Lycée E. Mounier
Poste
Ecole
Bibl.
La Coulée Verte
Avenue Sully
DEV 92
Rue des Houssières
Tres. Gén.
CPAM
Rue Verne
Rue du Docteur
Hôtel de Ville
Parc de la Mairie
Police
R. de l'Eglise
Rue du Gén.
Foyer Orthodoxe Grec
Place Léo Delibes
All. M. Ravel
R. Roland Gosselin
Le Savoureux
Ecole
Stade J. Longuet
CREPS
Parc du CREPS
Pl. Voltaire Benoist
St Germain l'Auxerrois
Halte Gard.
Stade Pitray Olier
Voie des Vignes
Théâtre La Piscine
Stade des Bruyères
Stade la Garenne
Polycl.
Rue des Vallées
Rue Garnier
Rue Vincent Fayo
Ecole Centrale de Paris
Ste Thérèse D'Avila
Eglise Evangélique
Carrefour S. Allende
Avenue
Ctre de Distribution
Ecole
Espace Omnisports P. Bérégovoy
Gend.
Mon de Retraite
Rue de la Division
Cimetière Nouveau
Mon de Quartier
Cimetière
Carrefour du 19 Mars 1962
Clément

MÉLODIE

1 Fl.
1 Htb.
1 Cl. en La
Quint. à cordes

de Paolo TOSTI

Orchestrée par
E. TAVAN.

1er VIOLON

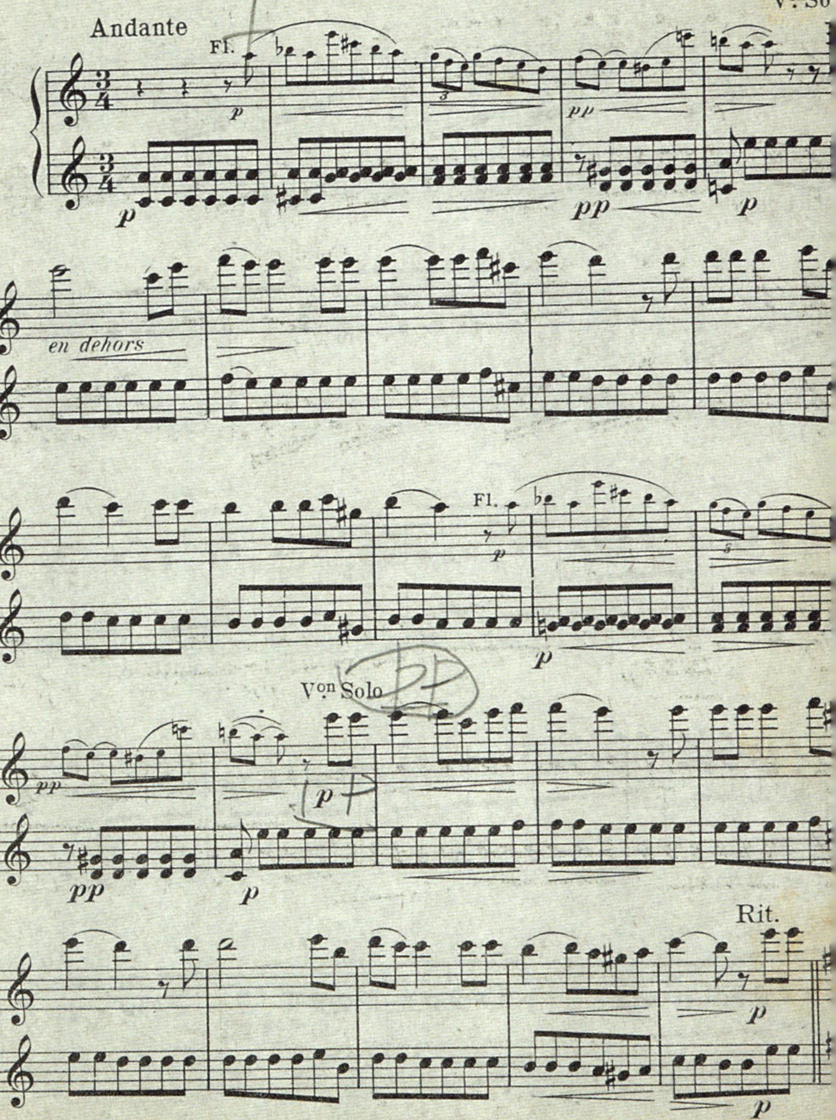

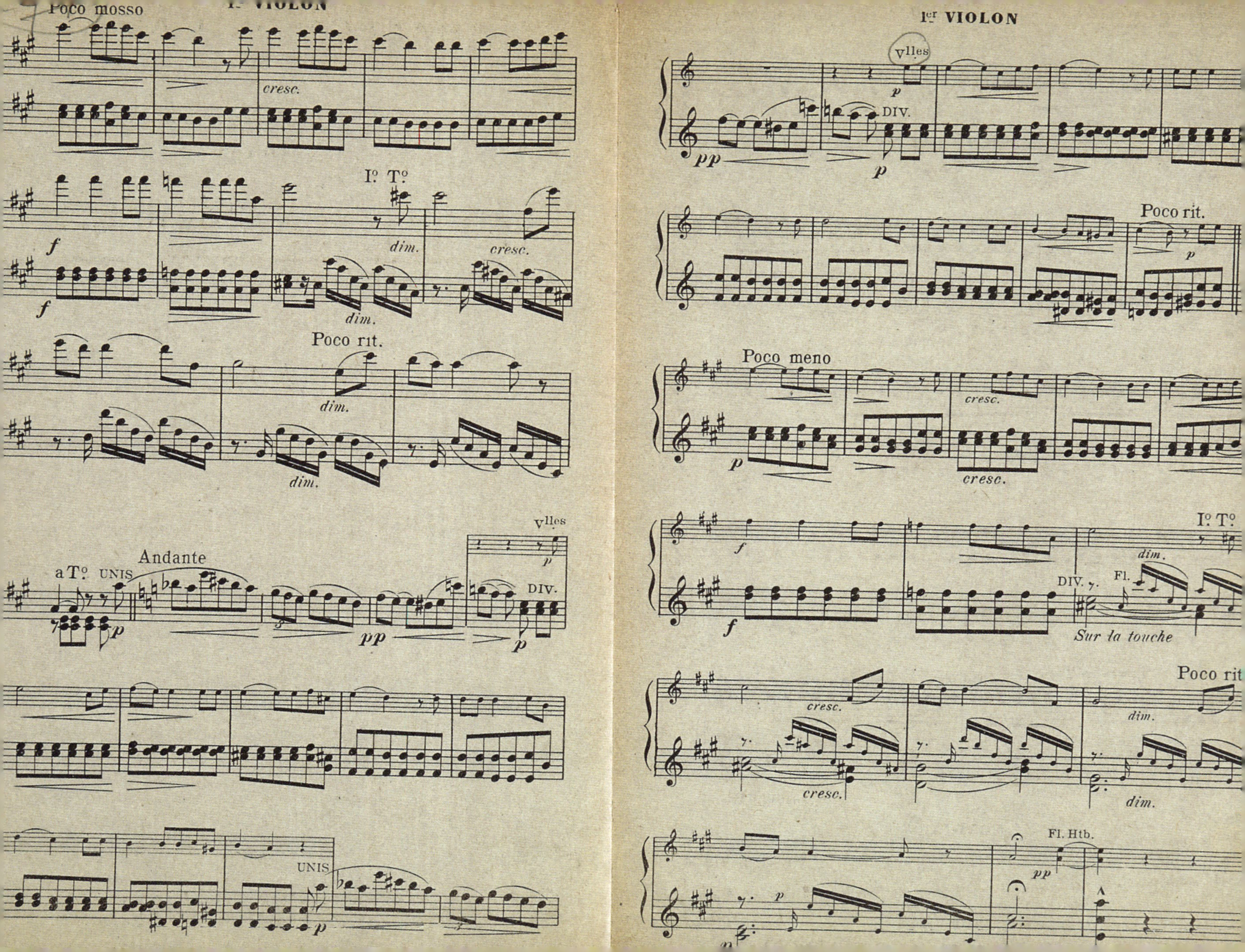
1er VIOLON
Poco mosso
cresc.
Iº Tº
dim.
cresc.
Poco rit.
dim.
Vlles
a Tº UNIS
Andante
DIV.
pp
UNIS
1er VIOLON
Vlles
DIV.
Poco rit.
Poco meno
cresc.
Iº Tº
dim.
DIV.
Fl.
Sur la touche
Poco rit
Fl. Htb.

égulier (équilatéral), on divise d'abord la circonférence en six parties égales, uis on joint les points de deux en deux.

Étoile. — L'*étoile* est un polygone régulier à plusieurs pointes. Pour tracer une étoile (un polygone étoilé) à cinq ou six pointes, on divise la circonférence en cinq ou six parties égales, puis on joint les pointes deux à deux.

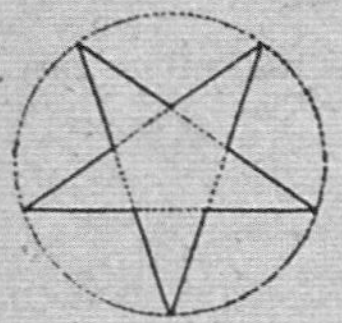

:toile à cinq pointes.

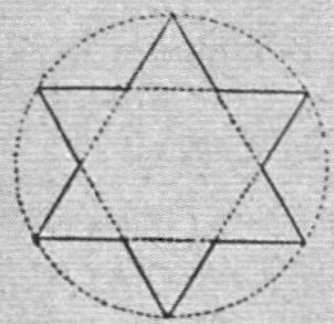

Étoile à six pointes.

Pour diviser une circonférence en cinq parties égales, on opère ainsi : Tracer un diamètre de la circonférence (AB), mener un rayon erpendiculaire à ce diamètre (CD), prendre E moitié e DB. De ce point E comme centre, prendre une ouverture e compas égale à EC, décrire un arc qui coupe AD en F t tracer la droite FC. Cette droite est exactement la lonueur d'un des côtés du pentagone. Il ne reste donc plus qu'à la porter cinq ois sur la circonférence.

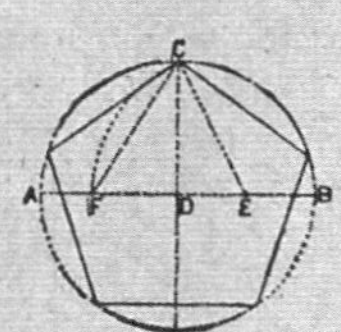

Tracé de l'ellipse du jardinier. — Pour tracer une ellipse, les jardiniers plantent en terre 2 piquets ; ces piquets vont former les foyers de l'ellipse à tracer ; on tend alors une corde à l'aide d'un 3ᵉ piquet, de façon à entourer les 3 piquets, puis on fait mouvoir le piquet mobile en maintenant constamment la corde tendue : l'extrémité du piquet mobile décrit une ellipse, car de chaque point de la courbe, la somme des distances aux piquets A et B est oujours la même, puisque c'est la longueur de la orde diminuée de la distance AB. — Pour la éunition de l'ellipse, v. page 385.

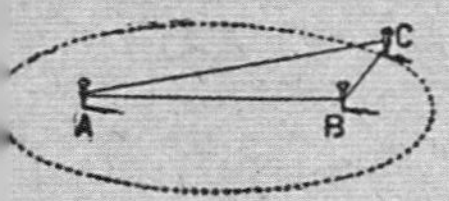

AB piquets fixes;
C, piquet mobile;
ABC corde.

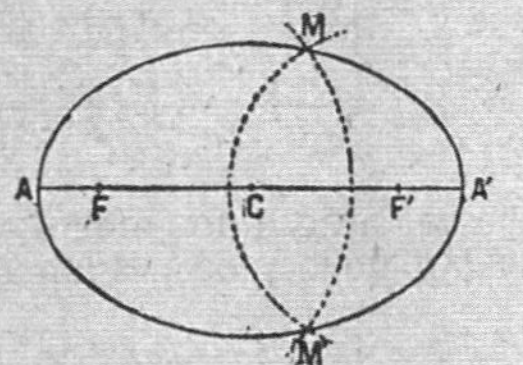

Tracé de l'ellipse par points.

Tracé de l'ellipse par points. — On choisit l'avance le grand axe AA', puis les deux foyers FF' égale distance du milieu C de AA'; du point F omme centre avec un rayon plus petit que AA', on décrit un arc de cercle ; du point F', avec un rayon égal à la différence entre AA' et le premier rayon, on décrit un second arc de cercle qui coupe le premier en M et M' : ces deux points appartiennent à l'ellipse, car, pour chacun d'eux, la somme de ses distances à F et à F' est égale à AA'. On pourra ainsi obtenir autant de points de la courbe que l'on veut ; en les joignant, on obtiendra la courbe ellemême.

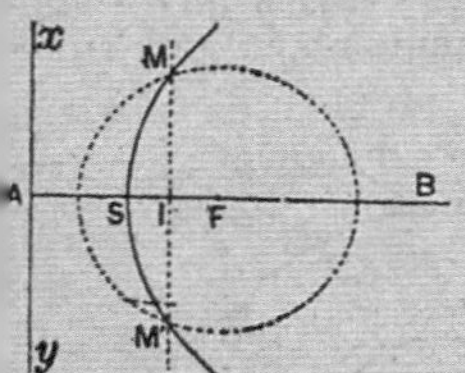

Parabole. — La *parabole* est une courbe plane dont tous les points sont à égale distance d'un point xe et d'une droite fixe.

Le point fixe est appelé *foyer de la parabole*. La droite fixe est appelée *irectrice de la parabole*. La perpendiculaire menée du foyer sur la directrice st appelée *axe de la parabole*.

Tracé de la parabole par points. Soient *xy* la directrice et F le foyer de la arabole, on trace d'abord l'axe AB perpendiculaire sur *xy*; le milieu S de AF st un point de la parabole, on l'appelle *sommet* ; proposons-nous de trouver n point de la courbe : du point F comme centre, avec un rayon quelconque, e décris un arc de cercle ; je porte le rayon en AI, en I j'élève la perpendicuaire sur AB elle rencontre l'arc de cercle tracé en MM' ; ces points appartiennent à la courbe ; on pourra ainsi avoir autant de points que l'on voud les joignant, on obtiendra la courbe.

Anse de panier. — L'*anse de panier* a la forme d'une demi-e elle est formée d'arcs de cercle se raccordant entre eux.

Pour tracer une anse de panier à trois centres, par exemple, on divise une droite AB en trois parties égales ; on élève du milieu O la perpendiculaire sur AB. Des points C et D et avec AC pour rayon, on trace un arc de cercle qui coupe cette perpendiculaire au point I. On tire les droites ICM et IDN. Des points C,D, on trace les arcs AE et BF ; enfin, du point I, on trace l'arc EF.

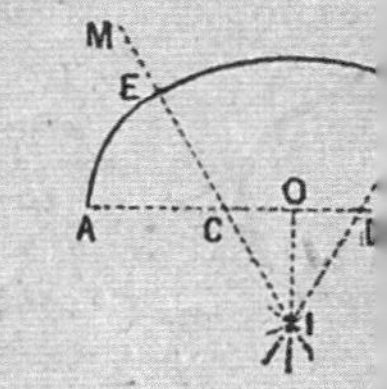

Anse de pa

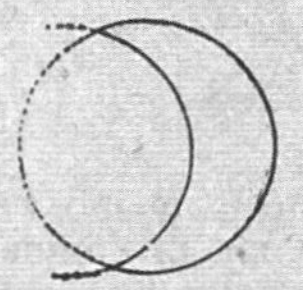

Croissant.

Croissant. — Le *croissant* est formé par deux a se coupent et qui ont leur concavité tournée du mêm

Ogive. — L'*ogive* est une courbe formée par la rencontre de deux arcs ayant même rayon et dont les cordes et la ligne qui joint les centres font un triangle équilatéral ou isocèle.

L'angle formé par les deux arcs est le *sommet* de l'ogive.

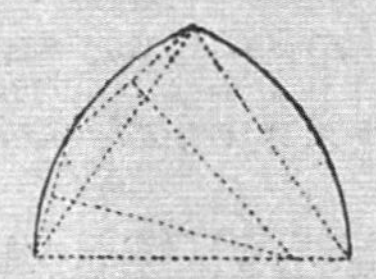

Ogive (tr. isocèle).

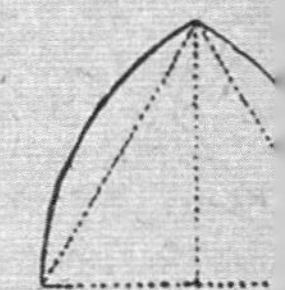

Ogive (tr. équil

Lorsque la ligne des centres et les cordes des arcs forment un triangle équilatéral, le tracé de l'ogive est facile. Mais si les cordes et l des centres forment un triangle isocèle, il faut ch les centres des arcs qui sont alors soit dans rieur, soit à l'extérieur de l'ogive.

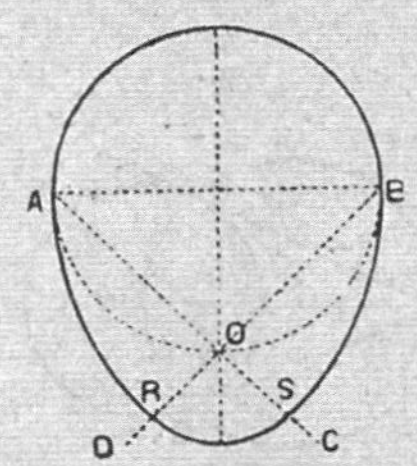

Ove.

Ove. — L'*ove* est une courbe fermée qui a la forme d'un œuf.

Pour construire un ove, on trace une circonférence, et du centre de cette circonférence, on élève sur le diamètre AB la perpendiculaire qui coupe la circonférence au point O. On tire ensuite les lignes indéfinies AC et BD. Du point A comme centre, on trace l'arc BS ; du point B, on trace l'arc AR. Enfin, du point O, on trace l'arc RS.

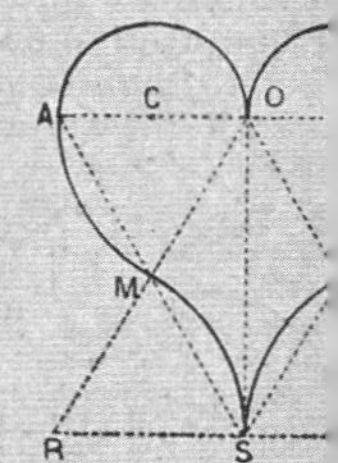

Cœur.

Cœur. — Le *cœur* est une courbe fermée ; elle est ainsi appelée parce qu'elle a la forme d'un

Pour tracer un *cœur*, on divise une dro en quatre parties égales. Des points C et D centres, on trace deux demi-circonférences au-de la ligne.

On construit les triangles équilatéraux et ORT ; puis, du point O, on trace les a et BN ; du point T, l'arc NS ; et du p l'arc MS.

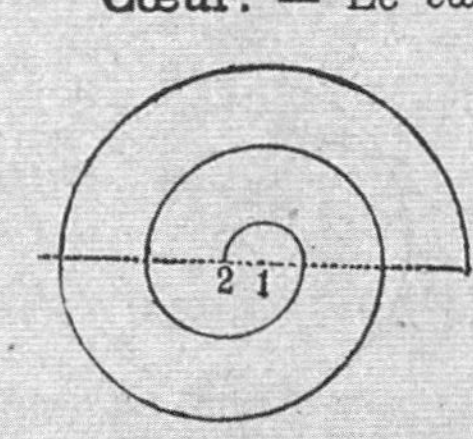

Spirale à 2 centres.

Spirale. — La *spirale* est une courb fermée qui s'éloigne de plus en plus de so de départ.

L'éloignement progressif d'une spirale dépend du nombre des cent ont servi à la former.

Il y a des spirales : 1° à deux centres, qui sont situés sur une même ligne ; 2° à trois centres, qui sont situés aux trois sommets d'un triangle

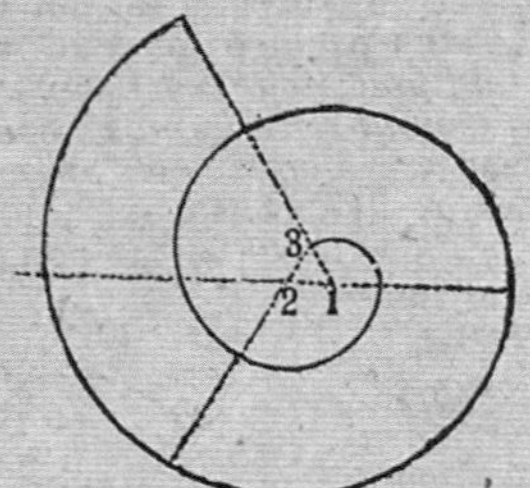

Spirale à 3 centres.

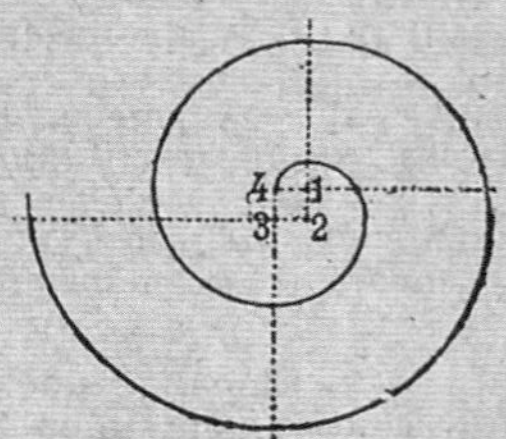

Spirale à 4 centres.

équilatéral ; 3° à quatre centres, qui sont situés aux quatre sommets des angles d'un carré.

Réduction ou agrandissement d'un dessin à une échelle donnée.

Pour grandir la carte de France ci-dessus aux dimensions ci-contre, on divise le modèle en un certain nombre de carrés et on trace le même nombre de carrés

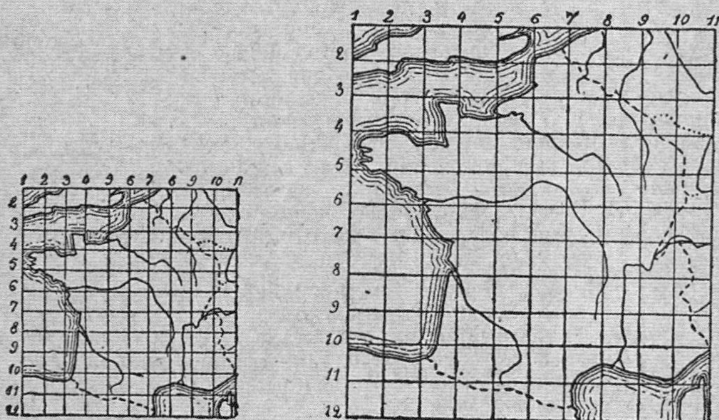

dans l'emplacement donné. Il suffit ensuite de reproduire dans chacun de ces carrés la partie du modèle contenue dans le carré correspondant. (V. p. 418.)

MOULURES

Les *moulures* sont des ornements d'architecture, d'ébénisterie, de serrurerie, etc.

Certaines moulures sont en saillie, ce sont les moulures *convexes;* d'autres ont en creux, ce sont les moulures *concaves.*

C'est en combinant les moulures qu'on arrive à composer des corniches, des vases, des encadrements, etc.

IV. — *Mener la bissectrice d'un angle x O y.*

A partir de O (*fig.* 4) je prends deux longueurs égales OA, OB; du comme centre, je décris un arc de cercle, puis du point B comme centre, avec le même rayon, je décris un second arc de cercle ; ces arcs se coupent en un point C ; la droite OC est la bissectrice cherchée.

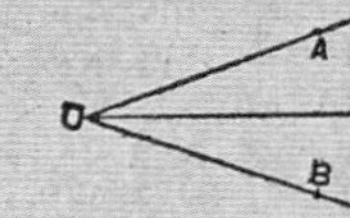

Fig. 4.

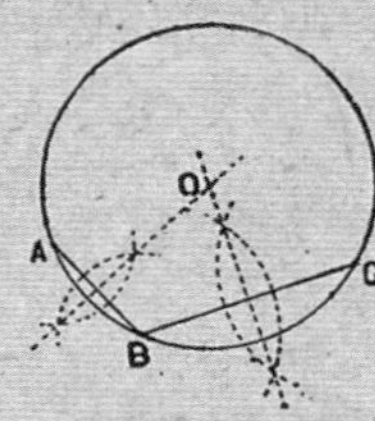

Fig. 5.

V. — *Faire passer une circonférence par trois points donnés.*

Soient ABC les trois points donnés (*fig.* 5) ; je mène les droites AB, BC, je trac pendiculaire sur le milieu de AB (probl. II), puis pendiculaire sur le milieu de BC ; le point de rencontre O des deux perpendiculaires est le centre de la circonférence cherchée.

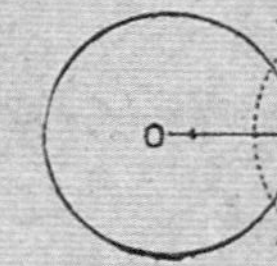

Fig. 6

VI. — *En un point* A *d'une circonférence de centre* O, *mener une tangente.*

Je joins OA (*fig.* 6) et au point A j'élève une perpendiculaire à la droite OA (problème III).

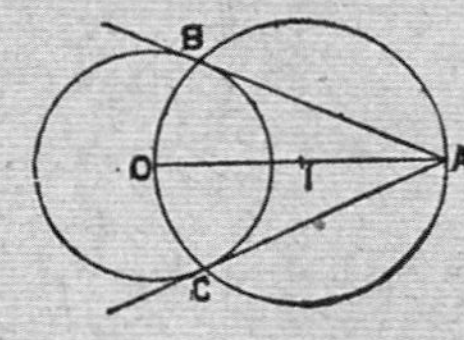

Fig. 7.

VII. — *Par un point* A *extérieur à une férence de centre* O, *lui mener une tangen*

Je joins OA (*fig.* 7), je prends le milieu I (probl. I), puis avec OA comme diamètre j une circonférence qui coupe la première e en C ; les droites AB, AC sont des tange

Tracé de quelques figures géométriques.

Polygones réguliers. — Pour construire un polygone régulier, d'abord tracer une circonférence et diviser ensuite cette circonférence e de parties égales que le polygone a de côtés. On pourra toujours opérer avec un rapporteur.

Carré. — Pour construire un *carré,* on trace une circonférence, puis deux diamètres perpendiculaires l'un sur l'autre. On joint ensuite l'une à l'autre les extrémités de ces diamètres.

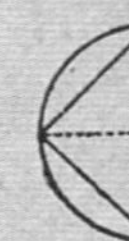

Ca

Octogone. — Pour construire un *octogone régulier,* on trace une circonférence, puis on mène deux diamètres perpendiculaires l'un sur l'autre ; on trace ensuite la bissectrice des angles droits qu'il forment au centre. On joint enfin les extrémi rayons ainsi obtenus.

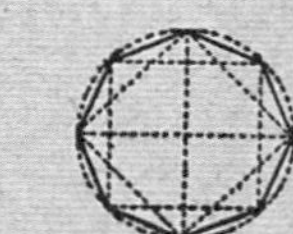

Octogone.

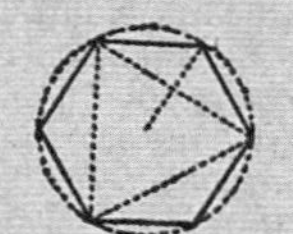

Hexagone et triangle équilatéral.

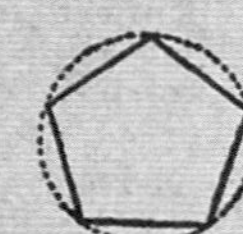

Pentagone.

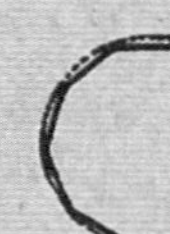

Décago

Hexagone et triangle équilatéral. — Pour construire un *he régulier*, on porte sur la circonférence six fois la longueur du rayon et de proche en proche les points de division obtenus. — Pour avoir un

II. — *CONJUGAISON*

Le passé simple et l'imparfait

Un moineau héroïque. — Je revenais de la chasse et je marchais le long d'une allée de mon jardin. Mon chien Trésor courait devant moi. Tout à coup, il raccourcit son pas et se mit à marcher avec précaution, comme s'il flairait du gibier. Je regardai le long de l'allée et je vis à terre un jeune moineau. Trésor s'approchait de lui, tous les muscles tendus, quand tout à coup, un vieux moineau tomba comme une pierre juste devant la gueule du chien, et, tout hérissé, éperdu, il sauta par deux fois dans la direction de cette gueule armée de dents crochues. Il s'était précipité pour sauver son enfant.

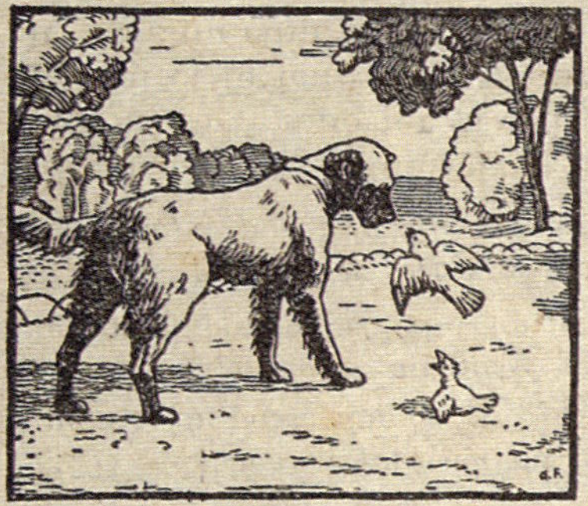

D'après Tourgueneff.

PRÉPARATION DE LA LEÇON

Je revenais de la chasse : revenais est à l'imparfait (terminaison *ais :* son *è* ouvert); *je regardai le long de l'allée : regardai* est au passé simple (terminaison *ai :* son *é* fermé).

A la 3e personne, on dirait : *il revenait, il regarda ;* l'imparfait se termine par *ait*, le passé simple par *a*.

26e LEÇON

Il ne faut pas confondre le passé simple (*je regardai*), et l'imparfait (*je regardais*). Le son **ai** de *regardai* est le son de l'*é* fermé; le son **ais** de *regardais* est le son de l'*è* ouvert.

Le sens indique aussi de quel temps il s'agit. En cas d'embarras, on cherche la troisième personne : *je regardai, il regarda ; je regardais, il regardait.*

II. — *CONJUGAISON*

Le temps passé composé

L'olivier et l'huile. — Sur l'olivier de la Provence et du Languedoc, dont le feuillage toujours vert résiste aux froids, l'olive a mûri peu à peu. Verte d'abord, elle a pris une couleur rouge, puis noire ; sa peau s'est ridée ; c'est le moment de la cueillir. Aux premiers froids, femmes et enfants, répandus dans la campagne, ont récolté les fruits en babillant. On a porté ces olives au pressoir, où la meule les a écrasées ; et l'huile est sortie, la meilleure des huiles, onctueuse et parfumée.

D'après M. Guyau.

PRÉPARATION DE LA LEÇON

L'olive a mûri, l'huile est sortie, tout cela est passé : les verbes *a mûri, est sortie* sont donc au passé. Ils sont formés du verbe *avoir* ou du verbe *être* et d'un autre mot qui est un *participe passé;* pour cette raison, ce temps s'appelle **passé composé.**

* *Quand j'ai* **eu dîné**, *je suis parti. Ai eu dîné* est un autre passé composé formé du passé composé du verbe *avoir* et d'un participe passé.

Les verbes *avoir* et *être*, qui servent à former ce temps et d'autres encore, sont des **verbes auxiliaires.**

28e LEÇON

Temps passé composé

Verbe ***aimer***	Verbe ***sortir***
j'ai aimé	je suis sorti
tu as aimé	tu es sorti
il a aimé	il est sorti
nous avons aimé	nous sommes sortis
vous avez aimé	vous êtes sortis
ils ont aimé	ils sont sortis

Le **passé composé** est formé du présent des verbes *avoir* ou *être* et d'un participe passé.

Quand les verbes *avoir* et *être* servent à conjuguer un autre verbe, ils sont **verbes auxiliaires.**

EXERCICES D'APPLICATION oraux et écrits.

230. — *Copiez le texte :* L'olivier et l'huile, *et soulignez les verbes qui sont au passé composé.*

231. — *Dans un texte déjà lu, cherchez dix verbes au passé composé et conjuguez-les oralement.*

Remarque. — Pour savoir si le participe passé se termine par une consonne qu'on n'entend pas au masculin, on cherche le féminin : *pris, prise; couvert, couverte.*

232. — *Conjuguez au passé composé les verbes :* résister, prendre, cueillir, récolter, répandre.

*233. — *Conjuguez :* Quand j'ai lu une histoire, j'essaie de la raconter.

*234. — *Conjuguez au passé composé :* passer, voir, saluer, sourire, entendre.

*235. — *Mettez les verbes entre parenthèses à la 1re personne du singulier du passé composé.*

Dans la montagne. — Je (quitter) la route, je (prendre) un raccourci, je (gravir) le sentier, je (côtoyer) le torrent un moment, puis je le (laisser) pour gagner un sommet voisin, d'où j'(apercevoir) les glaciers des environs. De là, je (découvrir) le mont Blanc dans le lointain. Je (contempler) longtemps ce spectacle dont je garde un souvenir très vif.

*236. — *Même exercice en mettant les verbes à la 1re personne du singulier du passé simple.*

*237. — *Conjuguez au passé composé :* Respirer un air pur et en emplir ses poumons (*Mettez un nom commun à la place de* **il, ils**).

*238. — *Écrivez les verbes ci-après à la 2e personne du singulier de passé simple, puis à la 2e personne du singulier du passé composé.*

Demander un billet, payer le receveur, présenter son billet au contrôle, emporter sa valise, passer sur le quai, acheter un journal et le tenir à la main, voir de nombreux voyageurs, prendre un coin, plus tard l'offrir à un vieillard.

*239. — *Mettez les mêmes verbes à la 3e personne du pluriel du passé simple puis du passé composé.* Ex. : Les jeunes gens demandèrent, etc.

*240. — *Mettez les phrases suivantes à la 2e personne du singulier puis à la 2e et à la 3e personne du pluriel.*

Je dors d'un sommeil agité quand j'ai trop marché. Si je marche modérément, je dors paisiblement. — Quand j'arrivai au sommet du coteau, j'étais bien fatigué.

Dans : *aucune* pitié, le peuple *même*, une *autre* guerre, *chaque* place, *certaines* villes, les mots *aucune, même, autre, chaque, certaine* sont aussi des adjectifs indéfinis.

Les adjectifs indéfinis s'accordent avec le nom qu'ils accompagnent.

2. *Quelle* heure est-il ? *Quelle*, adjectif indéfini, est ici **interrogatif.**

25e LEÇON

Les **adjectifs indéfinis** sont : *aucun, autre, certain, chaque, maint, même, nul, plusieurs, quel, quelconque, quelque, tel, tout.*

EXERCICES D'APPLICATION oraux et écrits.

208. — *Dans des textes lus au livre de lecture, cherchez dix adjectifs indéfinis.*

*209. — *Mettez l'adjectif indéfini convenable dans le texte ci-après.*

L'ordre et le soin. — Ayez une place pour... chose, et mettez... chose à sa place. On ne porte pas les m... vêtements le dimanche que les... jours de la semaine : rangez bien ceux que vous quittez au lieu de les jeter pêle-mêle dans un endroit q..... T... les jours, en vous déshabillant, ayez les... précautions et vos habits paraîtront plus longtemps neufs. Dans t... vos jeux, évitez de les salir ou de les déchirer. Ces q... soins sont si faciles à prendre qu'... enfant ne devrait les négliger.

*210. — *Analysez les adjectifs indéfinis du texte ci-dessus.* Exemple : *chaque,* adj. indéf. se rapporte à *chose,* fém. sing.

211. — *Analysez les adjectifs possessifs et les adjectifs indéfinis du texte :* Fénelon à Louis XIV.

* **Remarque.** — Lorsque *nul* a le sens de *sans valeur* (un travail nul), — lorsque *même* a le sens de *pareil, identique* (vous avez les mêmes livres), — lorsque *certain* a le sens de *assuré, dont on ne peut douter* (je suis certain de ce que je dis), — ces mots *nul, même, certain* sont adjectifs qualificatifs parce qu'ils qualifient le nom qu'ils accompagnent. Ils n'ont pas ici le même sens que lorsqu'ils sont adjectifs indéfinis : *nulle* faute, *certaines* villes (1).

(1) On retrouvera, aux pages 205 et suivantes, *même, tout, quelque* employés comme adverbes.

Usines de Thiers
aux Professionnels...

s
eaux
ondeuses
Tondeuses Électriques
Lames
Cuirs
Pierres à affûter
etc.

'Outillage "ACIER" pour Coiffeurs

TES LES GRANDES MARQUES
GRELOT
69 THIERS-ISSARD
ESCULAPE, STABIL
etc.

Adressez vos Commandes
au Dépôt Central :
C. MERLE
47, Rue des Jacobins, 47
CLERMONT-FERRAND
(P.-DE-D.)

iffeurs
essayez
LE MERLE BLANC "
Il a été créé pour vous.
Il convient à toutes les barbes.
C'est un outil de professionnel.

LE
MERLE
BLANC
COUPE
et
TIENT
LA
COUPE

THIERS-OUTILLAGE

C/C POSTAL NANTES N° 310-14

Rasoir Spécial pour Coiffeurs

" LE MERLE BLANC "
Déposé

Clermont-Ferrand (Date de la Poste)

Cher Client,

De tous les Outils employés par le Coiffeur, le plus délicat est sans contredit le rasoir.

Des centaines de types ont été créés par les Fabricants et abandonnés tour à tour.

Pour mettre fin à cet état de choses "GRELOT" dont la réputation n'est plus à faire, a mis sur le marché un Outil de Professionnel s'adressant uniquement aux Coiffeurs:

Le RASOIR
"MERLE BLANC" Spécial pour Coiffeurs

qui concrétise tout ce que vous demandez à un rasoir :

Coupe franche et durable.
Tranchant convenant à toutes les barbes.
Affûtage en quelques coups de cuir.

Essayez le "MERLE BLANC" et vous verrez qu'il réunit toutes ces qualités.

Vous trouverez sur le Cliché joint, servant de Bon de Commande, les Nos et prix suivant les types.

N'oubliez pas surtout qu'un bon Outil n'est jamais cher.

Vos bien dévoués :
THIERS-OUTILLAGE.

EXTRAIT DE NOTRE TARIF
PROUVANT LES PRIX SANS CONCURRENC

Par 50 l. / 60 l.

Gare départ et N°

30° : Supprimé par décret ministériel
(le minimum est 50°)

50° : 12 fr. ,65

60° : 15 fr. ,10

70° : 17 fr. ,25

80° : 20 fr. ,55

COLOGNE FLEURIE LUX

Paiement réception facture, ou traite 30 jours pour 0,30 en sus par l

QUESTIONNEZ NOUS

AVEC LA FORMULE AU VERSO

Votre intérêt est de la retourner sous enveloppe fermée: évite indiscrétions dues aux demandes par cartes postales.

NOUS SOMMES LES SEUL

DISTILLATEURS D'ALCOOL

FAISANT DES COLOGNE

CI-JOINT : RÉFÉRENCES de MM. VOS COLLÈGUES

PAYEZ PAR CHEQUE POSTAL :

dans le délai indiqué.

VOUS GAGNEREZ { les nouveaux frais bancaires
les timbres de traite

SUSPENDEZ VOS ORDRES :

Dans VOS emballages : 15 jours
» NOS » : 8 jours

AVANT { PAQUES
PENTECOTE
14 JUILLET
15 AOUT

Sinon l'envoi n'est pas garanti avant les fêtes

PENSEZ UN MOIS AVANT A VOS BESOINS

A L'ARRIVÉE TRANSVASEZ SOUS VERRE
LES PRODUITS REÇUS EN BIDONS

NOS PRODUITS SONT CONCENTRÉS MAXIMUM

En cas de trouble par le froid, ils reviennent limpides, dans une pièce chaude.

Attention : *laissez-les loin du feu ! car l'alcool est inflammable*

PRODUITS GARANTIS SANS ALCOOL DE VIN

QUAND VOUS SEREZ ACHETEUR

NOUS QUESTIONNER EN INDIQUANT (**LA QUANTITÉ LE ou LES DEGRÉS**) **en un seul envoi**

LE MOUSSEUR D. A.

(Sous produits de nos distillations) vous permet :

I°) DE FAIRE MOUSSER avec **ABONDANC et PERSISTA**

(Eaux de Cologne et Lotions)

Mettre le mousseur avec une pointe de couteau d votre litre. La boîte permet de traiter selon l'inter de mousse voulue de 30 à 50 litres.

II°) DE FAIRE DES CHAMPOINGS

La boîte permet de faire 10 à 15 litres.
La boîte : Frs 13 en Timbres-poste

ETHER ININFLAMMABL

PARFUMÉ POUR LES CHEVEU

FRANCO PORT ET EMBALLAGE. Le litre

Par bidon : 5 litres : **14 fr.** - 10 litres : **12 fr**

Taxes comprises.